NACIONES INTELECTUALES

Purdue Studies in Romance Literatures

Editorial Board

Patricia Hart, Series Editor
Paul B. Dixon
Benjamin Lawton

Marcia Stephenson
Allen G. Wood

Howard Mancing, Consulting Editor
Floyd Merrell, Consulting Editor
Susan Y. Clawson, Production Editor

Associate Editors

French
Jeanette Beer
Paul Benhamou
Willard Bohn
Gerard J. Brault
Mary Ann Caws
Glyn P. Norton
Allan H. Pasco
Gerald Prince
Roseann Runte
Ursula Tidd

Italian
Fiora A. Bassanese
Peter Carravetta
Franco Masciandaro
Anthony Julian Tamburri

Luso-Brazilian
Fred M. Clark
Marta Peixoto
Ricardo da Silveira Lobo Sternberg

Spanish and Spanish American
Maryellen Bieder
Catherine Connor
Ivy A. Corfis
Frederick A. de Armas
Edward Friedman
Charles Ganelin
David T. Gies
Roberto González Echevarría
David K. Herzberger
Emily Hicks
Djelal Kadir
Amy Kaminsky
Lucille Kerr
Howard Mancing
Floyd Merrell
Alberto Moreiras
Randolph D. Pope
Francisco Ruiz Ramón
Elżbieta Skłodowska
Mario Valdés
Howard Young

 volume 47

NACIONES INTELECTUALES

Las fundaciones

de la modernidad

literaria mexicana

(1917–1959)

Ignacio M. Sánchez Prado

Purdue University Press
West Lafayette, Indiana

Copyright © 2009 by Purdue University. All rights reserved.

∞ The paper used in this book meets the minimum requirements of American National Standard for Information Sciences—Permanence of Paper for Printed Library Materials, ANSI Z39.48-1992.

Printed in the United States of America
Design by Anita Noble

Library of Congress Cataloging-in-Publication Data

Sánchez Prado, Ignacio M., 1979–
 Naciones intelectuales : las fundaciones de la modernidad literaria Mexicana, 1917–1959 / by Ignacio M. Sanchez Prado.
   p. cm. — (Purdue studies in romance literatures ; v. 47)
 Includes bibliographical references and index.
 ISBN 978-1-55753-538-2
 1. Mexican literature—20th century—History and criticism. 2. Mexico—Intellectual life—20th century. 3. National characteristics, Mexican, in literature. I. Title.
 PQ7155.S26 2009
   860.9'9720904—dc22   2009015663

Índice

vii Agradecimientos
1 Introducción

PRIMERA PARTE
La fundación del campo literario
(1917–1939)

15 Capítulo uno

De la nación a la literatura nacional: Los orígenes del campo literario mexicano (1917–1925)

17 Los orígenes de la hegemonía cultural en México

26 Campo literario y producción cultural: La fundación del espacio intelectual autónomo en México

33 El debate de 1925 y los orígenes de la literatura nacional

42 Francisco Monterde, *Los de abajo* y la formación de la clase intelectual orgánica

52 Manuel Maples Arce: La nación de la vanguardia urbana

60 Ramón López Velarde: La vanguardia como nación intelectual

65 Alfonso Reyes: La nación intelectual en los afueras del campo literario

83 Capítulo dos

El alquimista liberal: Jorge Cuesta y la invención del intelectual

85 Un intelectual en busca de su genealogía: La *Antología de la poesía mexicana moderna*

96 El debate de 1932 y la formación del intelectual crítico

113 Alfonso Reyes en 1932: La emergencia de un proyecto alternativo de intelectualidad mexicana

121 La práctica política de Cuesta y el camino liberal a la locura

Índice

SEGUNDA PARTE
La fundación de las instituciones
(1940–1959)

139 Capítulo tres
  Hispanidad, occidentalismo y las genealogías del pensamiento nacional: Alfonso Reyes, José Gaos y la fundación de las instituciones educativas
  147 La tradición occidentalista de Alfonso Reyes y la formación del humanismo mexicano
  167 El campo filosófico y sus genealogías
  178 El magisterio de José Gaos y la formación del campo filosófico

191 Capítulo cuatro
  El "ser nacional" en el diván de la filosofía
  194 Hiperión: Las naciones del campo filosófico
  214 Luis Villoro: La nación intelectual del ser nacional
  225 Octavio Paz y el cierre del ciclo revolucionario

239 A manera de conclusión
  Por una historia crítica de la literatura mexicana

251 Apéndice
  Traducciones

257 Notas
289 Obras citadas
315 Índice alfabético

Agradecimientos

El largo proceso que comienza con los estudios de posgrado y concluye con un libro como *Naciones intelectuales* acarrea consigo un número considerable de deudas personales e intelectuales. Este libro concluye una larga historia personal, cuya prehistoria se encuentra en ciertas lecturas clave de mis años de estudiante de licenciatura y cuyo punto final, una década después, no puede ser sino una lista, necesariamente incompleta, de todas aquellas personas que contribuyeron a dicha historia. El mayor de mis agradecimientos va para Mabel Moraña, cuya guía y amistad han sido la piedra angular en mi desarrollo intelectual y profesional. Conocí a Mabel por primera vez en México en el año 2000, gracias a un congreso académico y a la feliz casualidad de haber sido asignado para ayudarla en los días de la conferencia. En las conversaciones que tuvimos esos días, Mabel me convenció para que dejara de lado mis aspiraciones de estudioso de la literatura inglesa, abriéndome la puerta a un latinoamericanismo que, con los años, se ha convertido en una de mis pasiones. El presente libro debe a Mabel no sólo esa pasión, sino muchas horas de cuidado y dedicación tanto en su primera vida como disertación como en la segunda vida de la que emerge esta versión. Muy pocas personas tienen el privilegio de tener la mentoría de una persona como Mabel, una fuerza de la naturaleza que se caracteriza en partes iguales por su genio y su calidez. Mabel ha sido para mí profesora, amiga y familia y no hay lenguaje posible que exprese mi afecto y agradecimiento hacia ella. Este trabajo, por estas y muchas otras razones, está dedicado a ella.

Siendo en su origen una disertación, este libro debe mucho a las personas que me apoyaron durante cinco año en mi posgrado en la Universidad de Pittsburgh. Hermann Herlinghaus es un maestro ejemplar y un gran amigo, cuyo personalísimo ángulo me permitió ver la literatura de maneras que nunca hubiera podido imaginar antes. También, Hermann me ayudó, con su proverbial generosidad, a superar los prejuicios naturales de un discípulo de la ciudad letrada mexicana, enseñándome a apreciar el complejo mundo de textualidades y conceptos que constituye la cultura de América Latina. Por su parte, Joshua K. Lund es el más ideal interlocutor de mi trabajo, gracias a la

Agradecimientos

agudeza de su pensamiento crítico y a su capacidad de entrar en profundos debates sobre asuntos grandes y pequeños. Gracias a mi diálogo con Josh, he aprendido a ver a mi país desde perspectivas innovadoras, muchas de las cuales fueron esenciales a la concepción y desarrollo de este libro. Pocos espacios ofrecen a un estudiante de posgrado interlocutores del calibre de Hermann y Josh y a los dos les estoy muy agradecido. Este libro tiene también una deuda importante con George Reid Andrews, cuyas incisivas críticas a mi trabajo desde su perspectiva de historiador ayudaron a mi libro a adquirir un grado de rigor documental que nunca hubiera alcanzado. Reid superó con mucho las expectativas de un lector externo y me otorgó una lectura cuidadosa y bien pensada durante varios procesos de mi proyecto. Y, por supuesto, mi trabajo es resultado de una experiencia educativa larga y compleja, en la que, aparte de los mencionados, participaron varios maestros, a los que estoy muy agradecido: Susan Andrade, Jerome Branche, John Beverley, Paul Bové, Ana Paula Carvalho, Santiago Castro Gómez, Bobby J. Chamberlain, Beatrice De Angelis, Ronald Judy, Gerald Martin, Jesús Martín-Barbero, Elizabeth Monasterios, John Markoff, Amos Segala, Bruce Stiehm, José Manuel Valenzuela (espero no haber omitido a nadie). Asimismo, el Center for Latin American Studies fue esencial para la escritura de este libro, en particular gracias a su generoso financiamiento de dos viajes de investigación que permitieron la recopilación de muchas fuentes primarias y secundarias de este trabajo. Quiero agradecer de manera particular a Shirley Kregar, Kathleen DeWalt, Luis Van Fossen Bravo y John Frechione por los años de apoyo y generosidad del CLAS.

La transformación de la disertación en libro ha tenido lugar los últimos dos años y medio en Washington University en Saint Louis, donde he recibido una gran cantidad de apoyo académico y financiero. Los *chairs* de las dos áreas donde trabajo, Elzbieta Sklodowska de Romance Languages and Literatures y James V. Wertsch de International and Area Studies, me han proporcionado un respaldo intelectual y personal que me ha ayudado a comenzar mi vida profesional en condiciones ideales. Asimismo, mis colegas en ambos programas han provisto una atmósfera de diálogo y debate que ha enriquecido mi trabajo enormemente. Quiero agradecer todo lo que me han proporcio-

Agradecimientos

nado mis colegas en la universidad, aparte de Mabel, Elzbieta y Jim: William Accree, Joe Barcroft, Cindy Brantmeier, Andrew Brown, Nina Davis, John Garganigo, Stephanie Kirk, Tabea Linhard, Eloisa Palafox, Pepe Schraibman, Claire Solomon, Akiko Tsuchiya en el área de español; Tili Boon Cuillé, Seth Graebner, Pascal Ifri, Rebecca Messbarger, Stamos Metzidakis, Michael Sherberg, Julie Singer, Harriet Stone, Colette Winn en las áreas de francés e italiano; Letty Chen, Steven Hause, Derek Pardue, Nicole Svobodny, Priscilla Stone, Amy Suelzer, Lynne Tatlock, Lori Watt en estudios internacionales; Dan Grausman, Bret Gustafson, Gerald Early, Mary Laurita, Jian Leng, Marvin Marcus, Marina McKay, Angela Miller, Guillermo Rosas, Rick Walter, Luis Zayas en otras áreas de la universidad. El generoso fondo de investigación proporcionado por Washington University a los *Assistant Professors* fue crucial para obtener materiales necesarios para que el libro tuviera una bibliografía rigurosa y completa y para tener las condiciones necesarias para la reescritura final del trabajo. Julio Ariza llevó a cabo una lectura cuidadosa del manuscrito, que me ayudó a limpiar el texto de manera decisiva. Finalmente, el apoyo administrativo de Helene Abrahams, Kathy Daniel, Anna Eggemeyer, Rita Kuehler, Kathy Loepker y Toni Loomis ha sido esencial para el funcionamiento diario de mi trabajo.

Un proyecto que abarca tantos autores y obras es posible sólo a través de una larga historia de conversaciones y debates. En sus orígenes, este proyecto fue posible gracias a dos mentores que dieron forma a muchas de mis ideas esenciales en torno a la literatura. Por un lado, este libro tiene deudas intelectuales con Pedro Ángel Palou, tan profundas como la amistad que nos ha unido por más de una década. Gracias a Pedro Ángel, leí en mi juventud a los tres autores angulares de este trabajo —Alfonso Reyes, Jorge Cuesta y Pierre Bourdieu. Pedro Ángel me inculcó el amor por la literatura y cierta rigurosidad intelectual que fue esencial a este libro. Sus dos libros, *La casa del silencio* y *Escribir en México durante los años locos,* son los precursores directos de mi trabajo y me llena de orgullo el hecho de que este libro es, en buena medida, una conversación con el trabajo de Pedro Ángel. Por su parte, Adela Pineda Franco me enseñó el valor de leer la literatura en sus configuraciones sociales e institucionales, y me ha ofrecido también por una década una

Agradecimientos

relación de amistad y diálogo que atesoro profundamente. El hecho de que mi ruta intelectual haya concluido en un libro como *Naciones intelectuales* es, en parte, un reconocimiento a la forma en que Adela transformó la visión intelectual de mi generación en la Universidad de las Américas. La escritura de este libro sucedió de manera paralela a muchas conversaciones con dos colegas y amigos: José Ramón Ruisánchez y Oswaldo Zavala. Estos intercambios resultaron en muchas de las ideas centrales de este trabajo. Las plataformas provistas por los UC Mexicanistas (Sara Poot-Herrera, Linda Egan, Claudia Parodi, Norma Klahn, Jacobo Sefamí, Max Parra, entre otros) y por la Universidad de Texas en El Paso (sobre todo gracias a Luis Arturo Ramos y Fernando García) me dieron invaluables plataformas de debate de mis ideas. Y, por supuesto, las conversaciones se extienden infinitamente. A riesgo de dejar varias fuera en el vértigo de la memoria, quiero reconocer otros interlocutores, cuyas ideas han inspirado mi trabajo intelectual: Amelia Barili, Marisa Belausteguigoitia, Raúl Bueno, Geney Beltrán, Irma Cantú, Román de la Campa, Robert Conn, Marvin y Carol Clark D'Lugo, Arturo Dávila, Juan Pablo Dabove, Evodio Escalante, Oswaldo Estrada, Sebastiaan Faber, Jean Franco, Brian Gollnick, Emily Hind, Robert McKee Irwin, Carlos Jáuregui, Silvia López, Lucía Melgar, Ignacio Padilla, Ana Peluffo, Juan Poblete, Sarah Pollack, Brian Price, Francisco Ramírez Santacruz, Cristina Rivera Garza, Javier Vásconez, Juan Villoro, Tamara Williams.

El proceso de edición ha sido muy placentero y es un gran honor publicar en una serie tan prestigiosa y profesional como Purdue Studies in Romance Literatures. Quiero agradecer a Patricia Hart y Floyd Merrell su consideración editorial y su servicio a nuestra profesión. Los dos lectores anónimos del texto para la prensa proveyeron no sólo una lectura generosa y bien pensada, sino sugerencias que indiscutiblemente mejoraron este trabajo. Agradezco a Rebecca Corbin su apoyo con las cuestiones administrativas y legales. Y, sobre todo, agradezco a Susan Clawson su detallado trabajo como editora de producción. La profesión académica tiene en Susan un baluarte de profesionalismo y dedicación.

Introducción

Después de la derrota electoral del PRI en el año 2000 y del fin del "gobierno de la Revolución Mexicana" que condujo los destinos de México por más de siete décadas, parece emerger una agenda intelectual que postula la relectura de las distintas producciones culturales realizadas durante esos años. Esta agenda ha sido desarrollada por algunas de las figuras intelectuales más influyentes del México actual: Roger Bartra, Claudio Lomnitz, Carlos Monsiváis, Luis Villoro, por mencionar sólo a algunos. En el centro de esta agenda el cuestionamiento de aquello que, durante años, se ha llamado "lo mexicano." Dentro de este contexto, este libro es un estudio de dos momentos constitutivos de la literatura mexicana, sus "fundaciones," a través de un conjunto de autores que imaginaron lo que llamo "naciones intelectuales." Por "nación intelectual" entiendo un conjunto de producciones discursivas, enunciadas sobre todo desde la literatura, que imaginan, dentro del marco de la cultura nacional hegemónica, proyectos alternativos de nación. Las dos fundaciones que este libro explorará son: la fundación del "campo literario"[1] en los años que van desde 1917 hasta fines de los años treinta y la fundación de las instituciones culturales y su rol en el tema de la identidad nacional en los cuarenta y cincuenta. De esta manera, el libro tiene como finalidad la exploración de un conjunto de autores y obras que, en los primeros años del proceso histórico del priísmo (iniciado con la fundación del Partido Nacional Revolucionario a finales de la década del veinte) y de la constitución de una fuerte hegemonía cultural,[2] produjeron obras que imaginaban o figuraban proyectos de nación y de cultura nacional dentro y fuera de las imágenes y discursos validados por el Estado.

La crítica al proyecto priísta, que se ha venido construyendo a partir de finales de la década de los ochenta desde diversas posiciones, ha centrado su lectura en un fuerte cuestionamiento de la idea monolítica de nación y del nacionalismo cultural. Entre las varias propuestas de lectura del "nacionalismo revolucionario" (nombre con el que comúnmente se refiere a la ideología del PRI), destacan de manera particular las articuladas por Roger Bartra y Claudio Lomnitz. Bartra, en su seminal

Introducción

trabajo *La jaula de la melancolía,* observa: "[l]os estudios sobre 'lo mexicano' constituyen una expresión de la cultura política dominante," cultura que entiende como "ceñida por el conjunto de redes imaginarias de poder, que definen las *formas de subjetividad* socialmente aceptadas, y que suelen ser consideradas como la expresión elaborada de la cultura nacional" (16; énfasis en el original). En este pasaje, Bartra hace referencia a lo que ha llamado a lo largo de su obra "el canon del axolote," expresión que define como el "proceso mediante el cual la sociedad mexicana posrevolucionaria produce *sujetos* de su propia cultura nacional, como criaturas mitológicas y literarias generadas en el contexto de una subjetividad históricamente determinada que 'no es sólo un lugar de creatividad y de liberación, sino también de subyugación y emprisionamiento'" (16; subrayado en el original. La cita interna pertenece a Terry Eagleton y es traducida por Bartra). En otras palabras, para Bartra la constitución de discursos identitarios es parte de lo que llama "redes imaginarias del poder político," por lo que cualquier reflexión literaria o filosófica que defina positivamente al "mexicano" cae directamente en la constitución de estructuras de sujeción de los ciudadanos al poder. Desde estos términos, Bartra ha ofrecido un fuerte cuestionamiento a cualquier definición de "lo mexicano" y "lo nacional" y ha articulado un proyecto (que en trabajos posteriores ha denominado "la condición postmexicana") que busca nuevas formas de constitución de lo político más allá de los códigos del PRI.

Una segunda propuesta desde la cual se ha leído la vinculación de los intelectuales con el Estado mexicano es el problema de la "modernidad nacional." Claudio Lomnitz ha observado: "'Cultura nacional' (independientemente de lo que signifique) es un criterio para evaluar la modernización y al mismo tiempo un obstáculo para ella. La gente se preocupa continuamente por cambiar un aspecto de la cultura nacional y por fortalecer o preservar algún otro" (*Salidas* 11). Lomnitz, a diferencia de Bartra, opina que el problema no es que la cultura nacional sea una entelequia, sino que las estrategias para comprenderla han sido insuficientes:

> En resumen, la mayoría de los autores que han meditado y criticado la cultura nacional no resuelven las dificultades teóricas que impiden comprender la verdadera naturaleza de

> la cultura nacional. El impacto político de esta cultura y la dificultad para describirla en otros términos que no sean el nacionalismo han generado una dialéctica circular, un círculo vicioso que nace de las tensiones que surgen entre la madeja de las relaciones sociales que coexisten el espacio nacional y las ideologías que se refieren a una identidad común, a un pasado compartido, y a una mirada común al futuro. A este complejo de problemáticas lo llamaremos el *laberinto*. (13)

A diferencia de Bartra, que propone básicamente una ruptura radical con toda idea de "lo mexicano," Lomnitz presenta una visión análoga a categorías como la de "heterogeneidad" de Antonio Cornejo Polar: la comprensión de la nación como una suerte de "totalidad conflictiva" donde coexisten diversos sistemas culturales con diversos grados de relación (y de violencia) entre sí, diversidad que ha sido ocultada por ideas tradicionales de nación y entendida como constructo centralizado y unificado en torno al Estado y sus instituciones. La aportación de Lomnitz se funda en un deslinde esencial para comprender la problemática esbozada en este libro: el nacionalismo como problema distinto a la comprensión de lo nacional. El "laberinto" en el argumento de Lomnitz surge de la tensión entre las realidades de una cultura nacional diversa, regionalizada y una tradición ideológico-intelectual que busca homogeneizarla con el fin de constituir o legitimar un poder político. Este deslinde, que Lomnitz desarrollará hacia el estudio de culturas regionales, me permite avanzar hacia una idea central en la comprensión de la relación entre intelectuales, mexicanidad y Estado: es posible comprender a intelectuales que piensan la nación más allá del nacionalismo como figuras que no necesariamente se articulan a las redes imaginarias del poder político y que, más aún, ofrecen "salidas al laberinto" más allá de la exaltación de lo regional.[3]

El planteamiento del presente libro se inscribe en una evaluación de la idea, muy central en Bartra, Lomnitz y buena parte de la crítica cultural contemporánea en México, de una tradición cultural hegemónica dentro del priísmo, a través de la revisión e investigación de la capacidad contestataria de proyectos literarios producidos durante el régimen priísta, así como de su pertinencia y resignificación a la luz de las coyunturas políticas y debates intelectuales del México actual. Dentro de este orden de ideas, cabe decir que las "naciones intelectuales" que propongo

Introducción

no son de ninguna manera los únicos proyectos alternativos de nación producidos desde el campo de producción cultural. De hecho, como atestiguan los trabajos del volumen colectivo *Fragments of a Golden Age* [*Fragmentos de una época dorada*], editado por Gilbert Joseph, el cine, el rock, la cultura "tradicional" y otros elementos han tenido distintas relaciones problemáticas con el nacionalismo hegemónico. Mi énfasis en la literatura se basa en la idea de su capacidad de articular formas específicas de resistencia a los imaginarios hegemónicos, formas que no están pensadas como "superiores" a otros discursos culturales, sino simplemente como portadoras de ciertas especificidades cruciales. De esta manera, mi enfoque hace eco de la idea de Beatriz Sarlo, quien propone una revaloración de la literatura desde los estudios culturales a partir de tres criterios: "la relación de la literatura y la dimensión simbólica del mundo social," "las cualidades específicas del discurso literario" y "el diálogo entre los textos literarios y los textos sociales" (35). Asimismo, con las precisiones sobre las ideas de nación y nacionalismo que haré posteriormente, entiendo, con Simon During, que la literatura, incluso la canónica, "has operated in different social spaces than nationalism, employing different signifying practices" (Bhabha, *Nation* [*Nación*] 138) [1]. Con esto, este libro busca contribuir a la revisión de la cultura de las primeras décadas del Estado posrevolucionario a través de la lectura de una serie de textos y problemáticas que, a mi parecer, han sido dejadas de lado por los debates actuales.

La articulación de la literatura a un proyecto de interpretación histórico y político implica, para el caso de la literatura mexicana, la adscripción a una genealogía precisa de crítica literaria. Históricamente, la crítica literaria en México ha estado íntimamente ligada a los intentos mismos de constitución de la literatura nacional a los que me referiré en este trabajo, y, en buena medida, están escritos desde los paradigmas intelectuales que, supuestamente, deberían evaluar. Como observó Jorge Ruffinelli en una suerte de "estado de la cuestión" escrito en 1990, uno de los mitos hacia dentro del campo literario en México es la "ausencia de crítica literaria." Sin embargo, Ruffinelli tiene razón en el hecho de que el panorama crítico del país en 1990 acusaba una falta de "tradición crítica," entendida como una actividad "intelectual, sostenida, orientada y significativa" (1535–55). En términos generales, conforme se fue inscribiendo la crítica literaria en agendas más significativas de cuestionamiento de las "redes imaginarias de poder político" comenzaron a observarse aperturas fundamentales en el campo de los estudios literarios. En estos términos, vale la pena destacar de manera particular el trabajo de Evodio Escalante y de Jorge Aguilar Mora.

A partir de su libro sobre José Revueltas, publicado en 1979, Escalante ha emprendido un proyecto de lectura crítica de la literatura mexicana del siglo XX, que lo ha convertido en referencia fundamental en los estudios de muchos periodos literarios del país, y que se funda en una interpretación de la literatura mexicana en términos de sus implicaciones políticas e ideológicas. Por su parte, Aguilar Mora ha producido críticas fuertes de algunas figuras consagradas del campo literario (como Octavio Paz o la literatura de la Revolución), en función a la relación entre su escritura y la consolidación del Estado en México, así como relecturas de la tradición revolucionaria mexicana en términos de sus contribuciones y complicidades políticas. Una mención aparte merecen la crítica feminista y los estudios de género. A partir de la publicación, a fines de los ochenta, de *Plotting Women* [*Las conspiradoras*] de Jean Franco y de los primeros trabajos del grupo Diana Morán, que reúne a un conjunto de investigadoras mexicanas especializadas en literatura del siglo XX, se ha suscitado una apertura de la crítica literaria a temas como la representación de la mujer en los textos o la relación entre escritura e igualdad de género, así como una crítica al lugar central de la masculinidad en la construcción del discurso mexicano. Asimismo, el auge de los estudios *queer* en los últimos años, así como los trabajos fundacionales sobre homosexualidad y cultura de Carlos Monsiváis, Robert Irwin, José Joaquín Blanco y Luis Mario Schneider, han hecho lo propio en el descentramiento de la noción misma de masculinidad.[4]

El libro se inscribe, entonces, en un proyecto de lectura de la literatura mexicana en función de sus articulaciones políticas y críticas. En particular, la propuesta de este trabajo radica en la investigación de los usos de la literatura en la producción de estrategias intelectuales contrahegemónicas y de narraciones culturales de la nación distintas a las sustentadas por el Estado.

Introducción

Desde esta línea de pensamiento, el libro pretende una primera sistematización de un conjunto de producciones literarias en México, muchas de las cuales se han estudiado de manera aislada o en delimitaciones temporales muy localizadas. En cierto sentido, podría decirse que del recuento que Ruffinelli hace en 1990 de la crítica mexicana, uno de los problemas que siguen persistiendo hasta nuestros días es que la producción de estudios específicos de autores, épocas y temas no se ha traducido en una reconsideración de la serie literaria mexicana posrevolucionaria, es decir, de la manera en que estas producciones se engarzan directa e indirectamente y constituyen estrategias intelectuales comunes. Este libro es un intento de responder a esta problemática al proponer un conjunto de hilos conductores definidos a partir de formas específicas de formación y ejercicio de la práctica intelectual que, pese a las distancias estéticas e ideológicas entre los escritores, son comunes a muchas de las figuras centrales de la literatura mexicana. Estos hilos, pienso, emergen en el periodo cubierto por mi estudio, que va de 1917 a 1959, pero continuaron operando hasta fines del siglo XX. El primer hilo conductor será proporcionado por la noción de "campo literario," entendida, a partir del trabajo de Pierre Bourdieu, como un espacio institucional y simbólico de autonomía relativa al campo de poder, que produce sus propias lógicas y su propio capital cultural.[5] Los autores analizados serán estudiados en función tanto de su posición en el campo literario como del significado que sus obras y sus espacios de enunciación tienen en el estudio de estos procesos. De esta manera, la articulación temporal del libro se estructura, en parte, en función a la formación, consolidación y aperturas del campo literario. Dado que un recuento exhaustivo en un rango temporal de más de cuatro décadas es imposible, se privilegian de manera particular aquellos autores paradigmáticos en la enunciación de "naciones intelectuales" o de otras estrategias intelectuales que, a la larga, contribuyeron a la formación de versiones alternativas de la nación. Dicho de otro modo, cada capítulo corresponde a un momento de transformación particular de la práctica literaria en México con relación tanto a sus filiaciones al nacionalismo del Estado como en términos de las aperturas que ciertas intervenciones literarias e intelectuales significaron en las formas de producción de la literatura.

Introducción

Es necesario hacer un paréntesis aquí para discutir un poco las implicaciones de la aplicación del modelo de Bourdieu a la literatura mexicana. Ciertamente, el libro en el que se basará buena parte de mi reflexión, *Las reglas del arte*, se ocupa de un contexto particular: la institucionalización de la literatura francesa en un arco temporal que va desde los salones de la Ilustración hasta la vanguardia de los años treinta. Sin embargo, creo que la metodología analítica de Bourdieu tiene una aplicabilidad más allá del contexto al que fue destinada originalmente. De hecho, existe ya un antecedente importante: los estudios del grupo Contemporáneos[6] llevados a cabo por Pedro Ángel Palou en *La casa del silencio* y *Escribir en México durante los años locos*. En la medida en que el espacio cultural mexicano usó de manera intermitente al francés como modelo —desde los salones literarios del modernismo hasta la admiración producida por Julien Benda en muchas figuras de la intelectualidad del siglo XX—, algunas de las formas culturales galas discutidas por Bourdieu fueron adaptadas al contexto mexicano. Un ejemplo es el Colegio Nacional, que se modeló, en parte, en la figura del Collège de France, por mencionar sólo un caso. Sin embargo, el libro pondrá especial énfasis en las especificidades del proceso cultural del campo literario en México, incluyendo el deseo explícito de construir un espacio autónomo para la literatura, algo que muchos de los autores estudiados por Bourdieu no manifestaron de manera explícita. El potencial de la sociología cultural de Bourdieu para el análisis que busco desarrollar en este libro viene de la capacidad de sus metodologías y conceptos de revertir de historicidad a sus objetos de estudio. En otras palabras, es un método ideal para estudiar la especificidad de un campo literario en formación, como lo fue el mexicano en la estela de la Revolución, al reconocer a la cultura como un conjunto de lógicas específicas y materiales y no de principios universalmente aplicables.

El segundo hilo conductor del análisis radica en la construcción de genealogías intelectuales que, pese a sus diferencias concretas, comparten el impulso de construcción de una literatura nacional sin una relación necesaria con el Estado. Dado que la naturaleza del Estado en México y de los nacionalismos oficiales no es una y la misma a lo largo del siglo veinte, la construcción de estas estrategias intelectuales responden también a

Introducción

los distintos cambios impuestos por las formas específicas de la nación diseñadas por el Estado y por sus intelectuales. Esto no quiere decir que el libro intente una esquemática comparación lado a lado entre nacionalistas y no nacionalistas, dado que esto representaría equivocadamente el trabajo de los autores estudiados. Más bien, en tanto el nacionalismo del Estado y ciertas formas del nacionalismo cultural establecieron coordenadas ideológicas e intelectuales, mis objetos de estudio son discutidos en términos de dichas coordenadas. En general, podría decirse que, sin buscar trazar una narrativa cerrada, privilegio en varios momentos una perspectiva historiográfica como forma de dar sentido tanto a los objetos de estudio como a los trabajos e investigaciones alrededor de ellos, con el fin de conectarlos una visión cultural más amplia. Parte del argumento implícito en la metodología que propongo aquí es que el establecimiento de vínculos historiográficos y estéticos entre los diversos autores estudiados desde la perspectiva de su articulación política permite refuncionalizar su posición en la tradición literaria del país y, sobre todo, proveer lecturas de los textos y de la literatura mexicana en general distintas a las heredadas por la crítica anterior. Al enfocarme en la historicidad y la genealogía de los textos, mi perspectiva se distingue de muchos estudios al desmarcarse deliberadamente de ciertas clasificaciones aplicadas a los autores más canonizados, inscribiéndolos en genealogías críticas que los extraen de su normalización en la historia literaria mexicana.

Dentro de este marco, el libro está dividido en dos partes. La primera parte abarca el periodo que va desde 1917 hasta 1959, y da cuenta del proceso de formación y consolidación del campo literario y sus prácticas después del primer reacomodo causado por la Revolución. El año 1917 señala la promulgación de la Constitución Política de los Estados Unidos Mexicanos, documento que, como veremos en el capítulo 1, sienta las bases para la formación del consenso hegemónico posrevolucionario. Asimismo, alrededor de las mismas fechas se llevan a cabo dos eventos que marcan de igual forma el inicio de la investigación. El primero es el premio de novela convocado por el carrancismo que establece a un grupo literario llamado "virreinalista," debido a su recuperación del periodo colonial como fundación de la cultura, como el primer intento de articulación del campo literario con el Estado. El segundo es la aparición, desde el exilio, de dos textos de Alfonso Reyes, "Visión de Anáhuac" y "La sonrisa," que marcan un punto de partida en la tradición del pensamiento cultural mexicano en resistencia a la nación. En términos cronológicos, podría decirse que "Visión de Anáhuac" es la primera "nación intelectual" del México posrevolucionario.

Dentro de este marco se desarrollan los primeros capítulos de esta investigación. El capítulo 1 estudia, a partir de la definición de los conceptos de "hegemonía," "intelectual" y "campo literario," que se utilizarán por el resto del trabajo, el momento de emergencia del campo literario y la manera en la que las distintas pugnas entre los grupos culturales dan forma tanto a la estructura institucional como a la naturaleza del discurso literario del país. Este análisis incluye la polémica de 1925, considerada la primera definición del campo literario por parte de sus miembros. Aquí, se harán estudios de caso de cuatro figuras de esa época: el intelectual virreinalista Francisco Monterde, el estridentista Manuel Maples Arce, el proverbial poeta de provincias Ramón López Velarde y el ya mencionado Alfonso Reyes para ver cómo, dentro de un campo en definición, emergen manifestaciones diversas de las "naciones intelectuales." El capítulo 2 analiza la emergencia de la postura intelectual que sostiene la independencia de la literatura frente al Estado, a partir de la trayectoria de Jorge Cuesta y, de manera particular, su rol en el segundo debate sobre la noción de la literatura nacional, en 1932. Este capítulo sostiene que la postura articulada por Cuesta frente a los intelectuales que buscaban subsumir la literatura al emergente Estado socialista que desembocará en el cardenismo, da cuenta de cómo la autonomía del campo literario se vuelve parte del discurso literario mismo, y de los espacios que este discurso origina para la emergencia posturas políticas contestatarias.

La segunda parte se dedica al estudio de dos fundaciones estrechamente relacionadas: las instituciones educativas y culturales y la construcción, desde la filosofía y la literatura, de una idea del "ser nacional." El capítulo 3 sigue el regreso de Alfonso Reyes y la llegada de José Gaos a México para describir la manera en la que las instituciones culturales de los años cuarenta, particularmente la sección de humanidades del

Introducción

Colegio de México, construyeron espacios inusitados de autonomía cultural y política que potenciaron una actividad literaria e intelectual más profesionalizada y menos sujeta a los vaivenes de los debates culturales. De igual manera, se verá cómo la obra de Gaos introduce en el pensamiento de México una ideología de reflexión sobre "lo nacional" que se traducirá tanto en la producción de discursividades que buscarán definir "lo mexicano" como en la emergencia de un campo filosófico autónomo que competirá con la literatura. Finalmente, el capítulo 4 plantea un recorrido por estas filosofías de "lo nacional," incluidas las propuestas por los discípulos de Gaos y el famoso texto *El laberinto de la soledad* de Octavio Paz para demostrar, por un lado, la forma en la que, desde posiciones autonómicas, algunos de estos textos reproducen ideologías oficialistas de la nación, de tal suerte que el cierre del campo literario en una estructura autónoma comienza a encaminarse a una identificación con el Estado. Asimismo, el capítulo busca ver cómo, en el momento más alto de su consolidación, con la emergencia de estructuras de poder cultural, el discurso del campo literario comienza a articular un *impasse* que borra las contribuciones de intelectuales anteriores a la formación de una postura intelectual crítica.

En suma, este libro busca la reapropiación de la literatura para la imaginación de estrategias alternativas de comprensión de la nación y una reivindicación del papel de la literatura como espacio de articulación intelectual funcional incluso en sistemas hegemónicos de poder, como el PRI, diseñados desde un sistema altamente institucionalizado. De esta manera, busco demostrar, contra la imagen de que la literatura mexicana canónica fue "cómplice" de los proyectos del PRI, que muchos de los autores en la tradición fundacional de la literatura mexicana del siglo XX encontraron instancias de desafío contra las imposiciones culturales del régimen. Continuando con la línea crítica de Escalante, Aguilar Mora y los estudios de género, es parte medular de mi argumento la recuperación de los textos literarios desde una lectura histórica y política a contrapelo de algunas tradiciones que, como veremos en los casos específicos de cada texto, han borrado el potencial crítico de la literatura mexicana a fuerza de entenderla en su relación con la "mexicanidad," el "mito," la demostración de sistemas teóricos estructuralistas o el simple olvido de autores que no entran en estos moldes. Del mismo modo, siguiendo la línea intelectual propuesta por Roger Bartra y Claudio Lomnitz, el libro busca interpretar a la literatura desde el proyecto de cuestionamiento a las identidades esenciales de la nación y a los proyectos culturales del priísmo, que, como observa Bartra en los pasajes citados al principio de esta introducción, son parte de las "redes imaginarias del poder político." De esta manera, en un país donde los escritores siguen ocupando un lugar activo en la esfera pública, como demuestra incluso la imagen de escritor del Subcomandante Marcos, esta lectura de la literatura busca, finalmente, proveer argumentos que permitan mantenerla como parte integral de proyectos políticos de apertura democrática. Es mi parecer que en proyectos de esta naturaleza radican los mejores prospectos para que la crítica literaria y cultural sobre México no se hunda en el pantano de la intrascendencia.

Primera parte
La fundación del campo literario
(1917–1939)

Capítulo uno

De la nación a la literatura nacional
Los orígenes del campo literario mexicano
(1917–1925)

El Estado mexicano en su versión actual tiene una fecha de nacimiento precisa: cinco de febrero de 1917. En ese día, se promulgó la Constitución de los Estados Unidos Mexicanos, documento que le otorga forma institucional a un conjunto disperso de reclamos políticos y sociales que, seis años y medio antes, fueron la causa de las sublevaciones que hoy en día conocemos como "Revolución Mexicana." Héctor Aguilar Camín y Lorenzo Meyer plantean que la constitución fue "no sólo una constitución política sino también una constitución social que grabó en la perspectiva del nuevo Estado las realidades estructurales que la violencia había sacado de los sótanos del Porfiriato" (77). Se trataba, en suma, de un documento que simultáneamente establecía un poder ejecutivo fuerte, que se convertiría en el eje del autoritarismo presidencialista del régimen emanado de él, mientras volvía al Estado un espacio que, por lo menos en la forma, reconocía en su base misma un conjunto de reclamos sociales que fueron la base de muchos conflictos políticos y sociales en el Siglo XIX. El resultado fue un Estado que incorporó a su estructura y a su discurso a muchos de los sectores que, anteriormente, se encontraban en posiciones de disenso: sindicatos, organizaciones campesinas, movimientos populares. Poco a poco, por la vía de la institucionalización y la represión, México desarrolló un Estado fuerte que respondía a las demandas del conflicto bélico de la década anterior.

La escritura de una constitución, sin embargo, no garantiza el establecimiento de esa "camaradería horizontal" e identificación simbólica que Benedict Anderson ha descrito respecto a la nación. La "comunidad imaginada," entendida como ese espacio simbólico y soberano que identifica a todos aquellos que forman parte de la nación, requiere de mecanismos más sutiles, sobre todo de índole cultural, para su establecimiento: se trata, a fin de cuentas, de sistemas de símbolos y afectos que construyen la mencionada camaradería horizontal en dimensiones más complejas que la sugerida por la constitución política del Estado. En el marco de esta problemática, el presente capítulo analiza el rol de la literatura en la constitución de esta "comunidad imaginada," en el periodo de formación de lo que se podría llamar la "cultura nacional"[1] mexicana. Este periodo abarca de 1917, cuando se promulga la Constitución, y se establece un marco institucional frente al cual la cultura se puede constituir, hasta 1925, año del primer debate sustancial sobre la cuestión de la "literatura nacional." Mi análisis descansa sobre la idea de que la literatura, desde los orígenes mismos del Estado posrevolucionario, ocupó un lugar particular en los debates culturales. Mientras el aparato educativo[2] jugó un rol capital en la amplia difusión de la cultura cívica y los símbolos de la patria, y mientras manifestaciones culturales como el muralismo y el cine[3] reprodujeron los valores de la constitución y el régimen posrevolucionario en el espacio público, la literatura fue un espacio de mayor contención y conflicto, donde los debates sobre la naturaleza misma de "lo nacional" y la forma que esta naturaleza debería tomar en la cultura permitieron el desarrollo de posiciones más diversas que otras manifestaciones culturales. Philip Schlesinger ha observado que los símbolos de la cultura nacional "are to be approached as sites of contestation in which competition over definitions takes place" (107). Así, busco analizar tanto la constitución de estos "sites of contestation" dentro de la estructura institucional y simbólica de la literatura mexicana, así como las formas de imaginar la nación escritas desde esos espacios. Dentro de este marco, mi argumento se compone, en primer lugar, de una descripción de la formación de las instituciones literarias que darían espacio a los debates culturales, para posteriormente ejemplificar, en cuatro casos específicos (el intelectual conservador Francisco Monterde, dos casos de la poesía de vanguardia, Manuel Maples Arce y Ramón López Velarde y la época de juventud de Alfonso Reyes) el desarrollo de proyectos imaginados de nación, proyectos que discuto bajo el nombre de "naciones intelectuales." A partir de todo esto, este capítulo busca demostrar, en contra de la idea de una cultura universalmente institucionalizada por el Estado revolucionario, que la literatura desarrolló en sus orígenes una forma de operación autónoma al poder que le permitió, en décadas posteriores, la constitución de espacios alternativos de imaginación de la nación que concedieron forma simbólica a un conjunto de ideales e ideologías excluidas sistemáticamente por los grupos hegemónicos. Desde estas coordenadas, desplegaré tres nociones que serán fundamentales a todo mi trabajo y que permiten una descripción clara del funcionamiento de la literatura y su relación compleja con las ideologías del Estado: "hegemonía," "campo literario" e "intelectual."

Los orígenes de la hegemonía cultural en México

"Hegemonía," según ha explicado Terry Eagleton, a partir de Antonio Gramsci, puede entenderse como "the ways in which a governing power wins consent to its rule from those it subjugates" (*Ideology* [*Ideología*] 112) [2]. Este concepto permite el desarrollo de diversas problemáticas relevantes a la relación entre literatura y Estado, ya que, como observa Raymond Williams, implica el ingreso al análisis de factores culturales, y no sólo económicos o políticos (*Keywords* [*Palabras clave*] 145). En el caso específico que me ocupa, el concepto de "hegemonía" ayuda a dar cuenta de un conjunto de problemáticas relacionadas con las especificidades históricas del Estado posrevolucionario. En primer lugar, permite ver la forma en la que sectores considerables de la población se incorporaron al discurso hegemónico de nación por vía de la cultura y de los "aparatos ideológicos de Estado."[4] En el caso más específico de la literatura, permite dar cuenta de la manera en que la producción escritural se fue identificando en distintos grados con los diversos proyectos culturales propugnados desde el Estado. Asimismo, como ha sugerido el propio Williams, la noción permite comprender la manera en que las construcciones estético-literarias de la nación, así como los proyectos alternativos de nación que agrupo debajo de la noción de "naciones intelectuales," constituyen no sólo posturas intelectuales, sino políticas, dado que el contenido ideológico de las narrativas, ensayos y poemas escritos en la época que me ocupan mantienen siempre relaciones particulares con la construcción del campo de poder. El concepto de hegemonía, además, acarrea una noción de movilidad histórica, dado que los grupos que ocupan el poder en un momento dado pueden ser desplazados por otros grupos e ideologías.[5] Esta vertiente de la noción es la que ha sido explorada de manera particular por Ernesto Laclau, quien entiende a la hegemonía como una suerte de "significante vacío" que se "llena" con los contenidos de discursos que mantienen una relación antagónica en el espacio de lo social (*Emancipación* 69–85).[6] En el nivel discursivo, Jacob Torfing ha subrayado, a partir de Laclau, el hecho de que la "hegemonía" se refiere al movimiento "from the undecidable level of nontotalizable openness to a decidable level of discourse," es decir, la construcción de un espacio y un discurso político y cultural que resulta de "the play of meaning within discourse and the subversión of discourse by the field of discursivity" (102) [3]. En el caso que me ocupa, esta dimensión del concepto de hegemonía es útil para dar cuenta de dos problemáticas. En primer lugar, el hecho de que el régimen posrevolucionario, en la forma institucional que tomará con la emergencia del PRI, se caracteriza por un "camaleonismo" ideológico, donde los contenidos del discurso político se modifican en función de las distintas coyunturas ideológicas e históricas vividas por el país. En términos de la relación entre el discurso hegemónico y las naciones intelectuales, esta dinámica sugiere que, conforme el "significante vacío" producido por la posición hegemónica del PRI da forma a discursos políticos que cambian con el transcurso del tiempo, las "naciones intelectuales" resultan, en parte, de los desplazamientos discursivos e ideológicos hacia adentro del campo intelectual como resultado del reacomodo discursivo del campo de poder.

Por otra parte, la movilidad de la hegemonía genera un lugar constitutivo al antagonismo[7] y a las prácticas contrahegemónicas[8] y, en consecuencia, es una de las condiciones de posibilidad de la escritura de "naciones intelectuales": su producción es posible en tanto las fluctuaciones ideológicas generan intersticios en el edificio del discurso hegemónico. Si, como plantea Torfing, la hegemonía "involves the expansion of a particular discourse of norms, values, views and perceptions through persuasive redescriptions of the world" (302) [4], las "naciones intelectuales" intentan dichas redescripciones de la nación desde posturas contrahegemónicas. Para resumir la cuestión conceptual, "hegemonía" se referirá a partir de aquí al "significante vacío" que ocupa el espacio del poder (las distintas articulaciones ideológicas del régimen posrevolucionario), mientras que el adjetivo "hegemónico" se aplicará a ideas y manifestaciones culturales relacionadas con los contenidos discursivos de la hegemonía en un momento histórico dado. Las "naciones intelectuales," entonces, se definirán como alternativas contrahegemónicas, producidas desde la literatura, al discurso hegemónico sobre la nación imperante en cada época.

El periodo que va de la Constitución de 1917 al debate sobre la cultura revolucionaria de 1925 constituye un espacio abierto en el cual se desarrolla una pugna entre los diversos grupos intelectuales por la definición del discurso hegemónico. Este periodo, contextualizado principalmente en las presidencias de Venustiano Carranza, Álvaro Obregón y los primeros años del régimen de Plutarco Elías Calles, se caracteriza por un álgido debate sobre la naturaleza de las instituciones culturales del régimen emanado de la Revolución, donde intervienen un conjunto de grupos culturales diversos cuya formación se dio en las décadas anteriores. Entre ellos, destaca el llamado "Ateneo de la Juventud," un grupo constituido hacia los últimos años del Porfiriato, bajo el magisterio de Justo Sierra.[9] Respaldados por la estructura institucional de la Universidad Nacional y la Escuela Nacional Preparatoria durante los últimos años del Porfiriato, los ateneístas fueron un grupo cultural diverso que fue responsable de la formación de varias dimensiones de la cultura nacional. En el caso que me ocupa, conviene subrayar la presencia de José Vasconcelos, quien tendrá un rol capital en la formación del anteriormente mencionado sistema educativo, Alfonso Reyes, al que me dedicaré más tarde, y Antonio Caso, un filósofo de corte bergsonista cuyos trabajos constituyen el primer reto directo a la herencia positivista del porfiriato. Simultáneamente, las tareas políticas emanadas de la Revolución coadyuvan a la emergencia de un conjunto de intelectuales a caballo entre la letra y la política y relacionados con la formación de distintos proyectos de izquierda y derecha hacia dentro de la fundación del Estado revolucionario, intelectuales que han sido denominados los "Siete Sabios."[10] Este grupo, cuya importancia se encuentra por fuera del tema que me ocupa, ejemplifica sin embargo la manera en la que los contenidos ideológicos del proyecto hegemónico se encuentran en un momento de plena

Capítulo uno

indeterminación. Como ejemplo, vale la pena señalar a Vicente Lombardo Toledano, fundador de una parte considerable de la estructura sindical que se incorporará al PRI, y eventual figura fundacional de la oposición de izquierda. Asimismo, pertenece a este grupo Manuel Gómez Morín, un intelectual de cuño más conservador que, durante su relación con el Estado, fundará el Banco de México, para después romper con el gobierno y fundar el Partido Acción Nacional, institución que, a partir de fines de los treinta, encabezará la oposición de derecha.

Como se puede ver, la hegemonía, en este periodo, era un verdadero espacio de indeterminación en varios sentidos. Desde la perspectiva del Ateneo, una necesidad de renovación y un proyecto cultural de completa reconstrucción espiritual del país. Pedro Henríquez Ureña, miembro destacado del Ateneo, planteó en su célebre conferencia "La cultura de las humanidades" una misión civilizadora en el contexto de "la reconstrucción que nos espera" (60), aseveración que apuntaba al sentido de vacío ideológico y cultural que imperaba en los años inmediatamente posteriores a la Revolución y que, inmediatamente, se convirtió en terreno abierto para intentos de imaginación y escritura de "lo nacional." En términos de praxis política, este espacio cultural fue acompañado por los debates de intelectuales a lo largo y ancho del espectro político, cuyo interés era la articulación de posturas y discursos que reflejaran los intereses de los grupos en cuestión. Ernesto Laclau y Chantel Mouffe entienden "articulación" como una relación de elementos cuya identidad se modifica como resultado de la práctica articulatoria (105). En este sentido, muchos de los elementos culturales que flotaban en los debates de la época, como el humanismo clásico del Ateneo, la ideología sindicalista de Lombardo Toledano o el sinarquismo de Gómez Morín eran formas de ejercer una identidad cultural y política nacional en un momento en que el Estado no había logrado armar del todo su versión hegemónica.

Este marco permitió la emergencia de un conjunto de propuestas literarias concretas que, en búsqueda de un sentido para el significante vacío de la "literatura nacional," apuntaban a la universalización de sus propuestas como representantes globales de la nación. En este sentido, la literatura opera en este periodo desde un mecanismo similar al descrito por Laclau, quien plantea que, dentro del proceso de articulación de la hegemonía, un significado particular se asume como universal en un momento dado (*Emancipación* 48–68). De manera análoga, podría decirse que los grupos literarios más prominentes durante los ocho años que transcurrieron entre la Constitución y el debate del veinticinco elaboraron propuestas literarias específicas, planteadas desde una estética o estéticas definidas en torno a parámetros literarios e ideológicos particulares, que después buscaron constituirse como la práctica literaria "universal." De hecho, la naturaleza misma de la universalidad que cada grupo buscaba representar era parte de la discusión, ya que algunos buscaban erigirse como representantes legítimos de la nación, mientras otros buscaban trascender la nación y legitimarse como el grupo que ejerce una práctica literaria universalista, en el plano estético (como los Contemporáneos) o político (como los estridentistas).

Bajo esta lógica, en lo que sigue me referiré a intelectuales provenientes de tres perspectivas particulares: los virreinalistas, el estridentismo y la vanguardia de raigambre modernista. El primero de estos grupos es un conjunto de intelectuales denominados "colonialistas" o "virreinalistas,"[11] encabezados por Francisco Monterde y Artemio de Valle-Arizpe, quienes planteaban que la fundación de la nacionalidad se encontraba en el encuentro entre Estado, cultura española y catolicismo del Virreinato. Los virreinalistas encontraron acomodo de forma temprana en el aparato cultural, gracias a un concurso de novela organizado por el carrancismo, donde la novela triunfante, escrita por Monterde, otorgó un posicionamiento temprano al grupo. Más adelante en el capítulo volveré a este certamen en particular. Por el momento, hay que tener en consideración la naturaleza del proyecto cultural del grupo. Ante la renovación cultural que implicó la Revolución, los colonialistas planteaban un regreso particular a la genealogía española de la cultura nacional, genealogía que, en esos años, se encontraba borrada por las tendencias afrancesantes del modernismo mexicano.[12] Cabe decir que la recuperación de la hispanidad era también parte de la agenda de los ateneístas, como atestiguan el gran volumen de escritos sobre España que Alfonso Reyes produjo en la década del 10.[13] Sin embargo, a diferencia de la cotidianeidad y actualidad de la mayor parte de las misceláneas reyistas, los colonialistas articulaban un discurso nostálgico que, a partir de narraciones idealizantes de la ciudad colonial, buscaban la recuperación de un nacionalismo católico y criollo. Sobra decir que este nacionalismo se encontraba completamente fuera de sintonía respecto tanto al espíritu secularizador de la Constitución de 1917 (que retomaba y radicalizaba el principio de separación Iglesia-Estado de las Leyes de Reforma), como a la ideología del mestizaje que comenzaba a ser articulada por Manuel Gamio en *Forjando patria*.

El contraste entre los colonialistas y el libro de Manuel Gamio, el estudiante mexicano más aventajado del magisterio de Franz Boas en el país,[14] permite ver cómo el espacio de la literatura comenzaba a mostrar visos de autonomía, al desarrollar proyectos culturales sustancialmente distintos de las ideologías que estructuraban la primera articulación hegemónica posrevolucionaria. *Forjando patria* fue el primer verdadero parteaguas intelectual de la Revolución Mexicana. Publicado en 1916, el libro es un intento de "remover [en el sentido de suscitar] impulsos nacionalistas e ideas gestadoras de Patria," a partir del despliegue de un conjunto de ideas "científicas" provenientes de la antropología, cuyo objetivo último es la integración de la "raza indígena" al proyecto del mestizaje.[15] Luis Villoro ha observado que *Forjando patria* expresa "quizás mejor que ninguna otra obra de la época, el ideario del movimiento revolucionario posterior a Madero: el nacionalismo social, la búsqueda de una cultura propia, la mejoría de las masas por la acción conciente de un nuevo Estado popular, la redención del campesino indígena, la construcción de una sociedad más igualitaria" (*En México* 66). Por esta capacidad de sintetizar por primera vez los valores y reclamos de un movimiento que, hasta ese momento, había carecido de una guía intelectual clara, Gamio se perfila como el primer "intelectual orgánico"[16] del México posrevolucionario. El hecho de que el libro de Gamio pusiera un énfasis tan fuerte en cuestiones antropológicas y raciales, con la ulterior incorporación de estas cuestiones a la identidad cultural del Estado, contrasta con la idea misma de una nacionalidad basada en una escala imaginada de valores virreinales, y permite ver cómo los grupos en pugna en el campo literario tenían posturas que diferían significativamente de la de aquellos intelectuales que, como Gamio, encontrarían espacio temprano en el proyecto hegemónico.

Los orígenes del campo literario

Benedetto Fontana ha planteado que "[t]he social group or class that is capable of forming its own particular knowledge and value systems, and transforming them into general and universally applicable conceptions of the world, is the group that exercises intellectual and moral leadership" (140) [5]. El proyecto de Gamio logró ubicarse dentro de esas "universally applicable conceptions of the world," que permitieron al régimen la fundamentación de una política cultural precisa. La literatura, como atestigua la preeminencia de un grupo literario de propuestas tan anacrónicas como los colonialistas, no consigue en estos primeros años dicha universalidad, por lo cual el campo literario se mantiene mucho más abierto que áreas como la pintura (pienso en el Dr. Atl) o la antropología (Gamio), donde, desde fines de la década del 10, se dejaba ver una postura más claramente dirigida a lo que se constituirá como el nacionalismo revolucionario. Héctor Aguilar Camín ha observado que la formación de la cultura nacional en el periodo que va de 1917 a 1925 funcionaba desde tres ejes:

> 1) La idea de educación como redención del pueblo y como instrumento de progreso económico individual y nacional. 2) La historia del país como una obra inconclusa cuyo acto va escribiendo, siempre con mayúsculas, el presente. 3) La Universidad y los intelectuales como criaturas ajenas a —pero obligadas a la identificación y la lealtad con— la épica y las necesidades del pueblo, cuyas aspiraciones más hondas nadie encarna tan bien como el gobierno. (*Saldos* 120)

No es difícil ver los motivos de la exclusión originaria de la literatura dentro de esta perspectiva de la cultura nacional. Mientras el muralismo pudo encarnar muy bien el concepto de historia descrito por Aguilar Camín, un proyecto como el de los colonialistas era incapaz de articular una épica histórica que permitiera comprender realmente al proceso revolucionario como punto de llegada de una teleología fundada nada menos que en el periodo virreinal. Esta distancia, sumada al imperativo ético de incorporarse como sea a la Revolución, fue el punto de base de la postura ambigua que los miembros del campo literario tuvieron hacia el régimen. Los colonialistas encarnan bien esta ambigüedad: producen un sistema literario cuya aspiración original es la representación de la nación posrevolucionaria, pero

Capítulo uno

cuya ideología desentona claramente con la que comenzaba a articular la cultura hegemónica. Esta distancia, como veremos al hablar de Monterde, será particularmente manifiesta cuando los colonialistas entronquen con la novela de la Revolución.

A inicios de los años veinte surge un segundo grupo que entrará a la pugna ideológica por la hegemonía literaria: el estridentismo. Fuertemente informado por el futurismo de Maiakovski y Marinetti, el estridentismo significa un cambio fundamental respecto a las ideologías de la cultura ejercidas hasta ese momento. Por un lado, frente al pasatismo de los colonialistas, el estridentismo proviene de una cultura urbana que se asume como tal y que busca el establecimiento de la cultura en la base de la modernidad tecnológica.[17] En el caso específico de la literatura, el estridentismo significó una identificación del proyecto de la Revolución Mexicana con la idea bolchevique de Revolución. De este modo, a diferencia del nacionalismo de los muralistas, los estridentistas buscaban una ruptura radical con una teleología puramente nacional y, particularmente, con la cultura heredada de la Colonia y el siglo XIX. "Cosmopoliticémonos," reza el primer manifiesto estridentista, "ya no es posible tenerse en capítulos convencionales del arte nacional" (Schneider 272). El nacionalismo inscrito en el estridentismo, entonces, tiene más que ver con el presente de la Revolución que con la preservación de símbolos identitarios. A este respecto, Evodio Escalante observa: "La revolución, [para los estridentistas], no se vive como un acontecimiento futuro que hay que preparar y planear, a través de un complicado proceso de acumulación de fuerzas, sino como una realidad presente, a cuya consolidación hay que contribuir si no se quiere retornar a los tiempos de la violencia y del caos que propiciara el régimen de Porfirio Díaz" (*Elevación* 45). En los estridentistas, esto significó un equilibrio peculiar entre una retórica de fuerte beligerancia hacia las figuras de la cultura y la historia del país ("Caguémonos. Primero. En el Gral. Zaragoza, bravucón insolente de zarzuela" [Schneider 277]) y una incorporación sin ambages al Estado revolucionario. Como ejemplo de esto, puede citarse la cercanía de los estridentistas con el General Heriberto Jara, gobernador de Veracruz, cuya caída del poder significó el fin del estridentismo, y la presencia de Manuel Maples Arce, el poeta más importante del movimiento, como diputado en el

Congreso. Como veremos más adelante, al hablar de Maples Arce, esta postura política servirá, simultáneamente, para plantear una "nación intelectual" fundada en el utopismo socialista y para ubicarse en la misma trinchera que los colonialistas en las querellas culturales de los años veinte.

Finalmente, el tercer movimiento a considerar en la constitución de la hegemonía intelectual es la vanguardia post-modernista, cuyo punto de origen es la obra de Ramón López Velarde y que, con el tiempo, desembocará en el grupo Contemporáneos. A diferencia de los virreinalistas y el estridentismo, lo que se ve aquí es un proceso de renovación de la poesía mexicana que parte de una reescritura del significado de "lo nacional" en la literatura y desemboca en una concepción completamente cosmopolita de lo poético que se contrapone a la búsqueda misma de una "literatura nacional." El primer caso será parte del análisis de este capítulo. Lo segundo es tema del capítulo siguiente. Mientras tanto, vale la pena cerrar el tema de la hegemonía observando que el vacío hegemónico permitió la construcción de proyectos imaginados de nación desde la literatura, que permitirán dar cuenta de las distintas ideologías y estéticas en contención en la época. Los ejemplos son, primero, Francisco Monterde, cuya obra, en representación de los colonialistas, da cuenta de la inicial consagración y subsecuente naufragio del movimiento, así como de la paradójica fundación de una postura antirrevolucionaria a partir de la novela de la Revolución. Monterde, cabe decir por el momento, fue el descubridor del texto que sería el signo de la estética revolucionaria: *Los de abajo* de Mariano Azuela. Segundo, Alfonso Reyes, quien emerge como heredero de la ideología humanista del Ateneo de la Juventud y parte del puente intelectual entre Porfiriato y Revolución, con una posición particularmente ambigua en torno a esta. Es importante, sobre todo, recalcar el hecho de que su producción en estos años se escribe fuera de México y, por ende, lejos de las pugnas por el poder cultural, lo que le permite plantear un discurso de naturaleza distinta a las propuestas en busca de la hegemonía. Tercero, Ramón López Velarde, a partir de cuya obra se puede dar cuenta de la transición del modernismo a la vanguardia, y, más importante aún, de una idea de la cultura nacional que no se finca en las ideologías urbanas de buena parte de los grupos de cuestión. Finalmente, Manuel Maples Arce, cuyo trabajo muestra la radicalización de la idea de Revolución como forma de construcción de una cultura nacional.

William Roseberry ha señalado, a propósito del proceso de articulación hegemónica en el México de estos años, que lo que la hegemonía construye "is not a shared ideology but a common material and a meaningful framework for living through, talking about, and acting upon social orders characterized by domination" (361) [6]. Mientras el sistema educativo que comienza a desarrollarse con la promulgación del artículo tercero de la Constitución de 1917, y cuyo auge parte de la fundación de la Secretaría de Educación Pública en 1921, se encarga de la construcción de marcos de significación para la población en general, la literatura busca el desarrollo de un lenguaje representativo de las nuevas formas de imaginar la relación entre Estado, cultura y cuerpo político. Es dentro del cuadro propuesto por las nuevas identificaciones políticas que la dispersión intelectual del periodo posrevolucionario se convierte en un campo de batalla ideológico.

Campo literario y producción cultural: La fundación del espacio intelectual autónomo en México

Una vez definida la naturaleza de la lucha ideológica, el paso siguiente es la descripción del espacio donde se desarrollan las prácticas literarias posrevolucionarias. Para este fin, la noción de "campo literario" desarrollada por Pierre Bourdieu provee la clave para la descripción de las maneras concretas en las que la literatura opera en distinción a otras prácticas culturales. Entiendo "campo literario" como un espacio[18] específico dentro del "campo de producción cultural"[19] que se ocupa específicamente de las luchas de poder y del capital simbólico en el ámbito de la literatura. Dado que mi investigación se restringe a la producción literaria, la noción de campo literario engloba suficientemente el territorio que me ocupa, puesto que un trabajo más amplio sobre el "campo de producción cultural" excede por mucho las consideraciones de este libro. Es necesario comprender aquí otra idea relacionada: "autonomía relativa." Bourdieu considera que el campo de producción cultural tiene una cierta autonomía con relación al campo de poder debido a que algunas leyes del mercado de bienes simbólicos (como la profesionalización del escritor) permiten la emergencia de prácticas cuyo ámbito no necesariamente entronca con un campo exógeno. De esta manera, el concepto de Bourdieu, a diferencia de nociones más articuladas a una noción vertical del poder (como "aparato ideológico de Estado"), observa que el campo de poder no engloba al de producción cultural y que, pese a las relaciones establecidas a veces entre los grupos hegemónicos de ambos, la lógica del campo de producción cultural permite espacios exteriores al campo de poder (*Field* 37–41). Más aún, como expone Bourdieu a lo largo de su libro *Las reglas del arte*, el campo literario opera también con "autonomía relativa" respecto al campo de producción cultural, debido al desarrollo de un conjunto de prácticas específicas a él, relacionadas entre sí. De esta manera, puede conceptualizarse, tal como planteo para el caso mexicano, en términos de lógicas específicas que no tienen una relación necesaria con otras áreas como el cine o la cultura popular.

En estos términos, el temprano campo literario mexicano se caracteriza por la operación tanto de lógicas específicas de acomodo ideológico e institucional, así como una relación particular con el poder. Es claro, por ejemplo, que la literatura no fue un "aparato ideológico de Estado" tan efectivo como el muralismo, cuya apelación althusseriana *avant la lettre* a un sujeto popular lo hizo un medio cultural más efectivo para la difusión del ideal revolucionario. Incluso, debe tenerse en cuenta que la producción literaria está lejos de tener la prominencia cultural a nivel de esfera pública y de Estado que tuvo en el XIX, cuando buena parte de los escritores canónicos, como Ignacio M. Altamirano, Guillermo Prieto o Francisco Zarco, eran ministros o congresistas. Ciertamente, durante el Porfiriato se dio una primera etapa de profesionalización, con la emergencia de revistas y periódicos que permitieron a autores como Federico Gamboa, el autor de *Santa,* o al poeta modernista Manuel Gutiérrez Nájera, una relación más distante respecto al poder. Es, sin embargo, en las primeras décadas del periodo posrevolucionario cuando el campo literario desarrolla un aparato más amplio de publicaciones y casas editoriales que proveen los medios para dirimir sus debates y para proveer articulaciones de la literatura al emergente espacio público, sin la intervención directa del rol pedagógico promovido por el Estado.

Capítulo uno

La noción de "campo literario," en términos de los argumentos que he presentado hasta aquí, se funda entonces, más que en una sociología descriptiva de las relaciones institucionales entre los escritores, en la forma en que estas relaciones permiten una descripción más histórica de los proyectos escriturales de los miembros de la ciudad letrada. Si la idea de "nación intelectual" presupone proyectos de nación en lucha constante, un proceso ambivalente de escritura del discurso nacional y un espacio de competencia de definiciones de la cultura nacional, la idea de "campo literario" provee una metáfora ideal para pensar un espacio de cierta autonomía relativa desde el cual se enuncian dichas naciones intelectuales. Además, y esto es importante para comprender la relevancia de las naciones intelectuales en el ámbito de la esfera pública,[20] la noción de "campo literario" acarrea la idea de configuración institucional. Es crucial para mi análisis comprender que no se trata de discursos que se oponen entre sí solamente en el plano figurativo. Todos ellos tienen una base institucional, ya sea en instituciones educativas (Casa de España, UNAM), revistas (*Contemporáneos, Pegaso, Antena, Ulises*), espacios alternativos (Casa del Lago) o incluso en movimientos políticos (el Partido Comunista Mexicano). Al operar desde esta base, las figuraciones ideológicas de las naciones intelectuales en ocasiones cristalizan en movimientos concretos de oposición hacia dentro del campo de poder. Finalmente, como la noción de "campo literario" implica también una autonomía relativa frente a otras producciones del "campo de producción cultural," esta dimensión me permite respaldar mi propósito de trabajar sólo con textos literarios sin que esto necesariamente implique sugerir un aislamiento de la literatura con respecto a otras producciones culturales que, por razones heurísticas, están por fuera de mi análisis.

No hay mejor ejemplo de la diversidad ideológica y estética de estos años y de las ambiguas relaciones entre los grupos en pugna que las dinámicas de publicación de revistas de vida corta. En su artículo "Revistas culturales y mediación letrada en América Latina," incluido en *Crítica impura*, Mabel Moraña observa: "Como instrumento de mediación cultural [...] la revista es casi siempre una *empresa educativa* —política y pedagógica— aunque no sea más que por las maneras en que organiza y filtra *los relatos de identidad* y traza los vínculos entre el campo cultural y sus afueras" (240). Estas revistas también dejan ver la naturaleza de los intercambios culturales hacia dentro del campo literario y los intentos de los distintos grupos en pugna de articularse a la esfera pública. De entre los muchos ejemplos que se podrían invocar (*La Falange, Ulises, Contemporáneos*, entre otras),[21] me interesa detenerme en la revista *Antena*,[22] publicación mensual con una vida de cinco números entre julio y noviembre de 1924, justo en la víspera de la polémica sobre la cultura revolucionaria, auspiciada por una estación de radio llamada "El Buen Tono," financiada por una tabacalera del mismo nombre. El responsable de esta publicación era Francisco Monterde, una de las voces predominantes de los virreinalistas y a quien un poco más abajo dedico algunas páginas. La revista tuvo un origen curioso. Monterde lo plantea así: "se pretendía orientar a las nacientes radiodifusoras que empezaban a transmitir programas de música selecta, con algo de literatura, antes de que las invadieran los mensajes mercantiles" (*Antena* 9). Este origen es muy significativo, puesto que resulta sintomático de los constantes intentos de acomodamiento del campo literario en el seno de la sociedad posrevolucionaria.

La emergencia del medio de comunicación radial fue leída por los intelectuales como un espacio de gran potencial, especialmente considerando que la mayor parte de las revistas intelectuales de la época difícilmente duraban más de un año. Muchas de las revistas culturales de la época fracasaron, entonces, en cumplir la función mediadora que les correspondía, por lo cual el radio apareció como una posibilidad de conexión con la esfera pública. Si "la revista es una pieza central tanto en la reproductibilidad técnica de los relatos, programas y discursos, como en el fortalecimiento y debilitamiento de su auratización" (Moraña, *Crítica* 241), el campo literario emergente buscó en la radio una extensión de estas funciones enfatizando, sobre todo, la necesidad de conquistar los nuevos espacios públicos como estrategia de acomodo en el nuevo paisaje político-cultural.[23] Asimismo, como señala Rubén Gallo, la radio era interpretada por la clase intelectual y por el campo de poder como una forma de aproximarse a la población iletrada, al grado de que Alfonso Reyes llamó al medio "un instrumento para la paideia,"[24] mientras Vasconcelos, ya nombrado ministro de educación, dio una conferencia radial sobre la forma en que el medio ayudaría a educar a las masas del país (Gallo 125). Esto permite ver la forma en que el campo literario, simultáneamente, buscaba operar en términos autonómicos, mientras cooptaba otros espacios culturales para su operación. En términos de la profesionalización cultural, la radio pareció en ese momento una alternativa a las restricciones económicas y la difícil distribución que caracterizaban a las revistas literarias, mientras ofrecía un espacio que permitía llegar a una audiencia mayor.[25] Esto es significativo también porque la radio, en ese momento, era una suerte de moneda lanzada al aire y nadie tenía claro el destino que el medio tendría. En medio de ese espacio de indeterminación, *Antena* constituye un intento claro de encontrar una instancia de operación para la literatura por fuera de los medios restringidos que había tenido hasta entonces. El proyecto de *Antena* a la larga fracasa no sólo por la corta vida de la revista (Monterde expresa que el sexto número no se publicó por falta de financiamiento), sino porque la intelectualidad no logró incorporarse del todo al radio. En cierto sentido, esta misma incapacidad de articularse a medios de comunicación emergentes habla también de la especificidad institucional e ideológica del campo literario.

De esta forma, pese al fracaso de sus propósitos originales, *Antena* es una revista sumamente significativa para la comprensión de las dinámicas del campo literario. A pesar de su propósito específico, la revista llenó en ese espacio de tiempo un vacío cultural dejado por la copiosa producción de revistas efímeras de los años anteriores. Guillermo Sheridan observa que parte del intento de la revista fue unificar al campo literario después de la fuerte escisión que significó la postura de los estridentistas (*Contemporáneos* 161). Por ello, más que ser una revista facciosa, como lo fueron *Actual*, la revista-póster del estridentismo o, incluso, *La Falange*, la publicación de Vasconcelos, se trataba de un foro que incluía intelectuales de todos los cuños ideológicos y estéticos, y difícilmente podría encontrarse otro foro de la época con tal diversidad. Participaron, entre otros, Alfonso Reyes, de parte de los ateneístas; Genaro Estrada, Julio Jiménez Rueda y Monterde, del grupo de los virreinalistas; Xavier Villaurrutia, José Gorostiza, Gilberto Owen, Jorge Cuesta y Salvador Novo, todos parte del grupo que será llamado Contemporáneos y que eran los seguidores directos de la vanguardia lopezvelardiana; Enrique González

Martínez, el poeta que, como veremos más adelante, fundó con Ramón López Velarde un conjunto de revistas que fueron parte de la transformación del modernismo a la vanguardia; Mariano Azuela, cuya consagración como novelista de la Revolución estaba por darse en 1926; sólo por mencionar los nombres más relevantes a este capítulo. De hecho, todos los números son acompañados por una advertencia, escrita por Monterde, que reproduzco *in extenso* por su peculiaridad:

> Esta Revista no es portavoz de ningún grupo —ni literario ni político—. Tampoco es un reflejo egoísta. No siendo posible hacerla anónima, como obra de conjunto, por ser necesario que alguien aparezca como responsable de los artículos sin firma, su director se considera RECOPILADOR del material.
>
> No teniendo ninguna limitación de criterio, ni estando circunscrita a las preferencias de un grupo, se halla dispuesta a reconocer todos los valores intelectuales, sin aceptar o rechazar ciegamente los consagrados o los desconocidos, por el hecho de que así se les considere, ya se trate de valores nuestros o más allá de nuestras fronteras. Publicará toda clase de trabajos —literarios, científicos— de quienes sepan hallar el matiz justo y ofrecer sus ideas vestidas con esa propiedad que las hace gratas porque no desentonan en ninguna parte. Con un nacionalismo consciente, no apasionado, dará cabida a todas las manifestaciones de nuestra cultura que se destaquen por su valer, tomando en cuenta la producción exterior no como un modelo sino como un punto de referencia; viendo primero en torno y después hacia lo lejos.
>
> No tiene un número limitado de colaboradores ni excluye de sus páginas a ningún escritor, porque sus propósitos son de franca y abierta concordia.
>
> ANTENA permite la reproducción de los artículos que publica, rogando —únicamente— que al hacerlo se indique de dónde proceden. (12)

Este curioso texto puede interpretarse como un manifiesto de un campo literario heterogéneo, que, desde los márgenes del proceso político, busca encontrar un espacio público de consolidación. Se trata, si se quiere, del único punto en que todos los debates se dejan atrás para cumplir con la "misión" más importante: reinstituir a la literatura como el discurso privilegiado de la esfera pública. Por ello, la revista se ofrece como un espacio abierto, cuyas únicas limitaciones parecen ser la "literariedad" del texto ("de quienes sepan hallar el matiz justo y ofrecer sus ideas vestidas con esa propiedad que las hace gratas porque no desentonan en ninguna parte") y su adscripción a una estética que se entienda explícitamente a sí misma como "nacional" ("tomando en cuenta la producción exterior no como un modelo sino como un punto de referencia; viendo primero en torno y después hacia lo lejos"). En otras palabras, cualquier texto era aceptable siempre y cuando pudiera inscribirse dentro de la producción de un campo literario interesado en su rol como constructor de la literatura y la cultura nacional, manteniendo un nivel de discurso que garantizara la preservación de la especificidad textual de lo literario. La vida efímera de la publicación es un signo del carácter implosivo del campo literario emergente: aunque todos los sectores buscaban a su manera la definición de la literatura nacional, a final de cuentas las diferencias resultaron insalvables. Poco menos de un año después de la aparición del número de *Antena*, Monterde y Jiménez Rueda escribirán los artículos que detonarán la polémica de 1925, que discutiré a continuación.

Podría decirse entonces que *Antena* fue un breve paréntesis en un estado de atomización ideológica y estética, que resultó precisamente de la incapacidad de los intelectuales del campo literario de articularse eficientemente con el proyecto del Estado. Incluso los estridentistas, quienes, como mencioné anteriormente, establecieron relaciones cercanas con el gobierno de Veracruz al principio de los años veinte, tuvieron fuertes polémicas con las figuras políticas del obregonismo. En esta dimensión emerge una de las grandes paradojas del campo literario mexicano. Por un lado, existe una aspiración constante a definir una cultura nacional "oficial" y a adquirir para la literatura y el arte el derecho a definir los parámetros de la mexicanidad. Por otro, parte de la legitimidad adquirida por el campo literario proviene de su capacidad de criticar al Estado, y proyectos literarios como *Antena* y las otras revistas culturales dejan ver que uno de los espacios de consenso entre los intelectuales radicaba en la necesidad de construir un espacio autónomo que restituyera a la producción literaria una relevancia mayor en el espacio público.

El debate de 1925 y los orígenes de la literatura nacional

En este ambiente se desarrolla la primera gran polémica sobre el carácter de la cultura nacional en la sociedad posrevolucionaria: el debate de 1925 sobre la llamada "literatura viril." Este debate es una encrucijada para los distintos grupos en pugna, quienes inician uno de las polémicas más álgidas en la historia cultural en México. El detonante fue un artículo titulado "El afeminamiento de la literatura mexicana" de Julio Jiménez Rueda, publicado por *El universal ilustrado* el veintiuno de diciembre de 1924, seguido casi de inmediato por una afirmación de sus tesis en el artículo de Francisco Monterde "Existe una literatura viril" del veinticinco de diciembre.[26] El argumento de estos dos textos es resumido así por Guillermo Sheridan:

> Por una metonimia que explica sólo la sempiterna disposición nacional a poner siempre la virilidad por delante, se comenzó a aducir que si la Revolución había sido un logro de machos y la literatura se negaba a dar cuenta de eso, esto se debía a que los escritores poseían una sexualidad dudosa. Jiménez Rueda, así, concluye que "hasta el tipo del hombre que piensa se ha degenerado. Ya no somos gallardos, altivos, toscos... Es que ahora suele encontrarse el éxito, más que en los puntos de la pluma, en las complicadas artes del tocador." (*Los Contemporáneos ayer* 256)

A esta valoración, Monterde agrega la idea de que ya existen escritores viriles y que si no son valorados es por falta de una auténtica crítica (Sheridan, *Los Contemporáneos ayer* 257). Al otro lado de la polémica se encontraban escritores jóvenes como José Gorostiza y Xavier Villaurrutia que, tanto en sus primeros libros de poesía como en la plataforma de la revista *Contemporáneos*, comenzaban un gesto renovador de la literatura mexicana que fue recibido con un grado de profundo recelo por intelectuales con mayor posicionamiento en el campo literario de la época (figuras tan disímiles como el porfiriano Victoriano Salado Álvarez, el naturalista Federico Gamboa, el estridentista Manuel Maples Arce o el socialista Ermilo Abreu Gómez). El carácter ecléctico del bando nacionalista se explica cuando uno observa, siguiendo a Víctor Díaz Arciniega, que 1925 se caracterizó por la búsqueda de "crear una intuición de la vida *nueva*, el modo de sentir *nuevo* y una manera de ser *nueva* dentro de la dinámica social del México *nuevo*," búsqueda que, consciente o inconscientemente, se dirige a la instauración de una "institución social denominada Cultura de la Revolución" (*Querella* 22). Esta "querella por la cultura revolucionaria," como el propio Díaz Arciniega la ha llamado, se dividió en dos bandos: por un lado, un conjunto heterogéneo de intelectuales que buscaba el origen de dicha institución social desde diversas, y hasta contradictorias trincheras; por otro, un conjunto también heterogéneo, pero ubicado en un grupo intelectual preciso (la revista *Contemporáneos* y otras publicaciones menores como *Ulises*), que en más de un sentido puso en entredicho la posibilidad de dicha institucionalización. Aquí es importante subrayar la palabra heterogéneo, porque no se trataba de dos estéticas monolíticas en pugna, ni mucho menos de dos grupos visibles peleando por la hegemonía (algo que en realidad sucederá hasta la polémica de 1932). Más bien, se trataba de una guerra de descalificaciones mutuas entre aquellos que buscaban activamente la definición de una tradición monolítica denominada "cultura de la Revolución" y aquellos que preferían mirar al exterior como una manera de exorcizar los demonios del nacionalismo y que sentían que los términos planteados por los nacionalistas y por modelos como la ya consagrada novela de la Revolución o el muralismo limitaban en demasía las posibilidades de la producción cultural del país. De esta manera, la polémica de 1925 es el primer punto en el que la literatura mexicana opera plenamente como un campo literario autónomo. A diferencia de *Antena*, donde funcionaba un consenso artificial en busca de la expansión de los alcances de la literatura en su conjunto, en 1925 se observa una lucha por la hegemonía interna del campo literario. En *Las reglas del arte*, Bourdieu plantea que uno de los signos de un campo literario autónomo radica en la reivindicación del "derecho a definir él mismo los principios de su legitimidad" (99). El debate de mil novecientos veinticinco es el momento de esta definición: el momento en el cual la legitimidad de los proyectos literarios se pone en cuestionamiento. Asimismo, otro signo de esta autonomización tiene que ver con el hecho de que se empieza a observar la formación de una hegemonía hacia dentro del campo literario, autónoma respecto al campo de poder político de la nación. Esto se nota claramente por el hecho de que las figuras centrales del debate, Monterde y Jiménez Rueda por un lado, y los Contemporáneos por otro, no sólo carecen de toda identificación particular con el emergente régimen de Plutarco Elías Calles, sino que el catolicismo de los primeros y el cosmopolitismo de los segundos son valores que difícilmente representarían el nacionalismo secular que caracterizaría al callismo. Dicho de otro modo, el debate del veinticinco deja ver que la "literatura nacional," por lo menos en este periodo de formación, no tiene relación necesaria con la ideología hegemónica del Estado. Para ponerlo en el lenguaje de Laclau, el punto central del debate del veinticinco fue la construcción de una hegemonía autónoma al Estado, donde el significante vacío era la noción misma de "literatura," y donde los protagonistas buscaban representar sus conceptos específicos de lo literario como los significados plenos de dicha noción. De esta manera, siguiendo la definición de cultura nacional acuñada por Schlesinger y citada anteriormente, podemos ver cómo la literatura nacional se convierte en un espacio privilegiado de debate donde se dirimen las definiciones culturales del espacio de la nación.

Desde estas coordenadas, la polémica de 1925 plantea tres cuestiones que me interesa enfatizar. Primero, lo "viril" y lo "afeminado" no representan un concepto estético particular, sino que emergen como metonimias intercambiables a términos como "nacional" y "extranjerizante."[27] La perspectiva que planteo aquí requiere considerar que los términos "viril" y "afeminado," según ha estudiado detalladamente Díaz Arciniega, fueron acuñados como una manera en la que los nacionalistas buscaban deslegitimar las posturas de sus adversarios no por el debate de ideas, sino por el ataque personal (*Querella* 56). Independientemente de la preferencia sexual de los miembros de la generación de Contemporáneos, blanco directo de estos términos, lo cierto es que "viril" y "afeminado" son significantes sustituibles que se colocan en lugar de los binarismos que definen en realidad esta contienda: nacionalista-cosmopolita, mexicanizante-europeizante, etc. Esto no quiere decir, sin embargo, que la cuestión sea irrelevante, puesto que la caracterización de los Contemporáneos como escritores homosexuales galvanizó en un solo bloque a nacionalistas tan diversos como los virreinalistas y los estridentistas. Estos grupos dejaron de

Capítulo uno

lado diferencias profundas y se unieron en situaciones como la constitución de un "Comité de Salud Pública" del Congreso de la Unión, en contra de los escritores homosexuales, donde participaron figuras centrales de la cultura del país, como el ya funcionario público Manuel Maples Arce.[28] El uso de terminologías de género y orientación sexual y la movilización de la profunda homofobia imperante fueron estratégicos: un punto de acuerdo para borrar del debate a aquellos que cuestionaron la posibilidad de la institucionalización cultural, a través de la idea de "literatura nacional," de los grupos en cuestión.

El segundo punto que vale la pena observar es el contenido específico que el bando nacionalista confiere al significante vacío de la literatura mexicana. Esta vocación no se veía, por ejemplo, en *Antena*, donde la vaguedad de la definición de contenidos en el prólogo de Monterde a la revista contrasta fuertemente con la definición precisa que la propuesta de la literatura "viril" construirá en el transcurso de 1924. La literatura "viril" adoptada por los nacionalistas tiene un nombre: *Los de abajo* de Mariano Azuela. Aún cuando un crítico como Robert McKee Irwin deconstruye con bastante efectividad la caracterización de la novela de Azuela como "viril" con el argumento de las relaciones homoeróticas veladas entre los personajes (*Mexican Masculinities [Masculinidades mexicanas]* 123–31), la elección de *Los de abajo* no responde directamente a una política de género, sino a una estética emergente en búsqueda de legitimidad, una estética que hable de los "hechos" de la Revolución y permita, a partir de ahí, sentar las bases de una cultura nacional. En otras palabras, la consagración de Azuela no responde a su "virilidad," puesto que, como José Gorostiza notó en su respuesta a Jiménez Rueda, estas categorías en realidad no apuntaban, en ese momento, a ningún criterio literario particular (cit. en Díaz Arciniega, *Querella* 56). Más bien, Azuela representa una serie de principios que Jiménez Rueda, Monterde y otros nacionalistas buscaban utilizar como base de una posible "cultura nacional." Entre estos principios, Díaz Arciniega destaca: "se autoriza la violencia matizada; se autoriza el desencanto ante los hechos de la Revolución, se autoriza —y fomenta— el deseo por reivindicar a los caídos, por ensalzar o deturpar a los caudillos y por recrear la geografía de triunfos y fracasos, y se autoriza el retrato escatológico de las hordas semisalvajes y hambrientas" (*Querella* 142). Dicho de otro modo, esta caracterización nos lleva a comprender el tipo de canon que los nacionalistas del veinticinco buscaban: una literatura cruda, realista, fundada en los estrechos temas de la Revolución. Para comprender la manera en que esto se relaciona con la autonomía del campo literario, es crucial subrayar que esta definición no implicó en lo absoluto una sujeción de los nacionalistas al campo de poder, puesto que la novela de Azuela es un texto muy crítico de la Revolución. En cierto sentido, la elección de Azuela es, en parte, explicable por el hecho de pertenecer a un campo literario donde la hegemonía no estaba constituida, dado que significó, como veremos más adelante con Monterde, una claudicación definitiva del proyecto virreinalista. Más aún, es importante tener en cuenta que esta estética no era tampoco el consenso hacia adentro de los nacionalistas. Maples Arce, por ejemplo, se inclina más a una estética de claros tintes proletarios y de vocación citadina en su poema *Urbe: Súper poema bolchevique* (59–66), donde el poeta es más cercano a una idea alegórica de la Revolución que a los hechos concretos del movimiento armado. Maples Arce, como todos sus contemporáneos, fue parte de un periodo profundamente inestable de la política mexicana en calidad de diputado y, de hecho, se enfrentó directamente a ciertos grupos institucionales del régimen obregonista.[29] Volveré a *Urbe* más adelante.

La elección de Azuela tiene también que ver, curiosamente, con el borramiento de una serie de producciones escriturales de la década del diez que manifestaban una forma distinta de escribir la Revolución. Jorge Aguilar Mora, por ejemplo, recuenta el caso de *De fusilamientos*, una colección de narraciones cortas de Julio Torri, como una representación directa de una práctica común en los tiempos de la guerra. Aguilar Mora atribuye el olvido de este texto a una concepción de literatura que implica que "para ser escritor, no bastaba escribir bien, será necesario además escribir literatura," lo cual implicó, en la práctica, el borramiento de "escritores surgidos fuera y muy lejos de la sabia 'república de las letras,' residente en la ciudad de México" al ignorarlos en recuentos críticos y debates literarios (*Una Muerte* 46).[30] Aún cuando hoy en día se encuentra muy naturalizado el carácter representativo de *Los de abajo* en el género de la Revolución Mexicana, lo cierto es que los

Capítulo uno

textos de Azuela y de Torri fueron publicados originalmente el mismo año, y la consagración ulterior del primero fue producto de un revisionismo *a posteriori* hecho por un grupo literario, los virreinalistas, que practicaba una escritura muy diferente, por momentos diametralmente opuesta, a la de ambos escritores. El borramiento de un autor fuera del medio capitalino como Torri, siguiendo el diagnóstico de Aguilar Mora, tiene que ver con la consolidación de un campo literario que, para su configuración, requiere la aplicación de un conjunto de prácticas que exceden a la escritura misma. El "saber de literatura" de los Contemporáneos, así como la recuperación selectiva de ciertos autores para la configuración del canon nacional, son parte de esa misma lógica con la que el campo literario construye sus estrategias de autonomización y, en consecuencia, excluye propuestas que no encajan en las formas legítimas de ejercicio de la escritura. Se puede ver, en suma, una literatura que, incluso en sus momentos de definición política, opera fuertemente por la mediación de criterios estéticos que proveen la "distinción"[31] del campo literario frente a otras áreas tanto de la escritura como de la sociedad.

Todas estas consideraciones, por supuesto, no significan que no subsista una necesidad de los miembros del campo literario de ser partícipes de la esfera pública, como se manifestaba en *Antena*. En este sentido, podría decirse que buena parte del impulso de la polémica se da precisamente porque los intelectuales nacionalistas de todas las vertientes abogaban por la constitución de una cultura nacional que permitiera "civilizar" la institucionalización del proceso revolucionario en contrapeso al caudillismo imperante en el medio político de esos años. Por ello, la construcción de criterios morales y éticos les parece esencial para cumplir esta función, y la estética de los Contemporáneos, más europeizante, no estaba, en su opinión, a la altura de la coyuntura sociopolítica. Esta postura deja ver la dinámica de articulación de un campo literario autónomo al espacio público. En vez de crear una moral fundada en los valores del campo de poder, el campo literario dirime el significante vacío de la literatura en sus propios terrenos institucionales (en este caso, los periódicos y revistas donde se publica la polémica), para después proyectarlo hacia el espacio público como una postura política cuya legitimidad no radica en la identificación con el régimen sino, incluso, con su crítica. Jürgen Habermas ha observado, en el caso de la esfera pública europea, que la emergencia de la sociedad civil se da con la evolución hacia el espacio de lo político de una forma de discusión crítica que comienza en el espacio de la literatura y se proyecta como la necesidad de poner al Estado en contacto con la sociedad (*Public Sphere* [*Esfera público*] 31). La "literatura nacional," en este sentido, tiene, desde la perspectiva de aquellos que elevaron a Azuela al canon, una labor de conciencia moral dirimida en el espacio de la crítica literaria, pero proyectada desde el campo literario hacia la esfera pública.

Aquí entra también el tercer factor, una falta percibida de crítica literaria, presente tanto en los escritos de los nacionalistas como de los Contemporáneos. En otras palabras, la carencia de un grupo hegemónico capaz de dictar los lineamientos de la cultura desde el poder estatal o simbólico causa un problema de posicionamiento tanto para unos como para otros, puesto que ambos bandos carecen de un "árbitro" que permita resolver la contienda. Esta noción de falta de crítica es central en la constitución de la identidad intelectual de Cuesta, Reyes y sus coetáneos. En uno de sus artículos de la polémica de 1932, a la que referiré en el capítulo siguiente, Cuesta define lo que en su percepción es la trayectoria de los intelectuales jóvenes en los años veinte:

> Nacer en México; crecer en un raquítico medio intelectual; ser autodidactas; conocer la literatura y el arte principalmente en revistas y publicaciones europeas; no tener cerca de ellos, sino muy pocos ejemplos brillantes, aislados, confusos y discutibles; carecer de estas compañías mayores que decidan desde la más temprana juventud un destino; y, sobre todo, encontrarse inmediatamente cerca de una producción literaria cuya cualidad esencial ha sido una absoluta falta de crítica. (*Obras* 2: 130–31)

En medio de preocupaciones similares, Alfonso Reyes pone en el centro de su quehacer intelectual desarrollado en más de tres décadas la necesidad de desarrollar una crítica literaria que supere el "impresionismo," proyecto que se encuentra al centro de libros neurálgicos de los años cuarenta como *El deslinde* o *La experiencia literaria*, pero que en escritos tempranos como

Cuestiones estéticas (1911) ya estaba presente. Para poner un ejemplo se puede invocar por el momento el análisis de Robert Conn, quien sugiere que el joven Reyes construyó una serie de cánones estéticos con el fin de construir una nueva "institución literaria" que otorgara a la literatura una función crítica frente a la herencia decadentista del modernismo (84). En estos términos, se puede afirmar que en los albores mismos del movimiento revolucionario, una década antes de los debates nacionalistas y en el momento de escritura de la Constitución, la necesidad de una literatura crítica ya estaba en el centro de las preocupaciones de las nuevas generaciones intelectuales del país. Aquellos que participarán en los debates de los veinte y los treinta se formaron con esta preocupación en mente, lo cual da cuenta de la meta común, en todos los grupos en pugna, de constituir espacios específicamente literarios, incluso en proyectos que, como *Antena*, mantenían un frágil pero significativo consenso de los grupos intelectuales.

El debate del veinticinco, en más de un sentido, es sintomático de la manera en la que la ulterior autonomía del campo intelectual operará en relación al Estado, y sin duda, es el momento de fundación de lo que Bourdieu llama el "nomos" del campo literario, sus leyes de funcionamiento. Hay que enfatizar el hecho de que el campo literario mexicano de este periodo no tenía una representación particularmente importante en el régimen. Por un lado, los intelectuales que ocuparon un lugar central en los alzamientos y en el proceso constitucionalista de 1917 (como Luis Cabrera o Lucio Blanco)[32] pertenecían a un perfil muy diferente al de los participantes del debate del 25: se trataba o de líderes obreros y campesinos o de sociólogos positivistas readaptados del Porfiriato al carrancismo. En cambio, el debate del 25 es el primer reclamo del derecho de la literatura a representar la identidad nacional dentro de los confines de la Revolución. No es casual que este mismo año aparezca publicado *La raza cósmica* de José Vasconcelos ni que Diego Rivera y otros pintores mexicanos se encontraran casi al mismo tiempo pensando en una estética nacional-revolucionaria. En cierto sentido, este debate es uno de los momentos sintomáticos de un proceso mayor: el proceso de institucionalización de la cultura.

Un segundo punto de importancia es la diversidad ideológica hacia adentro de los dos bandos del debate. En cierto sentido, el debate no se trata tanto de un concepto de nación o de una estética específica como del lugar que la literatura debe ocupar en México. Por ello, los nacionalistas tenían entre sus filas gente tan disímil como Julio Jiménez Rueda, un dramaturgo virreinalista profundamente conservador que, incluso en su trabajo tardío, seguía reivindicando la recuperación cultural del pasado colonial, y Manuel Maples Arce, miembro de un grupo que básicamente buscaba la destrucción del canon literario e histórico de México desde una concepción poética que el mismo llamaba "bolchevique."[33] Por su parte, los Contemporáneos no pueden ser definidos de manera muy precisa tampoco. Guillermo Sheridan ha señalado que

> [l]os Contemporáneos es un lugar imaginario en el que coincidieron diversos discursos y maneras de ejercer el quehacer literario y cultural entre los años de 1920 y 1932 y alrededor de un cierto número de empresas como revistas, grupos de teatro y sociedades de conferencias [...] Existen más como una azarosa concatenación de voluntades críticas que como un designio literario programático. (*Los Contemporáneos ayer* 11)

En otras palabras, el grupo Contemporáneos, al igual que los nacionalistas, se componía de autores con un espectro ideológico y estético que, aunque no tan disparatado como el de sus contrapartes, mantenía diferencias importantes hacia adentro. Esto se puede observar simplemente al evocar algunos de los poemas escritos por sus miembros en las fechas del debate. Casi simultáneamente, encontramos en Contemporáneos una literatura desenfadada, como la de Salvador Novo, quien deconstruye el nacionalismo decimonónico desde un trabajo poético con el humor: "Los nopales nos sacan la lengua; / pero los maizales por estaturas / —con su copetito mal rapado / y su cuaderno bajo el brazo— / nos saludan con sus mangas rotas" (*Nuevo amor* 31); la de José Gorostiza, quien experimentaba, en un movimiento que Escalante ha identificado con la estética del vasconcelismo,[34] con la mezcla entre formas clásicas y voces populares: "¿Quién me compra una naranja / para mi consolación? / Una naranja madura / en forma de corazón" (*Poesía completa* 43); o, incluso, abiertamente experimental, como la de Gilberto Owen, quien se encontraba en un tránsito entre la estética modernista y un nuevo modelo de poesía filosófica:

"¿Nada de amor —de nada— para mí? / Yo buscaba la frase con relieve, la palabra / hecha carne del alma, luz tangible, / y un rayo de sol último, en tanto hacía luz / el confuso piar de mis polluelos" (26). En cierto sentido, los Contemporáneos, a la sombra especialmente de la estética de Ramón López Velarde, tema al que me referiré un poco más adelante, se encontraban pensando una dimensión crítica del lenguaje, que en más de un sentido era opuesta a proyectos como la épica urbana de Maples Arce y la vanguardia estridentista y, sobre todo, a un *status quo* poético que ubicaba al centro del canon a poetas decimonónicos de cuño más conservador como el católico Amado Nervo o el tradicionalista Juan de Dios Peza.[35]

Francisco Monterde, *Los de abajo* y la formación de la clase intelectual orgánica

Una vez establecidas las cuestiones de la hegemonía y el campo, sigue la definición del "intelectual." La discusión que sigue extiende el sistema de Bourdieu hacia esta dirección y la amplia con las conocidas reflexiones de Antonio Gramsci sobre el tema. Precisamente porque el centro de discusión del presente libro tiene que ver con la relación entre los escritores y el Estado, el concepto de "intelectual," originado en una coyuntura histórica donde la práctica intelectual se politiza, el affaire Dreyfus, permite dar cuenta de los distintos roles que los intelectuales juegan en la esfera pública.[36] La bibliografía sobre esta noción es muy amplia y resulta difícil establecer un consenso en términos de una definición específica. En su artículo "Sociology of Intellectuals" ["Sociología de intelectuales"], Charles Kurzman y Lynn Owens establecen una genealogía de las teorías de los intelectuales basados en tres categorías: los intelectuales como clase en sí misma (que incluiría a Julien Benda, Pierre Bourdieu, Daniel Bell, entre otros), los intelectuales como miembros de una clase social ("class-bound") (principalmente Antonio Gramsci, Michel Foucault, Noam Chomsky y sus seguidores) y los intelectuales como fuera del problema de clase ("classless") (visión iniciada por Karl Mannheim y seguido por figuras como Edward Shills y Randall Collins). Aunque esta clasificación resulta algo esquemática, me permite establecer hacia qué tipo de definición de intelectual tenderá mi análisis. Puesto que el énfasis en la autonomía del "campo literario" es central para mi discusión, en muchos casos la noción de intelectual tenderá hacia la primera de estas clasificaciones. Esto proviene, por supuesto, de la utilización del trabajo de Bourdieu planteada anteriormente, pero también del hecho de que muchas de las figuras intelectuales que se tomaron como modelo en México provienen de esta trinchera. Por ejemplo, *La trahison des clercs* de Julien Benda[37] fue leído cuidadosamente por los intelectuales mexicanos de los años 30, suscitando varios debates, y cuyos argumentos siguen siendo citados incluso en los años 90.[38] Asimismo, una línea considerable de pensadores de cuño liberal, que enfatizan la necesidad de una clase intelectual autónoma, como Daniel Bell, Isaiah Berlin o Cornelius Castoriadis, son sumamente influyentes en la clase intelectual mexicana. De aquí viene la articulación de una práctica crucial para comprender las "naciones intelectuales": la idea de un intelectual que mantiene una posición externa al Estado, para producir un trabajo crítico desde dicha posicionalidad. Esta idea, proveniente de Benda, y que ilustraré con mayor detalle al hablar de Jorge Cuesta en el próximo capítulo, será la que permitirá la comprensión de buena parte de los intelectuales de los que me ocuparé en lo que resta del libro.

Por otro lado, la noción clásica de "intelectual orgánico" de Antonio Gramsci, y la idea de los intelectuales relacionados a una clase permite pensar el contrapunto de los intelectuales hegemónicos. Es bien sabido que Gramsci, especialmente en los textos recogidos bajo el título de *Los intelectuales y la organización de la cultura,* plantea una noción de intelectual mucho más amplia de la noción tradicional que engloba a los "hombres de ideas" y que abarca básicamente a la clase profesional. Para mis propósitos, la noción de intelectual se limita a las figuras dentro del campo de producción cultural, y aún en esta acepción, sólo me interesan los intelectuales que participan específicamente en el campo literario. Sin embargo, la noción de intelectual orgánico de Gramsci tiene una utilidad innegable para comprender las articulaciones del intelectual con el Estado. En un conocido pasaje, Gramsci define así el origen y tarea de los intelectuales orgánicos:

> Una de las características más relevantes de cada grupo que se desarrolla hacia el dominio es su lucha por la asimilación y conquista ideológica de los intelectuales tradicionales, asimilación y conquista que es más rápida y eficaz en tanto

> el grupo dado elabore simultáneamente sus propios intelectuales orgánicos. (7)

En otras palabras, un intelectual orgánico no sólo es aquél que representa las ideas de un grupo hegemónico, sino aquél que es capaz de generar consensos dentro de los grupos intelectuales "tradicionales." Entiendo como "intelectuales orgánicos," dentro de mi argumento, a aquellas figuras cuyos proyectos realizan la función descrita por Gramsci en términos de la ideología dominante del nacionalismo revolucionario. Así, el bloque de intelectuales nacionalistas del debate de 1925 cumple esta función no por sus filiaciones ideológicas, sino por su capacidad de plantear una definición hegemónica de la práctica literaria en el contexto de la nación posrevolucionaria. De esta manera, la noción de intelectual orgánico, acotada a la cuestión específica de la literatura, tiene que ver con aquellos intelectuales que buscan de manera particular la formación de una práctica literaria que refleje fielmente los ideales del proyecto nacional-revolucionario en la configuración hegemónica dada en cada momento histórico. Debido a que, como veremos, no existe una verdadera participación de la literatura en la intelectualidad orgánica al Estado hasta años después de la consolidación del campo literario, se describirán también los intentos de grupos intelectuales de articularse de manera "orgánica" al proyecto revolucionario, es decir, la escritura de "naciones intelectuales" que no participan directamente de la hegemonía, pero que aspiran a representar puntos de vista hegemónicos. En muchos casos, lo que permite llamar "naciones intelectuales" a estas producciones particulares radica en la distancia entre sus propuestas y la ideología efectiva ejercida por la parte hegemónica del campo de poder en un momento dado.

La apropiación que los nacionalistas hicieron de *Los de abajo* de Mariano Azuela resulta muy sintomática de este fenómeno. Aún cuando la novela de Azuela se publica originalmente una década antes, Irwin tiene razón en señalar que el verdadero nacimiento de la novela de la Revolución Mexicana como género representativo se ubica en la búsqueda de una estética "viril" que represente lo más directamente posible los criterios nacionalistas propugnados por Jiménez Rueda y Monterde (123–24). De hecho, Monterde siempre ha sido acreditado con el descubrimiento del libro en México y a lo largo de su carrera se consolidó como el primer crítico de la obra de Azuela.[39] Jorge von Ziegler ha planteado que este hecho es contradictorio, dado que al trabajo de Monterde "se le recuerda sobre todo como exponente de una tendencia: el colonialismo o virreinalismo" (Monterde, *Figuras* ix), tendencia que, como hemos visto, se ubicaba en uno de los puntos más conservadores del cuadrante ideológico del campo literario. Según von Ziegler, el descubrimiento de la novela fue interpretado como prueba de la existencia de una literatura viril más allá de las teorizaciones y poco a poco se fue convirtiendo en el estándar del género. Más aún, esta aceptación dentro de la obra de Monterde significó un cambio radical de sus posturas estéticas, ya adelantado en 1922, cuando Monterde publica una *nouvelle* de tema obrero, *Dantón*.

En este giro, que llevaron a cabo tanto Monterde como el propio Jiménez Rueda, se ve precisamente la emergencia del nacionalismo revolucionario como un signficante vacío que daba forma a los proyectos políticos y culturales a lo largo y ancho del espectro ideológico de México. Los colonialistas o virreinalistas buscaban en el virreinato las bases culturales de la nación, reaccionando simultáneamente a las tendencias europeizantes que ingresan al discurso literario mexicano con el modernismo y la primera vanguardia y al prehispanismo e indigenismo que comenzaban a manifestarse con fuerza en la obra de Manuel Gamio. El virreinalismo combinaba en un solo movimiento el intento intelectual de buscar orígenes a la nación, una ideología conservadora que buscaba la redención del orden social y del catolicismo en medio de un movimiento revolucionario caótico y jacobino y un retorno a la herencia criolla frente a la emergencia de discursos que valoraban con creciente fuerza el pasado prehispánico y el mestizaje.[40] Visto desde esta perspectiva, el hecho paradójico de que Monterde y Jiménez Rueda se apropiaran del libro de Azuela se explica cómo una decisión inscrita en las políticas del campo literario, no en sus afinidades esteticas. En vista de que la estética virreinalista no había todavía logrado ocupar un lugar particularmente prominente en la cultura revolucionaria, *Los de abajo* representa un argumento que permite a Jiménez Rueda y a Monterde reaccionar contra varias de las estéticas y políticas en pugna. Por un lado, se trata de un texto que se adapta perfectamente a las tesis de la literatura viril y realista esgrimidas contra la estética de los jóvenes Contemporáneos. Si el argumento de una "literatura viril" parecía sin fundamentos, el ejemplo de *Los de abajo* proporciona exactamente los elementos literarios necesarios para llenar de sentido dicho significante: violencia, guerra, realismo.

Un segundo elemento, aún más significativo, es que el origen del género coincide con la emergencia de una clase intelectual liberal que, al no estar relacionada con el movimiento, mantiene una relación de distancia y crítica frente al nuevo régimen (Dessau 104). De esta intelectualidad saldrán Alfonso Reyes, los estridentistas y los Contemporáneos, pero también un conjunto de autores conservadores, Monterde entre ellos, que forjarán alianzas ideológicamente contradictorias con los liberales porfiristas para articular críticas al régimen revolucionario como un camino de institucionalización cultural. La relación Azuela-Monterde es por mucho la más significativa. Azuela era un intelectual letrado que veía con profunda desconfianza la institucionalización del proceso revolucionario y cuya novela manifiesta una relación ambigua que juzga el caos y la "barbarie" de los revolucionarios a la vez que se deja seducir por la situación. Marta Portal observa que Azuela "diagnostica que [el mal en el poder establecido] se extenderá a las nuevas instituciones" (76). De hecho, continúa Portal, "[l]a Revolución no se deja apresar ni definir. Se hace laboriosa la sintaxis del acontecer revolucionario. Cuando Demetrio Macías ya cree saber por qué causa pelea, se encuentra con que ya no es la causa del pueblo, ni unos principios o ideales abstractos: el ideal se ha personificado, se lucha por la causa de Villa, de Natera, de Obregón, de Carranza... El idealismo se ha vuelto caudillismo" (78). El intelectual liberal ocupa una posición externa a este proceso y desde ahí rearticula la sempiterna dicotomía civilización-barbarie como una estrategia de desacreditación de las causas revolucionarias. Cervantes, el intelectual de *Los de abajo*, se percata de estas contradicciones, pero siempre es un agente externo, que se mueve entre la seducción por Demetrio Macías y su incapacidad de comprenderlo. Por ello, la novela de Azuela transmite un aire de fatalidad: la corrupción del movimiento radica precisamente en la imposibilidad de ajustarlo a los ideales de la clase letrada aparentemente progresista.

Por otra parte, Monterde es un intelectual conservador que enfatiza una crítica abierta a la Revolución y que, en el gesto mismo de fundar una literatura nacional, crea un imperativo crítico para la clase intelectual. Precisamente por esa exclusión originaria del movimiento revolucionario, el campo literario en México adoptará para sí, de manera paradójica y simultánea, la responsabilidad de prescribir las características esenciales de "lo mexicano," a partir de la articulación de una literatura restringida siempre a la representación de dichas prescripciones, y el deber cívico de criticar al régimen cuando éste "traiciona" el espíritu político de dichas prescripciones. La alianza inesperada, impensada, entre los virreinalistas y la novela de la Revolución es el punto fundacional de la literatura mexicana oficialista: una voz autorizada de definición constante de la nación desde una posición autónoma pero siempre seducida por una posible articulación al campo de poder. Es en este punto en que emerge una forma muy particular de ser "intelectual orgánico" desde el campo literario: una estrategia que apoya la idea general de la "Revolución" y su vertiente institucional, pero que se reserva el derecho a la distancia cuando el campo de poder cae en alguna forma de "populismo" o "barbarie."

En esta clave se puede leer la rememoración ofrecida por Monterde mismo del descubrimiento de *Los de abajo*, narrada en un ensayo titulado "La novela de la Revolución."[41] En este texto, Monterde describe el estado del campo literario en la segunda mitad de la década del diez y rememora el concurso de cuento convocado por *El Mexicano*, diario oficial del régimen de Venustiano Carranza. Según el recuento de Monterde, los participantes del concurso siguieron dos líneas: la narrativa que tematizaba la Revolución Mexicana y una literatura nacionalista que seguía una línea pasatista. Monterde participó con textos en ambas vertientes. Los cuentos de tema revolucionario fueron dejados de lado, mientras una narrativa de tema virreinalista titulada *El secreto de la Escala* recibió reconocimiento de parte del jurado. Monterde concluye afirmando que este concurso fue decisivo "para la vocación de más de un joven se [*sic*] esos días prefirió remontarse a lo pretérito, al comprender que el ambiente no era propicio para obras que trataran temas de la revolución mexicana" (*Figuras* 220–21). Existen varios puntos que pueden extraerse de esta anécdota. Primero, el concurso de cuento es muy sintomático de los orígenes de una cultura institucionalizada hacia adentro del nuevo Estado posrevolucionario. El régimen de Venustiano Carranza es el primer punto importante de este proceso. No es casual que este mismo gobierno fuera el responsable de la mencionada Constitución de 1917 ni que uno de los pilares de ese documento haya sido un detallado proyecto educativo que efectivamente sentó las bases de todo el sistema público de educación del país en el siglo XX. En este sentido, la convocatoria de *El Mexicano* es un primer intento de establecer un puente entre el campo literario y el nuevo régimen, considerando que la Revolución significó también la ruptura de la alianza entre intelectuales positivistas y Estado forjada en el Porfiriato.

También vale la pena anotar que, en el periodo inmediatamente anterior al carrancismo, el campo de producción cultural se encontraba íntimamente ligado al conflicto bélico y a posturas que no necesariamente correspondían a las aspiraciones de cuño liberal plasmadas en la Constitución.[42] Es importante tener en mente que Carranza fue, de hecho, un funcionario durante el Porfiriato y que, desde esa posición, comprendía muy bien la importancia de tener una clase intelectual aliada al régimen como forma de construcción de consensos ideológicos. Asimismo, la preferencia de la cultura carrancista por la obra de los virreinalistas es explicable puesto que la clase intelectual de la época había expresado, en cuentos de autores como Xavier Icaza y Carlos Noriega Hope (Aguilar Mora, *Una muerte* 54), un recelo particular por la dimensión popular del movimiento revolucionario, algo que encontraba particular correspondencia con la rivalidad entre Carranza y las facciones de Pancho Villa y Emiliano Zapata. El borramiento de estas figuras en el proyecto cultural de Carranza es tal que, para poner un ejemplo, buena parte de sus campañas políticas y culturales se basaron en un esfuerzo consistente de desacreditación de la figura de Villa (Parra 3 y 126). En consecuencia, el triunfo de los virreinalistas en el certamen no es de sorprender a nadie, precisamente porque permitía la construcción de una plataforma oficialista que carecía de potencial crítico frente al campo de poder y, simultáneamente, colaboraba con el borramiento de las figuras de Villa y Zapata del discurso oficial. Mientras que libros como *Los de abajo* o *De fusilamientos*, cuya escritura y publicación original es estrictamente contemporánea al carrancismo, introducían una visión crítica al movimiento revolucionario que cuestionaba la legitimidad del proyecto constitucionalista, a la vez que dotaban al villismo de una ambigua aura de heroísmo, un nacionalismo fundado en algo tan inane como las recreaciones nostálgicas e idealizadas de la cultura virreinal no ponía directamente en entredicho al proyecto gubernamental, aun cuando se encontrasen informadas por una ideología de cuño conservador.

Podría decirse que el premio otorgado al virreinalismo en el certamen narrativo es el punto fundacional de los mecanismos de cooptación del Estado: a partir de este momento, intelectuales con proyectos ideológicos muy diferentes al liberalismo populista del constitucionalismo se vuelven voceros del proyecto nacionalista. Por ello, no será de sorprenderse que un virreinalista como Genaro Estrada, autor de un libro llamado *Visionario de la Nueva España* (1921), sea también el autor de una parodia de su propio movimiento cultural (*Pero Galín*, publicada en 1926) y el artífice, en su calidad de Secretario de Relaciones Exteriores durante el Maximato, de la "doctrina Estrada," un principio de no intervención que hasta fechas muy recientes seguía estando en el centro de la política diplomática liberal del país.[43] Al otorgar al virreinalismo la sanción del Estado, el programa nostálgico e ideológico deja de tener cualquier peso cultural y se convierte en un costumbrismo anacrónico que permite a intelectuales con posturas antagónicas al régimen convertirse en sus voceros. En esta operación se encuentra la fundación de muchos de los mecanismos de cooptación y neutralización de la práctica literaria y cultural del país a lo largo del siglo XX.

Volviendo a Monterde, es muy claro que su valoración del certamen incluye un cierto tono autoapologético. Si parafraseamos un poco la narración, podría decirse algo como: es cierto que en los años del certamen cultivamos el virreinalismo, que a la larga, resultaría inefectivo, pero el mundo literario no estaba listo para otra cosa. Por ello, Monterde enfatiza que él mismo intentó escribir textos de la Revolución, como una manera quizá de justificar el hecho de que en 1922 volviera al tema en *Dantón*,[44] una suerte de narración en clave a partir de la figura del conocido revolucionario francés. Resulta muy significativo pensar que *Pero Galín*, en cierto sentido, es una parodia resultante del debate del veinticinco, cuya "estética viril," indirectamente,

Capítulo uno

desautorizó el gesto nostálgico del virreinalismo y consagró la literatura azueliana como el nuevo estándar de la narrativa.

Jorge Aguilar Mora observa que el apoyo de los virreinalistas y otros conservadores a Azuela se daba "en la medida en que un grupo de escritores necesitaba una coartada para no escribir ellos lo que ni podían leer, ni podían entender; o para borrar de sus propuestas literarias iniciales el empeño que habían puesto en desprestigiar a la Revolución real que ahora querían exaltar como Revolución abstracta" (*Una muerte* 54). De esta manera, la forma de inscribirse al poder como intelectualidad orgánica tenía que ver con una estrategia que, simultáneamente, glorificaba el proyecto revolucionario como agenda política (lo que después se convertirá en el oxímoron "Revolución Institucional"), mientras que buscaba desprestigiar la vocación popular y el caos del movimiento en sí. Esto se expresa, por ejemplo, en el título de la novela revolucionaria escrita por el positivista Emilio Rabasa: *La bola*. Su lectura de la Revolución, entonces, planteaba una suerte de ideal histórico que había que rescatar de las manos de la barbarie. La interpretación concreta del libro de Azuela privilegiada por la lectura de Monterde es indicadora de esto: "El público de la capital y de los Estados se dio a leer *Los de abajo*, la novela neorrealista, de la que, a diferencia de anteriores relatos sobre las luchas civiles, podía desprenderse una filosofía, ligada con el fatalismo racial, con el desenlace" (*Figuras* 223–24). Dos puntos destacan aquí. En primer lugar, hay que señalar la caracterización de *Los de abajo* como "novela neorrealista," algo que en cierto sentido implica una elección estética. En cierto sentido, este realismo se relaciona con un cierto autobiografismo que Monterde como crítico privilegia: "el doctor" Azuela escribe sus vivencias de la endeble situación política (230), tal y como el naturalista Federico Gamboa describió las suyas en los arrabales cuando escribió *Santa* (212).

La idea de expresar las vivencias propias se desdobla en dos cuestiones importantes aquí. Por un lado, este testimonialismo de la novela otorga autoridad a las críticas que la novela de la Revolución articula: si "el doctor" Azuela vio el caos hacia adentro de las cuadrillas villistas, entonces su visión crítica y pesimista de la Revolución es legítima y por ende se trata de un punto de partida para el cuestionamiento del movimiento armado. Por otro, si se habla de *Los de abajo* como una novela "neorrealista," aún a despecho de algunas claras características vanguardistas en su estilo, la estética "viril" puede distinguirse de las novelas vanguardistas de la época, como *El café de nadie* y *La señorita etcétera* del estridentista Arqueles Vela o *El joven* del "contemporáneo" Salvador Novo, que cuestionaban fuertemente el paradigma realista de la narrativa mexicana. Asimismo, su intento de narrar de frente a la Revolución Mexicana se contrapone de manera importante a narrativas que deliberadamente evaden el tema, como *Dama de corazones* de Xavier Villaurrutia. La otra cuestión, aún más crucial, es la filosofía "ligada con el fatalismo racial" que Monterde desprende de la muerte de Demetrio Macías. Aún cuando Monterde se integró abiertamente a la constitución de la "literatura nacional" en su obra crítica, su forma de concebir la novela de la Revolución mantiene la semilla de una concepción profundamente reaccionaria al movimiento: el hecho de que la articulación de los intelectuales al nuevo régimen marque la posibilidad de fundar una literatura nacional es una forma de corregir una suerte de "error original." En cierto sentido, la literatura "revolucionaria" debe deslindarse de las condiciones históricas del movimiento. Entender la novela fundacional de la literatura mexicana de la Revolución como una narrativa del "fatalismo racial" inmediatamente genera dos funciones para el intelectual orgánico: la "civilización" del movimiento intelectual contra esa "barbarie" originaria del movimiento bélico y la obligación de evitar que la nueva sociedad se entregue a esa semilla de corrupción en su origen. Por ello, no es casual que las novelas más canónicas de la Revolución se desarrollen subsecuentemente en versiones de esos dos problemas: representaciones costumbristas de los milicianos iletrados (como *Tropa vieja* de Francisco L. Urquizo) o denuncias de los procesos de corrupción de la Revolución en las altas esferas del nuevo Estado (la conocida obra de Martín Luis Guzmán). Todo aquello que a la larga pudiera reivindicar la memoria de los grupos populares involucrados en el conflicto, como las historias de Julio Torri o, años después, Nellie Campobello, fueron borradas del canon de la Revolución.

El debate de 1925, entonces, es el punto culminante del primer intento de articular un proyecto de literatura nacional y el signo que marca el origen de un campo literario en el México posrevolucionario. Encontramos una fuerte competencia de estéticas y de estrategias de relación con el poder que preconizarán los distintos procesos de emergencia del campo literario en el siglo XX: los duelos entre literatura autoctonista y vanguardista, las polémicas entre nacionalismo y cosmopolitismo, la ambigua relación entre el campo literario y el Estado y las distintas maneras del imperativo de crítica al poder que operan incluso en la obra de autores identificados plenamente con el régimen. El esbozo de estos procesos de institucionalización que he venido haciendo hasta aquí, enfatizando la figura de Francisco Monterde, abre paso ahora a la conformación de un conjunto de ideas y estéticas que entrarán en tensión con las emergidas en el periodo que va del constitucionalismo de 1917 al debate de 1925. Esta conformación se verá específicamente en el caso de la poesía.

Manuel Maples Arce: La nación de la vanguardia urbana

Uno de los espacios de mayor contención en la constitución de una imagen cultural de la nación fue la poesía, donde la diversidad ideológica y estética fue mucho mayor que la que se dio en el campo de la narrativa durante la transición entre la hegemonía del virreinalismo a la novela de la Revolución. Esto es explicable en buena medida debido al ingreso de corrientes y actitudes de vanguardia, que, además de acarrear una revolución formal en el terreno de la escritura poética, significó la validación de un rango mucho mayor de paradigmas ideológicos y, en consecuencia, de formas de imaginar la nación. En una de sus más conocidas tesis, Peter Bürger sostiene que la vanguardia es el periodo histórico en el que la literatura adquiere autocrítica, es decir, el momento en el cual una corriente literaria no sólo es una reacción a las corrientes anteriores, sino una crítica a la institución literaria misma. Una de las consecuencias mayores de esto, continúa Bürger, es la constitución de una perspectiva donde se puede criticar el arte como institución y su falta de impacto en la esfera de lo social (22). Invocando por un momento a Roberto Schwarz,[45] la importación de la vanguardia a México opera como una "idea fuera de lugar," dado que articula su estética en un momento histórico y cultural opuesto a su versión europea. Mientras Europa reflexionaba sobre la decadencia de Occidente como producto de la Guerra Mundial y sobre el consecuente agotamiento de la institución literaria construida en el siglo XIX, en México la Revolución implicó un nuevo espíritu constructivo de la nación y una conciencia renovada sobre la importancia de la institución literaria. En pocas palabras, mientras la vanguardia europea, sobre todo en la década del diez, operaba desde una ideología esencialmente libertaria y anarquista (Poggioli 96), en México el espíritu de crítica de pasado y la reflexión sobre la institucionalidad del arte deviene en una propuesta constructiva, muchas veces sustentada desde posturas conservadoras, que entienden el impacto de lo literario sobre lo social como parte de la gran marcha de la "Historia" iniciada por la Revolución. En este contexto, Renato Poggioli menciona que el muralismo mexicano es una excepción a las fugaces identificaciones entre una escuela de vanguardia y un partido político, al consolidar una relación mucho más orgánica con el régimen (95). La diferencia crucial es que la vanguardia mexicana era un debate sobre la construcción de una nación y una literatura y no el cuestionamiento sobre su decadencia.

El ejemplo más claro de la vanguardia como "idea fuera de lugar," de las contradicciones ideológicas del movimiento y de la resultante producción de una nación intelectual, es el caso del poeta estridentista Manuel Maples Arce. Como he mencionado anteriormente, la trayectoria de Maples Arce es muy peculiar, porque parte de un cuestionamiento abierto a las instituciones literarias, en los manifiestos, para después incorporarse al gobierno estatal de Jara en Veracruz y, finalmente, obtener una curul en el Congreso, desde donde, en la polémica del veinticinco, fue parte del comité de Salud Pública diseñado expresamente para atacar a los Contemporáneos. El caso de Maples Arce me interesa en este momento para señalar dos cosas. Primero, la forma en que las estrategias estridentistas significaron una apuesta particular, si bien fallida, de articulación de lo literario a la esfera pública, lo cual hace eco tanto de las ansiedades del campo literario por ocupar un lugar más preponderante en la vida política del país (no hay que olvidar la vertiente soviética del estridentismo) como de la operación del problema vanguardista de cuestionamiento de las instituciones literarias en un momento histórico en el que dichas instituciones no existían. Segundo, quiero detenerme por un momento en el poema

Capítulo uno

"Urbe" para ejemplificar la forma en la que el estridentismo constituye su "nación intelectual." En uno de sus pasajes más citados, Homi Bhabha escribe: "The scraps, patches and rags of daily life must be repeatedly turned into the signs of a coherent national culture, while the very act of the narrative performance interpellates a growing circle of national subjects" (*Nation* 209) [7]. "Urbe," junto con "Suave Patria" de Ramón López Velarde, utiliza la poesía para una narración alternativa y coherente de la nación, una nación intelectual, fundada en la recolección de los "scraps, patches, and rags of daily life" ["trozos, remiendos y harapos del tejido de la vida diario"], la experiencia de la ciudad y la tecnología, en el primer caso, la provincia en el segundo, para la constitución de un paisaje nacional que responda a la renovación revolucionaria.

Los manifiestos estridentistas implican, en todos los niveles, una deconstrucción radical de la institución literaria mexicana del siglo XIX. He mencionado anteriormente la clara postura confrontacional de los manifiestos contra los íconos de la cultura nacional: "Muera el Cura Hidalgo" es uno de los mantras del primer manifiesto (Schneider 268). El gesto estridentista, sin embargo, es mucho más complejo que la pirotecnia retórica, ya que Maples Arce y sus coetáneos establecieron nuevas formas de ingresar al espacio de la literatura en México. *Actual*, el medio en el que se publicó el primer manifiesto estridentista, fue un póster que Maples Arce redactó e imprimió por su cuenta y que fijó en las paredes de la Ciudad de México en diciembre de 1921. Un poco más de año después, el primero de enero de 1923, el segundo manifiesto estridentista, firmado por Maples Arce y otros estridentistas prominentes como Germán Liszt Arzubide y Arqueles Vela, fue fijado en los muros de la ciudad de Puebla. Pensando en términos de la formación del campo literario, la estrategia estridentista se encuentra posibilitada precisamente por la ausencia de medios culturales que permitan el ingreso de una voz de tal disidencia. Ya para inicios de los años veinte habían existido algunas revistas literarias de consideración, como *Nosotros*, *Gladios*, *Pegaso* y *San-ev-ank*, relacionadas a figuras como Francisco González Guerrero, Enrique González Martínez y Ramón López Velarde. Sin embargo, era claro que una propuesta de la naturaleza de la de los estridentistas no cabía en estos proyectos, más cercanos a una tardía estética modernista. El uso de los carteles es un corto circuito en la idea misma del campo literario, dado que apela a una comunicación directa con la esfera pública sin la intermediación de las instituciones literarias. En su incepción, el estridentismo sigue al pie de la letra la idea de Bürger de la vanguardia como autorreflexión sobre la institución literaria, ya que su forma inicial de operación representa, al igual que su retórica, una ruptura radical con las herencias de la literatura decimonónica y modernista. Rubén Gallo ha sugerido que el primer manifiesto estridentista fue concebido desde un propósito de asumir a la máquina de escribir y a la consecuente tecnificación de la literatura como un precepto estético y que la producción de literatura en carteles, impresa en masa, era una forma de adaptarla a las condiciones de la vida moderna (92). De esta manera, durante los tres primeros años de la década del veinte, los estridentistas articularon lo que parecía un reto devastador a los presupuestos del campo literario.

El fracaso de los estridentistas en este camino, sin embargo, se debió quizá a que no siguieron sus propias ideas hasta sus últimas consecuencias y comenzaron a relacionarse con particular rapidez tanto con el campo literario como con el de poder. En el primer caso, los estridentistas establecieron una alianza particular con Carlos Noriega Hope, un intelectual liberal de cierto cuño virreinalista que, a principios de los años veinte, fue director de *El universal ilustrado*. Noriega Hope, quien fue traído a la revista para renovarla, abrió las puertas del medio a varias corrientes literarias. Sin embargo, no era un escritor particularmente imbuido de la cultura urbana y, aunque en años posteriores sería reconocido en sus contribuciones al cine, su trabajo literario se encontraba lleno de un costumbrismo liberal parecido al de la novela de la Revolución. Aguilar Mora ha observado que la narrativa de Noriega Hope era muy sintomática de la idea de que los revolucionarios de las clases populares carecían de conciencia histórica y, por ende, de la legitimación de los intelectuales nacionalistas en su intento de definir la cultura de la Revolución (135). De esta suerte, las relaciones literarias de Noriega Hope lo alinearían con los virilistas del 25. A fin de cuentas, fue el editor de *Los de abajo* desde la plataforma de *El universal ilustrado*, y su libro de cuentos, titulado *La inútil curiosidad*, fue prologado por Monterde. Noriega Hope, de

Capítulo uno

hecho, no comulgaba particularmente con la estética estridentista, como se deja ver en la nota preliminar a la novela corta *La señorita etcétera* de Arqueles Vela. En esta nota, Noriega Hope afirma que la inclusión del texto estridentista en el semanario se debe, al igual que haría Monterde en *Antena,* al "remordimiento literario que nunca nos perdonaríamos" al "imponer nuestros gustos y pasiones, cerrando la puerta a todos los que no pensaran o sintieran como nosotros," y observa que si alguien considera que el texto es un "disparate," en el suplemento "nos lavamos las manos" (Schneider 315).

Desde esta perspectiva, la inusitada alianza del estridentismo con Noriega Hope tuvo dos consecuencias. En primer lugar, abrió a los estridentistas una serie de medios de comunicación y le dio acceso a un público que originalmente no hubiera tenido. Esto, paradójicamente, resultó en la normalización de la estética estridentista en el campo literario y la consolidación de Maples Arce, como una figura de consideración dentro de él. Esto, ciertamente, no significó una claudicación de los estridentistas en términos ideológicos, ya que siguieron practicando una estética que ellos mismos llamaban bolchevique y el gobierno de Jara en Veracruz, al que se aliaron en 1921, constituía, como apunta Escalante, el ala izquierda del nacionalismo revolucionario (*Elevación* 95). El punto, más bien, es que en un momento de configuración política de la hegemonía, cuando todavía existían bajo el paraguas de la Revolución propuestas ideológicas bastante dispares, los grupos que formarían el campo literario que entraría a debate en el veinticinco se aliaban a nivel institucional, y la posición hegemónica no estaba dada por los contenidos de las obras en sí, sino por el posicionamiento en términos de grupos y publicaciones. Dicho de otra manera, la forma en la que los estridentistas funcionaron los ubicó en una particular contradicción debido a que sustentaban una retórica que abjuraba de la literatura institucionalizada mientras operaban desde la plataforma del periódico más importante del país. Esto lleva a la segunda consecuencia: el hecho de que, al llegar la polémica del veinticinco, los estridentistas formen parte del bando nacionalista en contra de los Contemporáneos. A pesar de las evidentes afinidades con vanguardias europeas como el futurismo y el cubismo, los estridentistas, de hecho, renunciaban a esta vertiente estas influencias y planteaban una filosofía de "lo actual":

"Nada de retrospección, nada de futurismo. Todo el mundo allí quieto, iluminado maravillosamente en el vértice estupendo del minuto presente" (Schneider 279). Aún cuando una frase después declararan que "[E]n pleno reinado de la Internacional es cursi levantar las murallas chinas del nacionalismo rastacuero" (279) y al inicio de ese texto, el tercer manifiesto estridentista, llamarán a López Velarde, el poeta icónico de provincias, un "gambusino" (278), lo cierto es la ideología presentista del estridentismo significó, en la práctica, una afiliación al proceso político mexicano, en contradicción directa con los principios estéticos mismos que propugnaban. Por ello, no es en lo absoluto casual que, en medio de las polémicas, fueran parte del mismo grupo que Monterde, a cuya poética virreinalista sin duda le hubiera quedado el calificativo de "nacionalismo rastacuero" y cuyas posturas ideológicas, como hemos visto, estaban muy lejos de la marcha histórica de la Internacional.

"Urbe: Súper-poema bolchevique en cinco cantos" es el resultado de estas contradicciones. Publicado en 1924 y dedicado "A los obreros de México" (57), el poema de Maples Arce presenta una visión de la ciudad como espacio de triunfo de la tecnología y de la ideología soviética. Este poema es el punto de llegada de un conjunto de trabajos poéticos donde Maples Arce deconstruyó la estética modernista y asumió muchas de las innovaciones tecnológicas de la ciudad. Un ejemplo de esto es el poema "Esas rosas eléctricas," publicado en 1922 en el libro *Andamios interiores*, donde Maples Arce toma un conjunto de figuras poéticas cercanas al modernismo, las invierte y les inyecta referentes tecnológicos: "Esas rosas eléctricas de los cafés con música / que estilizan sus noches con "poses" operísticas, / languidecen de muertes, como las semifusas" (45). En estos versos, se puede ver la forma en la que Maples Arce comienza a vaciar de sentido varios referentes modernistas, como el café (signo de la bohemia) y la ópera (signo de la alta cultura), al integrarlos a referentes tecnológicos (las "rosas eléctricas," destacando, además, que la rosa es un signo poético del romanticismo revisitado por vanguardistas como Huidobro). Maples Arce sigue presentando una sucesión de imágenes ridiculizadoras del modernismo a lo largo del poema: "la luna está al último grito de París" (45). Mientras tanto, a lo largo de este poemario inicial, se ven constantemente escenas donde la tecnología y la modernización son parte de un paisaje cotidiano en el que la voz poética encuentra un potencial revolucionario. En "Prisma," el poema que abre *Andamios interiores*, se encuentra un ejemplo: "La ciudad insurrecta de anuncios luminosos / flota en los almanaques, / y allá de tarde en tarde / por la calle planchada se desangra un eléctrico" (43). Como podemos ver, en el proceso formativo de Maples Arce se ve un intento claro de articular una poética distinta a la heredada por los románticos y modernistas, pero, sobre todo, la incorporación al espacio poético de un imaginario cotidiano que, debido a su novedad, se encontraba inexplorado por los discursos de nación.

En el intersticio discursivo de la urbe tecnologizada, emerge la nación intelectual de Maples Arce: una comunidad imaginada de obreros marchando a través de la historia, experimentando la novedad de la ciudad. El espacio es una "ciudad toda tensa / de cables y de esfuerzos, / sonora toda / de motores y alas" donde "la multitud desencajada / chapotea musicalmente las calles." Escalante ha descrito el movimiento de "Urbe" como el paso del sujeto individual burgués, la voz tradicional del poeta, a un sujeto colectivo manifestado por la recurrencia de las experiencias sensibles de la ciudad (*Elevación* 54–55). Este desplazamiento es fundamental, en primer lugar, porque marca una clara distancia del lirismo poético que ascenderá por medio de López Velarde y los Contemporáneos. Maples Arce plantea, sin demasiados regodeos, que una estética individualista y sentimental es incapaz de entender el potencial revolucionario de la ciudad: "Los asalta-braguetas literarios / nada comprenderán / de esta nueva belleza / sudorosa del siglo" (59). En esta frase resuena claramente la retórica de la estética viril que suscitará la polémica del veinticinco unos meses después y que alinean al poema a la postura de los nacionalistas. "Urbe" apuesta ideológicamente a una idea de Revolución que plantea la emergencia de una clase obrera. Esta clase es el sujeto del poema, sujeto que experimenta las mediaciones tecnológicas de la ciudad. Sin embargo, "Urbe" no deja de manifestar una retórica oficialista que anuncia la incorporación de Maples Arce al campo de poder. El poema, por ejemplo, habla de "los hurras triunfales / del obregonismo / [que] reverberan al sol de las fachadas" (61). Esta celebración se explica por el hecho de que el poema se escribe en un momento de particular crisis en el campo de poder, donde muchos disensos políticos se seguían resolviendo a punta de pistola —"Hay un florecimiento de pistolas / después del trampolín de los discursos" (63)— y donde el obregonismo seguía siendo cuestionado por otras corrientes de la revolución, como el delahuertismo, que buscaban ocupar el espacio hegemónico.

"Urbe," de esta manera, está escrito sobre la base de una contradicción análoga a aquella que resultó de la institucionalización del estridentismo en el campo literario: una retórica de la Revolución socialista disminuida por los vericuetos de la estatalización de la Revolución real. En una figura que recuerda, quizá, el hecho de que Diego Rivera pintaba alegorías de la revolución bolchevique en los muros de las oficinas del Estado, "Urbe" representa perfectamente el desencuentro entre la ideología ejercida adentro del campo literario (un nacionalismo socialista ubicado en la izquierda radical) y las posiciones concretas que ocupaba alguien como Maples Arce tanto en la literatura (como parte de un frente literario nacionalista cuyas figuras más prominentes eran intelectuales conservadores) y en el poder (como diputado que, pese a sus diferencias con el obregonismo, en última instancia se puso de parte de la hegemonía política). En esta contradicción está la clave del fracaso del proyecto estridentista, puesto que, si bien en el imaginario logró articular la versión más progresista y radical de las "naciones intelectuales," en la práctica fue incapaz de construir una posición política autónoma, lo cual sentenció a Maples Arce a convertirse en intelectual orgánico al poder, y al resto de los estridentistas, al olvido y la exclusión del canon literario nacional. A pesar de la importancia que los poemas de Kin Taniya o las novelas de Arqueles Vela pudieron tener, fueron finalmente enterrados por el ascenso de Azuela y de los Contemporáneos resultante de la polémica de 1925. El estridentismo fue una muestra de la manera en la cual un campo literario en formación logra dar cabida a expresiones literarias que lo socavan, pero cuya integración en la institucionalidad resulta ser la bomba de tiempo que, en última instancia, destruye y desautoriza la potencial radicalidad de sus propuestas. Por ello, el poema nacional por excelencia, y la figura fundacional de la poesía mexicana moderna, encuentran su punto de emergencia con la obra de un poeta de provincias alejado de las pugnas en el centro del campo literario, Ramón López Velarde.

Capítulo uno

Ramón López Velarde: La vanguardia como nación intelectual

Al lado de "Urbe," la otra nación intelectual significativa en la poesía del periodo es "Suave Patria." Ubicar a "Suave Patria," escrito por Ramón López Velarde en 1921 para conmemorar el centenario de la consumación de la Independencia, dentro de las naciones intelectuales puede parecer paradójico: se trata, a fin de cuentas, de uno de los poemas más canonizados dentro de todo recuento de la poesía mexicana, escrito en medio de la emergente cultura civil propugnada por el Estado, y de un texto recitado constantemente en todo tipo de certámenes nacionalistas. Lo que propongo aquí, sin embargo, hace eco de muchas lecturas más serias de López Velarde: su lugar como renovador formal de la poesía mexicana y como introductor de la poesía de vanguardia.[46] "Suave Patria," desde esta perspectiva, es el poema que vacía el nacionalismo idealista y monumentalizado del romanticismo y construye, desde influencias poéticas compartidas con la vanguardia, una versión de la poesía nacional que se contrapone, incluso, a la literatura nacional planteada por los virilistas del 25. Las bases teóricas de "Suave Patria" se encuentran en un ensayo titulado "Novedad de la patria." En este texto, López Velarde propone un giro radical en términos de la aproximación de la literatura a la nación:

> Correlativamente, nuestro concepto de la Patria es hoy hacia dentro. Las rectificaciones de la experiencia, contrayendo a la justa medida la fama de nuestras glorias sobre españoles, yanquis y franceses, y la celebridad de nuestro republicanismo, nos han revelado una Patria, no histórica ni política, sino íntima. (282)

De esta manera, "Suave Patria" construye coordenadas poéticas de la nación desde ciertos momentos de cotidianeidad y ubica los elementos definitorios de su patria precisamente en referencias a la vida cotidiana de la provincia: "Suave Patria: tú vales por el río / de las virtudes de tu mujerío; / tus hijas atraviesan como hadas, / o destilando un invisible alcohol, / vestidas con las redes de tu sol, / cruzan como botellas alambradas" (263). En consecuencia, la labor laudatoria del poeta no radica en la celebración de la heroicidad de la patria, sino en una aproximación que neutraliza el carácter épico de la poesía romántica y convierte en objeto poético la nación material: "Suave Patria: te amo no cual mito / sino por tu verdad de pan bendito, / como a niña que asoma por la reja / con la blusa corrida hasta la oreja / y la falda bajada hasta el huesito" (263). El procedimiento es denominado por el propio López Velarde una "épica sordina": "Diré con una épica sordina: / la Patria es impecable y diamantina" (260).

Desde aquí, es posible pensar una serie de puntos que resumen la importancia de López Velarde en la fundación de la poesía moderna en México y las características que definen su "nación intelectual." En primer lugar, López Velarde es el poeta que cierra el ciclo paisajista de México, al articular su paisaje al concepto cotidiano propugnado por su poética. Dicho de otro modo, "Suave Patria" es el punto final a una larga genealogía de poesía nacionalista del paisaje y, sobre todo, la evidencia del agotamiento de esta genealogía. En este punto, López Velarde es un vanguardista *avant la lettre*, dado que su obra poética postula el cuestionamiento de una forma estética particular que, al mismo tiempo, fue parte central del armado de la poesía del siglo XIX como género. En otras palabras, la mayor fuerza de la poesía de López Velarde es su crítica al monumentalismo constitutivo de las poéticas románticas y, por ende, del rol de la literatura en la constitución de la nación.

A lo largo del siglo XIX, se manifiestan dos líneas poéticas con relación al paisaje. Primero, una reinvención de las formas neoclásicas, presente sobre todo en poetas católicos. Como ejemplo, se puede invocar a Joaquín Arcadio Pagaza, quien, en su descripción poética de Otumba, recrea un paisajismo de fuerte raigambre neoclásica: "Al asomar encima la pendiente / boscosa y de los céfiros morada, / una ladera mírase agobiada / por el trigo en sazón y por un puente" (Pacheco, *Poesía* 243). Segundo, una línea romántica que recrea los paisajes nacionales con una retórica que pone énfasis en elementos exóticos y sensuales del paisaje, como hace el conocido escritor liberal Ignacio Manuel Altamirano en "Los naranjos": "Del *mamey* el duro tronco / picotea el *carpintero*, / y en el frondoso *manguero* / canta su amor el *turpial* / Y buscan miel las abejas / en las piñas olorosas, / y pueblan las mariposas / el florido cafetal" (Pacheco, *Poesía* 225). El primer ataque a esta forma de

Capítulo uno

escribir lo hacen los modernistas tardíos Salvador Díaz Mirón, en "Idilio," y Manuel José Othón, en "En el desierto: Idilio salvaje," donde plantean un afeamiento del paisaje al recrear motivos desérticos e introducir elementos disonantes que rompen con la concepción sensual y/o espiritual del paisaje heredada de sus antecesores decimonónicos:[47] "El sitio es ingrato, por fétido y hosco. / El cardón, el nopal y la ortiga / prosperan; y el aire trasciende a boñiga, / a marisco y a cieno; y el mosco / pulula y hostiga" (Díaz Mirón, en Pacheco, *Poesía* 430); "Mira el paisaje: inmensidad abajo,/ inmensidad, inmensidad arriba; / en el hondo perfil, la sierra altiva / al pie minada por horrendo tajo" (Othón, en Pacheco, *Poesía* 509). López Velarde extrae el paisaje de esta relación exterior entre el sujeto poético y el paisaje, donde la voz poética siempre es espectadora de un objeto externo, tal como Alfonso Reyes criticaba en el paisajismo de Fray Manuel de Navarrete.[48] Por ello, sus paisajes en "Suave Patria" siempre existen en relación con el movimiento mismo de la vida cotidiana, sea en su relación con una práctica económica: "Patria: tu superficie es el maíz, / tus minas el palacio del Rey de Oros, / y tu cielo, las garzas en desliz / y el relámpago verde de los loros / El niño Dios te escrituró un establo / y los veneros del petróleo el diablo" (López Velarde 261); nótese la presencia de referencias directas a la agricultura, la ganadería, la minería y el petróleo) o, simplemente, relaciones entre el paisaje y su experimentación sensorial: "Tu barro suena a plata, y en tu puño / su sonora miseria es alcancía; / y por las madrugadas del terruño, / en calles como espejos, se vacía / el santo olor de la panadería" (262). La "Suave Patria," entonces, plantea el paisaje como parte del flujo de la actividad humana y ya no como el objeto de contemplación y otrificación de la poesía del XIX. El paisajismo de "Suave Patria" rompe con la claudicación del paisaje nacional a fórmulas poéticas gastadas y reconstruye el escenario nacional con un nuevo vocabulario que lo incorpora al imaginario del país. Su poética es la primera que escapa en definitiva de su crítica al paisaje y, con esto, funda la poesía moderna en México.[49]

Este cambio de tono se manifiesta particularmente en la manera en que López Velarde se aproxima a las historias de los emperadores aztecas. La poesía romántica produjo muchos ejemplos de esto. Uno de ellos es la "Leyenda del vaticinio" de

José Joaquín Pesado, quien cuenta la historia de Moctezuma, cuando un lacayo le trae un vaticinio de su muerte y, al final, lo mata. El tono de la poesía de Pesado es, doblemente, épico y moral: "Divertido en su palacio, / el Motezuma soberbio, / traza a su capricho gustos / y a su querer pasatiempos. / Reclinado en rico estrado, / cercado de sus guerreros, / sus cortesanos le adulan, / y le obedecen los pueblos" (Zaid, *Ómnibus* 423). En este poema podemos ver una doble funcionalidad de la figura prehispánica: un distanciamiento épico de la voz poética, muy similar al del tratamiento del paisaje, y una consigna moral sobre la soberbia del emperador. El Cuauhtémoc de López Velarde, en cambio, opera como una figura en constante ironización, de tal manera que su significación queda siempre vaciada: "Anacrónicamente, absurdamente, / a tu nopal inclínase el rosal" (Pacheco, *Poesía* 262). La anacronía de la figura hace imposible cualquier heroificación, cualquier recuperación monumentalizada del emperador para la fundación de lo nacional: "No como a César el rubor patricio / te cubre el rostro en medio del suplicio: / tu cabeza desnuda se nos queda, / hemisféricamente de moneda" (263). La monumentalización, entonces, queda vaciada de sentido: el emperador azteca ya no puede ser un "César de rubor patricio," ni siquiera el emperador soberbio de Pesado. Su memoria queda, simplemente, en una moneda. Aquí, López Velarde se contrapone a un poema como "Profecía de Guatímoc" de Ignacio Rodríguez Galván, donde la voz poética se encuentra con el fantasma del último emperador azteca, quien admite resignado su derrota: "Ya mi siglo pasó: Mi pueblo todo / jamás elevará la oscura frente, / hundida ahora en asqueroso lodo" (Pacheco, *Poesía* 170). López Velarde, sin embargo, prefiere preservar la memoria del trauma histórico de la derrota: "Moneda espiritual en que se fragua / todo lo que sufriste: la piragua / prisionera, el azoro de tus crías, / el sollozar de tus mitologías, / la Malinche, los ídolos a nado, / y por encima, haberte desatado / del pecho curvo de la emperatriz / como del pecho de una codorniz" (263).[50] El cambio, entonces, es de retórica: ya no existe ni la vocación pedagógica ni el impulso épico. La memoria histórica que se mantiene en el poema es una rememoración metonímica de la caída del imperio azteca a partir de ciertos momentos icónicos (como la "piragua prisionera," que se refiere a la barca en la que Cuauhtémoc intenta cruzar el lago tras la caída de Tenochtitlan) que nunca son objeto ni de mitologización ni de juicio.

La contribución de Ramón López Velarde puede resumirse en una serie de puntos. Para empezar, López Velarde inventa una nueva forma de escribir sobre la nación. En un texto periodístico de 1916, López Velarde declaraba: "El asunto civil ya hiede. Ya hedía en los puntos de la pluma beatífica de aquellos señores que compusieron odas para Don Agustín de Iturbide" (457). López Velarde, entonces, propone una literatura que opere desde la autonomía, ya que la relación abierta entre la poesía y el Estado destruye el potencial estético de la escritura. Por este motivo, en contra de la retórica epopéyica y mitologizante del romanticismo y del modernismo, López Velarde propone una poesía que cotidianiza la nación, o, como lo pone Vicente Quirarte, la democratiza: "Con López Velarde, la Patria vuelve a ser ciudadana, camarada y compañera" (*Peces* 78). Esta "ciudadanización" de la poesía es una de las marcas centrales de la constitución del campo literario autónomo, puesto que se trata de una apelación a la "esfera pública" y a los modos de interpretar el país desde la experiencia cotidiana, apelación que implica en su concepción una ruptura con el Estado como interlocutor de la poesía. La ausencia casi completa de odas a Madero, Carranza u Obregón en la poesía de vanguardia habla claramente de la ruptura del mecenazgo con el Estado y de la relación completamente orgánica de la poesía con las ideologías del Estado liberal decimonónico. Esta reformulación de la poética nacional tiene una segunda consecuencia. Carlos Monsiváis ha observado que "Suave Patria"

> es, creo, un catálogo entrañable de las atmósferas que López Velarde venera y que ya están siendo abolidas por el impulso del Progreso [...] es el escenario de los *tableau vivants* cuyo fin se avisora. Museo involuntario, cuya magnificencia crece al ir desapareciendo lo ahí nombrado, "La suave Patria" suele dar pistas engañosas en el acercamiento a una obra que es todo menos añorante y que, antes de glorificar el costumbrismo, amplía los territorios de lo permitido. ("López Velarde" 693)

López Velarde, quien era ya consciente de la importancia de la ciudad en la poética,[51] reconoce en la Revolución el fin de la concepción tradicional de México sostenida por el costumbrismo romántico. Mientras "Urbe" era un intento de construcción de una poesía completamente nueva en el contexto de la ciudad, "Suave Patria" puede leerse como una declaración del agotamiento de los paradigmas expresivos de dicha concepción de lo nacional. En otras palabras, todos los ejemplos que he citado del poema apuntan hacia un vaciamiento semántico de los significantes y formas poéticos que constituyeron a la poesía del XIX. López Velarde efectivamente destierra de la poesía mexicana aquellos recursos poéticos decimonónicos que sirvieron para la construcción de la poesía nacional del siglo XIX, y su apelación a lo cotidiano hizo a la poesía un espacio de contención de versiones de lo nacional, algo que, como veremos en los capítulos subsecuentes, se extiende hasta la consolidación de una poesía nacional en los cincuenta, con la obra de Octavio Paz. Es en este sentido que Monsiváis afirma que "López Velarde es, en rigor, la vanguardia" ("López Velarde" 692). A partir tanto de su borramiento de la pesada tradición romántica como de su adopción de formas poéticas nuevas, los poetas mexicanos, sobre todo los Contemporáneos, podrán fundar la poesía moderna en México.

Alfonso Reyes: La nación intelectual en los afueras del campo literario

Casi al mismo tiempo en el que los escritores virreinalistas iniciaban su proceso de consagración institucional bajo el carrancismo, Alfonso Reyes publica dos textos que permiten entrever una fundación ideológica alternativa dentro del campo literario mexicano: "Visión de Anáhuac," quizá su texto más leído, y *El suicida*, una colección de ensayos filosóficos y textos misceláneos del cual destacaré particularmente el denominado "La sonrisa." En estos dos textos se encuentran las bases de un contrapunto a la cultura oficializada que comenzaba a formarse bajo el carrancismo y que, en su conjunto, plantean una concepción de la cultura y, específicamente, de la literatura, fundada en el inconformismo y la rebeldía. Escritos desde España, es decir, fuera de las querellas de poder que ocupaban a los contemporáneos de Reyes, estos textos se encuentran atravesados por un ethos intelectual que se manifestará de diversas maneras en los autores que ubico dentro de las "naciones intelectuales," ya que plantean una ontología de la nación mexicana que pone en entredicho las narrativas de los grupos nacionalistas que operarán entre la Constitución y el debate del veinticinco. En otras palabras, los años finales de la década del diez y la primera mitad de los veinte atestiguan simultáneamente la emergencia de los mecanismos institucionalizados de cooptación de los intelectuales que el régimen posrevolucionario ejerció a lo largo de toda su trayectoria, mecanismos que describí anteriormente en este capítulo, y de posturas intelectuales críticas que retoman la idea de "revolución" en su acepción radical y resisten la institucionalización oficializada de la cultura, tal como intentaron los estridentistas y como en última instancia logra la obra de Reyes.

La lectura de Alfonso Reyes como figura fundacional de las "naciones intelectuales" implica, en cierto sentido, comprenderlo como alguien cuyo pensamiento se formó fuera del proceso de institucionalización del campo literario que he venido discutiendo hasta aquí. Para esto, es necesario releer su obra desde textos que no han sido atendidos por la crítica y, sobre todo, que no se acomodan del todo a la imagen que normalmente tenemos de Reyes: un escritor conservador, demasiado aficionado al helenismo, en más de un sentido anacrónico, fundador (o "padre") de la literatura mexicana, etc.[52] En otras palabras, me interesa enfatizar, poniendo entre paréntesis esta imagen monumentalizada a la que volveré en el capítulo 3, que el primer Reyes inscribe en el corazón de la modernidad literaria mexicana la crítica a esa modernidad: precisamente por ser un autor tan central e influyente en el canon literario nacional, podemos presenciar en su obra y en la consecuente recepción de ella una importante tensión entre momentos que cuestionan la narrativa nacionalista desarrollada por el campo literario y el establecimiento de una institución literaria en México. Por ello, Reyes representa el punto fundacional de las naciones intelectuales: por un lado sus primeras obras plantean un complejo proyecto alternativo de cultura nacional (y continental) que antagoniza con la cultura oficial de los 20 y los 30; por otro, su rol en el establecimiento de las instituciones culturales de los años cuarenta, tema del capítulo 3, será crucial en la constitución de espacios autónomos dentro del campo literario, espacios que contribuirán a la emergencia de algunas de las naciones intelectuales de los años treinta y cuarenta. Si bien muchos de los escritores posteriores tienen trabajos que entran en contradicción directa con o dejan completamente de lado a Reyes, el carácter fundacional de su obra no radica tanto en el contenido como en el gesto: el escritor que articula naciones intelectuales es, necesariamente, una figura crítica del proceso de modernidad cultural.

El primer punto significativo a tomar en cuenta es el hecho de que la obra del joven Reyes, en el periodo que va desde sus primeros escritos (1905),[53] pasando por su salida a Europa en 1913 y hasta la publicación de algunos de sus libros centrales entre 1917 y 1920, se construye en un proceso completamente distinto al que he descrito para los autores involucrados en los procesos culturales nacionales que van de 1917 a 1925. Algo que se olvida por la imagen canonizada de Reyes es que en sus primeros años era un verdadero *outsider* de la literatura mexicana: a pesar de publicar textos en algunas revistas, desarrolló buena parte de su obra primero desde un grupo que aún estaba por alcanzar autoridad en el campo literario, el Ateneo de la Juventud, y después desde una prolongada estancia en Europa y Sudamérica.

Alfonso Reyes tiene varias razones para mantenerse al margen de lo que él mismo llamó "las urgencias de la hora." Esto lo diferencia de sus compañeros del Ateneo de la Juventud, quienes, encabezados por José Vasconcelos, comenzarán a relacionarse más con la Revolución y con el tiempo serán arquitectos del Estado posrevolucionario. La razón que la crítica ha observado con mayor detenimiento es el hecho de que su padre, Bernardo Reyes, era uno de los oficiales más importantes del Porfiriato. El factor biográfico que marcó con mayor fuerza la vida de Reyes fue la muerte de su padre: fue asesinado durante el levantamiento contra Francisco I. Madero.[54] Más que hablar del trauma directo que esta muerte provocó, al que ya se ha dedicado ampliamente la crítica de Reyes,[55] me parece más relevante enfatizar la posición ambigua que Alfonso Reyes sostiene respecto al proceso revolucionario. Por una parte, como observa Javier Garciadiego, la educación de Alfonso Reyes transcurrió en un ambiente liberal positivista típico de la intelectualidad orgánica del Porfiriato (20). Aunque la cultura de Bernardo

Capítulo uno

Reyes estaba limitada a la historia militar, también es cierto que fue mecenas y amigo de muchos intelectuales prominentes del positivismo y el modernismo: Guillermo Prieto, Salvador Díaz Mirón, Manuel J. Othón, Rubén Darío y Ricardo Arenales entre otros (18). En este sentido, la combinación entre este ambiente intelectual y una clara vocación autodidáctica serán la base de una cultura humanística que definirá toda la obra de Alfonso Reyes. La Revolución como idea le permitió a Reyes encontrar formas de distinguirse política e intelectualmente frente a la hegemonía porfirista. Desde los comienzos mismos de su obra, Reyes se distancia abiertamente del modernismo y sus posturas. En *Pasado inmediato*, Reyes reflexiona sobre la diferencia entre la llamada "Generación del centenario"[56] y el modernismo:

> Entre la vida universitaria y la vida libre de las letras hubo entonces una trabazón que indica ya, por parte de la llamada Generación del Centenario, una preocupación educativa y social. Este solo rasgo la distingue de la literatura anterior, la brillante generación del Modernismo, que —ésa sí— soñó todavía en la torre de marfil. Este rasgo, al mismo tiempo, la relaciona con los anhelos de los estudiantes que, en 1910, resolvieron examinar por su cuenta aquellos extremos que les parecían de urgente consideración. (*Obras* 12: 186)

De este pasaje, César Rodríguez Chicharro extrae dos argumentos que me parecen esenciales: por un lado, los ateneístas fueron no sólo literatos, sino también profesionistas (especialmente abogados), lo cual significaba en esos años la capacidad de ocupar cualquier cargo;[57] por otro, que la generación anterior, al vivir en la torre de marfil, era indiferente a las problemáticas sociales (26–28). Esta distancia era articulada así por Vasconcelos: "una manera de misticismo fundado en la belleza; una tendencia a buscar claridades inefables y significaciones eternas" (cit. en Rodríguez Chicharro 30). Las diferencias de la generación del centenario con respecto al modernismo son centrales no sólo para comprender la postura ambigua de Reyes con respecto a la Revolución sino, especialmente, para subrayar que este proceso representa una transformación radical en las formas en las que los intelectuales del campo literario se vinculan con el compromiso social.

Dentro del esquema de modernización literaria entre 1870 y 1920 que Ángel Rama describe en *Las máscaras democráticas del modernismo*,[58] Alfonso Reyes es contemporáneo de un proceso de cultura "pre-nacionalista" que "prepara el espíritu que resulta solemnizado en las festividades del Centenario de la emancipación (1910), tras las cuales se abre otro macroperiodo de la cultura latinoamericana, que abarcará otro medio siglo [...] y que he rotulado *Cultura modernizada nacionalista*" (48; énfasis en el original). Rama observa que esta generación, de la cual Justo Sierra fue la figura fundacional, recobra el ideal americanista frente a un modernismo donde "la cualidad de 'literato'" habrá de primar sobre la de "intelectual" (44). El gesto central de Alfonso Reyes y el Ateneo de la Juventud es precisamente revertir esta escala y restituir al campo literario su dimensión política y pública, algo que en el fondo resulta muy consistente con la formación liberal positivista de ese tiempo. En este contexto, la Revolución Mexicana será el vehículo que permite al Ateneo articular en un movimiento histórico concreto esta aspiración. Reyes, por las circunstancias que mencionaba anteriormente, no asumirá este gesto de lleno hasta los años treinta, pero es cierto que la tensión existente en su pensamiento entre esta vocación del intelectual público catalizada por el movimiento revolucionario y sus ideales intelectuales liberales de erudición y humanismo atraviesa toda su obra durante la década del diez. Robert Conn, en este sentido, plantea una discontinuidad de Reyes con el modernismo, pero también con el "Estado Pedagógico" de José Enrique Rodó: Reyes constituirá, en el argumento de Conn, un "Estado Estético" fundado en la filología y el humanismo en reacción tanto al modernismo rubendarista como al proyecto americanista heredado de la generación de la modernización.[59] Para ponerlo de otro modo, Conn subraya el hecho de que Reyes rompe fuertemente no sólo con el diletantismo del modernismo,[60] sino también con el pedagogismo a la Rodó y, en consecuencia, con la figura monumentalizada del maestro que su contemporáneo Vasconcelos establecerá como una de las formas cruciales de la práctica intelectual orgánica al Estado mexicano.[61]

Dentro de este marco, un texto como "La sonrisa" constituye una forma de escritura crítica muy por fuera de los cánones del pensamiento mexicano. Se trata de un ensayo que postula un concepto dialéctico de la historia fundado en un punto de origen, la sonrisa, que equivale al desarrollo de la conciencia de sí de un sujeto histórico. Retóricamente,[62] el ensayo sopesa

Capítulo uno

el tema de la sonrisa a través de una serie de referencias filosóficas y anecdóticas cuyo denominador común es el proceso de adquisición de la conciencia, como se puede ver en el siguiente pasaje: "La sonrisa es la primera opinión del espíritu sobre la materia. Cuando el niño comienza a despertar del sueño de su animalidad, sorda y laboriosa, sonríe: es porque le ha nacido el dios" (*Obras* 3: 238). El texto opera por un continuo desplazamiento del mismo argumento a través de metáforas y conceptos distintos. Este argumento es la identificación de la sonrisa como la emergencia del "espíritu," término que Reyes toma de la fenomenología de Hegel,[63] y su consecuente ubicación en el origen de todo proceso de toma de conciencia. En este pasaje particular, entonces, la sonrisa es el momento de emergencia de la conciencia al articular "la opinión del espíritu sobre la materia," es decir, lo que Reyes llamará, en muchas de sus obras posteriores, "la crítica." Este término es crucial, puesto que, como apunta Escalante, en el primer Reyes, un Reyes imbuido por la filosofía del romanticismo alemán,[64] "la crítica" es una exposición del espíritu y, si se equipara al espíritu con la toma de conciencia de la historia, "la crítica" sería por tanto una exposición de la dialéctica de la historia (*Metáforas* 40–57). De esta manera, el objeto de la crítica es ese momento fundacional de la conciencia, el punto donde el sujeto histórico despierta "del sueño de su animalidad" y descubre el "dios" en sí mismo. Puesto en otras palabras, el ensayo de Reyes busca explorar el punto preciso donde un sujeto oprimido, extra-histórico (prosiguiendo aquí con la retórica hegeliana[65]), adquiere conciencia de sí y, en este proceso inicia no sólo su propia inscripción de la historia, sino la historia misma.

Es necesario tener presente que la relación de Reyes con el archivo filosófico de Occidente es, sobre todo, estratégica, y que el uso del ensayismo en su obra le permite moverse con libertad particular desde dentro de él. En este punto, se establece uno de los momentos de mayor distancia entre Reyes y sus contemporáneos, enfrascados en las querellas de la cultura nacional: más que un "intelectual mexicano" Reyes se comprende a sí mismo como un intelectual periférico a la tradición occidental cuyo movimiento crítico radica no en la constitución de un sistema de signos que dé cuenta legítima de "la nación," sino de una ontología crítica del movimiento mismo de su historia. Dicho de otro modo, lo que se puede extraer de "La sonrisa," un texto sintomáticamente libre de cualquier referencia a México, es que la pregunta de Reyes no es "¿qué es 'lo nacional' después de la Revolución?," sino "¿qué es la Revolución en sí?" El punto crucial de esta diferencia radica en que, mientras en todos los intelectuales de los que hablé a lo largo de este capítulo, la Revolución es un hecho dado, un acontecimiento incuestionable de emergencia de una nueva cultura nacional, para Reyes, la Revolución y sus consecuencias en el proceso de toma de conciencia de sí del país *vis-á-vis* la tradición occidental son una pregunta abierta. Por ello, mientras todos los intelectuales nacionalistas entre 1917 y 1925 se ocupan de cuestiones como la literatura y la cultura nacional en el contexto de un mismo concepto de nación, Reyes plantea la pregunta por la ontología nacional en términos de la dialéctica entre opresores y oprimidos. Más aún, la existencia o no de una "literatura nacional" es irrelevante en este punto de la reflexión de Reyes, puesto que para él la práctica escritural tiene una función distinta: mientras los nacionalistas fincan la función de la literatura en la expresión de una nación previamente dada y su memoria histórica, para Reyes se encuentra en la imaginación de una nación en constante movimiento y conflicto.[66] En consecuencia, "La sonrisa," junto con todas las reflexiones sobre la libertad del volumen *El suicida*, puede entenderse como el planteamiento teórico de esta última operación y, por ende, de un nuevo concepto de nación cuyas ramificaciones se verán en los debates posteriores de la cultura nacional.

Por lo pronto, vale la pena subrayar la manera en la que el archivo filosófico occidental es manejado por Reyes. El común denominador de todas estas referencias es una tradición que se preocupa por la relación entre libertad y sujeto, es decir, por lo que Jean-Luc Nancy ha llamado "la tradición de la liberación de la libertad con respecto a su apropiación subjetiva," tradición que, como apunta el propio filósofo francés, "[s]e trata de una llamada a la existencia" (44–45). De esta manera, Reyes despliega un archivo intelectual que incluye, entre otros a Étienne de la Boétie, Baruch Spinoza y Hegel, entre otros, para desarrollar una concisa filosofía política cuyo objeto es la emergencia de la conciencia histórica. Sobre esta base, Reyes comienza a imaginar una versión "otra" de la cultura y la literatura nacional a través de un concepto de escritura que busca ubicarse consistentemente en el movimiento libertario de la sonrisa y no en la sujeción de la conciencia a la servidumbre voluntaria del poder. En otro texto de *El suicida*, titulado "La conquista de la libertad,"[67] Reyes pone esta vocación en términos más directos: "Una vez al menos, yo he podido evocar la lluvia [metáfora que, en este caso, se refiere a la inspiración que la lluvia causó en su escritura en una anécdota narrada en el párrafo anterior]. ¿Cómo hacer para adquirir definitivamente ese don? Ya no descansaré mientras no aprenda a evocar la lluvia [mientras no tenga el poder de controlar la escritura]. Ya vislumbré los caminos de la emancipación. O me apodero de ellos, o quiero morir en el asalto" (*Obras* 3: 261).

La posibilidad de este proceso intelectual se encuentra, en parte, en la posición exílica de Reyes, quien escribe estos libros desde París y desde España. Ilustraré este punto con mayor extensión al hablar de "Visión de Anáhuac." Mientras tanto, quiero cerrar la discusión sobre "La sonrisa" invocando el momento crucial del ensayo:

> El hombre sonríe: brota la conciencia. Y el hombre se nutre de los elementos que le da el miedo. ¿Sonríe por segunda vez? Protesta, no le basta ya la naturaleza. ¿Emigra, o siembra, o conquista, o forma las carretas en círculo como una trinchera de la tribu contra los ataques de las fieras? Pues entonces funda la civilización y empieza con ella la historia. Mientras no se duda del amo no sucede nada. Cuando el esclavo ha sonreído comienza el duelo de la historia. (*Obras* 3: 242)

La fuente filosófica de este pasaje es el fragmento de la dialéctica entre el amo y el esclavo de la *Fenomenología del espíritu* de Hegel. Como es sabido, Hegel postula en este pasaje la idea de la emergencia simultánea de la conciencia de ambos agentes por medio del reconocimiento mutuo. Como ha observado Jean Hyppolite a propósito de este pasaje, "c'est seulement dans ce rapport des consciences de soi que s'actualise la vocation de l'homme, celle de ce trouver de soi-même dans l'être, de se faire être" (161) [8]. En otras palabras, Hegel concibe las relaciones de dominación como una dialéctica de dos conciencias parciales que en la síntesis de su mutuo reconocimiento emergen como sujetos.⁶⁸ De las muchas interpretaciones canónicas que se han hecho del pasaje, me interesa rescatar la idea de que el sujeto sólo puede emerger como resultado de una lucha que no puede ser reducida a un amistoso reconocimiento mutuo (Rauch y Sherman 92; Pinkard 54–55). Es en este punto donde Reyes articula a Hegel con su propia ontología: la idea de la historia como un conflicto agónico entre dos sujetos irreconciliables. Esto nos permite trazar una trayectoria intelectual de la forma en que Reyes entiende el concepto de conciencia en este ensayo: primero, la sonrisa como el momento en que la conciencia despierta y da inicio en la historia; después, a través de De la Boétie, la reinscripción de la humanidad en la servidumbre voluntaria al rearticular la libertad a un sistema de poder; tercero, desde la lectura spinozista de Calibán, la importancia de la cultura como parte de la emergencia del espíritu (las "alegrías" de Ariel) y el empeoramiento del espíritu del sujeto dominado (la tristeza de Calibán); y, finalmente, un concepto de la historia cuyo punto de origen es la toma de conciencia de sí del dominado a partir del reto al amo ("cuando el esclavo ha sonreído comienza el duelo de la historia"). Aquí, sin embargo, hay que tomar en consideración una inversión fundamental llevada a cabo por Reyes: mientras en Hegel la conciencia de sí es la síntesis de un proceso dialéctico, en Reyes es el inicio mismo de la dialéctica. Por ello, para Reyes el desarrollo histórico no es lineal sino recurrente. Si la libertad adquirida en una sonrisa se sujeta a una nueva servidumbre voluntaria, se implica que eso construye el potencial para una nueva liberación: "El hombre, anhelando liberarse, se está sin cesar emancipando; y, para volver a la frase de que partimos, está tendiendo incesantemente a la no existencia; sí, mas para extraer de allí existencias nuevas. Está desapareciendo sin cesar, mas para realizar su vida cada vez de otro modo" (*Obras* 3: 242).

El significado preciso de esta recurrencia de la historia, recurrencia con la que Reyes cierra "La sonrisa" puede plantearse en términos de la experiencia histórica misma de México. Si la conquista es el origen del conflicto entre amos y esclavos, la historia anticolonial es una secuencia de sonrisas que continúan este ciclo: la Independencia, la Reforma Liberal de 1857, la Revolución Mexicana, son todas etapas que marcan la emergencia de una nueva conciencia nacional y su subsecuente atadura a

Capítulo uno

nuevas servidumbres voluntarias.[69] "La sonrisa," entonces, puede concebirse como una ontología, como un desarrollo de las condiciones filosóficas de la posibilidad del ser histórico del país. "La sonrisa," en suma, es una teoría del desarrollo histórico del país en tensión directa con las teleologías de lo nacional que caracterizaron al positivismo. Frente a textos como la *Oración cívica* de Gabino Barreda o la *Evolución política del pueblo mexicano* de Justo Sierra, que entendían la historia del país como una suerte de movimiento teleológico ascendente hacia la autonomía de la nación, Reyes plantea esta autonomía como una toma de conciencia que ocurre en momentos precisos de emancipación de la historia y que desemboca, al parecer necesariamente, en nuevas sujeciones. Por ello, para Reyes, la protesta no es la síntesis de un proceso dialéctico, sino su origen y condición de posibilidad.[70]

En este punto viene a colación "Visión de Anáhuac," puesto que es, a mi parecer, el texto cuya lectura acompaña "La sonrisa": si éste es la escritura de una ontología de la nación mexicana a través de la protesta, "Visión" es una reconstrucción historiográfica del origen de la dialéctica colonial que constituye la base de la nación mexicana a partir de una adopción de las perspectivas viajeras de los diversos agentes históricos que se enfrentaron al continente. De esta manera, Reyes completa su estudio de la ontología histórica de México al construir un discurso que se ubica en las diversas posiciones subjetivas de aquellos que constituyen su dialéctica histórica: conquistadores, conquistados, observadores, etc. La lectura de "Visión," por lo tanto, tiene que ver con algunas estrategias literarias fundacionales que operan en el texto, cuya influencia tendrá consecuencias importantes en el discurso literario del país. "Visión" es el primer momento significativo de un concepto crítico esencial al americanismo filosófico: lo que, a partir de Edmundo O'Gorman, se conoce como "la invención de América." En Alfonso Reyes aparece entonces la primera instancia en la que emerge la idea del continente como construcción de una mirada que debe ser descentrada. Como veremos en el capítulo 4, los cuestionamientos más importantes a la idea de "lo mexicano" y del "ser nacional" provienen de este paradigma. Otra operación del texto es la inversión de lo que Mary-Louise Pratt llama "los ojos imperiales": la toma de conciencia histórica de México y

América, su sonrisa, se da en el reconocimiento de su posición propia desde la mirada del colonizador. En el espejo de los ojos del dominador, emerge la historia del dominado.

Al contrario de "La sonrisa," "Visión" es un texto leído por prácticamente cualquier autor que se acerca a Reyes y, quizá, el texto de Reyes más canonizado hacia adentro de la literatura latinoamericana y mexicana. Sin embargo, su canonización misma ha hecho que su lectura siempre esté sujeta a un conjunto de preocupaciones que ponen un velo sobre el peso propiamente teórico y político del texto. Desde su consagración temprana, en la *Historia de la literatura mexicana* (1928) de Carlos González Peña, como un texto canónico en la tradición mexicana (255–56), "Visión" ha sido el objeto de un juego más o menos parecido de temáticas críticas. Para poner sólo los ejemplos de la crítica reciente, podemos reducir estas temáticas a tres. Por un lado, se ha discutido mucho sobre la naturaleza genérica del texto: González Peña lo cataloga como "ensayo histórico," Paz y Monsiváis lo incluyen en el canon del poema en prosa y, en años recientes, Alfonso Ruiz Soto simplemente lo ha considerado inclasificable.[71] También, se encuentra el énfasis en la manifestación de la ideología hispanista de Reyes en el texto, tópico que en años recientes se ha manifestado en ideas como el análisis argumentativo como intento de conciliar posturas panhispanistas y antihispanistas (Houvenaghel, *Alfonso Reyes* 87–90), el peso de la filología española en su escritura (Conn 115–26) e incluso la supuesta incapacidad de Reyes de comprender el lado indígena de su ecuación colonial (Monasterios 231). Finalmente, encontramos las complicidades de "Visión de Anáhuac" con la tradición histórica del discurso del mestizaje en México (Lund, "Reyes"). Si bien la primera de estas discusiones me parece agotada y, sinceramente, de poca relevancia, creo necesario hacer un par de precisiones sobre las otras dos.

Por lo que respecta al hispanismo, me parece que la pregunta ha sido equivocada. Si Reyes acusa, o no, una preferencia de lo español sobre lo autóctono me parece irrelevante, considerando que Reyes en efecto se encontraba en España por estos años y buena parte de sus fuentes culturales eran, necesariamente, españolas. En el contexto del presente trabajo, creo más productivo preguntarse por el mecanismo de dicha influencia del hispanismo, que, en la crítica reciente, ha sido analizado cuidadosamente sólo por Héctor Perea (*España en la obra de Alfonso Reyes*) y, sobre todo, Robert Conn (*The Politics of Philology*). En términos de la dimensión occidentalista de las naciones intelectuales, el punto que me interesa enfatizar es que la cultura española, junto con el edificio filosófico que invoqué para "La sonrisa," constituye el archivo privilegiado que Reyes actualizará para contrarrestar las ideologías nacionalistas. Respecto al mestizaje, Joshua Lund tiene razón en afirmar que su ensayo acusa huellas de una ideología positivista al respecto. En su tiempo, era imposible no caer en ello. Pero, a diferencia de su contemporáneo Manuel Gamio y *Forjando Patria*, Reyes estaba muy alejado del discurso antropologizante y proto-fascista que desembocaría en la ideología de la "raza cósmica." El análisis de Lund, como el de Escalante que he citado anteriormente, descansa sobre una contraposición entre un hegelianismo progresista que se manifestaría en la sonrisa (y su lectura de la *Fenomenología*) y otro hegelianismo responsable del borramiento histórico del indio y la proyección de América al futuro, producto de una concepción más cercana a la filosofía hegeliana de la historia.[72] Me parece difícil imaginar que un autor tan preocupado por la consistencia intelectual como Reyes escribiera dos textos que se contradijeran de tal manera prácticamente en al mismo tiempo y me parece que la pregunta, más bien, es por la continuidad entre ambos problemas. Más aún, pese a las huellas que el tema del mestizaje deja en "Visión" creo que el punto es que el texto no se ocupa en lo absoluto de él: su problemática, simplemente está en otra parte. Por estos motivos, en mi lectura siguiente intentaré distanciarme de las tres aproximaciones a la lectura de "Visión" y buscaré leerlo en términos del problema de la ontología de la historia.

Un punto adecuado de partida para el análisis de "Visión" en los términos que me interesa enfatizar aquí se puede encontrar en la "utopía." Según ha demostrado Rafael Gutiérrez Girardot, el concepto de utopía de América no se refiere a una proyección futura de un lugar imposible, sino a un imperativo ético donde América asume históricamente su lugar de renovación de la cultura y, desde esa posición plantea una posición constantemente crítica y política para el intelectual (xxxiv). Se podría invocar otro concepto de utopía, el de Karl Mannheim, quien plantea un "Estado de espíritu utópico" definido como "desproporcionado con respecto a la realidad dentro de la cual tiene lugar" (195). Esta desproporción, continúa Mannheim, tiene un significado político ya que, mientras una ideología, aún cuando esté opuesta al poder en la forma, corresponde orgánicamente a cierto momento histórico, una utopía pone en cuestionamiento los límites mismos de lo existente y, por ende, está revestida de potencial revolucionario (196). Desde estas coordenadas, la utopía de Alfonso Reyes tiene una función semejante respecto a las ideologías en pugna en el espacio del campo literario. Mientras los virreinalistas, los estridentistas y las vanguardias se ajustan a una ideología de la nación que, pese a sus diversos grados de incorporación y oposición al Estado, funcionan orgánicamente dentro del proyecto de institucionalización de la Revolución, las ideas articuladas por el primer Reyes ponen en cuestión las fronteras ideológicas y políticas aceptadas por el campo literario en formación.

Desde esta concepción, se puede plantear un conjunto de ideas para entender el rol de "Visión" en la constitución de la nación intelectual de Alfonso Reyes. En primer lugar, vemos que Gutiérrez Girardot intuye en el texto una concepción de la historia semejante al de "La sonrisa": la nunca realizada utopía y su constante "exigencia" recuerdan sin duda a la manera en la que "la sonrisa" emerge en momentos dados de la historia para sumergirse en su negación y volver a emerger nuevamente. El concepto de "Utopía de América," que para los años cuarenta, en *Última Tule*, ya era explícito en el pensamiento de Reyes, se encuentra aquí en su momento de fundación. El punto crucial es precisamente la naturaleza de esta fundación: se trata de la apropiación de un concepto que tiene, simultáneamente, un complejo historial en el pensamiento de Occidente (desde Moro y Campanella, pasando por las utopías morales de Hobbes y Jonathan Swift, hasta las utopías dialécticas de Hegel y Marx) y una función precisa en el origen de México, puesto que, como sabemos, el discurso utópico será una de las genealogías culturales de mitos originarios de América, como El Dorado.[73] Dicho de otro modo, Reyes hace una apropiación estratégica de un concepto profundamente imbricado en la retórica colonial y en el pensamiento moderno para su proyecto de emancipación histórica. En este punto, hay que enfatizar la naturaleza de su inversión conceptual: no se trata ya de una heterotopía imaginada ni de la culminación de una teleología histórica. Lo utópico en Reyes es el imperativo ético de la práctica intelectual: el posicionamiento constante en el momento de la toma de conciencia histórica. De esta manera, "Visión de Anáhuac" y "La sonrisa" hilan un discurso histórico-ético cuya práctica se contrapone al proceso de institucionalización de la cultura mexicana del 17 al 25. Si los nacionalistas de este periodo conciben una función intelectual orgánica al Estado emergente, Reyes piensa en una filosofía que dé cuenta del momento revolucionario mismo. En una situación extremadamente paradójica, esto hace que en el contexto mexicano el trabajo de Alfonso Reyes sea mucho más revolucionario que el de sus contrapartes nacionalistas en el doble sentido de la palabra: por un lado, comprende de manera más directa la significación del proceso revolucionario; por otro, plantea una ruptura más clara tanto de las estéticas como de los conceptos de historia que primaban en el México prerevolucionario y, por tanto, una innovación estética e intelectual clave para comprender las direcciones de la producción literaria del país a lo largo del siglo XX.

Antes de cerrar esta sección con las consecuencias de este concepto de la historia de México, es importante detenerse en el proceso a partir del cual Reyes construyó esta mirada viajera. "Visión de Anáhuac" es parte de un conjunto considerable de textos escritos a partir de 1913 durante las estancias de Reyes en París y Madrid. Específicamente, "Visión" es paralelo a un conjunto de crónicas, recogidas bajo el título de *Las vísperas de España*, donde el viajero Alfonso Reyes registra comentarios sobre experiencias cotidianas por los rincones del país ibérico. En general, podría decirse que en estos textos Reyes hace el mismo viaje de descubrimiento que los españoles hicieron en América siglos atrás, es decir, "descubre el Mediterráneo," como él mismo diría años más tarde. "Olvido la historia de la ciudad" dice Reyes en una crónica de Burgos. "Pido el secreto al sentido de la orientación" (*Obras* 2: 102). Este "olvido de la historia" es la marca de la experiencia viajera de Reyes: la experimentación de las ciudades españolas y francesas a partir de su propio acervo cultural. Reyes, el americano, visita la vieja metrópoli española y le da forma desde sus propios referentes: la operación de los conquistadores de Anáhuac se ve invertida y el viajero mexicano transforma la metrópoli imperial en un conjunto de estampas provincianas. Vale la pena recordar que la obra de Reyes, más allá de la impresión que pueda dar el carácter monumentalizado de su figura, está compuesta de puros géneros menores: crónicas, ensayos menores, textos costumbristas. "Una obra miscelánea es un texto escrito en que se tratan muchas materias inconexas y mezcladas" es una de las definiciones que Margo Glantz da de la obra de Reyes (*Esguince* 61). El trabajo misceláneo está presente en "Visión." Se observa tanto en las diversas referencias invocadas como en el lenguaje mismo: cuando Reyes habla de un "Eolo mofletudo" (*Obras* 2: 13), vemos cómo esta práctica ubica en el mismo espacio el registro culto con el habla popular. Para Reyes, esta estrategia de escritura, que le permite moverse en los registros cotidianos de la vida española, es el género ideal para desmitificar al sujeto colonizador. La operación, por supuesto, no es nueva: es la misma que la planteada por las crónicas de Fray Servando Teresa de Mier en los albores de la independencia de México.[74]

"Visión," en este orden de ideas, es la contraparte de este trabajo: el viajero que conoce el lado cotidiano de España, utiliza dicha cotidianeidad para volverse hacia América. La nostalgia de Reyes debe entenderse desde esta idea: no se trata simplemente de un intelectual exiliado añorando su país. Se trata, más bien, del distanciamiento necesario para comprender la naturaleza de un pensamiento revolucionario mexicano lejos del proceso de institucionalización y domesticación de dicho pensamiento.

Es necesario volver al concepto de historia planteado por "Visión." Bajo la idea de la utopía, la conexión principal entre "La sonrisa" y "Visión de Anáhuac" se da en su proyección al futuro. "Lo que hay en el hombre de actual, de presente y aún de pasado, nada vale junto a lo que hay en él de promesa, de porvenir," dice Reyes en "La sonrisa" (*Obras* 3: 240). La interpretación de la historia en "Visión" responde a esta premisa. En tanto existe una identificación entre utopía como imperativo moral y la promesa y el porvenir del hombre en este paisaje, la interpretación histórica de "Visión" privilegia aquellos momentos de la historia que conducen a los momentos de anarquía. Es esta idea la que se encuentra detrás de la afirmación "Cuando los creadores del desierto acaban su obra, irrumpe el espanto social" (*Obras* 2: 15). Esta caracterización de la Revolución no es tan ominosa como parecería a primera vista, porque los sistemas políticos anteriores del país son calificados por Reyes como "tres regímenes monárquicos" y el porfiriato como una "ficción política" (*Obras* 2: 14). Ciertamente, la noción de "espanto social" habla de los horrores mismos de la guerra revolucionaria, que en la biografía de Reyes se encarnaron en la muerte de su propio padre. Sin embargo, lo que queda claro de este pasaje es que, si comprendemos la Revolución como uno de los momentos de toma de conciencia histórica, la narrativa de la desecación de los lagos conduce, en el recuento de Reyes, directamente a ella. Se trata, a fin de cuentas, de un proceso dialéctico (hombre-naturaleza) que, al concluirse ("cuando los creadores del desierto acaban su obra"), da paso a un nuevo conflicto histórico. Hay que decir, para concluir, que esta otra dialéctica, la del hombre y la naturaleza, es también un punto de conexión entre ambos textos: Mientras en "La sonrisa" Reyes declara que "El albor de la historia es un desequilibrio entre el medio y la voluntad humana, así como el albor de la conciencia fue el desequilibrio entre el espectáculo del mundo y el espectador humano" (*Obras* 3: 242), en "Visión" este proceso se ilustra en la constitución misma del sujeto histórico: "nos une con la raza de ayer, sin hablar de sangres, la comunidad del esfuerzo por domeñar nuestra naturaleza brava y fragosa; esfuerzo que es la base bruta de la historia" (*Obras* 2: 34). De esta primera sonrisa hacia el mundo surge el sujeto nacional: "El choque de la sensibilidad con el mismo mundo labra, engendra un alma común" (*Obras* 2: 34). La síntesis del alma común se rompe cada vez que el esclavo sonríe a su amo: la Independencia, la Guerra de Reforma, la Revolución, hasta que se establece una nueva monarquía. De su lectura de "Visión" y de *El suicida*, Conn concluye:

> Reyes, in a similar gesture that incorporates Spanish philology, overcomes the categories of his colleagues by identifying philosophic and literary modernity with the ethos of nonelite romantic subjects located in the past or in an archaic, picturesque present. In both cases, Reyes creates a vision of Culture that complements and thus legitimizes the action of his Hegelian-inspired, liberal State. (134) [9]

Esta cita refuerza mi argumento de que la visión de la cultura sustentada por Reyes en este periodo es parte de una función mayor: no la de un Estado como plantea Conn, sino la de un proyecto emancipatorio. Es en esta distinción donde radica la idea de nación intelectual. La identificación, correctamente señalada por Conn, entre la modernidad filosófica y el ethos del esclavo en "La sonrisa" es crucial en tanto el proceso de institucionalización revolucionaria se articula como la re-constitución de una élite que dicta "lo nacional" al resto de la población. La nación intelectual de Reyes, entonces, imagina una comunidad dada por la cultura y la domesticación del paisaje, comunidad cuya ontología se sustenta siempre por el conflicto y la reinvención dialéctica de los diversos momentos de re-emergencia de la conciencia de sí. De esta manera, esta concepción alternativa de la nación desde la literatura se encuentra atravesada por el imperativo de la utopía. No se trata, como en el caso de López Velarde o Maples Arce, de un deber ser de la nación en su vida privada o en su festín tecnológico. Se trata de una nación que asume su movimiento histórico como parte constitutiva de su ser. El mensaje es claro. La Revolución Mexicana necesariamente desembocará en la construcción de otra "monarquía" y la responsabilidad de los intelectuales es el mantenimiento de la dimensión moral de la utopía, es decir, de la posibilidad de una nueva sonrisa de la historia. En la comprensión de este proceso, y en su posterior papel en la construcción de un campo literario autónomo, Alfonso Reyes funda lo que propiamente se podría denominar la "modernidad literaria" de México. Esta modernidad, entonces, comenzará a desembocar en una nueva guerra, esta vez no por la idea de la literatura sino por la tradición. Una vez que se ha definido, en el contexto del debate de 1925, un conjunto de roles y espacios que ocupará la literatura nacional en la esfera pública, los intelectuales se concentrarán en el debate por los contenidos y genealogías de la nueva literatura nacional, polémica que, comenzada en 1925, encontrará su punto más álgido en 1932. En este nuevo campo de batalla, emerge una nueva forma de labor intelectual, representada sobre todo por Jorge Cuesta, que define las prácticas de los intelectuales y del campo literario a lo largo del siglo. Este proceso es el tema del siguiente capítulo.

Capítulo dos

El alquimista liberal

Jorge Cuesta y la invención del intelectual

Maldito entre los malditos, autor de una obra fragmentaria y dispersa, Jorge Cuesta se ha constituido en una especie de fantasma en la tradición literaria mexicana. Aún cuando fue una de las figuras intelectuales centrales de los años treinta en México y protagonista en muchos de los debates que definieron la cultura mexicana del siglo XX, su reconocimiento por parte de la crítica fue muy tardío. Hasta en los trabajos de Inés Arredondo y Louis Panabière a fines de los setenta e inicios de los ochenta, la obra de Cuesta era considerada una instancia menor de la generación poética de Contemporáneos, mucho menos apreciada que la de coetáneos como Xavier Villaurrutia o José Gorostiza.[1] El mismo carácter de la obra de Cuesta ha contribuido a esto. El único libro que publicó en vida fue un opúsculo político titulado *Crítica a la reforma del artículo tercero*, mientras que su trabajo poético y ensayístico, disperso en periódicos, revistas y archivos, ha sido objeto de varias recopilaciones a partir de los años sesenta, gracias a la labor de figuras como Miguel Capistrán, Luis Mario Schneider, Jesús Martínez Malo y Víctor Peláez Cuesta. El desarrollo de un corpus más o menos establecido de lecturas[2] ha permitido la reubicación de Cuesta en el centro mismo de la literatura moderna en México: a Cuesta se deben varios ensayos fundamentales en la polémica nacionalista de 1932, la antología de poesía más importante e influyente de la primera mitad del siglo (la *Antología de poesía mexicana moderna*), algunos de los textos políticos más significativos sobre el liberalismo después de la Revolución Mexicana, dos de las lecturas fundacionales de Nietzsche en el país y uno de los poemas centrales de la literatura mexicana ("Canto a un dios mineral"). "Jorge Cuesta," escribe Christopher Domínguez

Capítulo dos

Michael, "fue el primer intelectual plenamente moderno de México" (*Tiros en el concierto* 275).[3]

Este capítulo busca demostrar cómo la errante trayectoria de Jorge Cuesta sirvió para definir el *ethos* de los intelectuales adscritos al campo literario, al establecer un conjunto de prácticas dirigidas a marcar un espacio autonómico concreto con respecto al Estado. La diferencia crucial de Cuesta respecto a los intelectuales de la generación de 1925 radica en el hecho de que su proyecto intelectual se centra en su no adscripción al Estado, es decir, en la idea de una práctica intelectual independiente que no sólo es autónoma al poder sino que, con el tiempo, tendrá un imperativo de crítica a éste. De esta manera, la ruta intelectual de Cuesta, que comienza, sobre todo, con la publicación de la *Antología de poesía mexicana moderna* en 1928, se caracteriza por el movimiento desde un concepto de literatura pura como una forma de deslinde frente al Estado hacia la utilización del lugar de enunciación producido por este deslinde como una forma de criticar al poder. Esta trayectoria ocurre en un momento en que la hegemonía ideológica tiende hacia la izquierda, empezando con el liberalismo secular de la presidencia de Plutarco Elías Calles hasta el triunfo del socialismo de Lázaro Cárdenas. En términos de los debates literarios, este movimiento significó un cambio importante de interlocutores. En 1926, bajo la presidencia de Calles, estalla la Guerra Cristera, que significó, entre muchas otras cosas, el alienamiento de la *intelligentsia* católica del campo de poder.[4] En el campo literario, esto significó que muchos autores del bando nacionalista, como los virreinalistas o los que, como Juan Vereo Guzmán o Antonio Estrada, escribirían obras cristeras, dejaran de identificarse con la idea de una "literatura nacional," abriendo ese concepto a los socialistas. En términos del espacio que unía al campo de producción cultural con el campo de poder, la educación, viene otra transformación fundamental, la ruptura de Vasconcelos con el Estado, a raíz de su derrota electoral en 1929, y el ascenso a la Secretaría de Educación Pública del socialista Narciso Bassols en 1931, quien posibilitaría aún más el acceso de los intelectuales socialistas a nichos culturales y de poder.

Dentro de este medio, Jorge Cuesta, un defensor a ultranza de la herencia liberal tanto de las Leyes de Reforma como de la Constitución de 1917, se funda en el concepto de intelectual acuñado un par de décadas antes en Francia y, siguiendo el modelo de Julien Benda, ocupa una posición fundada en una ética intelectual que predicaba, básicamente, la necesidad de una posición por fuera de la hegemonía política. En su conocido argumento desarrollado en *Representations of the Intellectual* [*Representaciones del intelectual*], de cual Benda es uno de los modelos centrales, Edward Said plantea que la labor del intelectual es "hablar la verdad al poder." La obra de Cuesta será la instancia fundacional de este modelo de práctica intelectual en México, ya que se trata del primer intelectual cuya obra busca decididamente una posición contrahegemónica. Homi Bhabha ha planteado que "Counter-narratives of the nation that continually evoke and erase its totalizing boundaries —both actual and conceptual— disturb those ideological maneouvers through which 'imagined communities' are given essentialist identities" (*Nation* 213) [10]. Cuesta, entonces, desarrolla un concepto de literatura nacional que rompe con los límites totalizadores de los proyectos literarios de nación, planteando una posición exterior a lo nacional como forma de constitución de una posición intelectual. El momento de canalización de este problema será la polémica de 1932, donde se vuelve a dirimir el significado de la noción de "literatura," nunca resuelto del todo por la dispersión estética de los integrantes del 24. En el 32, Cuesta, junto con los Contemporáneos y con un Alfonso Reyes en una posición cultural más prominente, se convierte en el centro de gravedad de un campo literario que aspira de nuevo a integrarse orgánicamente al poder.

Un intelectual en busca de su genealogía:
La *Antología de la poesía mexicana moderna*

El primer paso en el camino de Cuesta es su participación en el debate sobre la cultura nacional en los años 20. Dos de sus colegas de generación, José Gorostiza y Xavier Villaurrutia, ya habían sido interlocutores del debate con Monterde y Jiménez Rueda, al ser ellos los principales acusados del "afeminamiento." Sin embargo, la verdadera respuesta estética de los Contemporáneos al nacionalismo viril fue diseñada en particular por Cuesta: la *Antología de la poesía mexicana moderna* de 1928.[5] Este libro representó un verdadero terremoto en el canon

Capítulo dos

de la poesía mexicana, no sólo porque predominaba la inclusión de muchos de los poetas jóvenes vejados por los virilistas, sino porque se remontaba al modernismo y aspiraba a constituir una poesía mexicana basada en poetas cuyos méritos individuales trascendieran las escuelas y las clasificaciones. Esto era en más de un sentido un ataque a la concepción de la literatura nacional planteada por el bando nacionalista del 25. A la idea de una literatura que represente unívocamente el ser nacional, la antología contrapone un conjunto diverso de escritores que no pueden ser definidos desde una estética o una ideología: encontramos poetas tan disímiles como Manuel Maples Arce, Alfonso Reyes y José Gorostiza componiendo el canon. Cabe reconocer, especialmente con la inclusión de los dos primeros y de Amado Nervo, que no se trataba del todo de una antología representativa de una estética afín a los Contemporáneos. Más bien, la antología apuesta abiertamente a un retrato diverso de la poesía mexicana. Es precisamente esta diversidad la que hace más controversiales sus exclusiones: la ausencia de todos los poetas nacionalistas del romanticismo y, particularmente, del modernista Manuel Gutiérrez Nájera, implicaba ya en sí misma una reescritura profunda de los cánones de la poesía mexicana, donde los poetas preocupados por la representación de lo nacional simplemente quedaban fuera en beneficio de poetas que, según Cuesta, tenían una vida individual más allá de las escuelas literarias (60).[6] La antología, en el gesto mismo de su selección, desautoriza el criterio de legitimidad buscado por los nacionalistas: la literatura nacional es, precisamente, la que no aspira a definir la nación. Con esta paradójica operación, la antología se convierte en la primera contranarrativa de la nación desde el campo literario. Como vimos en el capítulo anterior, si bien los contenidos específicos de la "literatura nacional" estaban en constante juego, la idea de una posible articulación hegemónica siempre estaba sobre la mesa. La antología, en cambio, apuesta a definir a la literatura nacional precisamente como aquella que no corresponde a conceptos fijos emanados del campo de poder. La literatura, entonces, es nacional en función a una tradición inmanente y estética, donde el canon es establecido no por grados de pretendida mexicanidad, sino en términos de la elaboración y desarrollo de propuestas poéticas dentro de una concepción decididamente no política de la literatura. Acerca de este tipo de posturas, Pierre Bourdieu observa:

> The position of "pure" writer or artist, like that of intellectual, is an institution of freedom, constructed against the "bourgeoisie" [...] and against institutions —in particular against the state bureaucracies, academies, salons, etc.— by a series of breaks, partly cumulative, but sometimes followed by regressions, which have often been made possible by diverting the resources of the market —and therefore the "bourgeoisie"— and even the state bureaucracies. Owing to its objectively contradictory intention, it exists only at the lowest degree of institutionalization, in the form of words ("avant-garde" for example) or models (the avant-garde writer and his or her exemplary deeds) which constitute a tradition of freedom and criticism, and also, but above all, in the form of a field of competition equipped with its own institutions [...] and articulated by mechanisms of competition capable of providing incentives for emancipatory endeavours. (*Field* 63) [11]

Dicho de otra manera, el gesto de ruptura con las instituciones hegemónicas del campo tiene como condición de posibilidad la existencia de una autonomía relativa, o, como retomando a Bourdieu, la autonomía relativa significa la capacidad de un grupo de usar recursos materiales provistos por las instituciones del campo en contra de los valores de dichas instituciones (276). La antología, en este sentido, es, a la vez, síntoma de la consolidación de un campo literario autónomo y un intento dirigido a la ruptura de los valores políticos y literarios desarrollados durante el proceso de emergencia de dicha autonomía. De esta manera, el canon propuesto por Cuesta, su borramiento de la estética romántica y rubendarista y su exclusión de elementos estéticos que habían ocupado posiciones prevalentes en configuraciones anteriores del campo literario (como la hegemonía de los positivistas y los modernistas durante el Porfiriato) se encuentran posibilitados por la emergencia del debate del nacionalismo. Este debate es el terreno que permite el ingreso al campo literario de estéticas que, como el estridentismo o la obra de los propios Contemporáneos, no tenían relación directa con las tradiciones heredadas de las estéticas pre-revolucionarias.

Capítulo dos

Simultáneamente, la antología emerge como una forma de acumulación de capital cultural para un conjunto de propuestas estéticas que no adquirieron el mismo nivel de notoriedad durante el proceso de conformación del campo.

En términos del campo literario, la construcción de antologías es uno de los movimientos de formación de hegemonías y contrahegemonías hacia dentro del espacio autonómico. Susana González Aktories observa que la antología como género "asume en muchos momentos la función de una institución crítica que refleja los valores de los bienes culturales de una sociedad" (28). En una antología como la de Cuesta, donde el grupo que la produce no está todavía consolidado en una posición hegemónica dentro del campo, esta función se traduce como la postulación de nuevos criterios para la definición de dichos bienes culturales. Si, como vimos en el capítulo anterior, la poesía fue uno de los terrenos privilegiados de definición de la nación en los años veinte, Cuesta y los Contemporáneos desplazan la función patrimonial de la antología desde los contenidos de los poemas hacia una práctica más de renovación formal. Dicho de otra manera, el poema nacional no es aquél que habla de la nación sino el que renueva las formas literarias producidas dentro de su espacio. En el caso mexicano, las antologías poéticas sirven muy particularmente para la redefinición del canon vigente para la generación literaria emergente, lo cual, por supuesto, implica reacomodos tanto en las escrituras como en las posiciones de poder en el contexto del campo. La *Antología de poesía mexicana moderna*, en este sentido, significa el punto de cierre del proceso de formación del campo iniciado en 1917, ya que se trata de la primera rearticulación significativa del canon como resultado del debate del 24. La antología que antecede inmediatamente a la de Cuesta, *Poetas nuevos de México*, publicada por el virreinalista Genaro Estrada en 1916, es anterior tanto a la Constitución Política como a las dos vanguardias más influyentes, la de Maples Arce y la de López Velarde, por lo cual los Contemporáneos logran tener en sus manos la capacidad de definir la literatura en sus propios términos. La antología, explica, en muy buena medida, por qué los Contemporáneos adquirieron tanta prominencia en el campo literario, pese a la mayor fuerza política y cultural de los nacionalistas en los años anteriores. La antología se ubica, entonces, en una coyuntura particular, el año

1928, donde los otros grupos en pugna se encuentran debilitados: los estridentistas habían ya producido su obra mayor y comenzaban a perder plataformas dentro del campo de producción cultural; los virreinalistas habían claudicado hacia la novela de la Revolución, y las posiciones conservadoras se debilitaron de manera considerable frente a la hegemonía del liberalismo y el socialismo en el campo de poder. Los Contemporáneos, en cambio, reclamaron el legado de Ramón López Velarde, planteando la idea de una literatura nacional que, paradójicamente, no fuera nacionalista. Esta postura es la que permite a la antología la construcción de un canon que, en última instancia, daría forma a las prácticas poéticas del país.

La antología, por tanto, es uno de los trabajos de recopilación más osados en el contexto de los veinte y los treinta. En pleno debate nacionalista, Cuesta elige una de las estrategias canonizadoras por excelencia y la utiliza para ingresar a su tradición a algunos poetas "malditos" mal vistos por los círculos nacionalistas, como Salvador Díaz Mirón,[7] uno de los antecedentes de López Velarde, mientras que excluye al poeta que hasta hoy ocupa un lugar preponderante en las lecturas del modernismo mexicano: Manuel Gutiérrez Nájera. Sobre esta y otras exclusiones, Cuesta justifica:

> Muchos nombres dejamos fuera de esta antología. Incluirlos en ella habría sólo aumentado pródigamente el número de sus páginas y el orgullo de su índice. La poesía mexicana se enriquece, seguramente, con poseerlos; multiplica, indudablemente, su extensión; pero no se empobrece esta antología con olvidarlos. Su presencia en ella o no le habría hecho adquirir nada nuevo o habría perjudicado la superficial coherencia que se quiere, para su diversidad, el rigor tímido que la ha medido. (*Antología* 59–60)

Este "rigor tímido" se entiende como "separar, hasta donde sea posible, cada poeta de su escuela, cada poema del resto de la obra: arrancar cada objeto de la sombra y no dejarle sino la vida individual que posee. Y luego hemos tenido de no prestarle una nueva sombra que lo proteja" (60). Cuesta, además, afirma otro criterio: en los poetas de la generación anterior se atienden únicamente poemas aislados, mientras que en los jóvenes se atiende al carácter general de la obra y se busca reproducir el mismo número de cada uno (60–61).

Capítulo dos

Basado en estos criterios, el índice de autores diseñados por Cuesta resulta sumamente polémico en esos años. Del primer modernismo, la antología incluye a Manuel José Othón, Salvador Díaz Mirón, Francisco de Icaza, Luis G. Urbina, Amado Nervo y Rafael López. Guillermo Sheridan[8] ubica a estos poetas en "la generación intermedia modernista o clasicista de la *Revista Moderna*" (23). La segunda parte incluye a Efrén Rebolledo, José Juan Tablada, Enrique González Martínez, Manuel de la Parra, Ricardo Arenales, Ramón López Velarde y Alfonso Reyes, es decir, a "los posmodernistas" que estrechan ya la propia genealogía del grupo y que se consideran poetas del Ateneo de la Juventud o de las revistas *Nosotros* y *Pegaso*, surgidas a mediados de la década del diez como parte de la agenda de "torcerle el cuello al cisne" modernista. La tercera parte, que incluye principalmente a los poetas del grupo mismo, tiene poemas de Jaime Torres Bodet, Manuel Maples Arce, Carlos Pellicer, Bernardo Ortiz de Montellano, Enrique González Rojo, Salvador Novo, José Gorostiza, Xavier Villaurrutia y Gilberto Owen, donde el único poeta no identificado con los Contemporáneos es el estridentista Maples Arce.

En este punto vemos una evolución particular del campo literario que se puede rastrear hacia los años del modernismo. Cuesta es representante de una clase intelectual que, simultáneamente, redime el acento en la práctica del "literato," que Ángel Rama describe respecto al rubendarismo, mientras se observa la constitución cada vez mayor de espacios de constitución intelectual desde la literatura misma, tal como Julio Ramos observaba en relación con Martí en su libro *Desencuentros de la modernidad en América Latina*. De esta manera, la existencia de un texto como la *Antología* se basa en el desarrollo de un conjunto de prácticas relacionadas a la emergencia del intelectual moderno ocurrida en el cambio de siglo. En primer lugar, se observa la constitución de lo que Bourdieu llama el "mercado de bienes simbólicos" donde los escritores se incorporan tanto al mercado económico a partir de su articulación a la producción periodística, como al mercado de legitimación y capital cultural cuyo espacio de circulación es el campo literario mismo.[9] Asimismo, frente al nacionalismo cultural de estos años, la antología apuesta claramente a una relación creativa con Europa, similar a la que Rama identifica en la obra de Rubén

Darío, una estrategia de identificación con ciertas poéticas que, a la larga, conceden autonomía a la poesía mexicana. En este sentido, la antología privilegia en casi todos los casos a autores que, como Maples Arce o López Velarde, para mencionar sólo a los anteriormente discutidos en este trabajo, toman elementos y estilos de ciertos puntos de la producción cultural europea (el futurismo en el caso del primero, el decadentismo en el caso del segundo) para la constitución de una voz poética renovadora hacia adentro del devenir específico de la poesía nacional. Como veremos más adelante, la distancia que sostendrá Cuesta respecto al modernismo tiene que ver con la manera en la que la práctica literaria autonómica se concibe no como el olvido de la política, sino como la forma en la cual se construye un *locus* intelectual que, desde el afuera del poder, lo critica. Los elementos autonómicos gestados en el modernismo y que, en el caso mexicano, alcanzan su mayor poderío en la época de Cuesta, serán, paradójicamente la condición de posibilidad de una función estrictamente política del intelectual.

Antes de llegar a este punto, es necesario observar que las selecciones de la antología tienen un número considerable de implicaciones cuando se lee como un primer intento de postura intelectual de Cuesta. Se excluyen a los dos poetas que, en ese tiempo, ocupaban los lugares más prominentes: el romántico Juan de Dios Peza y Manuel Gutiérrez Nájera, con el cual también quedan fuera el proyecto de la revista *Azul* y la estética rubendarista mexicana.[10] En otras palabras, Cuesta repite las estrategias autonómicas del fin de siglo y, desde ellas, construye un desmarcaje completo de la estética modernista canónica, algo que no se relaciona directamente con el problema de los nacionalistas, pero que permite comprender el radical gesto de ruptura con sus precursores, particularmente con lo que quedaba de la herencia cultural porfirista y que, según la perspectiva de la antología, se volvería irrelevante tras la renovación posrevolucionaria. Cuesta busca leer a los incluidos fuera de las funciones que el canon de su época les había otorgado. Sheridan ejemplifica: "no sólo el *erotismo* de Rebolledo, ni el *experimentalismo* de Tablada, ni el *misticismo* de Nervo, ni el *tono nacional* de López Velarde" (Cuesta, *Antología* 19). Las selecciones buscaban obedecer a la necesidad de encontrar en los poetas de la generación anterior recursos que les permitieran legitimar la poética propia. En algunos casos, la antología utiliza recursos como la ironía como una forma de distanciarse de la estética de figuras particulares sin excluirlos del espacio del campo literario. Estas inclusiones son fundamentales ya que, como vimos en el caso de Carlos Noriega Hope y los estridentistas, la validación de estéticas diversas es una forma de construir frentes dentro de las querellas del campo. Dicho de otro modo, la antología de Cuesta comprende muy bien que la apropiación de legados amplios y la postulación de la poética propia como el punto de llegada de una tradición es parte de la adquisición de capital cultural. Por ello, cuando llegan a un poeta tan canonizado como Amado Nervo, queda clara la necesidad de reivindicar cierta parte de su obra, aquella que valida la estética propia del grupo, mientras que borra los elementos que corresponden a posturas ajenas:

> Fue Nervo una víctima de la sinceridad; no sin ironía puede pensarse que éste fue su heroísmo. Nadie mejor que él puede servir para meditar sobre esta antítesis que se ha hecho de la vida y el arte. Para quienes predican su deshumanización "y que rompa las amarras que a la vida lo sujetan," el ejemplo de este poeta es un argumento valioso: el hombre, allí, acabó por destruir al artista. (98)

En otros autores, Cuesta busca sacudir los lugares comunes que han encasillado a los poetas y busca otorgarles una revaloración que, simultáneamente, proporciona capital cultural al grupo que los toma como precursores. Enrique González Martínez, quien en la revaloración de Cuesta es el primero en intentar "una liberación estética" del "clima artificial" del rubendarismo (119), no está representado por el muy influyente poema "Tuércele el cuello al cisne," que no resulta en realidad una ruptura tan radical con la prosodia del modernismo. Más bien aparecen poemas donde la problematización de la imagen modernista es más radical y utiliza códigos simbólicos menos obvios, como "Los días inútiles."[11] De esta manera, Cuesta comulga con los postulados antimodernistas de González Martínez sin afiliarse directamente a proyectos estéticos alejados de su concepción de la literatura. En otros casos, buscan romper con imágenes fijas, como la de López Velarde, de quien Cuesta observa que "su verdadera conquista no era la ambicionada *alma nacional*, sino la suya propia" (143), lo que abre la posibilidad de deconstruir la idea del poeta zacatecano como "vate de la patria" y revalorar en él sus resonancias decadentistas y su radical trabajo con la forma y la imagen. Si consideramos el análisis de "Suave Patria" del capítulo anterior, esta revaloración es fundamental, porque desplaza el problema del poema nacional del tema a la forma, al conceder el valor más a la renovación poética que a la representación de los sistemas de signos de la comunidad imaginada. Esta reinterpretación del legado de López Velarde dice mucho del rol de la antología en la conformación del campo literario: el alejamiento del tema nacional directo y la constitución de una literatura nacional cuyo capital cultural y representatividad proviene de su innovación formal. En el caso particular de Contemporáneos, quienes no tenían, por lo general, interés alguno de articulación a la hegemonía política, esta reinterpretación del rol de la literatura nacional acentúa más que nunca el imperativo detrás de la autonomía del campo literario, dado que las condiciones de posibilidad de su legitimidad cultural se encontraban dentro de esta autonomía. A diferencia de 1924, cuando eran un grupo de poetas jóvenes, hacia fines de los treinta el "grupo sin grupo" era parte ya de una red institucional de la cultura, en la cual la antología, operación de gran peso en sí misma, se sumaba a revistas como *Ulises* y *Contemporáneos* y, a la larga, al apoyo de Bernardo J. Gastélum, el sucesor de Vasconcelos en la Secretaría de Educación Pública. La segunda mitad de los veinte, con la *Antología* en el centro, significó una reconfiguración crucial de un campo literario que, implícitamente, comenzaba a plantear posturas de raigambre liberal, como la autonomía del intelectual, a contrapelo de la emergencia del socialismo en las instituciones políticas.

La *Antología*, en este contexto, es el primer ensayo de las ideas estéticas que Cuesta desarrollará durante la polémica del 32. En este momento, cuando la identidad general de los Contemporáneos es esencialmente la respuesta de una generación joven y en ascenso a un medio hostil y carente de una tradición consolidada, la antología es un gesto en el cual Cuesta define *su* literatura, al sustituir el criterio de representatividad universal por un conjunto de criterios más personales y viscerales.[12] Si nos atenemos a una definición canónica de la literatura, como la ensayada por Iuri Lotman —"Cualquier texto verbal que, dentro de los límites de una cultura dada, sea capaz de cumplir una función estética" (cit. en Beristáin 305)—, podemos comprender la *Antología de la poesía mexicana moderna* como un momento en el cual la generación está definiendo, a través de sus selecciones, todos los significantes vacíos de dicha ecuación: cuál es la cultura emergente del proceso revolucionario, qué significa cumplir una función estética, etc.[13] Si los nacionalistas del 25 encuentran en Azuela y la virilidad su trinchera y tradición, Cuesta prefiere construir ambas él mismo, desde un gesto aún más radical: reescribir la historia completa de la poesía mexicana en función de los códigos estéticos de la generación joven, donde los poetas precursores aparecen en función a sus contribuciones al concepto específico de "literatura mexicana" ensayado por la antología, un concepto que se define tanto por sus exclusiones como por sus selecciones. En este sentido, Domínguez Michael observa que en vez de "construir una gran historia literaria a sus espaldas," Cuesta prefiere "redactar la semblanza de su propia generación" (*Tiros en el concierto* 280–81). Yendo más lejos, Cuesta está haciendo una operación aún más profunda que una semblanza, está declarando el inicio de la literatura mexicana en la generación inmediatamente previa a la suya (y liquidando lo anterior)[14] y está escribiendo un canon en el cual sus compañeros de generación son el centro. En la radicalidad de este gesto se funda la reconfiguración completa de un campo literario que, a partir de este momento, caminará con mayor fuerza en dirección a la autonomía.

Evidentemente, el rechazo que generó la antología no se hizo esperar. Carlos Pellicer, quien sí fue incluido en la antología y tenía relaciones de amistad con el grupo, en una pieza caracteriza a la antología como poseedora de una "exquisita femineidad," en cierto sentido legitimando ambiguamente la antología, a la que critica acérrimamente por su excesivo afrancesamiento, pero rescata en virtud de la esterilidad de la literatura emanada de la Revolución (cit. en Cuesta, *Antología* 49 y ss). La derecha nacionalista se lanza de frente contra la selección que adquirió fama de ser un experimento de amigos (lo cual le valió el mote acuñado por Miguel Martínez Rendón, "un volumen que vale lo que Cuesta") y que incluso le valió críticas de gente que no la había leído. Un caso famoso, recogido en la edición de la antología que cito en este capítulo, es la serie de comentarios recogidos por Juan Vereo Guzmán, que, para mayores datos, es autor de la novela *¡Viva Cristo Rey!*, texto derechista que legitimaba la posición de los cristeros en la guerra contra las políticas antieclesiásticas de Calles.[15] Entre estos comentarios, destaca Federico Gamboa afirmando:

> No conozco el libro, pero según las noticias que acerca de él me han llegado, sé que sus autores se dejaron en el tintero dos de nuestros nombres más gloriosos y más indiscutibles en poesía, el de Manuel Gutiérrez Nájera y el de Amado Nervo, consagrados no nada más por nosotros, sino por autoridades tan eminentes como la de don Marcelino Menéndez y Pelayo. (en Cuesta, *Antología* 53)

Esta cita, que habla por sí misma, permite traslucir una serie de cosas. Para 1928, Cuesta ya comenzaba a sentar las bases de lo que sería su postura en la polémica nacionalista del 32: una literatura cosmopolita, afrancesada en muchos casos, frente a una intelectualidad nacionalista que buscaba cooptar y diseñar la ideología del Estado posrevolucionario. El hecho es que Cuesta escribe en un medio que todavía hereda criterios de legitimación de un sistema previo incluso al nacionalismo revolucionario (Gamboa es un escritor principalmente heredero del Porfiriato) y que todos los grupos están en una posición hasta cierto punto marginal. Esta reacción indica la forma en la que la antología asume de lleno las consecuencias del proceso de renovación literaria iniciado en 1917, dado que viene de intelectuales que, como Gamboa o el novelista Victoriano Salado Álvarez, habían perdido ya mucho terreno en el campo literario de la Revolución. Cuesta debe constituir un proyecto intelectual que no se contrapone a un Estado sino contra una serie de grupos intelectuales en busca de la hegemonía, que siguen propugnando la "insuficiencia intelectual" del proceso revolucionario discutida anteriormente. Recordemos que los nacionalistas del 25 tienen fuertes críticas al caudillismo, como devela su afinidad por Azuela, mientras que uno de los críticos más acérrimos de la antología, Vereo Guzmán, es un intelectual católico que se opone militantemente al régimen de Calles como resultado de la Guerra Cristera. Queda claro entonces que la hegemonía político-cultural a la que aspiran los grupos nacionalistas corresponde cada vez menos a la realidad política del campo de poder y se refería más a un intento de acumulación de capital cultural dentro del campo que, con el tiempo, serviría para proyectar dichas configuraciones ideológicas hacia la esfera pública. Dicho de otro modo, el debate en torno a la *Antología de poesía mexicana moderna* es ya una querella que emerge de un campo literario cuya autonomía relativa se encuentra consagrada, y, por ende, parte del debate se radica en el grado de autonomía que la producción poética debe tener con respecto a las realidades políticas del país.

La antología de Cuesta, en suma, responde con una práctica cultural precisa a los presupuestos estéticos de los nacionalistas del 25. La *Antología* y las subsecuentes respuestas y críticas a ella asientan el tono de lo que será el debate definitivo respecto a la literatura nacional, la polémica de 1932. Por un lado, vemos intentos, de parte Jorge Cuesta y los Contemporáneos, de definir una literatura nacional a partir de una tradición que busca deslindarse de la representación directa de la ideología de la Revolución. Por otro, se verán constantes consignaciones a estos proyectos por su carencia de "mexicanidad." Más allá de la superficial oposición nacionalismo/cosmopolitismo en juego en estas polémicas, las intervenciones de Cuesta en este debate definirán, en dimensiones mucho más complejas, el perfil de la modernidad literaria del siglo XX mexicano.

El debate de 1932 y la formación del intelectual crítico

La polémica de 1932 fue resultado de una combinación de factores, incluyendo ascenso de la vanguardia, a partir de la *Antología de poesía mexicana moderna*, a una posición más central en el campo y el creciente poder de los socialistas tanto en el campo literario como en el campo de poder. El signo mayor de esto será el nombramiento de Narciso Bassols como secretario de educación pública en 1931, plataforma desde la cual comenzará, entre otras cosas, a plantear un proyecto estatalizado de educación y cultura socialista. Alrededor de estos años, la cultura socialista fue una de las formas que tomó la complicidad del campo de producción cultural con el asentamiento de la hegemonía institucional del campo de poder. Nicola Miller ha planteado que las alianzas del Estado con antropólogos como

Gamio y con los muralistas fue una estrategia con la cual los políticos revolucionarios retiraron a los escritores de la posición prominente que ocuparon en el siglo XIX y que el fomento a un pintor comunista como Diego Rivera fue la manera con la cual el proyecto sindical de la hegemonía del campo de poder ganó legitimidad cultural (49–50). En los treinta, continúa Miller, esto se tradujo en una particular estrategia de descalificación de los intelectuales que, como Cuesta, buscaron cierta autonomía cultural, ya que eran calificados de derechistas (50). Para ponerlo de otra manera, lo que sucede a partir del ascenso de Bassols es un crecimiento en la idea marxista de una cultura revolucionaria orgánica que permita la construcción de consensos ideológicos y la difusión de los proyectos del Estado. De esta manera, el significante a definir en esta polémica es la "literatura de vanguardia," a partir de la cual existe un desencuentro particular sobre si el calificativo se refiere a una vanguardia política o a una vanguardia estrictamente literaria.

La polémica de 1932 se origina en una encuesta del 17 de marzo, propuesta por Alejandro Núñez Alonso y publicada en *El Universal Ilustrado*, alrededor de la pregunta: ¿Está en crisis la generación de vanguardia? (111).[16] En el mismo artículo, Núñez Alonso consigna un conjunto de respuestas. Guillermo Jiménez[17] defendía a Xavier Villaurrutia y los otros miembros del grupo y a los proyectos vanguardistas de las revistas *Ulises* y *Contemporáneos*, observando que la generación había producido ya obras de consideración (113). Villaurrutia prosigue diciendo que no sólo no existe dicha crisis, sino que, de hecho, surge ya un grupo de seguidores en la revista *Barandal*[18] (114). José Gorostiza, por su parte, decía que la crisis existía, pero que significaba transición para unos y muerte para otros, y cerraba su intervención defendiendo su postura europeizante (115). Salvador Novo, con su ironía característica, planteaba que quienes se consideraban románticos, realistas o malditos simplemente "no habían pasado" de Musset, Zolá o Verlaine y que eso no era problema de la vanguardia (116–17). Samuel Ramos, hombre todavía cercano a Contemporáneos,[19] reculaba ya de su posición dentro de la vanguardia y decía que este movimiento esclavizó la literatura mexicana a la europea y que era hora de "buscar nuestro pulso" (117–18). Bernardo Ortiz de Montellano, el director de la revista *Contemporáneos*, observa:

Capítulo dos

"somos universales porque la universalidad es signo de nuestra época" y cualquier retroceso a estéticas anteriores "Es suicidarse. Es quedarse sin nada o en la nada" (118–19). Ermilo Abreu Gómez,[20] el interlocutor eventual de Jorge Cuesta en el debate, sostenía que la vanguardia había roto "el proceso de nuestra literatura" al romper radicalmente nuestro pasado y que había que retornar al cauce (119). Finalmente, Felipe Teixidor, el administrador de *Contemporáneos,* mandó una respuesta que no daba una respuesta precisa, y Francisco Monterde decidió no responder (120).

En una coda publicada en 31 de marzo por el propio Núñez Alonso se agregaban tres textos: una segunda intervención de Ramos, quien decía haber sido el fundador de *Ulises* (132);[21] una nota de Cuesta, donde afirma que, si bien el mexicanismo tiene más resonancia, "es la forma más grave, al mismo tiempo, de la fatuidad y la ausencia de recursos," mientras que la generación de la vanguardia se mantiene en "crisis constante" porque tiene "conciencia de su propio valor, de su moral" (133). Finalmente, el diplomático Octavio Barreda, colaborador habitual de *Contemporáneos* desde el extranjero, envía una nota irónica en la que descalifica el valor mismo de la polémica (133–34).

Todas las posturas que he recontado hasta aquí ofrecen una muy buena fotografía de la naturaleza del debate, la geografía intelectual del campo cultural en ese año, las posiciones desde las que se hablaban y los argumentos esgrimidos. Las ramificaciones de esta polémica fueron extensas y se sigue escribiendo en torno a ella hasta diciembre de 1933. La diversidad y complejidad del debate exceden los propósitos de mi trabajo y me parece que el trabajo de Guillermo Sheridan en *México en 1932* da excelente cuenta del panorama general del debate. Mi interés, en función a lo que he venido discutiendo hasta aquí, es detenerme en la participación específica de Cuesta y sus intervenciones escritas en respuesta, particularmente, a la postura de Abreu Gómez, con referencias a la polémica en torno a la revista *Examen*.[22]

Cuesta fue atacado muy fuertemente en el curso de la polémica por su trabajo en la revista *Examen*, publicación de vida muy corta de la cual era el director. Para otorgar mayor espacio a la parte propiamente teórica de su trabajo no entraré en detalle a la polémica de *Examen*.²³ El motivo de la consignación de la revista de Cuesta se debió a la publicación en entregas de la novela *Cariátide* de Rubén Salazar Mallén, un texto de un escritor de izquierdas que, sin embargo, hacía críticas marcadas al comunismo soviético.²⁴ El texto fue acusado de utilizar lenguaje "vulgar" y de invocar algunas escenas consideradas inmorales. Desde la plataforma de *Excélsior*, diario nacional que, justamente, en 1932 se cooperativizó y mantenía una línea de izquierda radical muy cercana a la de los nacionalistas socialistas, se impulsó una denuncia pública por inmoralidad y falta a las buenas costumbres, que, en el clima cultural del país, resultó en un acalorado debate legal y en el eventual cierre de la revista. *Examen*, en su corta vida, es ejemplo de una pluralidad intelectual más amplia de lo que se pensaría: en la revista, aparte de Cuesta y Salazar Mallén, era contribuidor habitual Samuel Ramos, quien publicó en la revista algunas partes de lo que se convertiría en su conocido *Perfil del hombre y la cultura en México*.²⁵ Lo cierto es que, como en la ofensiva contra la *Antología*, Cuesta fue la figura más atacada, puesto que, desde su intervención inicial, era claro que mantenía la postura más antinacionalista en el debate. En este año y en este clima, Cuesta articula la propuesta literaria más teóricamente sofisticada del periodo y sienta las bases de un concepto de cultura nacional no nacionalista.

Los artículos centrales de Cuesta en la polémica nacionalista son básicamente tres: "Un artículo de Jorge Cuesta,"²⁶ publicado en *El Universal Ilustrado* el 14 de abril de 1932; "La literatura y el nacionalismo," en un suplemento de *El Universal* llamado "El magazine para todos," del 22 de mayo de 1932; y "El vanguardismo y el antivanguardismo"²⁷ en *Revista de Revistas*, del 12 de junio de 1932. En las doce páginas que estos artículos tienen en su versión de las obras completas se encuentran no sólo los argumentos que permiten a Cuesta una crítica contra el proyecto nacionalista, sino toda una agenda intelectual que sienta las bases del quehacer literario de Cuesta y, junto con las teorizaciones que Reyes lleva a cabo casi simultáneamente en *Monterrey* y "A vuelta de correo,"²⁸ de la tradición liberal letrada que desembocará en Octavio Paz y su grupo. El primer artículo se inicia con la ya citada queja de que México es un país sin crítica. Acto seguido Cuesta refiere directamente a algunos de los ataques que se realizaron contra la *Antología de la poesía mexicana moderna,* a saber, el hecho de que se trata de una generación que se lee a sí misma y que no tiene respeto por la tradición. Cuesta responde:

> La actitud de esta generación hay que decirlo y entenderlo, es una actitud de pobreza. Y la prefieren a robarle a otra generación, pasada y futura.
> Le roba a una generación pasada quien la continúa ciegamente. Le roba a una generación futura quien le crea un programa para que lo siga. Los *revolucionarios* roban a la revolución. Los *nacionalistas,* a la nación le roban. Los *modernistas,* roban a la época. Los *exotistas,* los mexicanistas entre ellos, son los ladrones de lo pintoresco. (*Obras* 2: 131)

Posteriormente, menciona a poetas como López Velarde, de quien dice que "no le roba a su país lo que tiene; él es quien lo da," lo que define como una actitud de "honradez" y con lo cual se sentaría una base para una verdadera tradición mexicana (*Obras* 2: 131). El argumento prosigue explicando cómo los poetas de Contemporáneos ejercen una "decepción," es decir, no se entregan a la actitud nacionalista y, a partir de ella, crean un proyecto personal que no "roba," sino que busca en sí misma sus postulados (2: 131–32). Esta actitud, argumenta Cuesta, es la "actitud crítica," "esencialmente social, universal" (2: 132). En otras palabras, es la única posibilidad de crear una literatura nacional que no caiga en las trampas del nacionalismo, puesto que, como argumenta Cuesta, "revolucionarismo, mexicanismo, exotismo, nacionalismo, son en cambio formas puras de la misantropía" (2: 132).

Este primer artículo, que es parte del debate mayor del *El Universal Ilustrado,* sienta las bases de las ideas de Cuesta en torno a la identidad generacional. El texto otorga una funcionalidad directa a las estrategias de la *Antología*: una generación que busca constituirse sin "robar" ni esclavizarse al pasado, reconociendo la carencia de una tradición en la cual reconocerse y buscando en los postulados mismos de las distintas poéticas de los jóvenes una tradición. Quizá de manera más importante, Cuesta comienza a plantear una tradición humanista que será central en todo su pensamiento. Carlos Monsiváis ha observado que la modernidad en Cuesta se asocia a las obsesiones del individuo (*Jorge Cuesta* 11). Siendo así, Cuesta comienza a gestar un profundo recelo a la idea de la adscripción estética y a valorar a los escritores que, desde su punto de vista, han asumido que "la realidad mexicana" es, para ellos, "su desamparo" y por ende "les permite ser como son" (*Obras* 2: 131). A diferencia del humanismo de Reyes, que abogaba por la adscripción a y elaboración de nuestro lugar en la vasta tradición occidental,[29] el de Cuesta se funda en la negación de reglas políticas y estéticas heredadas (lo que constituye en todo momento o un robo o una esclavitud) y en la capacidad del artista de crear su propio proyecto y, con ello, "aportar" al país. La literatura nacional, entonces, no es una literatura nacionalista, sino el espacio en cual el artista puede "aportar" desde su individualidad. La consecuencia de esta idea entonces es que cualquier política de la adscripción, llámese nacionalismo, exotismo, etc., basada en una aproximación acrítica a cierta ideología (no debemos olvidar que en su argumento el desamparo genera la "actitud crítica") es una "misantropía," es decir, un antihumanismo.

Las ideas que Cuesta propone en el primer ensayo tienen un desarrollo teórico más sólido en el segundo texto de la serie. Entre ambos, Abreu Gómez publicó un artículo en el que básicamente repetía los mismos lugares comunes de los nacionalistas: toda vanguardia tiene una tradición atrás o "retaguardia," la vanguardia mexicana no es mexicana realmente, hay que seguir el ejemplo de los muralistas, el regreso al pueblo y a lo autóctono (Sheridan, *México* 173–82). En parte respuesta a este artículo, Cuesta presenta en "Literatura y nacionalismo" una crítica a la pregunta de si existe una crisis en la literatura de vanguardia y, en especial, al problema de la vuelta "a lo mexicano." Para Cuesta, quien interpela directamente a Abreu Gómez en esta cuestión,

> "la vuelta a lo mexicano" no ha dejado de ser un viaje de ida, una protesta contra la tradición; no ha dejado de ser una idea de Europa contra Europa, un sentimiento antipatriótico. Sin embargo, se ofrece como nacionalismo, aunque sólo entiende como tal el empequeñecimiento de la nacionalidad. Su sentir íntimo puede expresarse así: lo poseído vale porque se posee, no porque vale fuera de su posesión; de tal modo que una miseria mexicana no es menos estimable que cualquier

Capítulo dos

riqueza extranjera; su valor consiste en que es nuestra.
(*Obras* 2: 133)

Esta agresiva definición del nacionalismo opera por inversión de términos. Si al definir el nacionalismo como "misantropía," Cuesta en cierto sentido caía en el lugar común de lo universal contra lo particular, en este caso, habla específicamente de la necesidad de construir una literatura nacional fuera del nacionalismo, puesto que una literatura nacionalista no es una literatura nacional. En otras palabras, Cuesta plantea que el nacionalismo es una idea europea (una idea que en plenos años treinta resulta poco menos que asombrosa[30]) y que, por ende, el culto al color local y la vuelta a lo mexicano no son más que maneras de adscribirse a un debate europeo que nada tiene que ver con el problema de la literatura nacional. En este punto se observa de manera particular la formación de lo que, con Bhabha, he venido llamando "contra-narrativa nacional," una exploración de los límites de la nación como forma de poner en cuestión las identidades esencialistas de la comunidad imaginada. Aguilar Mora ha observado que en el nacionalismo de los veinte y los treinta, imperante tanto en la formula vasconceliana de "Por mi raza hablará el espíritu" como en la obra de pintores nacionalistas de derecha (el Dr. Atl) y de izquierda (los muralistas) "se practicaba el nacionalismo como un signo, es decir, como un lugar ideológico donde se encontraban [...] la forma de la expresión y la forma del contenido de las ideas mexicanistas" (*Una Muerte* 137). Dentro de este panorama, el intento de Cuesta fue "quitarle el contenido al nacionalismo," operación que Cuesta llevó a cabo con un recurso, considerado "fácil" por Aguilar Mora, al universalismo (138). El punto crucial aquí es que Cuesta no ingresa al debate con una versión más del contenido del significante dado de lo nacional, sino con un cuestionamiento a la idea misma de nación, es decir, a las "fronteras totalizantes" que, según Bhabha, permiten la enunciación de los esencialismos.

Esta idea se complementa con el concepto de tradición desarrollado por Cuesta. Para Cuesta, el nacionalismo se funda en señalar a la tradición como "desamparada y desposeída, como inválida," por lo cual "claman porque haya vestales que vigilen la ininterrupción de su fuego, como si todavía pudiera ser tradición la llama estéril que entrega su vigilancia a los veladores de después" (*Obras* 2: 134). Cuesta piensa que "la tradición no se preserva, se vive" y por eso, entender la tradición como un conjunto de ideas al que hay que adscribirse es erróneo puesto que "la tradición es una seducción, no un mérito; un fervor, no una esclavitud. Por eso, no necesita, para durar, para ser tradición, de las amargas tareas [léase el nacionalismo] que se imponen los insensibles a su seducción, a su valor" (2: 134). Esta idea de tradición es perfectamente consistente con muchas de las posturas intelectuales que Cuesta ha sostenido hasta este momento de la polémica. Si en el artículo anterior Cuesta se queja de pertenecer a una generación que carece de referentes, la acción de la *Antología de la poesía mexicana moderna* adquiere una nueva dimensión: no sólo es una manera de compensar una carencia, sino que es una forma de vivir la tradición. Como la tradición no es preservar las glorias de la poesía nacional, sino pertenecer a una línea cultural viva en el proyecto de los escritores de su generación, no importa que se excluyan a Peza o Nájera, quienes no tienen nada que ver con los Contemporáneos, sino el hecho de que la antología "vive" su propia tradición y se basa en el reconocimiento de aquellos autores que "seducen" a los nuevos poetas. La inversión de la noción clásica de tradición operada por Cuesta es profunda, no sólo porque argumenta básicamente que "la vuelta a lo mexicano" que tanto defienden Abreu Gómez y los socialistas en función al nacionalismo del Estado, es una inútil apología de una (no) tradición estéril, sino también porque cuestiona la estrategia central del proyecto nacionalista, que buscaba, tanto en sus manifestaciones de izquierda como en las de derecha, íconos a partir de los cuales integrar al "pueblo" a los proyectos políticos. Esta estrategia, que se hace patente en el muralismo que tanto admiraba Abreu Gómez y, más adelante y con mayor eficacia, en el cine,[31] es presentada por Cuesta como la constitución de un proyecto opresivo, que niega, en nombre de la tradición, el derecho de expresión del artista y plantea un deber patriótico que Cuesta entiende como "embrutecer[s]e con las obras representativas de la literatura mexicana" (*Obras* 2: 136). Dicho de otra manera, el campo literario se convierte en el terreno central de la polémica sobre el nacionalismo, porque, a diferencia del cine y el muralismo, se trataba del único espacio que no había sido cooptado por el Estado socialista o por los nacionalistas de derecha para la elevación de un proyecto específico de cultura nacional. En este sentido, queda muy claro que, mientras en la pintura el Estado canonizó muy pronto a un estalinista como David Alfaro Siqueiros o a un costumbrista de vocación fascista como el Dr. Atl, las intervenciones de Cuesta, Alfonso Reyes y los Contemporáneos sirvieron, de hecho, para evitar que estos procesos se filtraran hacia el campo literario. La supervivencia de la autonomía del campo, en suma, se debe precisamente a la formulación de narrativas contrahegemónicas desde dentro de él.

La crítica de Cuesta a la noción estática de tradición lo lleva a desarrollar otro concepto central a su teoría estética: el romántico. En este artículo, Cuesta entiende al romántico como aquel inconforme con la tradición (la tradición entendida en la noción cuestiana de una cultura viva que no requiere salvaguardas) y lo define en dos vertientes (que a su vez eran las dos vertientes nacionalistas principales en el debate[32]): "unos, que declaran muerta a la tradición y que encuentran su libertad en ello; otros, que la declaran también muerta o en peligro de muerte y que pretenden resucitarla, conservarla" (*Obras* 1: 175). Precisamente como Cuesta entiende que la tradición verdadera no muere, ambas vertientes son parte del "mismo filiteismo." Aquéllos que plantean los nacionalismos culturales (Abreu Gómez), así como aquellos intelectuales latinoamericanos que entienden América como tierra virgen o ideal que permite romper con lo europeo (que Cuesta identifica con el americanismo y más concretamente, con Waldo Frank) (*Obras* 2: 134) están básicamente en el mismo plano. La definición de "romántico" no sólo redondea la crítica contra los nacionalistas a la Abreu Gómez, sino plantea el distanciamiento de Cuesta con otro frente: el Ateneo de la Juventud y su proyecto americanista. Cuesta compartirá con Reyes y sus contemporáneos algunos puntos en defensa del cosmopolitismo de la figura nacional (no olvidemos que al mismo tiempo Reyes tiene una polémica con otro socialista, Héctor Pérez Martínez), pero el proyecto vasconcelista de la raza cósmica se encuentra en pleno ascenso[33] a lo largo del continente[34] y la idea de América como proyecto de tierra virgen en la que se construye una utopía le parece tan sospechosa como el nacionalismo costumbrista. Aquí es donde comenzamos a observar la compleja situación de Cuesta en la red de discursos en pugna por la hegemonía cultural. Cuesta vive, como intelectual humanista y cosmopolita, un momento constituido por el "nacimiento del discurso nacionalista" y "la imposibilidad del primer Ateneo de la Juventud de imponer su dominio" (Domínguez Michael, *Tiros en el concierto* 277–78).

Esta concepción se redondeará en el artículo "El vanguardismo y el antivanguardismo," donde incorpora una segunda categoría: el clásico, el escritor "tradicionalista" (en el sentido cuestiano). En este ensayo, Cuesta habla ya directamente de la polémica nacionalista como un duelo en el que románticos (como los definió Cuesta) tratan de socavar la tradición en nombre de la nacionalidad o lo "moderno." El Romanticismo es la otra cara del americanismo y, precisamente como es la divisa de origen del arte americano, no existe una escuela clásica, sino una suerte de tradicionalismo falso en cual lo americano y lo mexicano no es más que "la personalización de lo europeo antieuropeo" (*Obras* 2: 137). De esta suerte, Cuesta propone la búsqueda de un americanismo antirromántico donde "sería posible protestar contra la protesta, contra la vanguardia europea y hacer americana la defensa de la tradición" (*Obras* 2: 137). Después de estas críticas, define la agenda estética del clasicismo:

> El clasicismo no nace sólo con pretenderlo, con sólo definirlo como se quiere; el clasicismo, que es una propiedad de la obra de arte y no un amaneramiento del público. El clasicismo es una literatura y un arte imprevistos. No es una tradición, sino la tradición en sí. Y no es tradición lo que su obra guarda del tiempo, sino lo que el tiempo guarda de ella. Por eso sucede que resulta clásico un artista romántico, un vanguardista, como Mallarmé, como Proust. Puede decirse que el artista clásico empieza por ser vanguardista, empieza por diferir. Luego difiere del vanguardismo también. (*Obras* 2: 139)

En este proceso, Cuesta construye las bases de su proyecto estético. El clásico y el romántico no son mutuamente excluyentes. De hecho, se trata más bien de que el romántico que logra poner en duda su propio romanticismo deviene clásico. Esto se debe precisamente a que un romántico común y corriente vive del hecho mismo de la muerte de la tradición, mientras que otros románticos devienen clásicos en función de su capacidad de "aportar" y de ver la tradición no en las formas estancadas contra las que se revelan, sino en el movimiento mismo de la literatura, en la capacidad de no ver los íconos inamovibles de una cultura sino el proceso en movimiento. La tradición, entonces, no es el adscribirse a las huellas históricas de otras obras, sino la capacidad de dejar una huella propia. Los románticos, en cambio, son aquellos que pretenden "para lo temporal, la categoría de lo espiritual" (*Obras* 2: 140).

Es en este giro conceptual donde vemos la base del quehacer literario y político de Cuesta. Podemos recuperar lo que subraya Vicente Quirarte en Cuesta: la idea de "la autonomía de la creación artística como una de las peculiaridades de la modernidad" (14). Esta autonomía se ve cuestionada por los "románticos," quienes privilegian la adscripción a los proyectos nacionalistas o americanistas. Hay que enfatizar que la tradición, en Cuesta, no es una forma de perder la autonomía, puesto que ella no interviene en la creación, sino es su resultado de ella. De igual manera, esta autonomía, que se funda en la idea moderna del individuo que cité anteriormente de Monsiváis, está en la base de un proyecto humanista, liberal, que plantea un criterio de universalidad fundado, como ha observado Adolfo Castañón, en la *poiesis* como "producción de un saber y un poder no instituidos" (*Arbitrario* 121). Esto nace, como argumenta Castañón en otro texto, de "la idea del arte como camino de perfección y salvación moral" que se opone "al ejercicio y al servicio de la literatura en la consolidación de un proyecto civil nacional" ("Desaparición" 22). La construcción de una idea de tradición libre de los íconos del nacionalismo y de una vanguardia capaz de escribir su propia tradición y, con ello, devenir clásica, es la base de muchas de las lecturas liberales de la historia de la literatura mexicana y latinoamericana, encabezados por la "tradición de la ruptura" definida por Octavio Paz.[35] En todos estos preceptos, Cuesta fincará tanto su trabajo poético como su obra política.[36]

La forma en la que Cuesta resuelve sus teorizaciones en una práctica literaria específica es a partir de un concepto personal de la "poesía pura." La escasa producción literaria de Cuesta, unos cuarenta poemas, la mayoría de los cuales fueron publicados en revistas entre 1927 y 1942, es de una enorme complejidad, lo que llevó a Frank Dauster y a Merlin Foster a rechazarla, y ha suscitado varias lecturas que intentan descifrarla desde varios frentes.[37] Más allá de la plausibilidad de estas aproximaciones, lo que me interesa enfatizar es cómo la "oscura" poesía de Cuesta es en realidad un ejercicio crucial dentro de la constitución de un sujeto político dentro de los debates del nacionalismo. Esto no se da a partir de la obviedad de que Cuesta está recurriendo a una corriente de pensamiento francesa, sino en el ejercicio mismo de lo poético, que subvierte los usos europeos de la poesía pura e ingresa al terreno de la tradición cuestiana.

La poesía pura ha sido objeto de un enorme número de debates y valoraciones. Detenerse demasiado en ellas no viene al caso aquí.[38] Sin embargo, hay una serie de ideas en las que me quiero centrar para después leer cómo dichos fenómenos operan en el contexto del debate nacionalista. Una de las definiciones centrales de la poesía pura es la que proporciona Valéry en el ensayo homónimo, donde comprende este género como una forma de escritura esencialmente intelectual (185). En otras palabras, la poesía pura, tal como la entiende Valéry, es de cierto modo una analítica, que se debe sacudir de lo emotivo, partir del lenguaje y sus formas y explorar su objeto desde la razón (184-95). Sin embargo, y he aquí la clave que encuentra Cuesta en la poesía pura, Valéry enfatiza que en poesía no hay formas reconocidas de prescribir ni prohibir nada y que no se pueden aplicar leyes a su escritura (194-95). Si el romántico, a fin de cuentas, es aquel que entiende la tradición como servidumbre, entonces está traicionando a la poesía, que no se debe sujetar a las leyes. Por esto, es crucial que Cuesta comprenda su noción de tradición en función de un ejercicio y no de una ley, puesto que esto es lo que le permitirá agenciar la poesía pura para sus fines. Hay que señalar que la afinidad por la poesía pura de Cuesta lo distanciará de otros proyectos de rescate de lo literario como forma de ejercicio intelectual. Alfonso Reyes, en *El deslinde*, aclara explícitamente que literatura en pureza, tal como él la entiende, no debe confundirse con la idea de poesía pura.[39] La poesía pura en Cuesta no es una comprensión de lo que es la Literatura, con mayúscula, como buscó entenderla Alfonso Reyes, sino una posibilidad de ejercicio poético concreto que se niega a ser fijado en el discurso de la nación. Como la tradición existe sólo en el acto de escritura, la existencia o no de una "literatura en pureza" como la entiende Reyes, en el fondo sería irrelevante.

De esta suerte, Cuesta realizará frente al nacionalismo la misma operación que Michael Hamburger observa en Valéry:

Capítulo dos

el uso de la razón para derrotar a la razón misma (65). Y esto se puede leer a lo largo de todo el ensayo "El diablo en la poesía," publicado originalmente en *El Universal* el 8 de mayo de 1934, en donde Cuesta define su poética personal. El hecho de que el texto se escriba un par de años después de la polémica nacionalista es fundamental, puesto que, para el 32, Cuesta tenía ya los elementos necesarios para su autodefinición estética: ya había constituido una tradición con la cual identificarse, construida no en "la historia literaria" sino en sus propios intereses como poeta (la antología), también había definido una tradición antagonista, el nacionalismo, tanto en su versión "viril" como en su dimensión "romántica" y había comenzado, a partir de la idea de "clasicismo," a trazar una agenda intelectual del ejercicio poético. El artículo de 1934, entonces, ya puede hacer una definición afirmativa de lo que Cuesta busca en la escritura de sus cuarenta y tantos poemas.

Cuesta comienza su argumento al afirmar que "la revolución es un producto de la inconformidad," y por ende, es lo que va en contra de la naturaleza, puesto que "la naturaleza es lo que no está inconforme, lo que no cambia, lo que permanece de acuerdo a su origen." Dentro de esta lógica, "la naturaleza es la costumbre, y la costumbre es la conformidad. Todo naturalismo es, estrictamente, un conformismo. Y en ningún conformismo puede verse nunca una revolución" (*Obras* 2: 244). Nótese que aquí la retórica de Cuesta se aproxima en mucho a la de Reyes en "La sonrisa" y en la conferencia sobre el paisaje: la inconformidad como motor de la revolución y la naturaleza (léase el paisaje) como algo conformista y estático. Este argumento tiene una clara dedicatoria al nacionalismo y su legitimación. Si los nacionalistas se legitiman al identificarse con el espíritu de la Revolución Mexicana, y por ello buscan la constitución de símbolos de lo nacional en el recurso al paisaje ("la naturaleza"), la poética nacionalista no puede ser sino una contradicción. Asimismo, el argumento de Cuesta tiene una segunda implicación: Cuesta reclama, indirectamente, el derecho de representar a la revolución, puesto que la acusación contra los nacionalistas no es que su revolución no sirve de nada, sino que ellos simplemente no la entienden. En su ejercicio político, que discutiré hacia el final del capítulo, Cuesta defiende constantemente los principios de la Revolución Mexicana y de la constitución de

1917 frente a los embates políticos de grupos con los cuales los nacionalistas culturales se identificaban. De esta manera, la "razón nacionalista" se comienza a ver deconstruida por un ejercicio de la razón, y esta deconstrucción, que Cuesta ejerce desde la poética, comienza a develar una dimensión política.

Los términos de la deconstrucción se plantean en lo que Cuesta denomina "la acción científica del diablo." El demonio, para Cuesta, "es la tentación, y el arte es la acción del hechizo" (*Obras* 2: 245). Sin embargo, en Cuesta el "demonio" no tiene una dimensión sensual, sino racional, basada en el concepto nietzscheano de moralidad: "Es imposible que haya un arte moral, un arte de acuerdo con la costumbre. Apenas el arte aspira a no incurrir en el pecado, sólo consigue, como Nietzsche demostró con evidencia, falsificar el arte; pues es imposible que el arte se conforme con lo natural" (*Obras* 2: 245).[40] En este sentido, Cuesta emprende una suerte de "genealogía de la moral nacionalista," en la que el arte nacional no es más que una forma del conformismo y la mediocridad ante el cual la única alternativa es una razón crítica. Para este fin, Cuesta construye una tradición de poesía demoniaca a partir de una lectura de Baudelaire, Poe y Valéry y, a partir de esto, define "la poesía como ciencia."[41] Cuesta observa que en la obra de autores como Valéry se da un fenómeno "en que *La ciencia poética* ningún límite traza a su demoniaca pasión de conocer; en que no hay afirmación que no se ponga en duda, que no se convierta en problema. Pues esta es la *acción científica del diablo*: convertir a todo en problemático, hacer de toda cosa un puro objeto intelectual" (*Obras* 1: 288).[42]

Es a partir de estas ideas que podemos extraer algunos puntos de las lecturas en torno a "Canto a un dios mineral," el poema más importante de Cuesta.[43] Existen dos puntos que me interesa enfatizar. Por un lado, Jorge Volpi propone una lectura desde la idea de un "magisterio alquímico" ("El magisterio" 23). Volpi hace una lectura sumamente esotérica del poema, pero la idea del magisterio es central, porque a partir de ella se entiende la relación entre la voz poética y la voz intelectual. En el poema, nos dice Volpi, "el poeta —es decir: el alquimista— habla en primera persona, y dice que toma conciencia de algo que está fuera de su pensamiento" (29): "Capto la señal de una mano, y veo / que hay una libertad en mi deseo" (Cuesta, *Obras* 1: 74).

Capítulo dos

Volpi prosigue leyendo el poema en función del procedimiento alquímico. En lo personal, me interesa desviarme un poco de su lectura para comprender cómo operan algunos de los factores discutidos en "la ciencia de la poesía." Si la primera estrofa comienza a constituir un objeto fuera del pensamiento, es decir, el objeto a ser analizado por la voz poética, la tercera nos caracteriza mejor las estrategias de pensamiento ejercidas por dicha voz: "Una mirada en abandono y viva, / si no una certidumbre pensativa, atesora una duda; / su amor dilata en la pasión desierta / sueña en la soledad, y está despierta / en la conciencia muda" (*Obras* 1: 74). Aquí encontramos la constitución de una mirada, una perspectiva intelectual centrada específicamente en el objeto. El objeto también se sujeta a un proceso de purificación racional: "La transparencia a sí misma regresa, / expulsa a la ficción, aunque no cesa" (1: 77). Más adelante, Cuesta hace entrar al lenguaje como estrategia de conocimiento y análisis: "El lenguaje es sabor que entrega al labio / la entraña abierta a un gusto extraño y sabio: / despierta en la garganta; / su espíritu aun espeso el aire brota / y en la líquida masa donde flota / siente el espacio y canta" (1: 79). La última estrofa concluye el proceso: "Ese es el fruto que del tiempo es dueño; / en él la entraña su pavor, su sueño / y su labor termina. / El sabor que destila la tiniebla / es el propio sentido, que otros puebla / y el futuro domina" (1: 81). Podemos ver que en este último verso, se llega a un acto pleno de conocimiento por la razón, un acto que fue producto del análisis de la razón y los sentidos.[44] Volpi interpreta esta conclusión como la extracción del "elíxir de la vida" pretendido por los alquimistas ("El magisterio" 40). Sin contradecir el argumento de Volpi, me parece que el proceso de Cuesta tiene una dimensión aún mayor, la búsqueda de una razón y de la constitución de un sujeto cognitivo, puesto que esta búsqueda es precisamente lo que permite al poeta construir su tradición. La huella que Cuesta intenta dejar en el tiempo es una escritura que exacerba al individuo, exacerbación que se consigue por el ejercicio de la razón. Es en este sentido que se produce, al nivel de la poesía, lo que subrayábamos anteriormente desde Castañón, la *poiesis* como saber y poder fuera de la institución. Si se constituye un saber racional "puro," que escribe la tradición en vez de escribirse desde ella, el poema de Cuesta consigue algo que será fundamental en su praxis política: un sujeto de enunciación fuera de los proyectos del nacionalismo y del Estado. Volveré a esta cuestión un poco más adelante.

Antes de esto, me interesa seguir por un momento la pista propuesta por Alberto Pérez Amador: la relación de "Canto a un dios mineral" con el *Sueño* de Sor Juana. Pérez-Amador sugiere esta conexión a partir de las relaciones con el problema de lo alquímico. Presuponiendo criterios de lectura más o menos en la misma línea que los de Volpi, esta conexión se centra en rastrear la tradición alquímica presente en Sor Juana, desde Aquino y Occam hasta autores oscuros, como el Kircher del *Ars combinatoria* (61 y ss). Por mi parte, creo que la pista es mucho más productiva si hacemos una analogía de la operación intelectual de Sor Juana con la de Cuesta.[45] Yolanda Martínez San Miguel ha definido la obra de Sor Juana como el proyecto de "la articulación de un sujeto intelectual que aspira a acceder a los espacios intelectuales hegemónicos" (51). Este proyecto tiene como problema el hecho de que Sor Juana es mujer, por lo cual se acompaña por una textualidad que desplaza el "cuerpo como categoría superficial que imposibilita la constitución de una capacidad intelectual femenina" (57). El *Sueño* cuyo tema central es "un viaje intelectual del Alma, que busca el alcance de un conocimiento absoluto" (69), puede ser leído entonces como una alegoría de la constitución de un sujeto cognitivo, puesto que el desplazamiento del cuerpo y sus inscripciones políticas es lo que permite a Sor Juana el conocimiento perfecto. Cuesta lleva a cabo un viaje análogo, en los mismo términos: la constitución de un sujeto cognitivo, que busca el conocimiento absoluto (en este caso, el "dios mineral," el conocimiento alquímico si seguimos la lectura de Volpi). Ambas constituciones de subjetividad poética plantean una crítica a la modernidad, puesto que ambos proyectos postulan una inscripción en un espacio discursivo de poder (el barroco en Sor Juana, la revolución en Cuesta), pero los ejercicios de ese poder lo excluyen. De esta suerte, la constitución misma de un sujeto enunciador acarrea la crítica. En Sor Juana, el fracaso que constituye para ella el borrar los códigos de género en su viaje cognitivo genera criterios diferenciadores que a la larga generan la identidad de un sujeto moderno protonacional.[46] Cuesta, sin embargo, por su crítica abierta a cualquier adscripción, emerge un sujeto que abiertamente busca ubicarse afuera de los discursos de poder como la única manera de poseer una actitud crítica. Para alinear un poco la idea del clasicismo cuestiano con una concepción más estructurada de la modernidad, podemos observar que la crítica de Cuesta, por su profundo ejercicio de la razón pura (y la poesía pura) como lugar de enunciación privilegiado, se inscribe en lo que Bolívar Echeverría ha denominado, nada menos, el "*ethos* clásico":

> El tercer *ethos* de la modernidad incluye una toma de distancia que le muestra la alternativa de comportamiento implícita en ella [...] Su actitud afirmativa respecto del hecho capitalista [que en Cuesta puede leerse como su defensa liberal de la Revolución Mexicana frente a los proyectos nacionalistas] no le impide percibir en la consistencia misma de lo moderno el sacrificio que hace parte de ella. Es un *ethos* al que se puede llamar "clásico," dado el parecido que guarda su aceptación de la espontaneidad capitalista del mundo con la aprehensión del objeto de la representación artística dentro de la estética neoclásica, una aprehensión para la cual dicho objeto sólo aparece en el momento de la adecuación entre lo percibido y lo imaginado, en el proceso inmanente de comparación de la cosa con su propio ideal. (171)[47]

Entonces, la poesía es en donde Jorge Cuesta trasciende, como intelectual, las especificidades del debate nacionalista de los treinta y consigue armar una crítica profunda de la modernidad. La literatura se convierte para Cuesta en la estrategia a partir de la cual constituir un lugar de enunciación fuera de los discursos estatales de poder y de las ideologías nacionalistas. El "proceso inmanente de comparación de la cosa con su propio ideal," proceso que es el tema central de "Canto a un dios mineral" y cuya conclusión se articula en la última estrofa del poema, es la alegoría de la labor crítica de Cuesta. El ejercicio de la autonomía intelectual y su defensa frente a la perniciosa construcción de reglas de "lo nacional" en los años treinta hacen de Cuesta el primer gran crítico de la modernidad posrevolucionaria en México, un crítico cuya obra es dejada de lado no sólo por la "oscuridad" de su poesía, sino por el hecho de que, con el acceso del PRI al poder, particularmente en el periodo poscardenista, el proyecto de nación cuaja finalmente y se constituye una hegemonía intelectual que construye la legitimación del Estado. Jorge Cuesta, el poeta y el articulista, sólo se vuelve posible entonces como una presencia fantasmal, como el crítico que cuestiona, en su origen, las bases del proyecto y el discurso nacional mexicano del siglo XX.[48]

Alfonso Reyes en 1932: La emergencia de un proyecto alternativo de intelectualidad mexicana

Por el momento, antes de continuar con Cuesta, vale la pena hacer un paréntesis y volver a la manera en la que Alfonso Reyes, desde su posición en el debate, expresa preocupaciones análogas a las de Cuesta, preocupaciones a las que volveremos en el capítulo siguiente, cuando hablemos del rol de Reyes en la formación de las instituciones culturales. Aún cuando Reyes será discutido con mayor extensión en el capítulo 3, creo importante analizar su intervención en el debate del 32 de manera simultánea a mi lectura de Cuesta, puesto que, presentado así, permite entender mejor el rol que esta breve reinserción en los debates nacionales proyecta a Reyes a ser la figura señera de la intelectualidad mexicana a fines de los treinta, cuando Cuesta desaparece del medio cultural. En este punto, vale la pena hablar de la manera en la que Reyes, desde *Monterrey*, su correo literario, intervino desde fuera en los debates de 1932 y pudo, insospechadamente, dar una mayor consistencia, a la posición defendida por Cuesta y los Contemporáneos. Así, se explica por qué es Reyes quien toma la batuta dejada por Cuesta y se convierte en la figura definitiva en la continuación del proceso de institucionalización del campo literario.

Monterrey es una publicación bastante única en la historia cultural de México. Se trata de un "correo literario" en el cual Alfonso Reyes escribía algún artículo, publicaba cartas de sus amigos y respuestas a ellas, textos de otros autores aparecidos en revistas del continente y una lista de libros recibidos. Esta publicación cuenta con 14 números publicados entre 1930 y 1937, inicialmente en Río de Janeiro y, posteriormente, en Buenos Aires. José Gorostiza describe así la publicación:

> Es una carta impresa, de ocho páginas a cuatro columnas, en la que Reyes atesora la intensa labor secundaria —generalmente dispersa, pero nunca falta de interés— del escritor moderno: correspondencia, comentarios incidentales, acuses de recibo, anotaciones al margen de lecturas, etcétera. (*Prosa* 144)

Capítulo dos

En otras palabras, *Monterrey* es una continuación de la labor miscelánea del intelectual que mencionaba anteriormente: se trata de otorgarle un lugar más preponderante en el debate intelectual a un conjunto de textos por lo general ancilares. Gorostiza mismo reconocía que la diferencia entre el correo literario de Reyes y empresas parecidas es su carácter público (145). Por ello, *Monterrey* cumplía una doble función desde la perspectiva de Reyes: primero, era un espacio en el cual el diario devenir del campo literario americano —la "americanería andante," como la llamaba Reyes (235)— podía expresarse y debatir; segundo, fue la forma en la que Alfonso Reyes podía seguir interviniendo efectivamente en el medio intelectual mexicano, pese a estar geográficamente ubicado fuera de él. *Monterrey*, entonces, debe considerarse como una prolongación de la construcción de la nación a la distancia que tan importante fue para el joven Reyes. Precisamente porque el polígrafo regiomontano seguía gravitado en un círculo distinto al de las polémicas, podía seguir construyendo un espacio cultural alternativo donde la cultura mexicana se encontraba al mismo nivel que la española, la europea y la sudamericana. De esta suerte, Reyes se consolida como uno de los mediadores culturales privilegiados del país, una suerte de embajador que reenvía a la tierra natal las selecciones de una cultura occidental.

Para los intelectuales nacionalistas que participaban en las discusiones del 32, Reyes no resultaba una figura tan antagónica, como sí lo fueron Cuesta y los Contemporáneos. Esto queda patente a partir de la publicación de uno de los trabajos centrales del trabajo de Reyes, el "Discurso por Virgilio," publicado nada menos que por la revista *Contemporáneos* en 1931. En él, Reyes argumenta la necesidad de la latinidad como parte de la fundación de la cultura nacional en México. En uno de los fragmentos más famosos de su obra, Reyes declara: "Quiero el latín para las izquierdas, porque no veo la ventaja de dejar caer conquistas ya alcanzadas. Y quiero las Humanidades como el vehículo natural para todo lo autóctono" (*Obras* 11: 160–61). Esta declaración, en el contexto de 1932, significa precisamente que la renuncia a la tradición occidentalista significa una renuncia a la constitución de la verdadera cultura nacional. Por ello, Reyes advierte claramente que el autoctonismo es una forma de aniquilar la inteligencia crítica de lo nacional: "A veces, [lo autóctono] es aquella fuerza instintiva, tan evidente que defenderla con sofismas es perjudicarla y querer apoyarla en planes premeditados es privarla de su mejor virtud: la espontaneidad" (11: 161). La agenda de Reyes entonces, es diametralmente opuesta al populismo de Abreu Gómez o Monterde, quienes quieren una cultura popular basada en los íconos del nacionalismo: "Consiste nuestro ideal político en igualar hacia arriba, no hacia abajo" (11: 162).

"La tesis de Reyes," observa Sheridan, "no ameritó, ni públicamente ni de inmediato muchas reacciones adversas por parte de los nacionalistas. El ensayo estaba calculadamente escrito para celebrar también la Revolución, en la que Reyes no veía un obstáculo para pintar de mexicano el agua latina, sino un mejoramiento de las condiciones para lograrlo" (en Cuesta, *Antología* 50). Hacia 1932, Reyes ya era una figura más establecida en el medio, y atacarlo no era tan atractivo o fácil, puesto que sus posturas, aunque en la misma línea, no tenían la misma retórica beligerante que Cuesta usaba desde la *Antología* o *Examen*. Es de señalar que "El discurso por Virgilio" ya acusa transformaciones importantes del discurso de Reyes. A diferencia de sus trabajos de la década del 10, el énfasis de Reyes ya no está en un concepto dialéctico hegeliano, y, en consecuencia, su obra asumía cada vez más a la Revolución como un hecho histórico consumado. La posición de Reyes en el medio diplomático lo acercaba a figuras más representativas de la intelectualidad nacionalista, como Genaro Estrada. De hecho, algunas consignaciones críticas recientes siguen considerando al "Discurso" un texto muy cercano a la oficialidad nacionalista. Domínguez Michael, por ejemplo, lo considera "el platillo que Reyes sacó de su cocina para el banquete nacionalista y estatólatra de los años treinta" (*Tiros en el concierto* 29). Domínguez Michael aquí malinterpreta a Reyes, porque su énfasis en la crítica a cualquier cosa que asemeje la construcción del Estado le impide ver que esta posición intermedia es, en realidad, tanto un enfrentamiento directo a todos esos "nacionalistas y estatólatras" que buscaban reducir la cultura nacional a un museo de estereotipos nacionales o, más adelante, a una repetición acrítica de los dogmas marxistas[49] como una de las propuestas más sustantivas de los intelectuales nacionalistas. Así como la *Antología de la poesía mexicana moderna* representó la puesta en marcha de una tradición literaria precisa en respuesta a los nacionalistas del 25, el "Discurso a Virgilio" es la propuesta más clara de constitución de un sistema cultural que no fuera reductible al estereotipo. Con este giro de su postura intelectual, que por primera vez plantea una noción más pedagógica y programática de la cultura, Alfonso Reyes comienza a sentar las bases de su lugar fundacional en el proceso de autonomización del campo que discutiré en el próximo capítulo. Por el momento, es necesario seguir teniendo en mente que en esta progresión Reyes tiene en los Contemporáneos a sus compañeros de ruta, tal y como lo atestigua la carta de solidaridad que le envía Villaurrutia el 26 de mayo de 1932 ante los ataques de Pérez Martínez (Sheridan, *México en 1932* 237–38).

La polémica sobre *Monterrey* es iniciada por Héctor Pérez Martínez en su columna *Escaparate* de *El Nacional* el 7 de mayo de 1932. Pérez Martínez era uno de los ejemplos más vivos de lo que significaba ser un intelectual nacionalista en los años treinta. Desde 1929, año de la fundación del Partido Nacional Revolucionario, antecedente del PRI, Pérez Martínez ejercía el periodismo en *El Nacional* y era parte de los cuadros dirigentes del Bloque de Obreros Intelectuales, un grupo de izquierda leninista de corte nacionalista. Asimismo, era aparte de una vanguardia menor llamada "agorismo"[50] que se consideraba "una actividad viril de la actividad artística frente a la vida" (Reyes y Pérez Martínez 12). El ataque de Pérez Martínez contra Reyes aduce: "Reyes, que podría con sólo quererlo, convertirse en el ejemplo mismo de una tradición para la literatura nacional —a tal modo sabe conocerla hacia atrás y adivinarla hacia adelante— está prefiriendo atender, con una solicitud un poco intencionada, temas distantes de lo nuestro" (Reyes y Pérez Martínez 15). Respecto a la misión que Reyes "descuidaba," Pérez Martínez afirma: "A la literatura mexicana le está faltando una lección de virilidad en el más completo sentido humano: le falta también el conocimiento y la asimilación de nuestro gran espíritu aborigen. Reyes puede dar lo uno y lo otro" (Reyes y Pérez Martínez 16). De hecho, Pérez Martínez deja muy claro que la intención de su ataque es que Reyes se pronuncie sobre el debate de la crisis de la literatura de vanguardia "ya que él está al tanto de la polarización de la actual literatura mexicana y no ha intentado definir, en una ejecutoria certera, sus posibilidades reales" (Reyes y Pérez Martínez 16). Existen tres puntos que vale la pena enfatizar de esta postura. Uno, la repetición del vocabulario de la generación del 25, presente tanto en este texto como en el ideario de los agoristas: por ello, lo que pide es nada menos que una "lección de virilidad." Con esto, Pérez Martínez ata la polémica del 32 con la del 25, precisamente en el corazón del problema: la necesidad de definir de una buena vez una literatura nacional que deje fuera todo aquello que no se relacione a "el conocimiento y la asimilación de nuestro gran espíritu aborigen." Dos, la agenda del "Discurso por Virgilio," aunque considerado por Pérez Martínez como "las palabras austeras y más mexicanas del momento" (Reyes y Pérez Martínez 15), no parece satisfacer su demanda nacionalista, lo cual deja claro que la posición intelectual de Reyes en ese momento estaba, de hecho, más cerca de las posturas de los Contemporáneos, quienes defendían también la importancia del conocimiento de la tradición occidental como una práctica intelectual necesaria para la literatura nacional.[51] Finalmente, en las palabras de Pérez Martínez se deja ver una creciente aspiración de los nacionalistas: la necesidad de un caudillo cultural que, como Plutarco Elías Calles en la política, guíe los destinos intelectuales del país. Reyes, quien era respetado por todos los flancos del debate, era quizá la mejor figura para establecer esta clase de consenso cultural y, por ello, Pérez Martínez le demandaba que zanjara el debate hacia las posturas del nacionalismo.

 La respuesta de Alfonso Reyes se dio en un texto editado por él mismo y titulado "A vuelta de correo." Los documentos del momento en el que Reyes escribía esto, recopilados por Sheridan, indican dos cosas: la falta de conocimiento de Reyes sobre el debate y la importancia que dio a responder a las acusaciones de falta de mexicanismo.[52] En el primer caso, en referencia a una carta abierta de Abreu Gómez, del 3 de mayo de 1932, donde incitaba a Genaro Estrada y a él a tomar postura en el debate,[53] escribe Reyes en su diario, "Ermilo Abreu Gómez, larga carta a Genaro Estrada y a mí sobre la cocina literaria del momento entre los jóvenes de México. Parece carta pública que reclama nuestra intervención en algo que ha pasado y que ignoro" (Reyes y Pérez Martínez 234). Mientras tanto, en su diario considera la respuesta a Pérez Martínez "muy importante para mí" (236) y consigna tres veces en su diario, entre el 3 y el 8 de junio, el seguimiento de la edición (244-45). Todo esto es testimonio de la naturaleza e importancia de la labor mexicanista de Reyes. Por un lado, su desconocimiento de la cuestión atestigua la naturaleza de su intervención crítica: lejos del devenir cotidiano de la institucionalización de la cultura nacional, el proyecto de Reyes operaba como una suerte de diálogo a la distancia en el que diseñaba su proyecto de país fuera de las ideologías imperantes. Esto explica el hecho de que tanto los nacionalistas como los Contemporáneos lo tuvieran en alta estima, porque su obra era suficientemente universalista para éstos y suficientemente interesada con la idea de una "cultura nacional" para aquéllos. Precisamente por esto último, por el hecho de que *Monterrey* era un proyecto concebido para que Reyes, quien ya llevaba casi veinte años fuera del país, siguiera interviniendo en los asuntos culturales mexicanos, es que el ataque de Pérez Martínez le afecta tanto. En su arranque contra Reyes, Pérez Martínez puso el dedo, de una forma tal que incluso nacionalistas militantes como Abreu Gómez o Monterde no lograron percibir, en el significado que su obra a distancia tenía en el país: al considerar sus trabajos sobre Goethe o Virgilio como ajenos al devenir nacional, veía la amenaza de que el magisterio de Reyes validara a los Contemporáneos; al reprochar a Reyes no asumir un liderazgo en la definición de lo nacional comprendía que quien ya era para ese entonces una de las figuras predominantes de las letras del país era ajeno a las aspiraciones ideológicas del nacionalismo.

"A vuelta de correo," entonces, es un largo argumento sobre la necesidad de considerar a lo nacional como un elemento de lo universal. "La única manera de ser provechosamente nacional," aduce Reyes, "consiste en ser generosamente universal, pues nunca la parte se entendió sin el todo. Claro es que el conocimiento, la educación, tienen que comenzar por la parte: por eso "universal" no se confunde con 'descastado'" (Reyes y Pérez Martínez 36). Por ello, Reyes dedica buena parte del texto a mencionar el enorme interés que, en efecto, su obra ha dedicado a la cultura mexicana. Para este entonces, "Visión de Anáhuac" era un texto muy conocido, sus capítulos sobre literatura mexicana escritos en las décadas de los diez y veinte eran muy influyentes en la crítica, los escritores jóvenes lo consideraban el maestro de su generación[54] y, en los treinta, su "Discurso por

Virgilio" lo ubicó como uno de los arquitectos intelectuales del sistema cultural del país. Lo más importante, sin embargo, es que, durante la polémica, Reyes es muy claro en no tomar el partido de los nacionalistas. Cuando se le pide definir qué es lo mexicano en la literatura, contesta salomónicamente: "La literatura mexicana es la suma de las obras de todos los mexicanos" (Reyes y Pérez Martínez 37), con lo cual muy elegantemente evita definir un programa estético unidimensional. Para aquellos que mantenían viva la hoguera prescriptiva, observa: "al que de veras se inquiete con estos problemas, yo le diría: —Aconseja menos y haz libros buenos— No veas cómo el otro vive, sino escribe" (37). De esta manera, Reyes deja muy claro que su postura es opuesta a la de los nacionalistas: "Porque tampoco hay que figurarse que sólo es mexicano lo folklórico, lo costumbrista o lo pintoresco. Todo esto es muy agradable, y tiene derecho a vivir, pero ni es todo lo mexicano, ni es siquiera lo esencialmente mexicano" (39); "Creer que sólo es mexicano lo que expresa y sistemáticamente acentúa su aspecto exterior de mexicanismos es una verdadera puerilidad" (41). Por ello, sobre la pregunta central de la polémica, la "crisis" de la vanguardia, Reyes se pronuncia con una postura muy cercana a la expresada por José Gorostiza: "La crisis representa una ansia de objetividad, de nuevo alimento terreno, una sed de contenido [...] Bienvenidas sean, pues, las crisis, que nada tienen de común con la muerte y que, si ciertamente traen peligros, son los peligros inherentes al mismo ritmo ascencional" (45).

"A vuelta de correo" no tiene el vuelo teórico de las intervenciones del joven Reyes ni del "Discurso por Virgilio," pero está inscrito en la misma línea intelectual. La celebración de la "crisis" como productiva es análoga a la dialéctica de toma de conciencia expuesta década y media atrás en "La sonrisa." Las crisis culturales representan en "A vuelta de correo" una lógica circular similar a la del proceso que va de la sonrisa a su institucionalización a la nueva sonrisa:

> Pero tampoco dejé de atender un fenómeno cuya ejemplar reiteración debe hacernos pensar un poco: —Cuando la poesía se desencariña de las realidades circundantes, puede decirse que vive gastándose a sí misma y así va afinando sus instrumentos en una atmósfera de pura retórica. (Retórica no es un insulto para nadie: quiero con ella decir técnica

> o procedimiento; toda expresión tiene una retórica). Mas cuando el afinamiento o desgaste llega a un punto exquisito, cuando ya parece que vamos a alcanzar el mundo de las formas puras, en que sólo los dioses aguantarían la respiración, sobreviene una crisis. (Reyes y Pérez Martínez 45)

La crisis, entonces, es el momento de la "sonrisa" del sistema creativo: justo en el punto de ascensión de un sistema estético hacia su fijación permanente viene la ruptura y la consecuente creación de un nuevo sistema.[55] Es de notar aquí que este concepto de crisis es muy cercano al proceso de autonomización del arte descrito por Bourdieu:

> Todo sucede como sí, al expulsar fuera del universo de la poesía legítima los procedimientos cuyo carácter convencional queda al descubierto bajo el efecto del desgaste, cada una de esas revoluciones contribuyera a una especie de análisis histórico del lenguaje poético que tiene a aislar los procedimientos y los efectos más específicos. (*Reglas* 357)

Lo relevante aquí es que en un momento particularmente constructivo de la cultura nacional en la obra de Reyes, donde el "Discurso por Virgilio" establece el programa a seguir y *Monterrey* el diario devenir del diálogo cultural en el medio de un proceso en el que se avizora un campo literario autónomo, su proyecto sigue manteniendo en la base la misma ontología de la nación construida en sus obras de la década del 10. En tanto esta ontología es incompatible con nociones estáticas de la cultura, Reyes, al igual que Cuesta con su concepto de tradición, no puede respaldar de manera alguna la ideología cultural de los nacionalistas. Por ello, sus posturas, sin confrontar tan abiertamente la idea de "lo nacional," se encuentran más cerca de Cuesta o Villaurrutia que de Abreu Gómez o Pérez Martínez. Dentro de la concepción histórica de la cultura, cuyo movimiento y crisis es su característica definitoria, la definición de un programa cultural estático es impensable y dentro de un programa humanista que aboga por una visión amplia del mundo, el provincialismo es inaceptable. Por ello, las consideraciones de Reyes en "A vuelta de correo" siempre llegan a un magisterio cuyo centro es la labor intelectual en sí y no sus contenidos ideológicos: "Pensé que las únicas leyes deben ser la seriedad del trabajo, la sinceridad frente a sí mismo (no confundirla con la mala educación para con los demás) y —digan lo que quieran las modas— una secreta, pudorosa, incesante preocupación del bien, en lo público y en lo privado" (Reyes y Pérez Martínez 44). Las expresiones del magisterio delineadas en "A vuelta de correo" y en el "Discurso para Virgilio," entonces, son los primeros signos del rol crucial que Reyes jugará en la institucionalización de la cultura en México unos años después y, sobre todo, de la ulterior incapacidad de los nacionalistas del 32 en constituir una hegemonía cultural.

La práctica política de Cuesta y el camino liberal a la locura

Para comenzar a describir la labor propiamente política de Cuesta, se puede establecer el punto de partida en el proceso que va de la "poesía pura" a la constitución de una subjetividad política precisa en su obra. La llamada "poesía pura," como se ha discutido en varios debates en torno al tema, no consiste en acciones "desinteresadas," sino en prácticas escriturales inscritas en prácticas políticas dentro del campo literario y del campo de poder.[56] Los estudios en torno a la vanguardia han ya dejado un terreno marcado en la lectura política de la poesía pura. Peter Bürger ha observado que la poesía pura no es una reacción al modo de producción (en el sentido marxista del término), sino a la tendencia de una sociedad burguesa a la pérdida de la función social del arte, pérdida que se identifica con el vaciamiento de contenidos políticos (32). *Mutatis mutandis*, la práctica poética de Cuesta piensa que este vaciamiento de la política, paradójicamente, se da en el abuso de las referencias a lo nacional. Precisamente porque el nacionalismo es un conformismo y la revolución (y la política) no puede ser sino un producto de la inconformidad, sólo a través del exorcismo de los estereotipos nacionales se puede articular una posición abiertamente política. La práctica poética ejercida en "Canto a un dios mineral" es una alegoría de esto, el sujeto que lleva a cabo una odisea cognitiva para llegar al conocimiento en sí. En la obra de Cuesta, este proceso opera como un alejamiento de las formas de discusión pública de la Revolución y de sus estéticas, operación que va de la publicación de la *Antología* al debate de 1932, para después volver al ejercicio de una labor pública de crítica al poder que constituye, por primera vez en el México revolucionario, la idea de un intelectual cuya aspiración es, precisamente, no formar parte de la hegemonía cultural y política del país.

La práctica vanguardista de Cuesta entronca a mediados de los años treinta con una articulación particular de la relación entre modernidad y nación en México. Conforme el discurso socialista llega a la hegemonía, particularmente con la llegada, en 1934, de Lázaro Cárdenas al poder, la práctica intelectual de Cuesta ofrece, desde la literatura, una contracara ideológica a la modernidad cardenista. El régimen de Cárdenas buscó, de manera particular, la incorporación material de los sectores obreros, campesinos y populares al espacio público, lo que significó, con respecto al siglo XIX, una transformación particular de las coordenadas de la sociedad civil. Esto fortalece de manera notable la posición hegemónica del socialismo en el campo de poder. Sin embargo, como resultado del debate de 1932, esta hegemonía no será tal en el contexto del campo literario, donde los intelectuales liberales, como Cuesta, buscan un alejamiento de dicho proyecto desde la perspectiva de la práctica literaria. Siguiendo a Françoise Perus, podría decirse que el proyecto intelectual de Cuesta significó la recuperación de un proyecto "democrático-burgués" originado en el siglo XIX y que articulaba una posición de crítica política desde la perspectiva de la intelectualidad urbana (55). Conforme el campo literario se ubica en una cultura urbana creciente y, conforme la hegemonía del campo de poder articula a los sectores del interior a la comunidad imaginada, proyectos intelectuales como el de Cuesta se articulan en términos de un concepto de nación que predica una fidelidad radical a los principios liberales modernos de la constitución de 1917 a contrapelo del cardenismo. De esta manera, la práctica intelectual de Cuesta enfatiza una paradójica versión de la nación en la cual se deslindan los valores políticos de ésta contra el modelo de gobierno del Estado. Cuesta concibe el concepto de libertad detrás de las garantías individuales establecidas en la constitución como una forma de legitimar una postura de separación frente al Estado.

El modelo intelectual desarrollado por Cuesta tiene un origen preciso: su lectura del libro *La trahison des clercs,* del pensador francés Julien Benda. Este libro fue publicado originalmente en 1927 por la casa editorial Bernard Grasset de París e inmediatamente tuvo un impacto importante en el debate intelectual francés, marcado todavía por los efectos del *affaire* Dreyfus. El volumen era una larga diatriba contra la renuncia de muchos intelectuales a la autonomía intelectual y su sujeción a distintos intereses económicos y de poder. Los temas políticos de Benda son bastante cercanos a los de Cuesta: consigna, entre otras cosas, el nacionalismo, la variante estalinista del socialismo y la xenofobia. Sobre Benda, Edward Said ha observado

> deep in the combative rhetoric of Benda's basically very conservative work is to be found this figure of the intellectual as being set apart, someone able to speak the truth to power, a crusty, eloquent, fantastically courageous and angry individual from whom no worldly power is too big and imposing to be criticized and pointedly taken to task. (*Representations* 8) [12]

Este ideal intelectual dará forma a las intervenciones de Cuesta en el debate público a partir de 1932. La influencia de Benda en Cuesta se manifiesta fuertemente en la publicación en *Examen* de un extracto de la *Trahison* (*Antena* 275–79). De hecho, la diferencia en el interés de Cuesta en la política pública del país antes y después de 1932 es muy marcada: Cuesta no publica ningún artículo político de consideración antes de la polémica de *Examen*, mientras que después componen un porcentaje significativo de sus escritos. Además, su único libro publicado en vida, *Crítica a la Reforma del artículo tercero*, editado en 1934 por Cvltvra, es un panfleto político. Incluso, Willebaldo Herrera llega a afirmar: "es Benda y su lectura los que desencadenan su decisión de involucrarse en los problemas sociales de su tiempo" (*La manzana francesa* 131).[57]

El ideal intelectual expuesto por Benda marca muy profundamente el ejercicio de Cuesta: su práctica política se caracteriza por una sospecha constante del ejercicio del poder; una desconfianza profunda hacia los socialistas que, por esos años comenzaban a consolidarse en el gobierno;[58] un completo desinterés en el ingreso a la burocracia y una subsecuente ética de su posición no orgánica. Incluso, Cuesta hereda de Benda su sospecha hacia los moralismos de izquierda y derecha. Esto llega al grado de que, cuando el Estado socialista mexicano quiere instaurar un "orden moral" (el término es de Panabière 314), al plantear campañas tanto de antialcoholismo como de educación sexual, Cuesta intervino en defensa no del Estado o sus opositores sino de los principios éticos que estaban en juego. De esta manera, en el primer caso, Cuesta ataca la posición moralista del Estado (*Obras* 2: 112), mientras que, en el segundo, defiende a Narciso Bassols contra los ataques de los conservadores religiosos (2: 185).

Cuesta, si se quiere, encarna una nueva forma de moralismo político, el cual no se funda en criterios conservadores, sino en un deber público del intelectual frente al poder. En esto, Cuesta es un intelectual casi único en la historia de la literatura mexicana: un intelectual por siempre fuera del Estado. En una de sus consignaciones contra la situación del país, titulada "La decadencia moral de la nación," Cuesta identifica la institucionalización y estatificación de la cultura nacional no sólo con la neutralización de su carácter revolucionario, sino, incluso, la ulterior corrupción de los valores que la revolución encarna:

> La vida sedentaria, ordenada, respetuosa y tranquila sólo empobrece o corrompe la existencia. Así como el carácter de las personas depende de los cambios que experimentan en su vida, el carácter de una cultura sólo puede ser formado a través de innumerables vicisitudes. Y tanto una persona como una cultura valen por su carácter; ésta es una virtud muy superior a cualquier otra; es la que nos permite vivir en un mundo mucho más vasto que el que nos deparan el breve instante que atravesamos y el reducido espacio a que cada instante está encadenado; es la que permite que tanto el pasado como el porvenir, sin que ninguno de ellos sufra restricción y violencia, estén presentes en nuestro presente, enriqueciendo su espesor, su significación y su libertad. (*Obras* 2: 355)

Esta concepción de las consecuencias del proceso de institucionalización de la Revolución, proceso presente en la vida nacional desde las siglas del en ese momento naciente PRI (Partido Revolucionario Institucional), se puede desdoblar hacia las diversas dimensiones del pensamiento político de Cuesta. En primer lugar, se pude ver que el concepto de tradición desarrollado en sus ensayos del debate del 32 se convierte aquí en una forma de habitar la historia. Así como la tradición se habitaba a partir de la reinvención de ella en la producción literaria presente, Cuesta abogaba por un pasado y un porvenir "presentes en nuestro presente," es decir, por una práctica política en la cual el "carácter" determine el valor que el pasado y el futuro influyen en la contingencia política. La condición histórica necesaria para la constitución de este "carácter," según Cuesta, es precisamente el movimiento y las crisis y, en consecuencia, cualquier intento de detener este movimiento o de fijarlo en una concepción complaciente y estática de la cultura implica una degradación de dicho carácter. De esta manera, el problema que Cuesta tenía con los ideólogos nacionalistas, tanto al nivel de la política como de la cultura, era que al plantear esta fijación hacia cualquier dirección, sea la literatura "viril," la imposición del socialismo como ideología única en la educación o incluso la prohibición del alcohol, representaba una traición profunda al espíritu mismo de la Revolución.[59]

En esta forma de entender la historia se dejan ver tanto la influencia profunda de Julien Benda como las importantes afinidades intelectuales con el pensamiento de Alfonso Reyes. En el caso de Benda, Cuesta interpretaba la institucionalización de la "cultura" como una "traición de los clérigos," dado que el énfasis de los nacionalistas en la imposición de ciertas posiciones ideológicas significaba, desde su perspectiva, un servicio a la conformación del poder. Esta concepción particular de la práctica intelectual, aunque presente en buena parte de la trayectoria de Cuesta, adquiere mayor relevancia con los inicios del cardenismo y la consecuente llegada al poder de los grupos socialistas del país.[60] Es importante mencionar aquí que este giro ideológico profundo en el régimen posrevolucionario era resultado de una serie de factores de la *realpolitik* del momento: la formación de la alianza entre Cárdenas y los grupos populares y sindicales contrapesó al caudillismo político de Plutarco Elías Calles y buena parte de la élite liberal y conservadora alrededor de él perdió influencia. Con esto, el socialismo se convirtió efectivamente en la ideología de Estado, desplazando a Cuesta, liberal militante, aún más al margen.[61] Esta circunstancia hizo ideal para Cuesta la adopción del programa político de Benda, quien se oponía no sólo a la participación de los liberales en el poder, sino a la creciente influencia del socialismo en Francia. De esta manera, Cuesta se convierte en una voz de oposición abierta al socialismo mexicano, al grado de que uno de sus ensayos políticos de mayor significación tenía el nada sutil título de "Marx no era inteligente, ni científico, ni revolucionario; tampoco socialista, sino contrarrevolucionario y místico" (*Obras* 2: 324–41).[62] Por ello, "La decadencia moral de la nación" y su enfrentamiento al Estado se estructura a partir de la contraposición entre el concepto revolucionario de la historia y la utopía comunista. "Los ideales de nuestra vida política," escribe Cuesta, "no son, seguramente, los administrativos, sino los revolucionarios. Nuestra historia está más preocupada por hacernos un carácter que por hacernos un paraíso; está más ávida de experiencias y de poder que de tranquilidad. En consecuencia, las épocas de administración, de felicidad y de economía dirigida son las que habrán de significar un año de nuestro destino y la decadencia moral de la nación" (*Obras* 2: 357). Por este motivo, la institucionalización de la revolución, implícitamente equiparada por Cuesta con la burocratización del régimen soviético, es un movimiento opuesto a la revolución misma:

> Una revolución no tiene por objeto perfeccionar las oficinas públicas; esta idea es enteramente romántica. Por el contrario, una revolución se distingue por la humanización de la maquinaria administrativa, es decir, por los vicios e imperfecciones humanas de que la dota. Pues entonces esta maquinaria pierde su prestigio divino y, con él, su capacidad de oprimir y tiranizar: entonces ya no espanta, ya no causa terror. (*Obras* 2: 357)

Lo que veía Cuesta en la emergencia del socialismo, particularmente en relación con la temprana experiencia europea del fascismo, era el peligro de una maquinaria burocrática opresiva. La "humanización" de los aparatos burocráticos y su consecuente debilitación es parte del movimiento revolucionario, por lo que institucionalizar la Revolución es, para Cuesta, un oxímoron peligroso que significa el uso de la revolución para la construcción de un régimen antirrevolucionario. En el preciso momento de origen del régimen que gobernará al país por los próximos 65 años y por medio de los instrumentos críticos obtenidos en un diálogo intelectual que trascendía los debates nacionalistas, Cuesta postula la primera teoría crítica del significado de un México democrático. Alejandro Katz ha observado que "la posición de Cuesta en el margen de la política" le permitió observar la manera en que se construyeron e impusieron "un ser nacional" y "una ideología revolucionaria" (43). Desde el punto de vista fuera del poder que Cuesta elevó al nivel de imperativo ético para los intelectuales, Cuesta comprendió que el camino de normalización estatal de la Revolución y la cooptación del movimiento por una ideología socialista que, desde su perspectiva, no existía durante el proceso revolucionario mismo, conducían, irrevocablemente, a la tiranía.

La crítica política de Cuesta descansa en una concepción de la historia y la cultura de México muy semejante a la desarrollada por Reyes, y las similitudes expuestas en torno al debate del 32 se extienden aquí al plano de lo político. Cuesta, sin duda, ocupaba una posición distinta a la de Reyes en este proceso, puesto que la labor diplomática de éste último lo ataba inexorablemente al Estado. Reyes tampoco estaba completamente al margen del campo de producción cultural, puesto que prácticas culturales como *Monterrey*, la nutrida correspondencia[63] que sostenía con diversas figuras de la cultura mexicana y latinoamericana, y su participación en varias revistas de la época, lo hacían un interlocutor privilegiado de buena parte de las discusiones culturales. Sin embargo, su sistema de ideas fue escrito por fuera de las aspiraciones de poder de buena parte de los grupos culturales del país, dado que Reyes ejercía su labor cultural desde su semi-exilio y, por ende, fuera de cualquier estructura burocrática de la cultura o la educación. Esta distancia da cuenta de por qué dos intelectuales tan ideológicamente diferentes como Reyes y Cuesta pueden operar desde un *ethos* tan similar; se trata, a fin de cuentas, de dos figuras que buscan pensar las consecuencias ulteriores de la revolución y sus crisis a contrapelo de los esfuerzos por institucionalizarla. "La decadencia de la moral" y buena parte del pensamiento político de Cuesta, entonces, operan de forma muy similar a la ontología histórica expuesta por "La sonrisa," y su concepto valorativo de "crisis" es muy cercano al que Reyes expuso en "A vuelta de correo," su respuesta a Pérez Martínez. "Mucho habría que lamentar," observa Cuesta, "si la misma autoridad tuviera que ser respetada por siempre: la eternización de sus valores condenaría al presente y al porvenir a la esterilidad, a la falta de significación y de carácter. En cambio, los movimientos revolucionarios, otorgándola de un modo inmerecido y caprichoso, desprestigian a la autoridad y elevan el espíritu de los que han estado aplastados por ella" (2: 355). Cuesta, en este punto, es muy cercano a "La sonrisa": los movimientos revolucionarios implican la "elevación del espíritu" de los oprimidos en contra de la eternización de los valores de la autoridad. Para este punto, en el hilo tejido entre "La sonrisa," los textos del debate del 32 y "La decadencia de la moral," se puede concluir que uno de los puntos comunes a la práctica cultural detrás de las "naciones intelectuales" es una continua teorización de la toma de conciencia (sea personal, "de clase," histórica) como el espíritu de una práctica revolucionaria que se escribe siempre en contraposición a la institucionalización de la nación. Si el Estado posrevolucionario y sus intelectuales orgánicos se encargaron de "narrar la nación" desde su dimensión pedagógica,[64] las naciones intelectuales usan la palestra de una posición intelectual conscientemente autónoma para escribir contranarrativas del proceso. Es precisamente bajo la égida de una práctica intelectual que cuestiona las "fronteras totalizantes" de la nación mencionadas por Bhabha y da cuenta de su pluralidad intelectual que Alfonso Reyes y Jorge Cuesta diseñan sus posturas.

En el caso de Cuesta, su pensamiento resulta de una forma de leer al país alineada a una concepción liberal de su historia que resulta de la interpretación del proceso revolucionario desde los ideales del moralismo francés del André Gide pre-comunista y de Julien Benda. En una de las caracterizaciones más atinadas del pensamiento político de Cuesta, Sergio Anzaldo plantea:

> La existencia del país, para Cuesta, no es obra del azar. Es expresión de una elección "personal" encarnada en una acción política precisa: deliberación y voluntad de constituirse a sí misma, por encima de cualquier determinación, como nación. La guerra de Reforma y la revolución de 1917 [es decir, los momentos en que se escribieron las dos constituciones modernas de México] son sucesos que confirman y encauzan esa elección. Ahora bien, la vindicación de la soberanía popular en México fue, en forma paradójica, obra de un pequeño grupo ilustrado. En ningún momento de nuestra historia se integró una asamblea nacional. A diferencia de los procesos históricos europeos, en especial el francés, en los cuales la nación precede al Estado, aquí el Estado crea a la Nación. (213–14)

Desde esta concepción histórica, continúa Anzaldo, Cuesta concibe la "senda histórica" del país "la fundación de un Estado original y libre con la Independencia, la secularización de la vida política con la Reforma y la liberación de la sociedad política de su independencia económica con la Revolución" (214). Esta narrativa histórica, que, en términos cuestianos, podría ser llamada "tradición" más que "senda," ejemplifica la manera en la que el concepto histórico de Cuesta se basa en un ejercicio político consistente con visión teórica del país. Dicho de otro modo, la defensa de la tradición liberal de un Estado secular, libre y abierto, entendiendo tradición como un ejercicio en el presente que actualiza el pasado y el porvenir, es el punto de Cuesta en su crítica al socialismo: el imperativo intelectual consiste en la defensa de esta tradición frente a la imposición de ideologías que la traicionan.

En este punto, se deja ver otra práctica central en la dialéctica entre los discursos oficiales del nacionalismo y las naciones intelectuales: el carácter de significante vacío del término "revolución" en todos los puntos de rearticulación de la hegemonía tanto política como cultural. Cuesta consistentemente planteaba su punto de vista como "revolucionario" en sus textos y el recurso retórico más común en sus ensayos polémicos es descalificar la autodefinición como "revolucionarios" de sus adversarios. Un ejemplo es "El diablo en la poesía" donde plantea que una poesía nacionalista no puede ser revolucionaria. Esta afirmación tiene dos significados. Por un lado, como ya ha apuntado Domínguez Michael, Cuesta otorga "preeminencia formal [...] a la Constitución de 1917 como un contrato nacional que debía ser respetado al pie de la letra" (*Tiros en el concierto* 296). En tanto era parte de la tradición liberal señalada por Anzaldo, la Constitución marcaba para Cuesta un punto de articulación del espíritu laico y secular del país, y su modificación para acomodar los preceptos de la hegemonía cardenista era considerada por él una traición. Tanto la *Crítica a la reforma del artículo tercero* como los diversos textos de Cuesta sobre la educación repiten el mismo punto: la modificación del sistema educativo en términos de una redefinición socialista era antirrevolucionaria. En una polémica con José Zapata Vela, titulada "No hay educación socialista," plantea que ésta es incluso antirrevolucionaria:

> Ciertamente la doctrina de Marx es la única que puede originar una "educación socialista," como también es la única que hace posible una "conciencia socialista." Pero esto sólo nos ilustra sobre el carácter subjetivista y religioso de la doctrina

> de Marx. La "educación socialista" sigue careciendo de filosofía, es decir, sigue careciendo de capacidad para ser objetivamente una educación: sigue careciendo de capacidad para hacer accesibles a las conciencias todas las posibilidades de acción revolucionaria que les ofrece el mundo exterior.
>
> El libro del señor Zapata Vela sólo nos comprueba el carácter contrarrevolucionario de la educación socialista; sólo nos comprueba que este concepto, mientras se le considere de un modo riguroso, no es sino un callejón sin salida para la Revolución. *Pues el socialismo no es una educación; no hay educación socialista.* (Obras 2: 322; énfasis en el original)

Estos mismos argumentos son esgrimidos por Cuesta en sus debates sobre la autonomía universitaria. En "La Universidad y el Estado," arguye:

> Una autonomía de la Universidad a la que no se reconoce autoridad política, a la que no se acepta como orden político de la enseñanza universitaria, no hace de la Universidad una institución privada, *sino una institución revolucionaria*, que naturalmente aspira a desconocer al régimen que se empeña en ignorar su carácter de organismo público, y su derecho a subvenir a sus necesidades, sin restricción alguna, con el tesoro nacional. No hay por tanto, "Universidad burguesa," ni siquiera en la medida en que lo desea una pura conveniencia política del momento. *La autonomía de la Universidad es un orden político de la Universidad, el cual puede existir en dos formas: o legal o revolucionariamente; pero no puede dejar de ser orden político.* (Obras 2: 373; el énfasis en el original)

Una y otra vez, Cuesta antepone "educación revolucionaria" a "educación socialista," y constantemente apunta que la definición pública del sistema educativo como "socialista" es antirrevolucionaria porque la revolución presupone el reconocimiento de todas las formas de libertad, mientras que el socialismo representa sólo la ideología del grupo de poder en el momento.

Aquí entra a colación la segunda dimensión del término "revolucionario" en Cuesta: en tanto la Revolución Mexicana significa un momento de una clara tradición histórica que implica la secularización del Estado y la defensa de las libertades, la fidelidad a esta tradición es lo que define a un "revolucionario." Dicho de otro modo, un intelectual revolucionario es aquel cuya obra mantiene actual ese legado y lo defiende en contra de la imposición dogmática de las ideologías, muchas veces autodenominadas "revolucionarias," del poder. En este punto, se puede recordar que en ningún momento Cuesta sugiere contenidos específicos para el sistema educativo, sino que defiende una educación amplia y abierta, que él denomina, siguiendo el fraseo del artículo tercero mismo de la Constitución, "laica":

> El concepto de "laicismo" implica en él la conciencia positiva de que la cultura y su contenido, es decir, la ciencia, la técnica, las artes, el idioma y todos los instrumentos de producción, pertenecen de un modo radical a la sociedad y no, de un modo histórico o tradicional, a una clase clerical o a una clase capitalista. La nación, en virtud de esta conciencia, encuentra su fundamento en el laicismo, y no puede abandonarlo sino con una pérdida de su carácter de nación. (*Obras* 2: 298)

Dicho de otro modo, la sujeción de la educación a cualquier doctrina, entre ellas el socialismo, responde a la sujeción de los instrumentos educativos y de producción a una "clase clerical." Ciertamente el espíritu del artículo tercero, en consistencia con la tradición laica y secular de la Constitución de 1857, buscaba enfatizar la necesaria ausencia de la religión en la educación. Cuesta considera al marxismo una religión —"El marxismo se sostiene y se seguirá sosteniendo en virtud de un poder religioso, como un puro estado de conciencia" (*Obras* 2: 325)— y, en virtud de esto, el laicismo aplica al socialismo tanto como al catolicismo o, incluso, al capitalismo. Más aún, Cuesta enfatiza claramente que no hay un solo socialismo: "La palabra "socialismo" origina la primera confusión. ¿Pues qué socialismo hay que entender con ella? ¿El socialismo fabiano o el nacional-socialismo? ¿el socialismo sindical o el socialismo fascista?" (*Obras* 2: 294). Este desplazamiento semántico entre acepciones libertarias y opresivas de la palabra "socialismo" no implica que Cuesta no fuera consciente de las obvias diferencias ideológicas entre marxismo y fascismo, sino que el ingreso de una palabra como esa a la letra que define la naturaleza de la educación pública abre la puerta a interpretaciones que atentan contra el espíritu revolucionario mismo. Por ello, mantener el laicismo ideológico en la educación es una de las condiciones para la formación de una nación en el marco de la tradición libertaria de la historia de México.[65]

Capítulo dos

En este momento se empieza a vislumbrar la naturaleza de la "nación intelectual" de Jorge Cuesta: un espacio laico y secular, producto de una tradición libertaria actualizada en su presente, del cual el intelectual "no comprometido" es vigilante. En este sentido se debe interpretar la defensa que Cuesta, refiriendo nada menos que a Alfonso Reyes, hace del desarraigo en su ensayo "La cultura francesa en México":

> Mientras obras como las de Alfonso Reyes sean censuradas por su descastamiento y su desarraigo, sólo insistimos en alejarnos de nuestro genuino y auténtico ser, a cuyo conocimiento y a cuya satisfacción nos hacemos inaccesibles. Es precisamente en ese *desarraigo*, en ese *descastamiento* en donde ningún mexicano debe dejar de encontrar la verdadera realidad de su significación. (*Obras* 2: 224)

En una de las intervenciones más controversiales en torno a Cuesta, Katz cita este pasaje como demostración de que en Cuesta no existe una utopía política, sino una "vindicación de la atopia" y, ambiguamente, llama esta vindicación una "reacción" (54). Katz, sin duda, malinterpreta el carácter polémico de las intervenciones de Cuesta y, sobre todo, el significado del descastamiento en este pasaje. Katz cita otro pasaje, esta vez de "El clasicismo mexicano," donde Cuesta, en un trabajo dedicado a la cuestión de la poesía mexicana, plantea que la universalidad de las de Netzahualcóyotl proviene de que, en su traducción al castellano, "fueron *desarraigadas* y sumadas a una tradición universal y trashumante" (*Obras* 2: 261). La interpretación de Katz, sin embargo, extrapola por completo el sentido de la idea: desarraigo, en estos contextos no significa nihilismo ni falta de identidad intelectual, dos cosas de las cuales, sin duda, no se podría acusar ni a Jorge Cuesta ni a Alfonso Reyes. De hecho, lo que la cita de "El clasicismo mexicano" y la referencia a un clasicista como Alfonso Reyes dejan ver, en consonancia con la pasión de las intervenciones en el debate educativo, es que la fidelidad intelectual no se debe a un sistema limitado de ideas sino a una universalidad que mantiene la independencia del espíritu crítico. Para ponerlo en las palabras de José Luis Cabada, el desarraigo de Cuesta se finca en la idea, de fuerte raigambre nietzscheana, de que "no existe la solidaridad del pensar colectivamente o en grupo" (*Pasiones* 135), y por ende, la defensa de la diferencia y la individualidad es crucial para un espíritu crítico. En consecuencia, el pensar desde una supuesta perspectiva colectiva como la "identidad mexicana" o la "nación," va en contra de la ética intelectual postulada por Cuesta.

El hecho de que Cuesta pasó buena parte de su vida polemizando contra los nacionalistas oscurece, para Katz[66] y varios otros de sus lectores, el hecho de que Cuesta mantiene una agenda clara de lo que debe ser la nación. Augusto Isla tiene razón al señalar, en su respuesta a Katz, que "ver a Cuesta como un puñado de resistencias, como mera estrategia de devastación, equivale a pensar que la razón, tan apreciada por él, puede desplegarse en su sola negatividad sin ponerse a servicio de algo, sin el menor atisbo de positividad" (230). Isla, en consecuencia, plantea una "utopía cuestionadora" que "germina en la radicalidad de su crítica, como una emanación de sus paradojas" (231): "Su mundo idealizado es el de un Estado clásico que procura la libertad; una *polis* conducida por minorías selectas, disciplinadas, rigurosas, que velan celosamente por el interés general" (232). La caracterización de Isla, que quizá se acerca en demasía a la república platónica, mantiene sin embargo los dos puntos centrales del pensamiento político de Cuesta expuesto hasta aquí: la libertad como valor principal y el intelectual como alguien que "vela por el interés general." Creo que el pensamiento de Cuesta, y esto es una addenda importante, no plantea que el intelectual sea parte de la minoría que conduzca al país. Domínguez Michael ha señalado que "El liberalismo de Cuesta, a su manera clásico, asumía la función del príncipe como insustituible para la formación política" (296)[67] y el modelo intelectual de Benda, tan admirado por Cuesta, deja muy claro que el lugar del príncipe no es el lugar del intelectual. Por ello, me parece importante extender la "utopía" de Cuesta, planteada por Isla, hacia la utopía de Alfonso Reyes: el imperativo intelectual de mantener viva la chispa revolucionaria en el movimiento de la historia. En tanto la utopía, como vimos anteriormente en referencia a Mannheim, se refiere a un exceso ideológico respecto a la realidad política imperante, la nación intelectual de Cuesta existe en la aspiración intelectual que se niega a sujetarse a la nación real del Estado.

La muerte de Jorge Cuesta en 1942 y el gradual camino a la locura que inició hacia fines de los treinta han sido objeto

Capítulo dos

de una amplia mitología que ha opacado las dimensiones más sustanciales de su pensamiento político y estético.[68] Dado que toda esta mitología no es en absoluto relevante a mi discusión, y dado el exceso de atención que se ha prestado a ella, creo necesario evitarla deliberadamente. Lo único que vale la pena señalar es que el momento del inicio de la locura de Cuesta, 1940, es también el último año del cardenismo, y el fin de la hegemonía del socialismo coincide con el crepúsculo vital de su crítico mayor. Es a partir de este momento que se comienza a definir la versión final de la cultura nacional y de un campo de producción cultural que, tras años de buscar su integración al poder, comienza a asumir de lleno su autonomía.

Para concluir, vale la pena subrayar la importancia del proyecto intelectual de Cuesta en la constitución de la figura del intelectual en México. En el capítulo anterior, vimos que durante los años de configuración del proyecto hegemónico dentro del campo de poder, los miembros del emergente campo literario buscaron, desde distintas perspectivas, la incorporación de su trabajo a la Revolución. Este proceso era posibilitado por la falta de definición precisa de la hegemonía, lo que daba cabida a una serie de proyectos alternativos que, simultáneamente, permitían al campo literario proponer opciones ideológicas distintas como forma de articularse al proyecto del Estado. Esto, por ejemplo, explica por qué intelectuales conservadores como Monterde eran los que buscaban con mayor fuerza ser los intelectuales orgánicos de un proyecto que, en principio, contradecía sus posturas ideológicas. En los años treinta, en cambio, vía la consolidación del socialismo, los grupos intelectuales nacionalistas tenían una identificación más clara con la ideología del Estado, ya que, conforme la hegemonía se movía del liberalismo jacobino de Calles al socialismo de Cárdenas, la emergencia y consolidación de figuras como Narciso Bassols, Ermilo Abreu Gómez o Héctor Pérez Martínez era sintomática de la producción de elementos que, dentro del campo de producción cultural, entendían su labor como la reproducción de la agenda ideológica y política del Estado.

Desde esta perspectiva, la obra de Cuesta articula una posición intelectual clásica que, en términos de la discusión teórica del concepto del intelectual, es muy cercana a lo que Harold M. Hodges ha llamado la "intelligentsia humanística."

Según Hodges, existen seis características definitorias de esta intelligentsia (167–68),[69] que permiten ilustrar la forma en que Cuesta habita esta posición. Primero, una celebración "esencialmente anarquista" de la democracia participativa, que, en Cuesta, se entiende como una defensa amplia de las libertades individuales en contraposición al creciente poder del Estado. Como vimos en los ataques de Cuesta a la regulación del alcohol y de la educación sexual, Cuesta apela a una filosofía libertaria muy característica de la intelectualidad liberal y que, según Hodges, se basa en la idea de que el poder reside en la ciudadanía y en que las libertades individuales sólo deben ser reguladas desde ellas mismas. Segundo, Cuesta concibe su práctica desde una noción particular de autenticidad intelectual y de compromiso, en la cual éstas se entienden como un proyecto de fidelidad a ideales culturales y políticos que no pasan por la integración al Estado. La noción cuestiana de compromiso intelectual se encuentra fuertemente informada por Benda, y, en cierto sentido, podría decirse que Cuesta funda en México la crítica a la "traición de los clérigos." Es a partir de la obra de Cuesta y del impacto que tendrá en la formación de intelectuales como Octavio Paz que la autonomía intelectual respecto al Estado se convierte en imperativo categórico del campo literario en México, lo que pone punto final a los intentos de articulación de los miembros del campo al Estado como forma de definición de la literatura. Incluso, los intelectuales que, en años posteriores, serán abiertamente miembros del PRI, como Jaime Sabines o Carlos Pellicer, nunca plantean una relación directa entre su carrera política y su obra literaria. Tercero, en el esquema de Hodges, el intelectual opera desde una noción de "pureza moral" que se define desde un código del deber ser y el no deber ser. La moral de Cuesta, fundada una vez más en Benda, está planteada en términos de la defensa de un conjunto de principios intelectuales y éticos que no dependen de la posicionalidad respecto al campo de poder. De esta forma se explica la defensa de Bassols cuando los conservadores buscan minar el proyecto de educación sexual y el ataque a éste cuando intenta definir la educación pública como "socialista." Cuarto, un énfasis en la "auto-expresión y espontaneidad," agenda que Cuesta construye desde la poesía pura. La diferencia con respecto a Hodges, aquí, radica en que Cuesta entiende esta auto-expresión como forma de definición de un yo poético que hace las veces de un yo político. En otras palabras, para Cuesta, el ejercicio de la política desde el campo literario se da desde una posición de autonomía construida desde la individualidad y especificidad de los proyectos estéticos y la posición ética que los intelectuales sustentan en el espacio público es una función de los principios predicados por sus proyectos literarios. Quinto, una búsqueda de la "comunidad," que, contra el impulso romántico de la comunidad ideal, debe entenderse en Cuesta como el intento de integración de un bloque intelectual autónomo frente al campo de poder. El punto de formación del concepto intelectual de comunidad en Cuesta, entonces, es la *Antología de poesía mexicana moderna*, que puede interpretarse simultáneamente como un éxito (en tanto logró definir los estándares de la práctica poética en México por casi cuatro décadas[70]) y un fracaso (dado que Cuesta, a fin de cuentas, ejerció su labor intelectual desde una perspectiva propia y careció de apoyo grupal en el campo literario). Finalmente, un punto crucial para el *ethos* intelectual de México, una desconfianza profunda en la autoridad *qua* autoridad. En otras palabras, el significado que esta práctica tiene para Cuesta y para el campo literario que le sucede es la construcción de un imperativo intelectual que rompe directamente con la articulación al poder y que sustenta de manera definitiva la autonomía intelectual del campo literario al convertir la crítica a la autoridad en una forma de capital cultural. De esta manera, el imperativo saidiano de "hablar la verdad al poder" se convierte, desde Cuesta, en una forma de constitución de legitimidad intelectual.

Hasta aquí, hemos visto cómo se han construido las tres coordenadas centrales de la práctica intelectual en México: la hegemonía y el campo literario en el primer capítulo y la figura y *ethos* del intelectual en el segundo. Lo que estaba por desarrollarse, sin embargo, era una plataforma fija que permitiera el ejercicio intelectual más allá del carácter efímero de las revistas y de la práctica pasajera de la escritura en periódicos. Ante la falta de un mercado verdadero para la difusión de los libros, el campo literario requería de espacios que le permitieran el desarrollo del trabajo intelectual desde un *locus* autónomo al Estado y al poder. En este punto, emerge la consolidación de las instituciones culturales en México, tema del próximo capítulo.

Segunda parte
La fundación de las instituciones
(1940–1959)

Capítulo tres

Hispanidad, occidentalismo y las genealogías del pensamiento nacional

Alfonso Reyes, José Gaos y
la fundación de las instituciones educativas

La transición política y cultural del cardenismo al régimen de Manuel Ávila Camacho, proceso que abarcó los últimos años de la década del treinta y la primera mitad de los años cuarenta, significó una vasta transformación del paisaje institucional del país y, en última instancia, el primer reacomodo fundamental de los contenidos políticos del significante hegemónico del nacionalismo revolucionario. Aguilar Camín y Meyer observan sobre este periodo: "La idea ferviente de la nación como depositaria moderna de un legado histórico sin fisuras se inició quizá con Ávila Camacho" (191). Esto, continúan los historiadores, condujo a una nueva visión de la historia mexicana, "ya no como lucha sino como herencia, no como ficción social sino como un terreno fraterno de concordia" (192). Estos cambios significaron un reordenamiento considerable de los grupos políticos del país. A diferencia de la alianza entre Cárdenas y los socialistas mantenida en los años treinta, Manuel Ávila Camacho era un presidente civil con nexos más fuertes con las clases empresariales y caciques del interior que, como su propio hermano Maximino, comenzaron a amasar fortunas a costa de las protecciones estatales. De esta manera, los primeros años del régimen de Ávila Camacho se caracterizaron por una lucha entre la izquierda cardenista y los sectores de la derecha emergente, lo cual se manifestó en la formación, en 1942, de la Confederación Nacional de Organizaciones Populares, una organización "popular" cuyo objeto era construir un contrapeso a los fortalecidos sectores campesino y obrero del cardenismo. En medio de este clima, el campo de producción cultural se reacomoda una vez más alrededor de un nuevo imperativo, la construcción de una unidad cultural nacional como forma de enmascarar los duelos de poder. En el campo de la política,

Capítulo tres

esta galvanización se conseguirá a través de la aprobación del servicio militar obligatorio y el ingreso de México a la Guerra Mundial en 1942 (Agustín 1: 36). En este periodo, la derecha utilizaría la misma estrategia que los izquierdistas en la década pasada, la calificación de cualquier movimiento obrero o socialista como "divisionista" y "antipatriótica."

Este capítulo explora la manera en que, dentro de este marco de unidad nacional, surgen las instituciones que ayudarán a la consolidación de la autonomía relativa del campo literario. El enfoque se da en el surgimiento de El Colegio Nacional y El Colegio de México y en el rol magisterial que Alfonso Reyes y José Gaos juegan en el segundo. Uno de los signos de esta autonomía es que, en este proceso de consolidación del campo, se invisibilizan las pugnas políticas entre izquierda y derecha conforme el espacio académico permite a los intelectuales la generación de lugares de enunciación cultural que no están funcionalizados a la articulación concreta con el poder. De esta manera, mi argumento se interesa en dos dimensiones de este campo académico que lo convertirán en espacio de contención de los debates culturales del país y, en última instancia, en espacio de producción de "naciones intelectuales." Por un lado, como subcampo del campo literario, el espacio académico se vuelve el lugar de continuación de los debates culturales en torno a la literatura y la cultura. Por otro, el espacio académico y la llegada de Gaos y otros exiliados españoles contribuyen a la construcción de un campo filosófico autónomo que competirá con la literatura en la formación de los discursos de lo nacional. Aunque el campo filosófico y el literario seguirán derroteros distintos por buena parte de la segunda mitad del siglo XX, no se pueden estudiar por separado en el periodo de los años cuarenta y cincuenta por dos motivos. Primero, la filosofía hasta este momento funciona, como discutiré en detalle un poco más adelante, como parte del debate de la literatura y la mayor parte de los filósofos anteriores a la llegada de Gaos (como Antonio Caso, Samuel Ramos o José Vasconcelos) encontraron espacios de publicación y debate en el campo literario. Segundo, el magisterio de José Gaos en México introdujo una serie de temáticas que se desarrollarán paralelamente en el campo literario y el filosófico. El éxito del primero y el fracaso del segundo en la difusión de estas temáticas más allá de su propio ámbito es parte central de los argumentos de esta segunda parte y por ello una discusión paralela que incluye, por un lado, a Reyes y Octavio Paz y por otro a José Gaos y los Hiperiones, estructurará este capítulo y el siguiente.

El campo de producción cultural en los años finales del cardenismo manifestará una transformación profunda, análoga a la vivida por el Estado mismo: el movimiento de una cultura "revolucionaria" a una cultura institucionalizada, de facciones en búsqueda de la hegemonía a un edificio institucional que daría cobijo a los distintos grupos. Este capítulo explora las consecuencias de esta transformación, particularmente en el cambio de énfasis en el problema de "lo nacional." Si los debates del 25 y el 32 se preocupaban por la naturaleza de la "cultura nacional," es decir, de los contenidos específicos que la literatura y las artes nacionales deberían transmitir y de las ideologías concretas que deberían guiar dichos contenidos, a partir de 1940 el campo intelectual se abocará a la discusión de la naturaleza del "ser nacional." Dicho de otro modo, conforme un conjunto prominente de intelectuales encontraba cobijo en las nuevas instituciones culturales, dos fenómenos comenzaron a caracterizar la producción cultural en México: la emergencia de disciplinas culturales en el contexto de la academia y el auge de una serie de caudillos culturales y figuras señeras que, desde sus magisterios institucionales, marcarán la formación de las generaciones sucesivas de intelectuales en el país. La institucionalización tanto del Estado como de la cultura resultó en una serie de desplazamientos que buscaré estudiar en este capítulo: de la idea de revolución a la idea de nación como centro de la preocupación intelectual, de la práctica letrada heterogénea (ejemplificada en la miscelánea de Alfonso Reyes) a la producción literaria compartimentalizada en disciplinas y de la poesía y la narrativa a la filosofía como lugar de sopesamiento de lo nacional.

La emergencia del campo de producción cultural mexicano, tal y como lo conocemos ahora, es el resultado del establecimiento de un conjunto de instituciones culturales de estructura paradójica. La mayoría de ellas se encontraban financiadas por el Estado, como resultado de una vaga política de reconocimiento del campo intelectual desde el campo de poder, iniciada por Ávila Camacho (Aguilar Camín, *Saldos* 138). De esta manera,

Capítulo tres

la práctica de clientelismo que caracterizará buena parte de la cultura mexicana, a partir de un intrincado sistema de becas, premios, reconocimientos, etc., nace del acomodo institucional diseñado por Ávila Camacho y su concepto de cultura nacional como legado histórico.[1] Sin embargo, en muchos casos, estas instituciones se convirtieron en espacios autónomos o semi-autónomos de trabajo intelectual, debido al vacío ideológico generado por el cambio de ideologías hegemónicas en el campo de poder y, en última instancia, permitió a algunos intelectuales establecer posiciones críticas al régimen. Como sugiere Pierre Bourdieu, la autonomía relativa del campo se manifiesta, en buena medida, en la capacidad de sus elementos de criticar las posibilidades mismas de su constitución (*Field* 63), lo cual se traduce, en este caso, al hecho de que el financiamiento estatal permitió, en última instancia, la creación de espacios de operación intelectual al margen de las ideologías del Estado. Esto fue posibilitado, en cada institución, por ciertas coyunturas históricas y culturales que coadyuvaron, en su momento, al distanciamiento de las instituciones de las agendas políticas del Estado: la ley de autonomía de la Universidad Nacional,[2] la presencia de los exiliados españoles en el Colegio de México, etc. Además, es necesario observar que buena parte de las instituciones culturales del país se fundan en un momento de transición ideológica dentro del régimen revolucionario. Cárdenas abiertamente invocó el socialismo como ideología de Estado, lo que llevó, entre otras cosas, a las furiosas diatribas de Jorge Cuesta discutidas en el capítulo anterior. Ávila Camacho, en cambio, significó una nueva alianza política entre el Estado y la burguesía nacional, definida por la llamada "economía mixta" (Aguilar Camín y Meyer 192–93). Esto condujo a un movimiento del régimen príista hacia la derecha,[3] que se extendería hasta los años setenta, y al consecuente debilitamiento del rol del sector obrero y de la intelectualidad socialista en los asuntos del Estado (Agustín 1: 27). En términos del campo de producción cultural, esta transición significó un desplazamiento de intelectuales socialistas como Narciso Bassols o Ermilo Abreu Gómez hacia fuera del centro de la vida cultural, pero, sobre todo, de un vacío ideológico en las capas hegemónicas del campo. En otras palabras, la vaguedad de la cultura impulsada por Ávila Camacho, entendida, según Aguilar Camín, como una suerte

Hispanidad, occidentalismo y pensamiento nacional

de instancia serena, internacionalista y aséptica (*Saldos* 138), permitió a los grupos intelectuales adscritos a las instituciones la definición de sus propias posturas ideológicas ante la falta de una línea ideológica precisa de un Estado que, en ese momento, se encontraba sumido en una fuerte pugna entre izquierdistas y derechistas.[4] A la larga, esta situación marcaría la relación entre intelectuales y Estado en el país: los espacios de autonomía intelectual surgen como resultado del camaleonismo ideológico del PRI y de los vacíos de poder que éste genera hacia adentro de los grupos intelectuales del país.

Entre los muchos ejemplos de este periodo,[5] me interesa hacer énfasis en dos instituciones en particular, con el fin de ejemplificar la naturaleza de la transformación institucional vivida por el país: El Colegio de México y El Colegio Nacional. El Colegio Nacional es una academia cultural fundada en 1943, con el propósito de representar todas las corrientes del pensamiento mexicano (incluyendo humanidades, ciencias sociales, ciencias naturales, medicina, bellas artes, literatura, etc.) y proporcionar a sus miembros un espacio en el cual puedan dar a conocer su trabajo en la esfera pública tanto por medio de publicaciones como por ciclos de conferencias organizados por la institución.[6] Todos los intelectuales nombrados son miembros del Colegio de forma vitalicia y su única obligación es impartir un número determinado de conferencias al año. Los nombramientos originales fueron hechos por el gobierno de Ávila Camacho y todos los nombramientos subsecuentes son hechos por los miembros mismos del Colegio. Entre los miembros fundadores se contaban Mariano Azuela, Alfonso Reyes, José Vasconcelos, Diego Rivera, Antonio Caso y Enrique González Martínez, por mencionar sólo a aquéllos relacionados con el medio literario.

La estructura institucional del Colegio Nacional ejemplifica tanto la notable infraestructura cultural que caracterizará a México durante el siglo XX como las estrategias con las que los intelectuales se apropiaron de las instituciones para la construcción de un campo autónomo. Tomando como modelo el proceso de autonomía de la Universidad Nacional, El Colegio Nacional y otras instituciones inscriben en sus estatutos las condiciones materiales de la producción intelectual de sus miembros. El Colegio concede un ingreso económico específico para la producción intelectual, recursos para publicar los libros de sus

Capítulo tres

miembros y un compromiso del Estado para el financiamiento de la institución. De esta manera, instituciones de esta naturaleza significaron el paso definitivo hacia la profesionalización de la clase intelectual del país: buena parte de los escritores, para seguir sólo con el ejemplo de la literatura, serán parte de alguna de las academias, centros culturales o sistemas culturales auspiciados de esta manera. Simultáneamente, los estatutos de estas organizaciones garantizan, en muchos casos, el autogobierno de la institución y la libertad institucional de sus miembros. En el caso de El Colegio Nacional, esto se puede ilustrar citando, por ejemplo, el artículo 13 del decreto fundacional de 1943, respecto al autogobierno:

> Los miembros del Colegio tendrán idénticos derechos, las mismas obligaciones e igual jerarquía. El Consejo será presidido en cada sesión por uno de sus miembros, llevándose turno alfabéticamente para este efecto. Tomará decisiones por mayoría de votos y el quórum se integrará con la asistencia de la mayoría absoluta de los miembros de la institución. (*Memoria* 9–10)

o el artículo 19, respecto al compromiso de financiamiento contraído por el Estado:

> El Gobierno Federal concederá, por conducto de la Secretaría de Educación Pública, un subsidio anual cuya cuantía en ningún caso será inferior a la inicial. Además, por el mismo conducto y a su cargo, mantendrá los locales e instalaciones adecuados, así como el personal de empleados necesarios para el servicio del Colegio. (10)

o el artículo 8, respecto a la libertad de cátedra:

> Los miembros del Colegio tendrán obligación, de sustentar, en los locales de la institución, las conferencias correspondientes al programa de trabajos, sobre la materia de su especialidad. Gozarán de absoluta libertad en el ejercicio de su actividad docente. (9)

En suma, lo que se observa en todos estos estatutos es una constitución de sistemas institucionales que, pese a la contradicción inherente entre su financiamiento estatal y sus prácticas culturales autonómicas, permitió, de hecho, un grado de autonomía

Hispanidad, occidentalismo y pensamiento nacional

y exposición al espacio público mucho mayor que la gozada por los intelectuales de los años 30, más directamente atados al gobierno o al periodismo. Contrariamente a las publicaciones de vida efímera, como *Antena* o *Examen*, que caracterizaron al medio cultural de los veinte y los treinta, las instituciones emergentes durante los últimos años del cardenismo y los primeros del ávilacamachismo proporcionaron a los intelectuales plataformas institucionales de una estabilidad sin precedentes en la historia del país, mientras que facilitaron su distanciamiento de prácticas no relacionadas con el campo intelectual mismo. Por ejemplo, mientras los intelectuales de los años veinte y treinta ocuparon cargos de elección popular (recuérdese al diputado estridentista Manuel Maples Arce) y buscaron ubicarse en el gobierno (como el diplomático Alfonso Reyes), desde la fundación del Colegio Nacional, la participación de sus miembros en oficinas de gobierno ha tendido, más bien, a decrecer (Camp 155).

La situación del Colegio de México es más compleja. Aún cuando su infraestructura acusa semejanzas con academias como el Colegio Nacional, el Colegio de México tiene dos características particulares. Por un lado, surge como parte de la respuesta del cardenismo al exilio español en México (originalmente se llamaba Casa de España y se transforma en Colegio de México a fines de los treinta), lo cual quiere decir que, en sus orígenes, su práctica intelectual era de una naturaleza distinta a la del medio cultural mexicano. Por otro, se trata de una institución de enseñanza de élite, que, a diferencia de El Colegio Nacional, proporciona grados académicos, pero no tiene la vocación masificadora de la Universidad Nacional. No me desviaré al recuento de la llegada del exilio español a México, algo que ha sido explorado en detalle en otros lugares.[7] Más bien, me interesa enfatizar tres puntos, a los que dedicaré las próximas páginas: las implicaciones de la estructura institucional del Colegio, el rol de Alfonso Reyes en esta institución y el magisterio de José Gaos, el filósofo exiliado, como punto de origen de algunas de las naciones intelectuales.

Como ha señalado Annick Lempérière, el Colegio de México no sólo difiere de la agenda educativa de la Universidad Nacional, al definirse como una institución de élite y de alto nivel, sino que apuesta a una autonomía con respecto al Estado

Capítulo tres

al buscar lazos financieros con fundaciones como la Ford o la Rockefeller (195). Asimismo, a través de su director, Daniel Cosío Villegas, el Colegio tiene lazos orgánicos con el Fondo de Cultura Económica, que el propio Cosío fundó en 1934.[8] Lo que se ve en la infraestructura del Colegio, y, sobre todo, en la labor gestora de Cosío,[9] es la emergencia de una red institucional que permite al Colegio distancia ideológica del Estado. Al fundar el Colegio parcialmente con capital extranjero, Cosío logra establecer un conjunto de estándares intelectuales que se distancian tanto de la ideología socialista de la educación detrás de la Universidad Nacional como de cualquier intento de definir la práctica intelectual del Colegio de México hacia alguna de las direcciones ideológicas prevalentes en el país. Esto se ve claramente en las preocupaciones que Cosío expresaba en su correspondencia respecto a la recepción que figuras como Gaos, especialista sobre todo en filósofos como Husserl o Heidegger, tendrían en filósofos establecidos del país, con mayor interés en Marx, Hegel o Kant (Lida et al. 57–59).[10] Esta estructura es fundamental para el impacto del exilio en el campo intelectual mexicano, que discutiré en detalle más adelante, puesto que proporcionó un foro de gran proyección dentro del país al conjunto de ideas importadas por los exiliados. Cosío publicó un conjunto considerable de obras de los refugiados en el Fondo de Cultura Económica, lo que sirvió para definir el perfil de la casa editorial como una prensa dedicada a temas más amplios que la economía y para dar una difusión editorial amplia a sus obras. Tan sólo en 1939 aparecen en el Fondo libros de Juan de Encina, Enrique Diez Canedo, Adolfo Salazar, José Moreno Villa, María Zambrano, León Felipe y Jesús Bal y Gay, así como un libro de Alfonso Reyes sobre literatura española y uno de Antonio Caso sobre física moderna, escrito a partir de su diálogo con los exiliados (Lida et al. 97). En años posteriores, la Casa de España desarrollará una casa editorial que heredará el Colegio de México y que se dedicará a publicar autores tanto mexicanos como españoles (111).

En suma, la intensa labor financiera y editorial que dio forma a la Casa de España y al Colegio de México permitió la creación relativamente rápida de una plataforma intelectual sin precedentes, cuya labor continúa siendo prevalente en México hasta hoy.[11] En el momento cronológico que me ocupa, los años cuarenta, la formación definitiva del Colegio de México como una institución centrada en las humanidades (Lida et al. 145) transformó el perfil de la práctica intelectual al ofrecer una plataforma académica que generaría la necesidad de reflexión de disciplinas especializadas. Dicho de otro modo, mientras en los años veinte y treinta las publicaciones literarias daban cabida a textos filosóficos, históricos y sociales, la emergencia de las estructuras académicas en los cuarenta permitió la compartimentalización disciplinaria. Este factor, sumado al hecho de que las nuevas bases institucionales no requerían, como sucedía en los treinta, orientaciones ideológicas específicas, permitió desplazar de manera definitiva los temas del debate intelectual del grado de "mexicanidad" de la cultura y la literatura hacia un estudio más "científico" tanto de las distintas áreas del conocimiento como de la nación. De esta manera, veremos, por un lado, el desarrollo de una disciplina literaria autónoma que resulta en buena medida del ulterior triunfo del cosmopolitismo abogado por Cuesta y los Contemporáneos en el debate del 32. El signo máximo de este triunfo es el nombramiento de Alfonso Reyes como director del Colegio de México en 1939, cuando aún era la Casa de España, y su subsecuente labor institucional hasta su muerte en 1959. Por otro lado, esto permitió la integración de los exiliados, que, al no tener interés en el cuestionamiento del PRI o del sistema de poder del país (Faber, *Exile* 8–9), lograron conciliar la introducción de nuevos sistemas de ideas con la tolerancia del régimen que les dio cobijo. En los subcapítulos siguientes explicaré la primera situación con un análisis de la obra tardía de Reyes y la segunda con el magisterio de José Gaos y sus resultados.

La tradición occidentalista de Alfonso Reyes y la formación del humanismo mexicano

En *La gracia pública de las letras*, Leonardo Martínez Carrizales define así el legado de Alfonso Reyes al medio intelectual mexicano y a la política exterior: "un estatuto literario que en verdad es la norma de conducta de un hombre que no se entiende, que no podría entenderse a sí mismo fuera del orden de una república, al margen de los valores públicos de una comunidad" (61). Estatuto literario, orden de la república, valores de la comunidad: éstas son las coordenadas de la labor intelectual de Alfonso Reyes en su regreso a México. El nombramiento de Reyes como director de la Casa de España resultó sorpresivo, dado que el arquitecto del proyecto era su colaborador más cercano, Daniel Cosío Villegas. Sin embargo, como observa Javier Garciadiego, "Reyes no sólo conocía y amaba a muchos de esos españoles, sino que compartía su ideología política y comprendía a cabalidad sus sentimientos de desarraigo, incertidumbre, soledad y vulnerabilidad" (108). En cierto sentido, se podría decir que Reyes estaba correspondiendo la hospitalidad española en los años de su propio exilio. Más aún, la decisión de aceptar el encargo implicó para Reyes una apuesta por un rol más predominante en el campo intelectual mexicano y su primera oportunidad real de incidir en la cultura. En una carta a Pedro Henríquez Ureña fechada el 22 de marzo de 1939, Reyes menciona el hecho de que rechazó un cargo de profesor y director del Instituto Latino-Americano en la Universidad de Texas para poder participar en el patronato de la Casa de España y, desde ahí, contribuir a la constitución de una institución intelectual de excelencia (Curiel 209–10). Difícilmente podría encontrarse un testimonio más claro de la importancia que el encargo tenía para Reyes y el compromiso político-intelectual que adjudicaba a su nueva posición. A partir de ahí, Reyes se convirtió en el gestor cultural más importante del país. Fue miembro fundador del Colegio Nacional y miembro de número y, más adelante, director de la Academia Mexicana de la Lengua. Bajo su influencia, el Fondo de Cultura Económica comenzó a publicar textos de literatura y de creación y fue responsable directo del origen de la colección "Letras Mexicanas," que, a la fecha, es el foro editorial canónico para la literatura del país (Garciadiego 119–22). Además, dio nombre a la colección "Sepan Cuantos" de Editorial Porrúa, una colección de difusión popular de literatura y filosofía clásicas.

Más allá de las anécdotas, la importancia del regreso de Reyes a México radica en su consolidación como la figura central de la literatura mexicana en la primera mitad del siglo. Si bien Reyes era ya considerado el maestro de la generación intelectual que debatió en los años treinta, especialmente de los Contemporáneos, fue desde la plataforma del Colegio de México donde ejerció uno de los magisterios literarios más importantes del siglo XX. Lo que la institución le dio fue, precisamente, la posibilidad de conformar una "tradición clásica,"[12] a partir de la cual Reyes consolidó su vasto conocimiento sobre la tradición occidental y lo convirtió en una narrativa consistente sobre las genealogías de la literatura mexicana. Con esto, su obra puso al centro del canon la posición triunfante de los debates nacionalistas de las décadas anteriores: un concepto de literatura nacional como heredera directa de todo el legado occidental, que pertenece a ella en términos de igualdad y desde una posición específica. Adolfo Castañón define así el lugar de Reyes como "padre de la literatura mexicana":

> Su voluntad de conocer sus fuentes, de aproximarse a nuestro pasado literario, la decisión de apropiarse la tradición literaria española y la herencia latina, su profundo arraigo en la tradición hispánica y europea renacentista que se expresa, por ejemplo, en su aptísimo y minucioso conocimiento de los grandes autores del Siglo de Oro, su conocimiento de las humanidades y de las letras clásicas, su deseo de perfilar una imagen íntegra y no mutilada del hombre, hacen de él uno de los ejes de nuestra literatura. Alfonso Reyes representa en las letras mexicanas la presencia viva y necesaria de la literatura clásica española de los valores de la cultura del Renacimiento. Reyes ofrece en su obra un canon de excelencia en todos los géneros, una norma consciente. Encarna el clasicismo dentro de la literatura mexicana; en él se encuentran palpitando todas las cuestiones que impone al mexicano e hispanoamericano el asumir la tradición clásica. (*Reyes* 79)

De esta larga cita se puede discernir un cambio profundo en la labor intelectual del Reyes tardío respecto a su obra de los años previos. En su primer periodo, el de "Visión de Anahuac," la preocupación central de Reyes era la construcción de un sistema intelectual coherente que respondiera al hecho histórico de la Revolución, mientras que buena parte de su práctica literaria se basaba en la "miscelánea": crónicas, ensayos y narraciones que ponían en juego el enorme archivo cultural que comenzaba a manejar. En los años treinta, desde Sudamérica y a la distancia, comenzó a entablar su labor de gestor cultural: el "Discurso por Virgilio" daba las coordenadas de una cultura nacional y su correo literario, *Monterrey*, fue concebido como una suerte de esfera pública que permitía el intercambio de minucias literarias

Capítulo tres

y culturales. El Reyes del Colegio de México, sin dejar de ser intelectual ni gestor, fue sobre todo un pedagogo. Sus grandes libros de este periodo, *La crítica en la edad ateniense* y *El deslinde,* dejan atrás la miscelánea que caracterizó a Reyes por buena parte de su trayectoria y se entienden a sí mismos como textos cuya función es, simultáneamente, educar y proveer a la cultura mexicana de una genealogía histórica consistente. En esta labor, Reyes se encontraba completamente inmerso en el espíritu humanista que caracterizó a la cultura europea en las guerras mundiales: la necesidad de proveer una narrativa cultural consistente y un discurso de orígenes a una cultura que, en el caso europeo, estaba en crisis por la guerra. Un listado de los textos más significativos de los años cuarenta y cincuenta da una idea clara de esto: *Paideia* (1934) de Werner Jaeger, *The Classical Tradition* [*La tradición clásica*] (1949) de Gilbert Highet, *Mimesis* (1946) de Erich Auerbach, *Literatura europea y Edad Media latina* (1948) de Ernst Robert Curtius, por mencionar sólo los más prominentes. El rol que estos libros jugaron en la imaginación de Reyes y en la cultura mexicana de la época queda atestiguado en el hecho de que todos ellos, y muchos más, fueron traducidos por el Fondo de Cultura Económica en los años cincuenta, por recomendación suya, y siguen siendo reeditados continuamente hasta nuestros días.[13]

Dada esta conexión de Reyes con el occidentalismo, vale la pena reflexionar un poco sobre la naturaleza de esta práctica. Occidentalismo es un concepto que ha emergido en diversos ámbitos de la reflexión sobre la modernidad, la teoría poscolonial y los estudios sobre la globalización. En la relativamente escasa bibliografía sobre el tema del occidentalismo en específico, se pueden identificar algunas líneas, a partir de las cuales buscaré delimitar la definición operativa para mi libro. La primera línea de reflexión, quizá más evidente, identifica occidentalismo como la corriente que aboga por la penetración de la cultura, los valores y/o la modernidad occidental en sociedades "periféricas." Esto funciona en diversos niveles. En algunos ámbitos, el Occidente es una imaginación, un sueño de modernidad. Las naciones intelectuales crean identidades nacionales (o contraidentidades si requiere) a partir de la imaginación del Occidente como paradigma de lo moderno.

Otra idea de occidentalismo proviene de la idea de constituir una cultura o un saber nacional, nativo, etc., a partir del replanteamiento de su relación con la hegemonía occidental. Uno de los conceptos centrales a esta idea es la idea de "provincializing Europe" ["provincializar Europa"] que el historiador Dipesh Chakrabarty ha desarrollado en su libro homónimo. En esta línea, un conjunto considerable de textos se han escrito en discusiones en contra del eurocentrismo[14] o en torno a la idea de eurocentrismo, humanismo y diálogo cultural.[15] Dentro de este debate, se ha ubicado buena parte del debate latinoamericano, especialmente aquél relacionado con la idea del post-Occidentalismo. Esta idea, que surge de un texto de Roberto Fernández Retamar,[16] es desarrollada por Fernando Coronil y Walter Mignolo. Para Coronil, occidentalismo se refiere a la condición de posibilidad de la representación de otredad definida por Said como "orientalismo" (discutiré a Said a continuación) y que se refiere a la imagen que Occidente tiene de sí mismo en tanto centro de poder imperial (129 y ss). Mignolo, por su parte, insiste en la insuficiencia de la categoría "orientalismo" para dar cuenta del mundo colonial americano, observando que "Occidentalism, in other words, is the overarching political imaginary of the modern/colonial world system, to which orientalism was appended in its first radical transformation" (*Local Histories* [*Historias locales*] 59) [13]. Las reflexiones de Coronil y Mignolo, por tanto, entienden occidentalismo como una categoría epistemológica imperial, ligada a prácticas como la colonialidad del poder, y que, en consecuencia, requieren ser superadas. Por ello, ideas como "categorías geohistóricas no imperiales" (Coronil) o "post-occidentalismo" (Mignolo) implican una agenda intelectual de superación del occidentalismo. Para mis propósitos, la idea de occidentalismo presentada por esta dimensión merece ser tomada en cuenta en términos de relaciones coloniales y de colonialidad del poder, muy presente en autores explícitamente articulados a problemáticas de colonialidad cultural como Reyes. Difícilmente se podría plantear un occidentalismo que no refleje esa situación. Sin embargo, mi reflexión no necesariamente se interesa por la idea de "superación" o de constitución de categorías alternativas al occidentalismo como las que abogan Coronil y Mignolo. Me interesa otro tipo de reflexión. Para ponerlo de otro modo, no me interesa preguntar ¿cuáles son los rastros de poder imperial que quedan en la práctica cultural occidentalista en México? ni ¿cuáles son las categorías alternativas, "auténticas," no imperiales, nativas,

Capítulo tres

etc? Mi pregunta es ¿cómo el pensamiento occidental, pese a sus rasgos coloniales, se convierte para algunos autores en una instancia emancipatoria en momentos en los que el nacionalismo de Estado ocupa la posición hegemónica?

Dentro de este orden de ideas, se puede leer otra instancia obvia, que es la relación entre el orientalismo definido por Edward Said en su célebre libro y el occidentalismo.[17] Said, en realidad, nunca ofrece una definición de occidentalismo como tal en el libro, pero sí describe muchos gestos occidentalistas. El que más me interesa es su lectura de dos páginas de la escritura de *Mimesis* de Erich Auerbach. Para Said, este libro intenta ser

> an attempt virtually *to see* the development of Western culture at almost the last moment when that culture still had its integrity and civilizational coherence [...] The aim was a synthesis of Western culture in which the synthesis itself was matched in importance by the very gesture of doing it [...] The discrete particular was thus converted into a highly mediated symbol of the world historical process. (*Orientalism* 258–59) [14]

Es importante señalar aquí que en el argumento de Said esto se contextualiza en el exilio de Auerbach en Turquía y en la importancia de este gesto en plena emergencia del fascismo. Esta definición de un ejercicio cultural occidentalista me interesa precisamente por dos cosas. La primera es que el ejemplo de Auerbach habla de la idea de la cultura occidental como metonimia de la modernidad. En el momento en el que la modernidad europea se ve cuestionada por el fascismo, la recuperación de esa cultura es una recuperación de la modernidad casi como sinónimo de civilización. Transferido a un contexto periférico, y especialmente con intelectuales de vocación fuertemente humanista, como Alfonso Reyes, la metonimia cultura-modernidad es crucial. A esto se suma la idea del gesto cultural como resistencia. El hecho de ejercer un acto de filología como un acto político frente a un régimen tan identificado con el nacionalismo y la identidad, me lleva a leer algunos discursos del campo literario como una estrategia de resistencia similar al nacionalismo revolucionario. Aquí vale la pena subrayar, con Said, que Auerbach valoraba la erudición en culturas más allá de la nacional, por lo cual recorrió varias literaturas en su

Hispanidad, occidentalismo y pensamiento nacional

trabajo, mientras que algunos de sus coetáneos, como Ernst Robert Curtius, eran especialistas en literaturas más allá de su nacionalidad[18] (259). De la misma manera, el occidentalismo de Alfonso Reyes puede leerse análogamente como una forma de construir un ejercicio crítico autónomo más allá de los parámetros de la hegemonía nacionalista y desde un archivo cultural mucho más amplio que el de la vanguardia.

Volviendo por un momento a la articulación de cultura nacional y territorialidad, el occidentalismo en este sentido se vuelve una posibilidad de repensar los límites de la territorialidad nacional, una especie de "territorialismo simbólico." Cuando recorremos los argumentos de Alfonso Reyes, vemos que la cultura nacional sobre la que está reflexionando no necesariamente se reduce a la territorialidad real de la nación. La insistencia de Reyes (y de Cuesta) de apelar a ámbitos culturales más allá del espacio-tiempo de la nación mexicana (como el mundo grecolatino) y sobre todo planteando nociones de cultura que existen dentro y fuera de la nación, a la vez postula al occidentalismo como una de las formas de cuestionar radicalmente el eje nación-raza-soberanía que caracteriza, como discutí anteriormente, el nacionalismo del PRI.[19]

Finalmente, me interesa subrayar la conexión entre el concepto de occidentalismo y la idea de modernidad. En su libro *Occidentalism: Modernity and Subjectivity*, Couze Venn explicita esta relación:

> Occidentalism thus directs the attention to the becoming-modern of the world and the becoming-West of Europe such that Western modernity gradually became established as the privileged, if not hegemonic, form of sociality, tied to a universalizing and totalizing ambition. Occidentalism indicates a genealogy of the present which reconstructs a particular trajectory of modernity, inflicted by the fact of colonialism and of capitalism. (19) [15]

En esta definición se condensan algunas otras preocupaciones de la noción de occidentalismo. Me interesa subrayar que, aunque el tener en cuenta la idea del colonialismo y del capitalismo es ineludible, es central a mi proyecto comprender el proyecto de "becoming-modern" articulado a "becoming-Western" dentro del proyecto del campo literario mexicano. La lucha entre

Capítulo tres

nacionalismo revolucionario y naciones intelectuales, desde esta luz, puede caracterizarse como el choque de dos proyectos de modernidad, uno hegemónico, producido desde el Estado y uno desde grupos herederos de tradiciones coloniales y del liberalismo decimonónico que en ocasiones buscan una modernidad alternativa que pasa por Occidente.

Una vez hecha esta trayectoria por las definiciones, puedo dar una idea provisional del concepto de occidentalismo que atravesará la reflexión siguiente. Para mí, el occidentalismo, entendido principalmente como discurso de modernidad o de deseo de modernidad, es el recurso de ciertos elementos del campo literario mexicano para constituir posiciones intelectuales de autonomía crítica a partir de la utilización del "archivo" cultural de "Occidente" (que puede definirse casi literalmente como Europa) como estrategia de articulación de naciones intelectuales. Este occidentalismo es gestual y preformativo en cuanto no demanda la preservación de una cultura sino su ejercicio, es decir, el occidentalismo como lo leo aquí no es un trabajo museográfico de muestra de los "monumentos" de la cultura occidental, sino la utilización estratégica de recursos y gestos del "archivo" occidentalista como forma de resistencia a una hegemonía estatal cuya ideología primaria es nacionalista-estatal.[20] Aquí podemos ver, entonces que el occidentalismo de Reyes, como el hispanismo de José Gaos al que me referiré en la sección siguiente, opera claramente desde un concepto de tradición muy cercano al de Cuesta, donde lo que importa no es la recuperación de la cultura, sino su actualización por la vía de un proyecto intelectual. Por ello, aunque el problema de la "colonialidad del poder"[21] es pertinente en cualquier discusión sobre el occidentalismo y la representación de esta colonialidad es central en algunos de los debates que discutiré a lo largo de este capítulo, no es relevante en este punto discutir la superación del occidentalismo ni la constitución de saberes "no hegemónicos" *per se*. Más bien, la recuperación de Reyes y Gaos parte de un punto que, a mi parecer ha estado ausente de muchas discusiones en contra del nacionalismo revolucionario y que, sin embargo, es crucial para comprender el proceso del campo literario en México: los espacios de resistencia y crítica creados por la cultura occidental. Mi argumento, entonces, descansa en la idea de que si bien el occidentalismo viene directamente de prácticas de colonialidad, es necesario no pensar esto de manera unidimensional. En momentos en que "lo nacional," "lo auténtico," "lo nuestro," son elementos centrales del discurso hegemónico de poder, ese occidentalismo, paradójicamente si se quiere, es la condición de posibilidad de espacios de libertad dentro del campo literario. En suma, me parece que hacia dentro del "archivo" occidentalista, se pueden encontrar usos "otros" a un occidentalismo dominante identificado por la colonialidad del poder. En el próximo capítulo veremos que autores como Emilio Uranga, Leopoldo Zea, Luis Villoro y Octavio Paz, todos discípulos intelectuales de Cuesta, Reyes y Gaos, plantean en distintas concepciones del nacionalismo de Estado la posibilidad de acudir a la cultura occidental como una forma de enfrentar las limitaciones de la cultura hegemónica.

Desde esta perspectiva, podemos volver al argumento de Said, quien ha caracterizado *Mimesis*, de Auerbach, como una obra que buscaba "a synthesis of Western culture in which the synthesis itself was matched in importance by the gesture of doing it" (*Orientalism* 259) [16]. La "tradición clásica" de Alfonso Reyes opera de una manera análoga: es un ejercicio que simultáneamente plantea la síntesis de las fuentes culturales de la literatura nacional y ejerce performativamente dichas fuentes culturales en un gesto que será fundamental para muchas generaciones intelectuales posteriores. En cierto sentido, este ejercicio performativo de la cultura es una de las estrategias centrales de las naciones intelectuales: más que una acumulación erudita de conocimientos, se trata de una puesta en juego de elementos del archivo occidental en un contexto donde adquieren connotaciones políticas distintas. En el caso de Reyes y México, la "tradición clásica" significó la fundación propiamente dicha de la crítica literaria como instrumento educativo y político, una forma de concebir la literatura no sólo como un vehículo de los valores de la República, algo que ya sabían los liberales del XIX,[22] sino como un espacio público autónomo donde dichos valores tienen una genealogía y son objeto de discernimiento y consideración por parte de los miembros de la *polis*. La crítica literaria no sólo acarrea, en Reyes, una función pedagógica llana, sino que se entiende como uno de los ejercicios centrales de la práctica intelectual.[23]

Aquí se puede mencionar otra consecuencia del ingreso de Reyes al círculo institucional del país: su adopción de una perspectiva disciplinaria de la práctica intelectual. James Willis

Capítulo tres

Robb ha planteado que la obra del Reyes tardío se ocupa de tres temas: la teoría literaria, el americanismo y la cultura helénica y latina (17). La emergencia de estos tres temas, sobre todo el primero y el tercero, apunta hacia un cambio profundo de la función social de la práctica intelectual en Reyes. Escalante ha interpretado esto como una despolitización. Según Escalante, mientras en "La sonrisa" el nacimiento de la crítica ocurría simultáneamente al nacimiento del espíritu y era parte constitutiva de él, en trabajos como *La crítica en la edad ateniense*, Reyes entiende la crítica como un "desprendimiento del espíritu estético." Por tanto, concluye Escalante, "[s]i al principio la crítica podía abarcarlo todo, pues era tan proteiforme como el espíritu mismo, ahora se ha convertido en un apéndice, en una emanación subordinada" (*Metáforas* 55–56). Esta misma cuestión ha sido notada por Daniel Altamiranda, quien señala que, para el Reyes de *El deslinde*, la crítica es una actitud pasiva que se ocupa o de objetos particulares, como obras artísticas, o de fenómenos literarios como totalidad orgánica (347).[24]

Lo que se observa en este periodo, y se puede ejemplificar muy bien con los trabajos de Reyes sobre teoría literaria, es una de las consecuencias centrales de la institucionalización: la división de la práctica intelectual en disciplinas académicas. La escritura de textos programáticos como "La sonrisa" o el "Discurso por Virgilio" proviene de un concepto de intelectual que le concede autoridad sobre todo el campo de poder. Como ha observado Ángel Rama, "el grupo intelectual [de esta época] manifiesta una apertura moderna y nacional que lo capacita para diseñar, a partir de modelos europeos, la visión futura de su propia sociedad" (*Ciudad letrada* 153–54). Ciertamente, la práctica de Reyes era más sofisticada, y él mismo tenía una conciencia clara de lo inerte de la imitación, sin más, de la cultura europea. No obstante, Reyes concebía a la cultura mexicana y latinoamericana como una afluente del río de la cultura occidental y, desde esta perspectiva, articuló una práctica intelectual de pretensión republicana que lo llevó a imaginar una utopía mexicana y latinoamericana a contrapelo de la constitución del Estado en México. Un buen ejemplo es la noción de "homonoia," explorada por el propio Escalante en su artículo sobre el tema. Según Escalante, este concepto es una racionalización del rol utópico de América y puede ser interpretada como una concepción "anticapitalista y antirracial"[25] que llevaría a Reyes a optar por una visión utópica que Escalante identifica con el socialismo ("Homonoia" 166) y que yo denominaría "nación intelectual."

La nación intelectual de la "homonoia" es el producto del engarzamiento entre el helenismo como fuente de valores republicanos y el concepto de utopía americana que Reyes venía desarrollando desde su obra temprana. Si se quiere, podría decirse que el trabajo de Reyes en este periodo se funda en el imperativo de llevar el "latín a las izquierdas." El punto es que, pese al respeto de Alfonso Reyes por la construcción de una institucionalidad republicana, su proyecto intelectual da preferencia a un *ethos* cultural y político que, en términos históricos, se contrapone al movimiento hacia la tecnocracia que los regímenes de Ávila Camacho y Miguel Alemán ejercieron respecto al socialismo cardenista. Zygmunt Bauman ha observado que el intelectual moderno se caracteriza por el rol de legislador, de árbitro cultural, que tiene acceso privilegiado a un conocimiento que después se expande hacia la esfera pública (4). La defensa de este imperativo en la obra de Reyes está en la base de la constitución de su "nación intelectual": el conocimiento humanista, el "latín," es una genealogía intelectual a la que sólo el intelectual humanista puede acceder. Al proyectar hacia la esfera pública la ética y el deber-ser republicano del helenismo, *La crítica en la edad ateniense* y el trabajo helenista de Reyes se articulan doblemente a la puesta en juego cultural de un ideal político que, a su vez, es un imperativo intelectual, la utopía / homonoia, y a la construcción de bases materiales-institucionales donde el intelectual se posiciona en un espacio autonómico desde el cuál puede acceder a esos saberes exclusivos y mediarlos hacia el discurso político.

Desde estas coordenadas, los trabajos sobre teoría literaria acusan, de cierta manera, las huellas de una discusión que sólo es posible desde espacios autónomos del campo de producción cultural, pero cuya funcionalidad última es la proyección al espacio público. La emergencia de instituciones académicas significa, como ha estudiado Bourdieu, un cambio en la naturaleza social de la producción intelectual. Bourdieu plantea la operación de las facultades de artes y ciencias sociales en dos espacios:

Capítulo tres

> [O]n the one hand, these faculties participate on the scientific field, and therefore in the logic of research —with the consequence that intellectual renown constitutes the only kind of capital and profit which is specifically their own; on the other hand, as institutions entrusted with the transmission of legitimate culture and invested because of this with a social function of consecration and conservation, they are places of specifically social powers, which have as much right as those professors of law and medicine to contribute to the most basic structures of the social order. (*Homo academicus* 74)[26] [17]

De esta manera, el doble espacio de articulación de la institución académica se traduce en la emergencia de formas del trabajo intelectual que responden a dos lógicas análogas a las descritas por Bourdieu: un interés mayor en la separación clara de disciplinas académicas como una forma de generar capital cultural y una mayor vocación pedagógica del trabajo intelectual como una forma de ejercer la "función social de consagración y conservación" y la consecuente "contribución a las estructuras básicas del orden social." Este proceso es particularmente claro en un tratado teórico como *El deslinde*, donde Reyes busca sustentar la especificidad de la práctica literaria con respecto a otras prácticas intelectuales. Dicho de otro modo, *El deslinde* es un texto que tiene claro que las prácticas intelectuales se ejercen desde dominios específicos y que el nuevo esquema institucional del país, desde el cual escribe, vuelve anacrónica la función amplia del letrado liberal que caracterizó al siglo XIX. En Reyes, sin embargo, esta distinción se concreta en la base de una paradoja: el reconocimiento de que las prácticas "científicas" sólo pueden ejercerse en dominios específicos sumado a la búsqueda de un espacio común a todos los hombres que Reyes define, sin más, como lo humano: "Para nosotros, lo humano puro se reduce a la experiencia común a todos los hombres, por oposición a la experiencia limitada de ciertos conocimientos específicos: los términos se distinguen como se distingue beber el agua de analizarla químicamente" (*Obras* 15: 41). De esta manera, el discernimiento de la literatura no es, para Reyes, un argumento estético sino filosófico, puesto que se trata de encontrar una práctica intelectual que dé cuenta de lo humano: "La literatura expresa al hombre en cuanto es humano. La no-literatura, en cuanto es teólogo, filósofo, cientista, historiador, estadista, político, técnico, etcétera" (15: 41). Aquí, sin embargo, vemos que la centralidad de la literatura tiene una relación precisa con la necesidad de investirla de nuevo capital cultural en el contexto de las instituciones. Conforme la literatura competía con otras disciplinas, como la emergente filosofía a la que dedicaré los próximos apartados, se vuelve necesario el gesto de especificar sus dominios concretos y de centralizar esos dominios en el terreno de lo que Reyes llama "lo humano."

Por este motivo, afirmar que el tema central de *El deslinde* es la "literatura pura" en el mismo sentido que la entendían Jorge Cuesta, Paul Valéry o los vanguardistas es un error.[27] La empresa intelectual de Alfonso Reyes era mucho más amplia: la búsqueda de un modo de pensamiento que estudie la experiencia humana en el sentido más amplio en plena emergencia de un paradigma intelectual que privilegiaba los saberes especializados. Esta preocupación de Reyes es paralela a la configuración final del Colegio de México como institución especializada en las humanidades. De hecho, Reyes fue instrumental en la creación de instituciones específicas para la investigación científica de los exiliados, como el Instituto de Química y el Laboratorio de Estudios Médicos y Biológicos (Lida et al. 143), lo cual deja ver que el "deslinde" no sólo era una operación teórica sino una práctica intelectual que Reyes ejercía en su papel de gestor cultural. El punto central es que la noción de crítica y la consecuente definición de la función del intelectual que subyacen el trabajo de Reyes se definen desde un marco teórico que busca la difícil (quizá imposible) conciliación entre el compromiso del intelectual en el espacio público y su relación con las instituciones y con el desarrollo de los saberes especializados. En "Aristarco o la anatomía de la crítica," Reyes define así esta labor: "La crítica es este enfrentarse, este pedirse cuentas, este conversar con el otro, con el que va conmigo" (*Obras* 14: 106). Esta definición claramente retiene la vocación pública de la crítica, pero también está funcionalizada siempre a la práctica poética, ya que sus tres variedades, la impresión, la exégesis y el juicio, siempre están relacionadas, en principio, con la obra literaria (14: 109).

Esta irresoluble aporía lleva a pensar que la labor de Reyes frente al Colegio de México, por su peso en la formación de las

Capítulo tres

generaciones posteriores y por su centralidad tanto en el ámbito mexicano como hispanoamericano, es el punto final del devenir de la concepción decimonónica del letrado en México. Ciertamente, este movimiento no implica una "despolitización" de la actividad letrada, como plantea Escalante, puesto que, como ha observado Julio Ramos a propósito de la literatura latinoamericana, la literatura mexicana "opera con frecuencia como un discurso encargado de proponer soluciones a enigmas que rebasan los límites convencionales del campo literario institucional" (13). Más bien, como apunta el propio Ramos acerca de Martí, se trata de una *"escritura* [que] ya comenzaba a ocupar un lugar diferenciado de la vida pública, un lugar de enunciación *fuera* del Estado y crítico de los discursos dominantes de lo político estatal" (14). Como se puede aducir con lo hasta aquí discutido, la primera figura de esta naturaleza en México fue Jorge Cuesta. Reyes, por su parte, encarna una versión algo diferente de esto. A fin de cuentas un intelectual republicano, en el sentido platónico del término, Reyes busca un espacio de escritura fuera del Estado desde una posición institucional dentro de él. Encarnando mejor que nadie lo relativo de la autonomía del campo de producción cultural, Reyes concede a la práctica literaria el dominio de lo humano, mientras que lo político, como cualquier otra disciplina del saber, está en el dominio de lo "no humano." La consecuencia ulterior de un planteamiento como éste es que la separación consciente del intelectual respecto al campo de poder se convierte en una estrategia de legitimación dentro del campo de producción cultural (en un argumento que diría que vale más la pena dedicarse a "lo humano" que a lo "no humano"). En un movimiento complejo, paradójico y definitivo, *El deslinde* significa que la literatura deja de ser, en sus contenidos, un asunto del Estado (de hecho, no se volverá a ver en México una polémica sobre la "literatura nacional" de la naturaleza y alcance de la de 1932), pero se mantiene en una esfera pública idealizada, el espacio común de lo humano, que puede identificarse o no con la sociedad civil.

Esta ambigüedad de la práctica intelectual pública en el contexto de las nuevas instituciones republicanas se ve muy claramente en su trabajo con el helenismo.[28] Antes de entrar a este tema, es necesario tener en mente dos precisiones. En primer lugar, como ha advertido Carlos Montemayor, Reyes no era un helenista profesional, sino una especie de clasicista aficionado cuya mayor contribución era la apropiación del texto clásico para la lengua española: "Su Ítaca fue sus obras, su helenismo, sus señeras palabras españolas" ("Helenismo" 346). El segundo punto es el planteado por Rafael Gutiérrez Girardot: para Reyes el helenismo no es la construcción de una "utopía arcaica,"[29] sino, por el contrario, una imagen "ejemplar y poética" que le permite la doble concepción de un sistema de ideales políticos y una filiación estética para América, y México por extensión (*Cuestiones* 14). Desde muy temprano en su obra, Alfonso Reyes utiliza el lenguaje grecolatino para la creación de estéticas y proyectos intelectuales. En *Cuestiones estéticas*, Reyes incluye un ensayo de 1908, titulado "Las tres Electras del teatro ateniense" (*Obras* 1: 15–48), donde defiende, a contrapelo de las tesis de Nietzsche, una concepción de la tragedia como "bourgeois art characterized by self-restraint and Jamesian psychological rational inwardness" (Conn 92) [18]. En otras palabras, su recorrido por Esquilo, Sófocles y Eurípides sirve a Reyes para la articulación de una estética y una ética, entretejidas por el ideal horaciano de "*dolce et utile*," como una forma de abogar por un arte que, podemos suponer, se distanciaba del rubendarismo.[30] Este arte será llevado a la práctica por Reyes a principios de los años veinte en su mayor obra poética, *Ifigenia cruel*, donde el personaje que da nombre a la obra "reclama su herencia de recuerdos humanos," es decir, un "pasado humano, la sustancia natural que le falta" (*Obras* 10: 313). En esta descripción de su obra, Reyes adelanta lo que ya será el *pathos* de su concepción de lo literario: la literatura como espacio de lo humano.[31] En suma, las obras helénicas tempranas de Reyes son parte de una forma de práctica intelectual letrada de inspiración clásica, que busca la constitución de una ética y una estética específica para México y América a partir de asumir de lleno el legado democrático de la cultura grecolatina. El nombre de esta práctica, en el caso de Alfonso Reyes, es "humanismo." Adolfo Caicedo define así la relación entre helenismo y humanismo en Reyes:

> El espíritu helénico de Reyes lo conduce a ser un humanista consciente de la conjunción de tradición y cosmopolitismo, de orientar la vida y presidir los ideales de formación a través de la simbiosis platónica de la justicia y el arte, bondad y belleza; es decir, de darle hospitalidad al ideal estético-ético

de los griegos sintetizado en la *Kalosagacia* (*Kalós*, bello; *agathón*, bueno). ("Nuevo humanismo" 33–34)

Cuando este ideal se traslada al periodo institucional de Reyes, se traduce en obras de fuerte cariz pedagógico. *La crítica en la edad ateniense*, su trabajo más destacado de esta época, es simultáneamente un libro de texto para estudiantes de la cultura clásica (el libro nace como un ciclo de cursos impartidos entre enero y febrero de 1941 en la UNAM) y un exhaustivo tratado sobre la crítica literaria en Grecia, entendida ésta como origen de la tradición intelectual con la que él mismo se identificaba. La noción de crítica explorada en el libro es ya una noción de crítica literaria, como la cuestionada por Escalante, y no sólo la idea de una crítica como atributo del espíritu de sus obras tempranas. Esto no es de sorprenderse. Al igual que *El deslinde*, *La crítica en la edad ateniense* es un texto producido claramente desde la academia y las preguntas que plantea parten ya de preocupaciones específicas a la práctica intelectual propia de espacios como una Facultad de Filosofía y Letras. Sin embargo, aún cuando en nuestros días pueda parecer un libro escolástico y poco discutido por la crítica, su peso en el medio de la época no debe ser subestimado. Cuando fue acreedor, en 1945, del Premio Nacional de Literatura, la noticia fue consignada en la primera plana de los tres periódicos de mayor circulación de la época.[32] Asimismo, el libro antecede por un par de años a *El deslinde*, lo cual permite asumir que su idea de la literatura como espacio de lo humano estaba, por lo menos, en formación. Finalmente, hay que recordar lo señalado por Ingemar Düring en su análisis fundacional del helenismo de Reyes: la Antigüedad clásica no tenía una noción de crítica literaria (25). Aún cuando Düring dirige su análisis a demostrar que en realidad sí había crítica, pese a no ser teorizada en la época, me parece más importante mantener el anacronismo para demostrar una práctica central en el helenismo de Alfonso Reyes: la utilización de motivos grecolatinos para la ilustración de valores culturales contemporáneos. De esta manera, aunado a la visibilidad del libro, *La crítica en la edad ateniense* es un libro más sobre la crítica que sobre Grecia: un argumento sobre las raíces y genealogía de una labor intelectual que Reyes defendía como parte del presente.

Hispanidad, occidentalismo y pensamiento nacional

Quizá lo más sorprendente del volumen, considerando estos factores, es la conclusión a la que llega después de una erudita y exhaustiva exploración del tema:

> El pueblo que dotó a la humanidad de las obras poéticas más excelsas, apenas sentía la necesidad de aplicarles, para valorarlas, la piedra de toque del criterio estético. A la hora de juzgar se entregó al criterio de la religión, de la moral, de la política, aun del formalismo preceptivo. La belleza se le había dado en manos llenas. En el despilfarro de su opulencia, derramaba el oro sin pensarlo. (*Obras* 13: 345)

Esta aseveración puede sonar como un reproche en primera instancia, aunque en realidad encierra una problemática más compleja. Reyes plantea, con cierta renuencia, la posibilidad de "aceptar que el reconocimiento del valor estético como valor autonómico es relativamente moderno" (*Obras* 13: 342). La comprensión de la noción de crítica en Reyes implica un deslinde interno, el que separa a la crítica de prácticas como la teoría o la historia literaria (que tienen, según Reyes, funciones particulares que las aproximan más a la disciplina literaria) y, dentro de la crítica misma, a la impresión (terreno de la crítica artística) del juicio, su máxima manifestación. El concepto de juicio como parte más alta de la crítica es un tema constante en Reyes, generalmente definido como la adquisición de la obra artística o literaria a la esfera de lo humano.[33] En *La crítica en la edad ateniense*, el juicio, "corona del criterio, es aquella alta dirección del espíritu que integra otra vez la obra considerada dentro de la compleja unidad de las culturas" (*Obras* 13: 18). En esta definición, vemos una vez más la aporía que preocupa a Reyes en este periodo, la tensión entre una aproximación disciplinar a lo literario, lo que llama, dos líneas más adelante, "ciencia de la literatura"[34] y la constante preocupación por una práctica intelectual ejercida en la esfera de lo humano. Aquí es particularmente notable la forma en la que Reyes recicla el vocabulario de "La sonrisa," contradiciendo en cierto sentido la idea de que la noción de crítica del Reyes tardío está desconectada de sus primeras obras. No sólo llama la atención el uso de una idea hegeliana de la "alta noción del espíritu," sino que Reyes denomina a la emergencia de la crítica ateniense la "sonrisa de Grecia" (*Obras* 13: 344).[35] La crítica, pese a su

Capítulo tres

identificación más abierta con la literatura, sigue significando en la imaginación helénica de Reyes la emergencia del espíritu. En cierto sentido, podría decirse que Reyes atribuye a la crítica ateniense la misma función que Habermas atribuiría, en *The Structural Transformation of the Public Sphere*, a la crítica literaria iluminista: la fundación de una cultura de debate público que, en última instancia, desembocaría en la constitución de una esfera pública. Para Reyes, el corazón del espíritu republicano habita en la práctica humana y humanista de la crítica.

Aquí vale la pena señalar que, como ha planteado Santiago Castro Gómez, el proyecto de Reyes en los años cuarenta está pensado en términos de una "nueva mitología de la razón" que entendía el sentido de la historia como "la unificación de la especie humana y la realización plena de su libertad esencial" ("América Latina" 60). Aún cuando la exploración de esta agenda en el contexto americano excede por mucho mis propósitos, es necesario tener en mente que, en el contexto de las instituciones culturales del país, Alfonso Reyes concebía una relación necesaria entre el humanismo helenista y la formación de un proyecto de nación y de continente que tuvieran relación directa con la incorporación de México y América al "banquete de la civilización." En el contexto del humanismo estadounidense de la posguerra, Edward Said ha subrayado la relación entre la formación humanista y la constitución de una praxis política directamente relacionada a la formación de la identidad nacional en el contexto de la Guerra Fría (*Humanism* 34–39). De manera análoga, dentro el mismo sentido de vacío cultural que permitió la articulación de la formación humanista a los proyectos de Estado, Reyes argumenta su utopismo en torno a un vacío producido por el movimiento del cardenismo al ávilacamachismo que permitió la formación de la idea de crítica y su consecuente articulación al espacio público como estrategias de intervención intelectual, algo que, durante la hegemonía cardenista, sólo era posible desde posiciones marginalizadas como la de Jorge Cuesta.

En consecuencia, se puede decir que el aparente reproche de Reyes a la edad ateniense se trata, más bien, de un descubrimiento crítico particular: la relación indisoluble entre la literatura y la *polis*. Reyes reconoce que, en la tradición griega, la preservación de ésta, desde Platón, es la "preocupación dominante" y que "al rodar al suelo la ambición y la esperanza de Atenas, con ellas parecen derrumbarse también los altos estímulos de la crítica literaria, que se empequeñece a ojos vistas en la hora del desencanto" (*Obras* 13: 342–43). A partir de todas las consideraciones que he venido desarrollando, se puede afirmar que el juicio en Reyes, con todo y su paradójico anclaje a la literatura, es un argumento a favor de la constante presencia de la política en la crítica, entendiendo política como la reflexión intelectual en torno a la *polis*. La distinción, aquí, es fundamental: política no se refiere a la defensa de una agenda ideológica o a la ubicación de marcas de lo político en obras literarias específicas, labores correspondientes a la ciencia política[36] y a la exegética respectivamente,[37] sino a la apropiación de la literatura por la *polis* y la *polis* por la literatura como una forma de "humanización" de la vida pública. Esto se puede concluir a partir del pasaje de *El deslinde* donde Reyes discierne la labor de la historia de la labor de la literatura, a la que atribuye la labor de "humanización total":

> Cuando la historia toma por materia los conocimientos de las demás disciplinas, los humaniza al presentarlos como actos del hombre. Pero por lo mismo que se mantiene dentro de cierta generalidad específica, sólo alcanza una humanización de primer grado. La literatura, que puede permitirse en cambio interpretaciones, hipótesis e irregularidades fundadas tan sólo en las sospechas de la humana naturaleza, penetra un grado más en esta absorción. Por arte de ficción y universalidad a un tiempo, la literatura sujeta del todo al orden humano cuantos datos baña con su magia. Midas, mejor aconsejado, convierte en prolongaciones de Adán piedras, árboles y animales. Antropomorfiza en cierto modo lo extrahumano que adopta bajo su tutela. Y es así, la literatura, el camino real para la conquista del mundo por el hombre. (*Obras* 15: 190)

Este pasaje recuerda la relación entre naturaleza y cultura planteada por *Visión de Anahuac*, pero, sobre todo, deja claro que para Reyes lo importante es la incorporación de la experiencia del mundo a la esfera de lo humano y que la literatura es la disciplina privilegiada para esto. Desde esta perspectiva, literatura y *polis* se presuponen entre sí, puesto que la literatura es "el camino real para la conquista del mundo por el hombre" y la *polis* es el estadio histórico final de dicho proceso, la nueva utopía.

Capítulo tres

Aún cuando la idea hegeliana del espíritu y de la crítica como su manifestación sigue presente en el Reyes tardío, la nación intelectual resultante es de naturaleza muy distinta. En el primer Reyes era un espacio histórico de conflicto que daba cuenta de los procesos revolucionarios del país. En el Reyes tardío es una república platónica, dominada por el poeta devenido filósofo, donde la crítica es el instrumento de discernimiento y debate en el ágora democrática. De esta manera, su práctica crítica opera bajo dos formas del trabajo humanista que tienen que ver con la relación entre hombre y cultura. Mabel Moraña ha definido estas dos formas: "un esfuerzo de totalización de la experiencia cultural y [...] la reconsideración del sujeto como centro gravitacional —productor/receptor— de la misma" (*Literatura* 72). Reyes concilia la preocupación temprana de la emergencia del sujeto histórico con la necesidad de una cultura institucionalizada: el primero es el centro gravitacional de la segunda y la consolidación de ésta es el producto final del proceso histórico iniciado con "la sonrisa" del hombre. El humanismo de Alfonso Reyes, escrito desde la plataforma de las instituciones posrevolucionarias, acusa una transformación paralela a la vivida por el país: el camino de la revolución a la *polis*.

"Humanism," observa Said, "is the achievement of form by human will and agency" y "the humanities concern secular history, the products of human labor, the human capacity to articulate expression" (*Humanism* 15) [19]. La obra tardía de Alfonso Reyes encarna ambos ideales y los ubica en el terreno de la literatura. Aún cuando nace de una nueva institucionalidad cultural que impone la compartimentalización de los saberes, el concepto de crítica desarrollado por Reyes en los años cuarenta y cincuenta se mantiene en la búsqueda de esa forma que da cuenta de la voluntad y la agencia humana. En *Al yunque*, un texto tardío que puede ser leído como testamento teórico, Reyes deja clara esta serie de ideas: "La Crítica literaria no es más que la inserción de la Literatura en la facultad crítica del alma" (*Obras* 21: 292). De esta manera, Reyes resuelve la aporía mayor de su obra, en la que la literatura es el vehículo privilegiado de lo humano, pero subsidiaria de una facultad crítica mayor: la del espíritu. Desde esta coordenada, Reyes plantea una "incorporación viva de la memoria, que permite movilizar en cualquier instante y a lo largo de la existencia de las especies del conocimiento transmitido," que entiende como "el fundamento de toda educación y todo humanismo. En efecto, se educa en primer término para poder improvisar, y sólo en segundo término para saber dónde están los textos de consulta. Y en semejante poder de improvisar reside el verdadero humanismo, o servicio inmediato y constante de la inteligencia en la vida" (*Obras* 21: 298). "Servicio de la inteligencia en la vida" es quizá el mejor resumen de la obra intelectual de Alfonso Reyes, el conocimiento humanista y occidental al servicio de la historia entendida como proyecto de emancipación del espíritu, de la nación como instrumento de articulación de la universalidad, de la *polis* como espacio público desde el cual se enuncia la crítica al poder. La muerte de Reyes en 1959, dos décadas después de su vuelta a México, es el cierre de una forma de ejercicio letrado, heredado del liberalismo decimonónico, y su testamento es una noción de la literatura que se ejerce a sí misma desde el trono de las prácticas humanas. Reyes entendió a las instituciones emergentes del país como el espacio de educación y memoria necesario para la articulación entre la *polis* y su espacio secular. Su magisterio dio forma definitiva a la vida intelectual del país: sus editoriales e instituciones culturales y la formación que proporcionó a varias generaciones literarias modeló a la modernidad literaria mexicana: le proveyó el Olimpo de deidades seculares que inspiran su diaria labor. Reyes entendió que la genealogía cultural del país y su tradición intelectual eran un patrimonio que no era exclusivo de los conservadores o del Estado y fue parte de un esfuerzo que puede ser definido, citando a Moraña, como un "intento por solidificar y dar arraigo temporal —histórico— a formas emergentes de autoconciencia social" (*Literatura* 32). Reyes, entonces, conformó la tradición y dio al país la coherencia de su legado occidental. Correspondió a los exiliados españoles, y sobre todo a José Gaos, la introducción de las ideas que cimbrarán dicho edificio y llevarán, finalmente, al proceso de autorreflexión más intenso en la historia intelectual del país.

El campo filosófico y sus genealogías

Antes de entrar al origen del campo filosófico en México, es necesario dar un paso atrás y discutir algunas piezas constitutivas

Capítulo tres

del pensamiento mexicano. El origen del campo filosófico, en su periodo pre-autonómico, proviene de la hegemonía que el positivismo gozó durante el Porfiriato. Charles Hale ha observado que, a partir de 1867, el liberalismo positivista se convirtió en el "mito político unificador" del país (*Transformación* 15). El punto de origen de este consenso ideológico-político es el discurso de Gabino Barreda, *Oración cívica*, escrito a propósito de la República Restaurada y pronunciado frente a Benito Juárez el 16 de septiembre de 1867, conmemorando tanto la independencia de México como la reciente caída de Maximiliano. Mucho se ha escrito sobre Barreda,[38] y profundizar sobre la *Oración cívica* excede los propósitos de este trabajo. No obstante, hay un *leitmotiv* en la obra de Barreda, que tomará forma claramente con las propuestas de Gaos y del campo filosófico mexicano: la postulación de una "emancipación mental," manifestada en una triple dimensión científica, religiosa y política (Barreda 8). Darwiniano y spencerista a final de cuentas, el argumento de Barreda se plantea en una suerte de teleología historicista que narra el proceso de adquisición de la conciencia por parte de México, entendido como una triple "evolución" en los campos de la ciencia, la religión y la política. Para Barreda, esta evolución no es del todo positiva, ya que la "anarquía" era uno de sus efectos secundarios. Por ello, la labor del Estado y la educación radica en el ordenamiento de la sociedad, idea que será central incluso en el sistema de un pensador posrevolucionario como Vasconcelos. Se puede ver aquí que la genealogía filosófica central en México, de clara inspiración hegeliana, tiene una relación orgánica con el Estado y, pese a sus transformaciones en el periodo revolucionario, persistirá hasta muy entrado el veinte. La continuación del esquema barrediano de argumentación se encuentra en el influyente volumen *Evolución política del pueblo mexicano*, de Justo Sierra,[39] donde se desarrolla esta narrativa histórica, algo muy significativo si consideramos que Sierra fue el gran maestro de Reyes, Vasconcelos y otros miembros del Ateneo de la Juventud. Ciertamente, Sierra tenía diferencias claras con el cientificismo a ultranza de Barreda y, lector de Nietzsche, articula cierto relativismo con respecto a la legitimidad de la ciencia como discurso incuestionable (Sierra xviii–xix). El punto, sin embargo, es que Sierra continúa los mitos fundamentales: la educación como estrategia necesaria

Hispanidad, occidentalismo y pensamiento nacional

de construcción nacional y el devenir "natural" y "positivo" de la nación mexicana, que en el esquema de Sierra desembocaría en la "libertad," continuando en cierto sentido con las nociones barredianas de emancipación mental y adquisición de la conciencia. Es importante ver aquí que, mientras el campo literario rompió lazos directos con el proyecto educativo y la tarea del Estado al respecto, la filosofía mantenía la preocupación educativa en el corazón de su discurso y sus figuras más relevantes —Sierra, Rabasa y Vasconcelos— jugaron un papel directo en los aparatos ideológicos de Estado, tanto antes como después de la Revolución. Esta línea continúa ya entrado el siglo XX, con la publicación, en 1920, de *La evolución histórica de México* de Emilio Rabasa, político y letrado porfiriano reciclado en intelectual, escritor y jurista revolucionario. Rabasa mantiene la misma narrativa que Barreda y Sierra, agregando un apéndice de los "problemas nacionales" de la época:[40] el indio, la tierra, la educación, que, en otras palabras, resumen los elementos que ingresan al discurso hegemónico vía la Constitución de 1917 y el trabajo de intelectuales orgánicos como Manuel Gamio. En suma, en el terreno de la filosofía existe una línea de reflexión historicista de corte liberal, conectada al Estado, que subsiste más allá de las transformaciones del campo intelectual ocurridas durante la Revolución Mexicana.

Después del ya discutido trabajo de Manuel Gamio, el texto que definirá a la filosofía mexicana de los años veinte es *La raza cósmica* de José Vasconcelos. El enorme peso que las tesis de Vasconcelos han tenido en el contexto latinoamericano es incalculable y excede los propósitos de mi análisis.[41] Más bien, me interesa resaltar cuáles son las contribuciones de Vasconcelos al discurso de la nacionalidad y los elementos que tendrán peso específico en los textos sobre la configuración ideológica e intelectual del campo filosófico. Existen varias continuidades de la obra de Vasconcelos respecto al positivismo, como el énfasis en la educación y la estructura teleológica de la narrativa histórica, elementos que acusan la relación orgánica de Vasconcelos con el Estado, pero son más importantes las ideas que lo separan de dicha doctrina: a fin de cuentas, Vasconcelos, como el resto de los ateneístas, fue parte de la reacción intelectual contra el positivismo y buena parte de su sistema filosófico se predica desde esta perspectiva.[42] Abelardo Villegas ha resumido así la tesis central del libro: "en el iberoamericano predomina lo mejor de las potencialidades del hombre, o lo que es lo mismo, se postula filosóficamente la tesis de la superioridad del iberoamericano" (*Filosofía de lo mexicano* 89). Sin duda, esta tesis puede resultar bastante bizarra en nuestros días, pero en su momento representó una ruptura clara con los presupuestos heredados del positivismo. La genealogía intelectual de Vasconcelos incluye, como ha señalado Marilyn Grace Miller, textos como *El genio del cristianismo* de Chateaubriand, lo que indica ya una clara distancia del secularismo ilustrado sostenido en la creencia positivista en la ciencia (30), además de que da cuenta del fuerte impulso mesiánico del proyecto de Vasconcelos.

Kelley Swarthout observa que la "raza cósmica" fue una idea que operó como una "perspectiva anticolonialista" frente al modelo eurocéntrico que postula la superioridad de la cultura blanca y que declara inferiores a los "mestizos" (107).[43] De hecho, esta dimensión hace que Vasconcelos se identifique con el nacionalismo de Gamio, al grado de utilizar su tesis de "educación integral"[44] como parte de su agenda educativa como Secretarío de Educación Pública (Hale, *Transformación* 404).[45] En términos del pensamiento mexicano, la prominencia de *La raza cósmica* conduce a una valoración más contundente del devenir histórico y racial del país, relacionado de manera muy cercana a las ideas de José Enrique Rodó y el problema de resistencia frente al emergente imperialismo norteamericano (Domínguez Michael, *Tiros en el concierto* 115).

Vasconcelos fue contemporáneo y compañero del grupo de Alfonso Reyes, y *La raza cósmica* comparte algunas bases teóricas con los trabajos del polígrafo regiomontano. El punto más importante en común es la noción de utopía: en ambos representa un imperativo ético relacionado con la emergencia del "espíritu," siguiendo la línea hegeliana planteada en el capítulo 1. Las fuentes de esta utopía vienen también de la época clásica: la Atlántida para Vasconcelos, la Roma republicana para Reyes.[46] Lo central aquí, sin embargo, es la diferencia crucial entre los dos: mientras Reyes busca desracializar el discurso cultural, Vasconcelos coloca a la raza en el centro de sus reflexiones. En un célebre pasaje de "Visión de Anáhuac," Reyes plantea: "no soy de los que sueñan en perpetuaciones absurdas de la tradición indígena, y ni siquiera fío demasiado en perpetuaciones de la española" (*Obras* 2: 34). Dicho de otro modo, mientras Reyes intenta, desde su obra temprana, deslindarse de cualquier discurso esencialista de la raza y plantea, como discutí en el capítulo 1, una narrativa histórica donde la raza no es un componente importante,[47] Vasconcelos, en cambio, convierte el discurso racial en piedra angular del proyecto nacional y latinoamericano. Silvia Spitta ha planteado que la operación principal de Vasconcelos es la inversión de la negatividad investida en ciertos criterios raciales al concederles una valencia positiva y colocarlos al corazón de su proyecto intelectual (187). Esta inversión se encuentra, como veremos, en la base de muchos de los trabajos de los discípulos de Gaos. En suma, la característica principal de la utopía vasconceliana radica en una identificación entre el "espíritu" nacional y la raza. De ahí el famoso lema de la UNAM, acuñado por Vasconcelos: "Por mi raza hablará el espíritu." Esta identificación entre raza y cultura potenciará muchas de las interpretaciones del ser nacional producidas por el campo filosófico en los años subsecuentes.[48]

Si bien *La raza cósmica* tuvo un impacto inconmesurable a nivel continental, el primer momento verdaderamente autonómico del campo filosófico mexicano ocurrió debido a otro volumen: *El perfil del hombre y la cultura en México*, publicado por Samuel Ramos en 1934. *El perfil* definió muchas dimensiones fundamentales de la práctica filosófica en el país. Lo primero que hay que destacar es el hecho de que el libro es resultado directo de la polémica de 1932. Aun cuando en el debate su postura política comenzaba a definirse en un perfil más cercano al nacionalismo,[49] lo cierto es que Samuel Ramos tenía una relación cercana con los Contemporáneos y fue colaborador de publicaciones del grupo. De hecho, algunos textos de *El perfil* aparecieron en dos números de la revista *Examen*, de Jorge Cuesta, bajo los títulos de "Psicoanálisis del mexicano" (1: 256–59) y "Motivos para una investigación del mexicano" (1: 279–83), respectivamente. En estos textos se perfilan ya los tres *leitmotifs* que guiarán el libro: la definición del tipo social del "pelado," el argumento sobre el complejo de inferioridad de los mexicanos y la defensa del tema de la mexicanidad como legítimo y necesario en la discusión intelectual. Este problema en particular es el tema del capítulo siguiente.

Antes de entrar a fondo en esta problemática, es necesario señalar las consecuencias del marco de producción del libro. En primer lugar, *El perfil* es el primer libro canónico sobre la cuestión del ser nacional escrito desde una posición autonómica del campo filosófico, posición que, en este momento, es derivativa de la autonomía del campo literario. Gamio y Vasconcelos produjeron sus respectivos libros desde un proyecto mucho más vinculado a la idea de un proyecto estatal, como resultado de su propia relación con los regímenes posrevolucionarios. El pensamiento de Ramos, en cambio, se formó bajo la égida de las instituciones autónomas emergentes en los veinte y treinta y, aunque tuvo contacto con el ministerio educativo de Vasconcelos (Hernández Luna, *Samuel Ramos* 50), su trabajo sobre el ser nacional ocurrió en un momento muy posterior a su trabajo en las campañas de alfabetización. Ramos entendió su libro, de forma paralela al de Cuesta, como la denuncia de un nacionalismo "falso," promovido, como ha descrito Anne T. Doremus, por grupos que buscaban una mayor autoridad en el campo intelectual mexicano (84). Debido a la consolidación ulterior del texto como parte del discurso canónico sobre la mexicanidad, se ha perdido de vista el hecho de que sus tesis recibieron de parte de los nacionalistas una recepción crítica tan dura como las ideas del propio Jorge Cuesta. De hecho, aún antes de la publicación del libro, los artículos de *Examen* recibieron ataques directos desde *El Universal* y *Excélsior*, los dos periódicos de mayor circulación en la época y en cuyas páginas se dirimía buena parte de la polémica nacionalista. El trabajo de Ramos fue considerado por *El Universal* "científicamente nulo y de escaso valor literario," producto de "los *enfants terribles* del patriotismo [...] que niegan el pan y la sal a su propio país," mientras que *Excélsior* denunciaba sus trabajos como producto de un distanciamiento de las clases universitarias "respecto a las realidades del país que toman como materia de sus estudios y lucubraciones" (cit. en Salazar Mallén 72).[50] Aquí, además, vale la pena apuntar que el juicio del libro como "de escaso valor literario" es un signo de que no era considerado propiamente como un texto filosófico, lo cual apunta, también, a la idea de que el campo filosófico en este periodo es un subcampo de la literatura, como se manifiesta también en las relaciones concretas de Vasconcelos y de Antonio Caso con el Ateneo de la Juventud.

La distancia del trabajo de Ramos con el Estado y con los grupos nacionalistas hegemónicos de los años treinta no significa necesariamente que *El perfil* ofrezca una visión alternativa a dichos nacionalismos. Claudio Lomnitz ha señalado atinadamente que la constitución del tipo social del "pelado" como representante del atraso cultural del país y como sujeto de la labor educativa de la clase intelectual, así como la identificación de las clases medias urbanas como ciudadanos modelos en el libro de Ramos, son "consonant with the state's expansive project" ["en consonancia con el proyecto expansivo de estado"] (*Deep Mexico* [*México profundo* 74). Dicho de otro modo, Ramos expresa un proyecto de inclusión de las clases subalternas en un modelo homogéneo de ciudadanía muy similar tanto al procurado por el Porfiriato como al definido por Gamio y otros intelectuales orgánicos del Estado posrevolucionario. La relevancia de la ubicación autonómica de Ramos, entonces, se da precisamente porque desde esa ubicación produce un discurso similar al del campo de poder. *El perfil* es, entonces, un libro sintomático de la creciente penetración del consenso hegemónico creado por la cultura posrevolucionaria dentro de grupos intelectuales críticos a los proyectos del Estado. La obra de Samuel Ramos es el primer momento visible de una de las mayores aporías del campo intelectual mexicano, aporía que será constitutiva en los campos filosófico y académico: la posibilidad de mantener simultáneamente una posición política crítica al régimen en el poder y un sistema intelectual cuyos preceptos confirman y legitiman la ideología de dicho régimen. Buena parte de las ontologías del ser nacional, y de la producción cultural del país, operarán desde esta posición aporética.

La ubicación de Ramos en la autonomía relativa del campo literario permite que sus ideas se configuren en coordenadas discursivas distintas a las de los intelectuales orgánicos del Estado revolucionario. Si Gamio trasladó el discurso del ser nacional de la historiografía a la antropología, Ramos da el paso definitivo en el reclamo del debate del ser nacional para la filosofía.[51] El perfil filosófico de Ramos surge de un distanciamiento claro frente a Antonio Caso, en dos artículos publicados por la Revista *Ulises* (otra publicación vinculada con los Contemporáneos) en 1927 e incluidos como un sólo texto en su libro *Hipótesis* de 1928. Caso era, en ese momento, el centro de la filosofía en México, y su importancia provenía de la construcción de un sistema, inspirado en el intuicionismo de Henri Bergson, que ofreció la primera alternativa seria al positivismo dentro del espacio

Capítulo tres

mexicano.[52] Ramos parte de la genealogía del pensamiento de Caso y, aunque reconoce la importancia de su posición en la filosofía mexicana y el valor de su crítica al positivismo, en última instancia lo acusa de una "debilidad crítica," producto de su afinidad al intuicionismo, así como de un anquilosamiento de su obra por "ignorar todo lo que se ha pensado después de Bergson, Croce, Boutroux y James" (1: 65–66). Esta polémica no sólo contribuyó a alienarlo de la escuela filosófica de mayor relevancia en el momento,[53] sino que convirtió a Ramos en la bisagra de una transformación en el pensamiento filosófico de México, que pasó de la genealogía francesa propugnada por Caso a un corpus de pensamiento alemán que, vía José Ortega y Gasset, alcanzaría su punto más alto en el magisterio de Gaos. La polémica Ramos-Caso es el primer momento de verdadera autonomía del emergente campo filosófico en el país, ya que es el primer punto en que existe una discusión pública sobre la naturaleza del contenido del significante "filosofía" independientemente de sus vínculos con la educación y otros aparatos ideológicos de Estado.

El alejamiento de Ramos del casismo hizo que otras influencias se destacaran más en su obra. Juan Hernández Luna señala tres figuras en particular: José Vasconcelos, Pedro Henríquez Ureña y Ortega y Gasset (1: 47–64). La combinación de estas tres influencias hace que Ramos, en plenos años treinta, adquiera un perfil intelectual muy similar al que los discípulos de Gaos desarrollarán en los cuarenta y cincuenta,[54] lo cual indica ya el potencial que el campo filosófico desarrollará de manera independiente al literario. Por un lado, la relación con Vasconcelos otorga a Ramos la preocupación en torno a la literatura y cultura nacional, que se mantendrá en su obra a pesar de su participación en *Ulises y Contemporáneos*, donde el nacionalismo se encontraba bajo un escrutinio más crítico. Con todo, Ramos comparte en mucho el impulso mesiánico y utópico con que Vasconcelos reviste el problema de la nacionalidad, como lo demuestra el hecho de que el título original de *El perfil*, según señala el propio Ramos en la segunda entrega de su texto en *Examen*, era "El sueño de México" (1: 283). De Ortega y Gasset obtendrá un corpus filosófico, sobre todo de origen alemán, que le proporciona las herramientas intelectuales para romper con el bergsonismo casista sin caer en una vuelta en pleno al positivismo. La mayor influencia intelectual de *El perfil*, la psicología de Alfred Adler, proviene directamente de su lectura de Ortega. La tercera influencia es la de Henríquez Ureña, que contribuyó a la construcción de una aspiración humanista en el pensamiento de Ramos. Como ha observado Moraña, el "nuevo humanismo" impulsado por Ramos[55] confirma la vocación universalista del pensamiento de Reyes y Henríquez Ureña, manifestándolo en una "operación inductiva, de elevación al hombre universal a partir del hombre concreto" *(Literatura* 72–73). Desde esta perspectiva, Ramos pudo criticar sin ambages la identificación de lo nacional con el color local (Schmidt 160), puesto que su sistema estaba predicado en la definición de un ser nacional con la ulterior intención de incorporarlo a lo que Reyes llamaría unos años después "el banquete de la civilización."

La forma en la que Ramos concilió la exploración de lo nacional con la vocación universalista fue a través de una teorización del ser nacional centrada en la idea de un "complejo de inferioridad" constitutivo en la cultura nacional: "Sostengo que algunas expresiones del carácter mexicano son maneras de compensar un sentimiento inconsciente de inferioridad. [...] Lo que afirmo es que cada mexicano se ha desvalorizado a sí mismo, cometiendo, de ese modo, una injusticia a su persona" (1: 92). Esta concepción de lo nacional es una transposición algo tendenciosa de las tesis del psicoanalista Alfred Adler, un discípulo de Freud que, con el tiempo, refutaría a su maestro en sus estudios sobre la neurosis. Hertha Orgler describe así el pensamiento de Adler:

> "To be a human being means to feel oneself inferior" —this is one of Adler's most important perceptions. All human beings have a sense of inferiority which influences their deeds; it is at the bottom of all human striving. All human progress can be referred to the fact that the human being strives to overcome his inferiority. (55) [20]

En otras palabras, Ramos identifica en el relato psicoanalítico de Adler un criterio de explicación del desarrollo de los pueblos y encuentra en su aplicación a México una explicación del rezago intelectual y la imitación de lo europeo. De esta manera, Ramos acepta que para las naciones, como para los individuos, "el progreso es la superación del complejo de inferioridad,"

Capítulo tres

Adler *dixit*, y el problema de México es que ni siquiera las clases medias han superado dicho complejo. Uno de los preceptos principales de Adler es el concepto de "protesta masculina" (que Ramos traducirá como "protesta viril"), a partir del cual el psicólogo postula que las actitudes "masculinas" de agresión y violencia son una forma de sobrecompensación del sentimiento de inferioridad y, en última instancia, un síntoma de él (Adler 45–52). La caracterología del "pelado" construida por Ramos reposa completamente sobre esta idea de la filosofía adleriana, ya que, en *El perfil*, esta figura se define como poseedora de una personalidad real, que "desconfía" de sí misma, disfrazada por una personalidad ficticia, que proyecta una falsa sensación de seguridad (1: 121). Más que dar cuenta de las características del pelado, algo que ya se ha hecho muchas veces,[56] me interesa subrayar las diferencias que la estrategia de pensamiento de Ramos acusa respecto a las formas del nacionalismo que le preceden. La noción de inferioridad cultural resulta, quizá en contra de la voluntad del propio Ramos, en una inversión particular de la teleología histórica del positivismo. Aún cuando Ramos mantiene, en última instancia, el optimismo cultural del utopismo vasconcelista, lo cierto es que su interpretación de la historia de México atribuye el complejo de inferioridad a la servidumbre colonial y al desarrollo histórico del país (1: 106 y ss). Ramos considera abiertamente que la raza cósmica "no es una profecía creíble" y que representa más "la voluntad universalista de nuestra raza" que "el estado actual de nuestra vida y sus posibilidades efectivas" (1: 137). En otras palabras, precisamente porque Ramos no era parte directa de un proyecto estatal, y no tenía la consecuente necesidad de legitimar un proyecto específico de gobierno en el marco general del devenir histórico, su narrativa historiográfica se distancia completamente del positivismo y de los recuentos que conciben al presente como punto de llegada de un proceso histórico teleológico.

El vocabulario de Adler también permite a Ramos un distanciamiento del tono del nacionalismo planteado por el debate del 25. La traducción de "protesta masculina" por "protesta viril" (1: 92) y la crítica a esta estrategia de definición nacional apuntan a un deslinde de las nociones masculinizantes y bélicas con las que nacionalistas como Jiménez Rueda y Monterde buscaron definir la cultura nacional. Ramos no escapaba completamente de la masculinización de la cultura nacional implícita en todo el proceso revolucionario. En el fondo, su sistema de ideas sigue operando en una escala de valores pensada en términos de masculino y femenino (Irwin, *Mexican Masculinities* 191).[57] El punto, más bien, es que al alejarse definitivamente del positivismo y del nacionalismo cultural promulgado en los años treinta, Ramos abre la puerta al campo intelectual en la definición del ser nacional desde la autoridad del espacio autonómico. Dicho de otro modo, la obra de Ramos constituye una estrategia que le permite desentenderse tanto de las ideologías de Estado como del nacionalismo provincialista y usar esa distancia como estrategia de legitimación de sistemas de ideas que, en última instancia, promueven los mismos estereotipos. Esta estrategia es la condición de posibilidad de la formación de un campo filosófico autónomo, puesto que, en el debate de 1932, la literatura terminó por encaminarse a la posición contraria.

La posición del pensamiento de Ramos en los orígenes del campo filosófico es la causa de conjunto de limitaciones sintomáticas cuya solución corresponderá, como veremos, a José Gaos. Vale la pena, por lo pronto, señalar dos. En primer lugar, la filosofía de Ramos está construida sobre un vacío filosófico, debido a su separación del casismo y a que su trabajo es anterior a la consagración del pensamiento orteguiano en el magisterio de Gaos. Este vacío da cuenta de la elección de Adler, un psicoanalista, como modelo para las tesis de *El perfil*. Al carecer de un marco filosófico que diera el giro completo hacia la filosofía, giro que se dará después de Gaos, Ramos recurre, pese a su crítica abierta de esta corriente, a una operación común del positivismo mexicano: la extensión de una tesis científica hacia el pensamiento social, algo que los positivistas hicieron con el darwinismo. Por ello, cuando Patrick Romanell escribe sobre Ramos desde el seminario de Gaos, diagnostica con ironía la presencia de Adler en su base filosófica —"por increíble que parezca" son las palabras exactas (187)— lo que denota la disonancia de dicha elección dentro del propio sistema intelectual de Ramos. Uno de los cargos que Ramos levanta contra Caso es que éste no distinguió la ciencia y el positivismo (1: 67), lo que en cierto sentido implica una defensa de la legitimidad del discurso científico, algo que es indicativo de una falta de capital cultural del discurso filosófico, que aún tiene necesidad de este tipo de referencias para legitimarse. Aún cuando la medicalización del discurso nacionalista de Ramos no influye con demasiada profundidad a sus sucesores, lo cierto es que esta estrategia posibilita un discurso del tipo social que tendrá una presencia dominante a largo del siglo. En segundo lugar, siguiendo la interpretación hecha por Abelardo Villegas en *La filosofía de lo mexicano*, la filosofía de Ramos está llena de aporías que socavan su propio sistema, algo que se puede atribuir a la propia dispersión de la obra de Ramos. Para Villegas, existe una contradicción entre la "ontología regional," entendida como la búsqueda de características esenciales a un objeto, y la "ontología circunstancialista" que "no admite circunstancias esencialmente válidas," ambas parte del sistema de Ramos (*Filosofía* 130). Es decir, el esencialismo en la base de la búsqueda de las características particulares del ser nacional y la discusión de un perfil universalista del hombre (Ramos 1: 148–49) resultan, al combinarse, en un sistema filosófico insustentable. Este sistema es asimismo producto de una posición intelectual donde el esencialismo es parte de los debates nacionalistas del campo literario, mientras que el circunstancialismo, heredado de Ortega y Gasset, será el punto de partida del campo filosófico fundado por José Gaos. En este punto, entonces, es posible volver a Gaos y al Colegio de México para entender cómo, de manera paralela a la consagración última del campo literario en la obra del último Reyes, emerge en este espacio institucional un campo filosófico autónomo que rompe también su relación con el campo literario y comienza a competir con él como el sitio de definición discursiva de la cultura nacional.

El magisterio de José Gaos y la formación del campo filosófico

Si el magisterio de Alfonso Reyes sujetó el dominio de lo humano al imperio de la literatura, José Gaos lo trasladó al reinado de la filosofía. La llegada de Gaos a México fue el origen de la transformación más importante del pensamiento mexicano en el siglo XX. Bajo su influencia, el campo filosófico adquirió, en gran medida, los temas y problemas que lo siguen ocupando hasta nuestros días, así como la estructura autonómica que se tradujo en instituciones, medios de publicación y espacios de gestión, proveyéndole un espacio autónomo respecto a las prácticas del campo literario. Para ponerlo en términos de la formación del campo cultural, el magisterio de Gaos significó el origen de lo que Pierre Bourdieu, ironizando una expresión de Kant, llama "el conflicto de las facultades." Bourdieu entiende al campo académico como el espacio de operación de "autoridades" cuya función requiere de posesión de capital cultural y que, por añadidura, se distinguen de los productores culturales en tanto operan desde una estructura burocrática mucho más fija e institucional que los espacios más "heréticos" de la poesía y la novela (*Homo academicus* 36). Este "conflicto de las facultades," sin embargo, no se debió tanto a la separación entre el conocimiento humanístico y tecnocrático en el que se basa el análisis de Bourdieu, sino en un conflicto interno a las facultades humanísticas. Con esto, por supuesto, no quiero afirmar que exista una polémica de la naturaleza de la de 1932, donde los grupos están en pugna abierta, sino que la emergencia del campo filosófico significó la constitución de un conjunto de metodologías filosóficas que, con el tiempo, serían formas de capital cultural y entrarían en competencia directa como estrategias de constitución de lo nacional, como se observará en el contraste entre Octavio Paz y los Hiperiones ensayado en el capítulo siguiente. Por el momento, es necesario tener en mente que el campo filosófico se posibilita por una paradójica articulación del campo académico que, en tanto se encuentra financiado por el Estado, es parte integral del proceso de institucionalización del Estado posrevolucionario. Sin embargo, conforme los contenidos culturales que ocuparán los espacios institucionales son definidos por un exiliado como Gaos y por un intelectual como Reyes, quien participó en los debates del nacionalismo desde fuera de los procesos concretos de institucionalización del campo literario, la plataforma material de la institución se convertirá en un espacio de constitución de proyectos que mantienen diversos grados de distancia con respecto al poder. En lo que resta de este capítulo, ilustraré desde Gaos la formación de estos contenidos culturales y en el próximo, centrado en los discípulos del filósofo español, se observará el espectro ideológico generado por el proyecto institucional.

La contribución de Gaos a la filosofía mexicana se manifiesta, sobre todo, en dos problemáticas. En primer lugar, Gaos contribuyó a la actualización y transformación del archivo filosófico del pensamiento del país. Antes de Gaos, la filosofía mexicana se mantenía muy cercana al positivismo, el indigenismo y otras corrientes de pensamiento emanadas del nacionalismo cultural e íntimamente ligadas a los proyectos hegemónicos del Estado.[58] Tras su llegada, líneas filosóficas como el historicismo, el existencialismo y la fenomenología, ajenas al discurso cultural de los intelectuales orgánicos al Estado, comienzan a convertirse en moneda corriente del debate filosófico. En segundo lugar, la naturaleza misma de la filosofía de Gaos, lo que llamaba la "filosofía de la filosofía" y su idea de la filosofía como una "reflection that originates from our life, from our reality" (Colonnello 21) ["reflexión que origina de nuestra vida, de nuestra realidad"],[59] constituye las bases de una escuela filosófica que legitima los temas y preocupaciones concretas de México y América, en tanto constituyen circunstancias de reflexión concreta. En otras palabras, el interés de Gaos por una filosofía que se ocupa de las condiciones concretas del sujeto en su devenir histórico abre la puerta a lo que se llamará la "filosofía de lo mexicano," proveyéndole de un método, una base filosófica y, sobre todo, una amplia legitimidad intelectual. Esta "filosofía de lo mexicano" será, entonces, la ideología definitoria del emergente campo filosófico. Estas dos contribuciones fueron posibles gracias a la ubicación de Gaos en El Colegio de México y, sobre todo, la formación de su influyente "Seminario para el estudio del pensamiento en los países de lengua española."[60]

En su dimensión institucional, el seminario de Gaos se convirtió en la plataforma central de la filosofía mexicana en los años cuarenta. El seminario fue formado atendiendo a dos líneas de pensamiento que Gaos imprimió a su labor educativa. Primero, Gaos "sostenía que la filosofía no era un conocimiento definitivo y acabado, válido para todos en todo tiempo y lugar, sino un conocimiento eminentemente variable según la circunstancia histórica dentro de la cual se producía y pensaba" (Lida et al. 214). De esta manera, el seminario de Gaos se predicaba bajo la idea de que todo estudio filosófico tiene una ubicación histórica y geográfica concreta y, por lo tanto, la lectura de los textos y la producción de sistemas filosóficos responde a una circunstancia histórica concreta. Gaos adquiere esta forma de concebir la perspectiva de la filosofía de Ortega y Gasset,[61] quien entendía el "perspectivismo" como una apreciación de la filosofía desde la perspectiva personal. Sebastiaan Faber ha descrito el perspectivismo orteguiano como "a very personal version of existentialist phenomenology with a strong tendency toward historicism" (189) ["una versión muy personal del phenomenología existensialista con una tendencia fuerte hacia historicismo"],[62] filosofía que da cuenta tanto de la ubicación histórica del pensamiento como de la interpretación del existencialismo propuesta por Ortega en *Meditaciones del Quijote* y que se resume en la conocida fórmula "Yo soy yo y mi circunstancia, y si no la salvo a ella no me salvo yo" (77). El énfasis de la obra de Gaos en lo biográfico da cuenta del "yo," mientras que el conocimiento de la situación sociohistórica inmediata a dicho yo es el primer paso para la "salvación" de la circunstancia. Gaos entronca esta forma de pensamiento con el historicismo de Wilhelm Dilthey.[63] Según Raúl Cardiel Reyes, Gaos toma de Dilthey un método filosófico que simultáneamente interpreta a la filosofía históricamente, como desarrollo de circunstancias concretas, y produce nuevos sistemas filosóficos a través de la introspección y la autobiografía,[64] lo que les permite aproximar temas relacionados con las circunstancias del sujeto (49–51). Esta forma de interpretar la filosofía resulta en la emergencia de un nuevo paradigma en el pensamiento mexicano: la elevación del "ser nacional" a objeto filosófico legítimo y, para ponerlo en términos de Bourdieu, la legitimación de la ideología de lo nacional como estrategia de adquisición de capital cultural en el campo filosófico. Dado que Gaos hace eco del imperativo filosófico orteguiano de reflexionar sobre la circunstancia, de "salvarla," su magisterio se traduce en un claro impulso a la reflexión filosófica de la historia, el pensamiento y el ser de México, América Latina y España,[65] un proyecto que, como se puede ver, estaba en contradicción directa tanto con el helenismo de Alfonso Reyes como con el antinacionalismo de Jorge Cuesta y los Contemporáneos.

Esta línea de pensamiento se relaciona con otro imperativo ético que Gaos hereda de Ortega: la valoración del pensamiento en lengua española. Fernando Salmerón describe así el concepto que Gaos tenía del pensamiento en lengua española:

> [Gaos h]a señalado al pensamiento contemporáneo de lengua española, como característica fundamental, la de ser estético, y esto en varios sentidos. Primero por la calidad de sus formas de expresión. Segundo, por sus temas estéticos: crítica

Capítulo tres

> literaria del arte, doctrinas estéticas y aun sistemas filosóficos de inspiración y culminación estética. Y en tercer lugar, porque a este pensamiento le anima un peculiar espíritu estético, es decir, trata sus temas en una actitud que puede llamarse estética. (*Escritos* 26)

A esta dimensión estética, continúa Salmerón, se le debe agregar una dimensión política, entendida como el rol de la filosofía como "órgano fundamental de la independencia de los pueblos y la consolidación de las naciones." Finalmente, se agrega una dimensión pedagógica, a partir de la cual Salmerón resume así "la característica radical sobre la que descansa la significación del pensamiento hispanoamericano":

> [U]na pedagogía política por la ética, y más aún por la estética; una empresa educativa, creadora, formativa y reformadora de los pueblos hispanoamericanos por medio de temas bellos y de ideas expuestas bellamente en formas entre las que se destaca la expresión oral. (*Escritos* 27)[66]

Esta forma de concebir el pensamiento en lengua española responde simultáneamente a la genealogía del pensamiento en lengua española interpretada por Gaos y a la necesidad de definir una disciplina filosófica frente a la labor letrada amplia de los intelectuales decimonónicos. La triada estética-política-pedagogía re-crea la práctica intelectual de letrados fundacionales como Bello, Sarmiento o Martí, por no hablar de Gabino Barreda, Sierra y Vasconcelos, literatos, estadistas y pedagogos a fin de cuentas. Sin embargo, al traducir esta tradición en una práctica independiente del desarrollo del Estado y reubicarla en el espacio institucional del campo filosófico, Gaos le otorga un carácter disciplinar que enfatiza la dimensión estética como una forma de alejamiento del espacio público. Gaos tenía muy clara la distinción entre el intelectual y el político. En un ensayo titulado "Lealtad del intelectual," escrito a propósito de una mesa "rodante" convocada por *Cuadernos Americanos*, Gaos observa: "El papel del intelectual, esto es, del intelectual en cuanto a tal, es, en nuestros días como en todos, exclusivamente el ejercicio de las funciones, la práctica de las labores intelectuales" (7: 171), enfatizando que "[e]l político es el hombre del poder" (7: 172), mientras que "[e]l intelectual es el hombre del poder de las ideas" (7: 173). Por ello, la legitimación del pensamiento en lengua española se sustenta no en su operatividad en el campo de poder, sino por mecanismos exclusivos de capital cultural en el contexto del campo de producción cultural: su "belleza" (su "distinción" para ponerlo en términos de Bourdieu), su valor pedagógico y una política que opera como "emancipación de las mentes colonizadas," pero que carece de una apuesta teórica respecto a cualquier intervención en la *realpolitik*. Sebastiaan Faber ha observado, en líneas semejantes, que Gaos continúa la posición del intelectual "detached" sostenida por Ortega (y por Julien Benda a su manera), y que las condiciones de posibilidad de ésta posición se encuentran en la aceptación de que las instituciones que la permiten son parte del Estado (212). Hay que decir, sin embargo, que el hecho de que Gaos no participara directamente de la vida pública, sobre todo por su carácter de extranjero y exiliado, permitió, a la larga, el desarrollo de un campo filosófico autónomo, tal y como la obra de Reyes y Cuesta, desde la plataforma de las publicaciones culturales de los veinte y treinta, significó la emergencia definitiva de un campo literario autónomo. De esta manera, las preocupaciones intelectuales surgidas bajo la égida de Gaos logran simultáneamente reconocer la tradición intelectual del continente y desarrollar, a partir de ella, un canon coherente de pensamiento que se aleja de las contingencias de la relación entre Estado y cultura que ocuparon a los intelectuales mexicanos del los veinte y treinta.

Por este motivo, la preocupación central del magisterio de Gaos no se ubica en la posible aplicación práctica del ejercicio letrado en el campo de poder, algo ya muy presente en el devenir intelectual de América Latina, sino en el problema de un pensamiento en lengua española que ha sido negado por su "supuesta barbarie o incapacidad de expresarse correctamente en el lenguaje, de la también supuestamente universal filosofía, ciencia y cultura del Mundo Occidental" (Zea, "La filosofía mexicana" 19). Por ende, resulta de fundamental importancia para su magisterio la re-orientación de sus estudiantes hacia la reflexión sobre temas de la filosofía y la historia en lengua española. El ejemplo más claro de esta práctica está en la naturaleza de las tesis doctorales escritas bajo su magisterio en El Colegio de México en los años cuarenta y cincuenta, algunas de las cuales se convertirían en libros de gran influencia en la historia intelectual del país: textos como *El positivismo en México* y *Apogeo y decadencia del positivismo* de Leopoldo Zea[67] o *Los grandes momentos del indigenismo en México* de Luis Villoro, así como un gran corpus de ensayos sobre el pensamiento colonial,[68] fueron escritos en los cuarenta bajo la guía de Gaos. El punto que emerge al hacer referencia a estos libros, independientemente del análisis posterior que haré de algunos de ellos, es el hecho de que representaron momentos de transformación radical en la forma de pensar México desde México, simultáneamente desfetichizando el peso intelectual de la hegemonía positivista y construyendo formas de interpretación de la historia del país alejadas del recuento oficial del ávilacamachismo como culminación natural del proceso revolucionario. Si bien estos libros renuncian a una intervención directa en el espacio público, es cierto que la transformación que significaron en su momento y la larga vida de muchas de esas tesis (el libro de Zea y el de Villoro se continúan reeditando hasta nuestros días) hubieran sido imposibles sin el andamiaje institucional de El Colegio de México y sin la autonomía intelectual provista por el campo filosófico.

Luis Villoro ha planteado que el magisterio de José Gaos fue "el primer paso, en nuestro país, hacia el tratamiento profesional de la filosofía" (*En México* 77). Con esto, Villoro se refiere al hecho de que Gaos ejerció no sólo la escritura de libros filosóficos, sino un quehacer disciplinario que incluyó un fuerte involucramiento en actividades como la enseñanza, la edición de los textos de sus discípulos y la traducción de obras filosóficas como *El ser y el tiempo* de Martin Heidegger, labores todas que, en los años cuarenta, hablan ya de un campo filosófico con una autonomía mucho mayor que la experimentada por Samuel Ramos diez años antes. De esta manera, el ejercicio de la filosofía se da, sobre todo, en el contexto de un campo intelectual fundamentalmente autónomo, que reflexiona constantemente sobre sí mismo y busca su propia legitimidad, sin tener que depender ni de la práctica orgánica al Estado, como Vasconcelos, ni de la autonomía del campo literario como espacio de operación, como Ramos. La consecuencia principal de esta profesionalización de la filosofía en México, vía las instituciones culturales nacidas en los cuarenta y cincuenta, fue la construcción consistente de un canon filosófico mexicano, en líneas similares a la tradición mexicana occidentalista que buscaba la obra de Alfonso Reyes[69] y que, a la postre, permitió al campo filosófico posterior tener una genealogía propia independientemente tanto del campo literario como de las articulaciones orgánicas al campo de poder. Así, el campo filosófico logra la misma transformación en discurso cultural autónomo y legítimo que el campo literario construyó en el periodo que va de 1917 a 1925. El magisterio de José Gaos sobre Hispanoamérica se predica, entonces, sobre un argumento principalmente historiográfico (Gaos 7: 25), que propone tanto una comprensión del devenir del pensamiento continental que debe reflejarse en el presente de América Latina como una revaloración del pensamiento regional como igualmente legítimo a las líneas del pensamiento occidental. La forma de conseguir esta meta radica precisamente en las estrategias que la filosofía tiene para reflexionar sobre sí misma. Por este motivo, buena parte de los escritos de Gaos sobre Hispanoamérica provienen de notas de sus seminarios o de ponencias, donde Gaos propone una reflexión colectiva sobre la cuestión americana e hispana.

Tomando en cuenta la plataforma institucional donde se producía, se debe considerar que el espacio de operación de toda la ideología hispanista e hispanoamericanista de Gaos fue siempre la plataforma profesional y se manifestó en el ejercicio de labores editoriales y magisteriales cuya inflexión presupone un campo de producción intelectual y no un "pueblo" que es objeto de las obras de intelectuales orgánicos como Rabasa o Vasconcelos. Un ejemplo claro de este ejercicio se encuentra en su extensa *Antología del pensamiento de lengua española en la edad contemporánea*.[70] Su dedicatoria de la antología a Alfonso Reyes y la caracterización que ahí hace de éste ejemplifican muy bien el ideal intelectual del volumen: "A Alfonso Reyes, representante por excelencia de la nueva unidad histórica de España y la América española, y en una de ellas de una de las figuras humanas esenciales, la del humanista" (5: 65). Esto se agrega al hecho de que el texto que cierra la antología es una selección de *El deslinde*. La forma en que Gaos interpreta a Reyes deja entrever el ideario detrás de su canon filosófico: un espacio de unidad histórica de los pueblos en lengua española donde la valoración de una tradición de pensamiento da cuenta de un

Capítulo tres

destino común. En este punto la figura de Reyes funciona en el esquema de Gaos como un espacio de síntesis de la dialéctica histórica entre pensamiento español e hispanoamericano: La narrativa planteada por Gaos se puede ver en el siguiente pasaje de la introducción:

> En conclusión: hay un pensamiento en lengua española, articulado en una edad de la grandeza y de la colonia y otra de la decadencia y la independencia, que es la contemporánea. En la primera, sólo el español es verdaderamente original, tiene verdadera importancia histórica. Más en la segunda se hace original todo el de lengua española. Pues bien, del reconocimiento de la existencia del pensamiento de lengua española también en esta segunda edad donde de buenas a primeras puede parecer imposible que exista y, bien al contrario, todo él se hace original e importante, y de la ignorancia que se tiene de este pensamiento, nació la idea de esta antología como una verificación de su existencia y útil superación de esta ignorancia. (5: 90)

En esta cita se deja traslucir un obvio hispanocentrismo, que el propio Gaos justifica desde "una densidad cultural debida a la historia y a la de población, que le ha dado una superioridad [a España] sobre cada uno, sino sobre el conjunto de estos países americanos de lengua española" (5: 92). El punto, sin embargo, radica en las consecuencias que este hispanismo tuvo en la formación del pensamiento mexicano. Joan Ramón Resina ha observado que el hispanismo mantiene un

> claim to a universal and, so to speak, utopian point of view, a claim it puts forth while repressing the [colonial] memory of its origin. Hispanism operates as if it were the natural outcome to a civilization process coalescing around a language deemed superior to the ones it came into contact with and thus foreordained to replace them on its ascension to Peninsula, continental, and some day cosmic preeminence. (161) [21]

Siguiendo el argumento de Resina, podemos ver que el hispanismo en México significó una transmutación particular de un proyecto de nostalgia imperial a un proyecto de afirmación de la cultura nacional. Como ha señalado Faber en su artículo "La hora ha llegado," el hispanismo propugnado por los exiliados era parte de una competencia dentro del campo de producción cultural que buscaba desplazamientos desde México hacia el hispanismo y el panamericanismo. Vale la pena anotar que en el segundo caso, representado en la fundación del Instituto Internacional de Literatura Iberoamericana y la *Revista Iberoamericana*, se observó la incorporación de los nacionalistas de los veinte y treinta a los nuevos proyectos de definición continental, como atestigua el hecho de que Julio Jiménez Rueda fuera el primer director de esta publicación. En el contexto del Colegio de México, el hispanismo intersectó de manera particular con el proyecto utópico de Alfonso Reyes y con la relación que éste desarrolló con la cultura española durante su estancia en el continente. Dado que Reyes defendía el dominio español, esta idea se encontraba naturalizada dentro de los debates intelectuales mexicanos, cuya preocupación imperial se constituía más bien frente al creciente poderío de los Estados Unidos.[71] El hispanocentrismo de Gaos opera, no del todo desprovisto de paradoja, como un argumento de autonomía intelectual de América, y su dimensión utópica termina por potenciar un pensamiento utópico respecto a México y América más en la línea de Reyes y Vasconcelos que en la del propio Gaos.[72] De esta suerte, su "reconocimiento de la existencia del pensamiento en lengua española" sirvió para potenciar los discursos nacionalistas de la "filosofía de lo mexicano," introduciendo en su argumentación precisamente el reclamo de dicho estatuto de existencia como parte constitutiva del proceso histórico del sujeto nacional. Por supuesto, conforme las filosofías de lo mexicano, y particularmente la de Zea, reflexionan con mayor detenimiento sobre el problema de la colonialidad, el peso de la filosofía de España comienza a desvanecerse.

De este modo, se puede entender el rol particular que el hispanismo jugó en la formación de los discursos de la nacionalidad: el orgullo peninsular frente al pensamiento en lengua española fue la cifra tanto de su éxito como de su olvido, ya que potenció el orgullo por la cultura nacional que, posteriormente, fue la condición del distanciamiento de los intelectuales mexicanos del campo filosófico frente al legado español. La otra cosa que contribuyó al borramiento del pensamiento ibérico de las genealogías que, en última instancia, adoptarían los filósofos mexicanos fue el hecho de que el propio Gaos no predicaba, pese a su defensa de la filosofía en lengua española,

Capítulo tres

ninguna clase de provincialismo filosófico. Más precisamente, lo que Gaos enseñaba era una historicidad de la filosofía, que, en última instancia, concede igual valor al pensamiento de todas partes del mundo en cuanto sea pertinente a dicha historicidad. José Luis Abellán ha enfatizado este punto al observar que, para Gaos, "[l]as traducciones forman parte de la historia de la cultura de los pueblos, y hay traducciones históricas que marcan épocas enteras" (119). Por ello, es importante recordar que Gaos era parte de una tarea intelectual que fue definida, también, por Ortega: la "occidentalización" de la filosofía en habla hispana, que Abelardo Villegas entiende como "poner a disposición de los lectores de habla española las grandes obras de la cultura europea, especialmente la alemana" (*Pensamiento* 148). Aunado a la emergencia de libros de filosofía sobre México y América Latina, el magisterio de Gaos significó un auge de las traducciones mexicanas de filosofía europea, sobre todo alemana, al español: existen las traducciones de Dilthey, hechas por Eugenio Ímaz,[73] así como la monumental labor de traducción de Wenceslao Roces, cuyas traducciones de Marx, Hegel, Lukács y Cassirer siguen reeditándose, y, por supuesto, la traducción que el propio Gaos hizo de Heidegger. La selección de autores traducidos tiene una correlación directa con los intereses intelectuales que Gaos infundió en sus discípulos: a fin de cuentas Dilthey, Hegel y Heidegger estaban en el corazón del pensamiento de Gaos. El resultado fue que, junto con el canon de pensadores regionales, Gaos desarrolló y difundió un canon de la filosofía occidental que incidiría profundamente en la filosofía mexicana[74] y que le proveería justamente de una genealogía autónoma a la de la literatura que la propia tradición nacional no le otorgaba. No es difícil ver, entonces, cómo la labor de Gaos potencia la vocación occidentalista que discutía anteriormente a propósito de Reyes, lo que causa que el hispanismo, en última instancia, quedaría reducido a una función del occidentalismo.

El canon occidentalista de Gaos se puede apreciar en el volumen titulado *De Descartes a Marx*,[75] que compila, entre otras cosas, varios seminarios académicos y ensayos críticos sobre filosofía occidental impartidos por Gaos, algunos de ellos presentando sus análisis más detallados de filósofos europeos. En su trabajo sobre Marx, que fue la introducción a algunas traducciones del propio Gaos, se puede observar que Gaos hace con él algo semejante a lo que Reyes hace con los griegos: enfatizar en Marx una práctica intelectual central en su propio pensamiento. En este caso, Gaos enfatiza que la "triple vocación" de Marx (literaria, político-social y filosófica) (4: 520) es estrictamente paralela a la tríada estética-política-pedagogía que Gaos identificó en la filosofía en lengua española. Ramón Xirau ha advertido que "la actitud de Gaos hacia Marx es la de un humanista que entiende a las claras el humanismo de Marx" y que "su aproximación a Marx tiene que ver con la 'circunstancia' [el concepto de Ortega y Gasset]" ("De Descantes" 42). Gaos, quien estaba lejos de ser marxista, lleva a cabo con Marx una operación semejante a la de Reyes: la construcción de una genealogía consistente, en este caso, de su noción de "filosofía de la filosofía," noción que constituye el centro operativo de su *ethos* intelectual. Esta apropiación personal del archivo filosófico de Occidente y su difusión vía su labor pedagógica convierten a Gaos en uno de los renovadores de las naciones intelectuales, al proveer a una generación intelectual nuevos métodos de imaginar la nación con instrumentos epistémicos distintos a los articulados en los discursos del Estado. En suma, la relación entre un pensamiento de la circunstancia americana y un archivo filosófico que unía a Occidente, sumada al énfasis de Gaos en la dimensión estética de la filosofía, abrió a la filosofía mexicana la posibilidad de llevar a cabo, en los cuarenta y cincuenta, una labor intelectual que competiría con lo que el campo literario había dominado hasta este momento: la construcción de versiones hegemónicas y contrahegemónicas de "lo nacional."

La formación del campo institucional y del campo filosófico dejan ver fuertes transformaciones en las estrategias de articulación entre intelectualidad y nación en México. En los años veinte y treinta, esta relación se formulaba, sobre todo, desde una disyuntiva en la cual se era o nacionalista o antinacionalista, Francisco Monterde o Jorge Cuesta. La identificación entre nación y Estado que subyace a los debates de los años veinte y treinta, sobre todo en el periodo de la hegemonía del socialismo cardenista, hace que la única alternativa de autonomía al poder radique, como sucede en la obra de Cuesta, en el completo deslinde de los temas nacionales y en la reivindicación del legado europeo y francés como punto de articulación del *ethos* intelectual que Cuesta entendía como la formación de una cultura nacional no nacionalista, es decir, de una práctica autónoma del campo literario que evite claramente la glorificación de manifestaciones culturales por su mera identificación con el Estado o con la Revolución. La formación de las instituciones culturales posibilitaron la reinscripción del nacionalismo a través de las paradójicas vías del occidentalismo de Reyes y el hispanismo de Gaos. En el primer caso, Reyes formó una visión de la nación desde fuera de los debates concretos del nacionalismo literario, lo que le permitió, al incorporarse al espacio académico, el planteamiento de un nacionalismo universalista que dejaba de lado las propuestas de los grupos de las décadas anteriores. La mayor afinidad de Reyes con Cuesta radica en la comprensión de la tradición como un espacio performativo que actualiza elementos del archivo occidental a una práctica cultural que, desde un lugar específico de enunciación, busca vincularse a un concepto de universalidad. El hispanismo, en cambio, no tendrá una ruta tan afortunada, ya que el potenciamiento que la obra de Gaos y de Ortega conceden a los filósofos mexicanos resultará, como veremos en el capítulo siguiente, parte del fracaso de la filosofía en su incorporación al discurso público, no sólo por el carácter esotérico de sus referencias, sino por la paradoja, señalada anteriormente, entre la vocación imperial del pensamiento hispanista enfatizada por Resina y su retraducción en términos de la reivindicación del pensamiento americano a despecho del español. De esta manera, se puede argumentar que el éxito efímero del hispanismo como espacio de configuración intelectual en México se debió, más bien, a la enorme fuerza del impulso occidentalista planteado por Reyes y Cuesta y que, en tanto este hispanismo se vuelve un provincialismo, su proyecto de incorporación de América a una imaginación pan-hispánica naufraga.

Las coordenadas del campo académico, sumada a los legados de los debates de literatura nacional, tienen como punto de llegada las discusiones y definiciones del "ser nacional," es decir, de los sujetos políticos imaginados para los distintos proyectos de nación intelectual articulados a partir de los legados de Cuesta, Reyes, Gaos y, en parte, López Velarde. Estas discusiones son el tema del capítulo siguiente.

Capítulo cuatro

El "ser nacional" en el diván de la filosofía

Los años cuarenta y cincuenta en México constituyeron el periodo en el cual la formación de subjetividades nacionales encontró su cenit. Una vez definida la naturaleza de la hegemonía en el campo de poder, la cultura se convirtió, cada vez más, en un instrumento que aspiraba a la definición del deber-ser ciudadano. Héctor Aguilar Camín ha planteado que, en estos años, las clases dirigentes establecieron una "moral social" de la Revolución, una de cuyas características es "el descubrimiento y glorificación de la mexicanidad y la nación" (79). Por su parte, Anne T. Doremus observa que el proceso de rápida urbanización e industrialización ocurrido en los años cuarenta y cincuenta fue el catalizador que hizo más urgente la constitución de un sujeto nacional, dada la necesidad de construir una identidad común que integrara a las emergentes clases populares y medias a un proyecto posrevolucionario que, hasta ese momento, se había definido en base a alianzas sindicales y agrarias (156). El campo de producción cultural queda muy pronto imbuido de esta misión histórica y se alinea con gran fuerza a este proyecto.

    Este capítulo explora la manera en que el campo filosófico, por un lado, y el campo literario, por otro, se integra a la producción de mitos y narraciones de la nacionalidad. El argumento que pienso desarrollar requiere clarificar de entrada que estos trabajos, con la excepción de los de Octavio Paz, no tuvieron la influencia que buscaban en la esfera pública. La formación de subjetividades desde la cultura, de hecho, fue mucho más profunda en el cine, donde tipos sociales como el "peladito" de Cantinflas, el "pachuco" encarnado por Germán Valdés "Tin Tan" y el héroe de barrio encarnado por Pedro Infante en la trilogía de Pepe el Toro, de Ismael Rodríguez, tuvieron un impacto mucho mayor en la generación de identidades.

Capítulo cuatro

Carlos Monsiváis analiza este fenómeno en su texto "Función corrida," donde plantea que el cine se volvió una "universidad de creencias y costumbres," que, debido a su éxito en diversas capas sociales y regiones geográficas y a la gran audiencia que sigue teniendo hasta nuestros días, construyó la primera "visión de conjunto" respecto a la identidad del país. En cambio, los discursos producidos desde el campo filosófico se trataban, más bien, de un intento fallido de trascender la esfera académica y de elevar al filósofo al rol público que correspondió al escritor en las décadas anteriores y que el cine había conquistado en el poscardenismo. Puesto desde la perspectiva de la incapacidad del campo filosófico de trascender hacia la esfera pública en la dimensión lograda por el cine o el muralismo, debido al evidente hecho de que la producción escrita tenía un alcance mucho menor que el de los nuevos medios masivos, el análisis que propongo busca entender la naturaleza y origen de las fuentes filosóficas en las que se fundan las distintas versiones de la nacionalidad, para comprender el grado de penetración que las versiones hegemónicas de la nacionalidad tenían en ellos o el potencial crítico de algunas propuestas. Dentro del campo filosófico, analizaré obras de Emilio Uranga y Jorge Portilla, para ejemplificar el trabajo de aquellos que están más cerca del discurso hegemónico, y libros de Leopoldo Zea y Luis Villoro para plantear la forma en que cierto potencial crítico, incluida la posibilidad de una nación intelectual, emerge del legado filosófico. Es necesario tener presente que, mientras Uranga y Portilla están en el olvido, Zea tiene un impacto a nivel latinoamericano mucho más significativo que el que ha tenido al interior de México, y Villoro alcanza su potencial y su presencia en la esfera pública hasta bien entrados los años noventa, en la estela del movimiento zapatista. Mi análisis buscará tomar en cuenta las razones de las distintas suertes de estos trabajos.

El otro fenómeno que se da en el periodo, al que se puede atribuir el olvido de muchos de los discípulos de José Gaos, es la emergencia de un discurso cultural institucionalizado que comienza a cerrar, cada vez más, las posibilidades de debate de la naturaleza de lo nacional. Conforme la hegemonía del campo de poder comienza a consolidar una versión particular de lo nacional acorde a su proyecto modernizador, el campo literario empieza a tender a una versión más fuertemente institucionalizada de su discurso de la nacionalidad. Hacia 1950, la novela era el único territorio cuyas obras más significativas se encontraban colonizadas por la retórica de los virilistas y los nacionalistas. Como señala Margo Glantz, la novela desarrolló una forma de escritura que ubicaba el heroísmo nacional en el cuerpo masculino ("Vigencia" 124). Esto otorgaba centralidad a las novelas protagonizadas por soldados y generales de la Revolución, mientras que producciones que no cabían en el molde eran o criticadas abiertamente por su "inmoralidad," como la novela *Cariátide* de Rubén Salazar Mallén, origen de la polémica de *Examen* y la guerra cultural contra Cuesta en 1932, o completamente marginalizadas por el discurso central, como *Cartucho* de Nellie Campobello, cuya primera versión se publica en una editorial menor de la provincia. No es sino hasta entrados los cincuenta en que la novela comienza a canalizar los discursos excluidos de esta forma de concebir la estética.[1] Por su parte, la poesía, vía la consagración de los Contemporáneos, había logrado establecer un lugar de relativa autonomía ante la incapacidad de los grupos nacionalistas de intervenir en ella, mientras que el ensayo, encabezado por la figura de Alfonso Reyes, seguía siendo un espacio abierto de debate. Este capítulo engarza esta situación con los discursos de la nacionalidad en la obra de Octavio Paz, cuyos trabajos de esta época, particularmente *El laberinto de la soledad, Libertad bajo palabra* y *El arco y la lira*, cumplen la labor de institucionalización de la poesía y del ensayo, al domesticar los legados críticos de las décadas anteriores en una forma escritural que se vuelve, con el tiempo, la versión hegemónica dentro del campo literario y el espacio discursivo de definición de la nacionalidad desde la literatura.

Ernesto Laclau y Lilian Zac han planteado que la constitución de identidades políticas opera a través de tres oposiciones constitutivas: la distinción entre libertad e identidad, entre la postura subjetiva, indeterminada y la postura objetiva, centrada en la identificación y la relación entre la presencia de la organización y la falta de ella (12–13). Estas oposiciones conceptuales nos permiten ver las coordenadas principales desarrolladas en los discursos de la nacionalidad producidos por los campos académicos de la literatura y la filosofía. En primer lugar, existe una contraposición entre las características irrenunciables y predefinidas de la nación que definen a "lo mexicano" (como los "rasgos indígenas" a los que Samuel Ramos atribuía el atraso del país) y la promesa emancipatoria de un sujeto moderno y libre. De esta manera, la cercanía o lejanía de estos preceptos, en el caso concreto de los textos que analizo, influirá directamente en su capacidad de articular versiones críticas de la nacionalidad. Asimismo, se verá también, particularmente en Jorge Portilla, la ansiedad por el orden y el disciplinamiento de las manifestaciones culturales urbanas populares, manifestadas por el cine, en el contexto del trabajo filosófico. Este capítulo, entonces, es el punto de llegada de lo que se ha reflexionado hasta aquí, y se verá tanto un campo literario como un discurso hegemónico de la nacionalidad claramente constituido desde la versión masculina, patrimonialista y racista de la cultura que se había venido cocinando en los debates de la nacionalidad desde las décadas anteriores. De esta manera, veremos en este punto el cierre de un proceso que va desde la idea de la nacionalidad como espacio abierto hasta el momento de cierre de los discursos de lo nacional.

Hiperión: Las naciones del campo filosófico

La emergencia del grupo Hiperión bajo el magisterio de José Gaos es el punto culminante de la transformación más dramática de la historia de la filosofía mexicana. Hasta Samuel Ramos, buena parte de la discusión filosófica del país había operado por medio de apropiaciones (muy originales en algunos casos) de escuelas filosóficas europeas como el positivismo y el intuicionismo. Aunque *El perfil* aún está demasiado sujeto al sistema de Adler para hablar de una escuela filosófica autónoma, la obra de Ramos provee la antesala de una transformación que ocurre, sobre todo en los años cuarenta. Como discutí en el capítulo anterior, los elementos centrales de esta renovación fueron la noción de crítica y la agenda latinoamericanista de Alfonso Reyes y la transformación del canon filosófico nacional y sus referentes occidentales dentro del magisterio de Gaos. Esta renovación significó un cambio profundo en el paradigma de la filosofía mexicana, de tal manera que, hacia fines de los años cincuenta, los discípulos y colegas de Gaos y Alfonso Reyes se encontraban produciendo libros cuyo impacto fue continental y que siguen teniendo consecuencias profundas en los debates del latinoamericanismo. Una evaluación completa del estado de la filosofía en México a fines de los cuarenta es el libro de Guillermo Héctor Rodríguez quien, pese a estar afiliado a los neokantianos y haber sustentado una fuerte polémica con Antonio Caso, logra proporcionar un muestreo bastante diverso de las escuelas filosóficas del país. El libro es un texto manuscrito en edición de autor publicado en 1949 y describe las siguientes escuelas: la filosofía escolástica, el positivismo, el intuicionismo, la fenomenología, el marxismo, el existencialismo y su propio enfoque, que llama "filosofía crítica." Estas escuelas permiten ver claramente el panorama en el que irrumpe el grupo Hiperión: una pugna de poder entre escolásticos conservadores como José Sánchez Villaseñor, mencionado en el capítulo anterior, quien resistía con fuerza la entrada de la fenomenología dadas sus consecuencias con respecto al discurso religioso; la escuela intuicionista de Caso y su ya discutido enfrentamiento al legado positivista decimonónico; la fenomenología y el existencialismo desarrollados a partir de Ortega y Gaos; el marxismo, que en realidad no había producido aún una corriente propiamente filosófica ya que, en ese momento, su mayor representante era Vicente Lombardo Toledano, un líder sindical fuera de los círculos académicos de discusión[2] y el enfoque neokantiano que Rodríguez defendía. A lo largo de mi discusión de Hiperión, hablaré de la forma en que el grupo interpela estas escuelas.

Antes de entrar a los hiperiones, vale la pena mencionar brevemente dos textos de gran influencia en el latinoamericanismo, como una manera de mostrar cuán profunda y relevante es la transformación de la filosofía mexicana en este periodo, incluso por fuera del círculo específico de Gaos. El primero es *La invención de América* de Edmundo O'Gorman, considerado por Walter Mignolo un momento fundacional de una posible epistemología alternativa al paradigma moderno-occidental (*Idea* 5–34). El término acuñado por O'Gorman ha sido de un impacto tal que se ha convertido en un vocablo corriente en el latinoamericanismo, pero la idea fue de hecho construida por Alfonso Reyes algunos años antes. En "El presagio de América," incluido en *Última Tule*, Reyes hablaba ya de la idea de una "figuración cabal del planeta" como resultado de una "resolución de la mitología en historia" y que "el orden puramente geográfico no es más que el reflejo de lo que ha significado en el orden espiritual y como una función del ánimo" (*Obras* 11: 11–12). La escritura de un volumen tan influyente como el de O'Gorman es producto directo de dos contribuciones centrales de Alfonso Reyes al pensamiento mexicano, contribuciones ausentes del pensamiento de alguien como Samuel Ramos: la idea de un pensamiento latinoamericano que pone en entredicho los presupuestos epistemológicos coloniales (al proponer la idea de un pensamiento desde América Latina en iguales términos que el europeo[3]) y la noción de América Latina como interlocutor legítimo de la tradición occidental. De esta manera, la obra de O'Gorman propone dentro de la literatura mexicana la actitud de superación de la condición periférica en el acto mismo del pensamiento sin que esto signifique una negación del punto de vista privilegiado del *locus* americano. Como veremos en unos momentos, el potencial crítico del pensamiento de los hiperiones depende directamente de su cercanía o distancia con esta actitud intelectual.

El otro texto significativo es *La filosofía náhuatl* de Miguel León-Portilla, que, en palabras de Abelardo Villegas, pertenecía a "una formulación de la historia del pensamiento mexicano y de la historia mexicana y latinoamericana sobre un sistema categorial propio" (*Pensamiento* 152). Bajo la influencia del trabajo de Manuel Gamio, así como de un maestro con un rol similar al de Gaos en el espacio de las literaturas clásicas, Ángel María Garibay, León-Portilla reformuló por completo la cuestión del rol de las literaturas prehispánicas como parte activa del legado cultural del país. Ciertamente el trabajo de León-Portilla tiene problemas metodológicos evidentes desde la perspectiva actual, y también es cierto que su recuperación del pasado prehispánico ha servido en mucho a la legitimación de la narrativa histórica del priísmo,[4] pero su estudio significó en su momento un reacomodo profundo de las coordenadas filosóficas y culturales del prehispanismo, y, sobre todo, fue el resultado del mismo cambio de paradigma que posibilitó a O'Gorman y los hiperiones. Con obras como esta, León-Portilla contribuyó efectivamente a la formación de un canon nacional de pensamiento que permitió la construcción de genealogías filosóficas, históricas y estéticas por fuera del marco referencial occidental.[5]

Hiperión es el nombre de un grupo de estudio formado por estudiantes mexicanos de José Gaos alrededor de 1947. Se trataba de un grupo filosófico cuyo interés principal era la discusión del "ser del mexicano" a partir de la incorporación del historicismo y el existencialismo filosóficos al canon de la discusión nacional. El nombre del grupo es particularmente significativo, dado que expresa parte de las filiaciones culturales de los filósofos que lo componían. Hiperión, como se sabe, es una figura menor de la Titanomaquia griega, que fue recuperado con particular intensidad durante el romanticismo, cuando fue el tema de poetas como Longfellow, Keats y, sobre todo, Hölderlin. Esta referencia directa al romanticismo enfatiza, sobre todo, la clara filiación germana del grupo, particularmente con el romanticismo historicista de Hegel y Dilthey, parte de la constelación filosófica construida por Gaos. Hiperión tiene cuatro miembros destacados: Emilio Uranga, Jorge Portilla y Leopoldo Zea, a quienes discutiré en esta sección, y Luis Villoro, al que dedicaré la próxima sección. Aparte de ellos, se pueden mencionar al Salvador Reyes Nevares, autor de un volumen sobre la relación entre existencialismo y la filosofía del derecho, Fernando Salmerón, rector de la Universidad Veracruzana y Joaquín Sánchez Macgregor, fundador de la Facultad de Filosofía y Letras de la Universidad Autónoma de Puebla.[6]

Doremus ha descrito así la misión del grupo:

> The Hiperión writers regarded philosophy as central to the understanding of the Mexican. By offering self-awareness, they believe it could lead Mexicans to abandon their imitation of imported doctrines and overcome their self-denigration —a by-product of cultural dependency. However, they stressed that the process of self-awareness should ultimately lead to the discovery of universal man rather than a strictly national one. (158)[7] [22]

Esta descripción permite describir de manera precisa las genealogías intelectuales de Hiperión. La más evidente es el trabajo de Samuel Ramos, hacia quien los hiperiones guardan una posición ambigua. Mientras la meta de muchos de sus trabajos comparten con Ramos la noción de la ulterior naturaleza universal del ser mexicano y la idea de romper con la imitación, existen diferencias importantes de sistema. En su libro sobre filosofía mexicana, Gaos hablaba de que "no hay un mexicano sin más, sino mexicanos diferenciados geográfica, antropológica, histórica, sociológicamente [...] Por consiguiente aquella actividad

Capítulo cuatro

[la filosofía del mexicano] no está elaborando otra filosofía, si alguna, que la de un mexicano determinado, y determinado arbitrariamente [...] La generalización de ésta al mexicano, sin más, es, en conclusión, tan infundada como imposible" (1: 343). El punto entonces es que el sistema de Ramos resulta insuficiente en su propósito porque el enfoque psicológico plantea una esencia común a lo nacional. Hiperión, en cambio, retoma los postulados del existencialismo y el historicismo para plantear un sistema ontológico del ser nacional predicado en su circunstancia histórica específica. A través de la lectura de Martin Heidegger, los hiperiones logran conciliar algo que en Ramos, como vimos, era una contradicción sistemática: la exploración de un concepto universalista del hombre (como el de la psicología) planteada a un sistema ontológico regionalista (el ser mexicano). En cambio, la obra de Hiperión remite al conocido pasaje de Heidegger sobre el "ser-ahí": "La comprensión del ser es ella misma una 'determinación del ser' del 'ser ahí'" (22). En el sistema filosófico de Heidegger, mediado por la traducción y ulterior explicación de Gaos, cualquier descripción ontológica del ser es ya una descripción de su circunstancia existencial:

> El ser mismo relativamente al cual puede conducirse y se conduce siempre de alguna manera el "ser ahí," lo llamamos "existencia." Y porque la definición de la esencia de este ente no puede darse indicando un "qué" de contenido material, sino que su esencia reside en que no puede menos de ser en cada caso su ser como ser suyo, se a elegido para designar este ente el término "ser ahí," que es un término que expresa puramente el ser. (22)

La comprensión de este pasaje permite a los hiperiones predicar la idea de que, dado que todo hombre es producto de su circunstancia (recuérdese la fórmula de Ortega "yo soy yo y mi circunstancia"), la descripción de un hombre históricamente localizado no contradice su carácter universal, ya que esta descripción es la única descripción posible. De esta manera, la operación central del Hiperión en el debate sobre la mexicanidad es un desplazamiento de la esencia a la existencia, de características transhistóricas a contingencia histórica, en la descripción de la ontología del mexicano.

Aquí no debe perderse de vista el otro componente de la noción de universalidad: los conceptos postulados principalmente por Alfonso Reyes. La operación universalista en Reyes, a diferencia de Ramos, era genealógica y no ontológica. Reyes nunca abogó por rasgos particulares del mexicano, sino por un sistema de genealogías históricas que concedían a México y a América un conjunto de características definitorias en el nivel del devenir y no de su ser. Por ello, buena parte de la definición de lo "mexicano" y lo "americano" en Reyes pasa por el análisis de la forma en la que los colonizadores percibían a América y la posterior adopción de estas percepciones como características de la identidad. Esta perspectiva, en cierto sentido, hace un contrapeso al existencialismo heideggeriano, porque las características ontológicas del "ser-ahí" nacional pueden entonces ser puestas en perspectiva a partir de un desarrollo histórico que no es presentado desde una perspectiva ontológica sino epistemológica: el problema no es el ser nacional en sí, ni siquiera el ser descrito en su circunstancia, sino las percepciones de dicho ser en la historia de la colonialidad. Al entrar al análisis específico de los hiperiones, la valoración de las obras y el estudio de su peso teórico y su relevancia en el canon de la nacionalidad se dan en función del equilibrio de fuerzas entre el esencialismo heredado por Ramos, su cuestionamiento desde el existencialismo y su puesta en perspectiva desde la genealogía a la Reyes. Estos grados de fidelidad a sus respectivos precursores permite, según demostraré en los análisis, explicar por qué algunos textos tienen un lugar más canónico que otros, qué tanto los textos escapan o no al nacionalismo cultural y cual es el potencial crítico de los textos para la constitución de naciones intelectuales.

El libro que más directamente refleja el sistema de ideas adquirido por el magisterio de Gaos es *Análisis del ser del mexicano* de Emilio Uranga. Siguiendo la retórica de la adquisición de conciencia histórica heredada tanto de Reyes como de Gaos, Uranga plantea el estudio del mexicano como parte fundamental de dicha misión histórica: "Hemos llegado a esa edad histórica y cultural en que reclamamos vivir de acuerdo con nuestro propio ser y de ahí el imperativo de sacar en limpio la morfología y dinámica de ese ser," lo que acarrea un "proyecto de operar transformaciones morales, sociales y religiosas con ese ser" (48). Más que la retórica de superación de un complejo de inferioridad transhistórico inscrito en el nivel psicológico, el argumento de Uranga descansa sobre un postulado existencialista cuya misión se establece en un marco histórico específico. Esta distinción frente a Ramos es fundamental, porque encarna la transformación que el magisterio de Gaos introduce al panorama filosófico mexicano: el reingreso de la historia como terreno de debate de la conciencia nacional. Los presupuestos filosóficos historicista-existencialistas del sistema de los hiperiones abren la puerta a una crítica directa al esencialismo de Ramos, donde, en diversos grados, la toma de conciencia por parte del mexicano es una función de la circunstancia histórica presente, que, claramente, es la revolución mexicana misma. Por este motivo, Uranga enfatiza que "[e]l mexicano del que hablamos es el mexicano de nuestra generación, el modo de ser del mexicano que vive cada día en la existencia de la nueva generación" (49). Uranga, en consecuencia, no habla, como hace Ramos, de un problema endémico al ser nacional desde sus orígenes históricos, sino de una base ontológica específica al "ser-ahí" mexicano. Siguiendo de cerca al texto de Heidegger, Uranga propone el ser mexicano en términos de la "accidentalidad," es decir, el planteamiento de una "cierta insuficiencia constitutiva de nuestra manera de ser," fundamentada en una suerte de "carencia" (56). Villoro explica así la accidentalidad: "Ser accidental quiere decir "ser en otro," depender de lo otro, ser frágil, oscilar entre la existencia y la nada, ser carente y azaroso, contingente y gratuito" (*En México* 126). De esta descripción, puede inferirse que de lo que Uranga habla en realidad es de una suerte de "ser colonizado" que depende de un "otro" para su constitución en ser. De ahí que sea precisamente la ontología el terreno principal de la intervención crítica, porque presupone una afirmación de sí que rompe con dicha accidentalidad. Uno de los axiomas fundamentales del argumento de Uranga es la negación de la categoría universal del hombre:

> [N]o estamos muy seguros de la existencia del hombre en general, y, en segundo lugar, que lo que se hace pasar por hombre en general, humanidad europea generalizada, no nos parece definirse por su accidentalidad, sino justamente por una jactanciosa sustancialidad. (*Análisis* 60)

Uranga propone un método inductivo en el cual la universalidad del hombre es el punto de llegada de una investigación filosófica que empieza de un hombre en particular, en este caso el mexicano. Dicho de otro modo, lo que el método existencialista permite a Uranga es evitar una consecuencia del método psicoanalítico: la postulación de características transhistóricas del hombre.

En este punto se puede poner el dedo en el problema mayor del trabajo de Uranga, una contradicción que mina su sistema filosófico. Uranga, en cierto sentido, invierte el historicismo de Dilthey: si para éste, como para Gaos, la descripción del ser era un producto de la exploración de sus manifestaciones históricas, para Uranga el trabajo ontológico precede el análisis histórico: "La historia es, en su fondo, un modo de ser humano y, por tanto, encuentra su expresión definitiva en términos de ser, en términos ontológicos" (*Análisis* 53). Este axioma del método de Uranga resulta en la introducción por la puerta de atrás del esencialismo del que busca escapar, al cancelar precisamente la condición metodológica de posibilidad de un enfoque como el planteado por Gaos. Abelardo Villegas ha subrayado que esta postura implica una contradicción en varios sentidos, dado que, por un lado, existe un problema de base en la determinación del objeto, ya que en su sistema el "ser" es siempre una categoría dada de antemano (algo que lo inclina al esencialismo); por otro lado, su base historicista le hace negar la existencia de un "hombre en general," pero su método siempre contrapone al mexicano contra esta categoría, dada la resistencia implícita de invocar otros sujetos históricos, como el europeo (183–85). Cuando Uranga busca al ser nacional en la poesía, lo encuentra nada menos que en la de Ramón López Velarde, en la que Uranga localiza una caracterología definida por la "zozobra," siguiendo el título de uno de los poemarios del zacatecano (123).[8] De esta suerte, Uranga va de la inferioridad adleriana de Ramos a un sistema descriptivo de aún mayor vaguedad, que se define por "la tristeza" y "la incertidumbre." Uranga interpreta la noción lopezvelardiana de la "patria íntima," originalmente planteada, como vimos, como una forma de resistir el monumentalismo liberal de la poesía romántica, como un recurso al sentimentalismo. Entonces, en tanto la poesía de López Velarde "descubre" una nueva patria posrevolucionaria, es labor del filósofo extraer de ella su caracterología y aplicarla en la observación de la "antropología filosófica." En otras palabras, en Uranga pervive, en última instancia, el mismo sistema de descripción etnograficista, seudocientífico y esencialista de Gamio, Ramos y buena parte de los teóricos de lo nacional.

En un comentario al interés de Uranga por López Velarde, Roger Bartra observa que ahí se reconoce "la impronta profunda del romanticismo nacionalista" dado que "para crear el mito del hombre moderno es necesario reconstruir al hombre primordial y originario," lo que permite crear al oposición "entre el bárbaro y el civilizado" y otorgarle a la "modernidad" la tarea de "despojarse de mitos y enfrentar racionalmente la construcción del futuro" (*Jaula* 67). Esta función, cumplida, por ejemplo, por el pelado en el argumento de Ramos, en Uranga se trata de la zozobra: "Recurrir a un poeta como López Velarde ha sido, para nosotros, tarea impuesta por la obligación de volver al origen" (*Análisis* 141). Uranga tiene una relación contradictoria con el romanticismo, producto quizá del rol que el término tiene en el debate mexicano. En *Análisis*, siguiendo muy claramente la terminología de Jorge Cuesta, Uranga observa:

> Siempre que se habla de lo clásico la reflexión parece descansar en un seguro puerto de salvación. En cambio, lo romántico nos arroja en un mar de confusiones en que las imágenes más disparatadas elevan su pretensión de legitimidad para terminar todas por exhibir su incurable bastardía. Hay una imagen clásica del carácter del mexicano, un prudente término medio de asentimientos reconfortantes y hay también miríadas de pinturas románticas. Aquí vamos nuevamente a dibujar ese clásico perfil de nuestra manera de ser, esa interpretación o revelación que "corresponde" a la realidad con escaso margen de arbitrariedad. (122)

En cambio, en el prólogo a su traducción de los *Fragmentos* de Schlegel, Uranga sostiene "Puede decirse que los románticos rara vez se han equivocado. Todo lo que dijeron sigue siendo válido y para sustraernos de su verdad frecuentemente invocamos su cursilería" (10). También es muy significativa la comparación que Uranga hace entre el romanticismo y su formación fenomenológica: "[c]omo la fenomenología en nuestros días, el romanticismo, más que revelarnos algo nuevo simplemente, corre al encuentro de ansias no formuladas. Nos confirma más bien que instruirnos, nos expresa más bien que creamos" (10). En esta contradicción respecto al estatuto del romanticismo se observa muy claramente la operación de Uranga: su trabajo, particularmente en lo que respecta a *Zozobra*, es una validación del romanticismo como "confirmación" y "expresión" de un ser nacional que está ahí y que no requiere de la exploración histórica para confirmarse. Cuando habla del perfil "clásico," siguiendo los términos de Cuesta, Uranga da la vuelta al hecho de estar haciendo una caracterología fundada en "imágenes disparatadas" para conceder a sus reflexiones una "correspondencia" (nótense las comillas del propio Uranga) con la "realidad." El punto que emerge de esta exposición es que, en la insuficiencia del método de Uranga,[9] se manifiesta la enorme persistencia que, para este entonces, tenía el discurso nacionalista. Uranga sufre del mismo problema que Samuel Ramos: la incapacidad de superar los problemas metodológicos que él mismo identifica. En un nivel más amplio, se puede decir que para los años cincuenta estas ideas del mexicano estaban tan incorporadas al habla cultural que su superación resultaba una tarea aún más ardua. O, para decirlo en el lenguaje que he elaborado hasta aquí, la fuerza del proyecto hegemónico del nacionalismo en el contexto del campo de poder era tal que ponía en entredicho por primera vez la autonomía relativa de los contenidos del campo cultural e institucional debido a la enorme penetración que el concepto de "el mexicano" comenzaba a manifestar en autores que, por su posición en el campo, podrían haber tenido una posición mucho más crítica y autónoma. Lo importante, entonces, radica en observar que, en el espacio institucionalizado de la filosofía desde el que escribía Hiperión, muchos de los presupuestos culturales que eran motivo de duda en los debates de los treinta, eran ya hechos dados en los cincuenta y que, incluso con un sistema metodológico con el potencial de superarlos, los estereotipos y mitos de lo nacional se encontraban fuertemente imbricados en muchos de los sistemas estéticos y filosóficos del campo de producción cultural.

Un ejemplo aún más claro de esta situación es la *Fenomenología del relajo* de Jorge Portilla. La diferencia de este trabajo con otros textos del Hiperión es el objeto de estudio: en vez de enfocarse en el problema del ser, el tema de Portilla es una actitud colectiva: el relajo. "La *Fenomenología*," escribe Juan José Reyes, "se quiere útil y ha sido escrita a partir de la idea de que la utilidad sólo puede entenderse como asunto colectivo" (76). Esta vocación colectiva se explica precisamente porque

Capítulo cuatro

su fuente filosófica principal no es el trabajo de Heidegger, sino el del joven Jean-Paul Sartre y, en especial, su *Sketch of a Theory of Emotions* [*Bosquejo de un teoría de emociones*].[10] La elección de esta fuente particular es significativa en más de un sentido. Por un lado, refleja un movimiento realizado por el Hiperión frente a Ramos: el libro de Sartre plantea que las emociones no son inconscientes, sino que son formas estratégicas de enfrentarse a ciertas situaciones: "Now we can conceive what an emotion is. It is a transformation of the world" (Sartre 39) [23]. El movimiento teórico sartreano desde el psicoanálisis hacia la fenomenología está en la base del libro de Portilla: el objetivo ya no es el análisis de caracteres inconscientes del mexicano, sino de actitudes conscientes frente a la sociedad establecida. Precisamente, como dice Sartre, la fenomenología se preocupa de fenómenos y no de hechos (10), por lo cual el libro de Portilla se entiende a sí mismo como la descripción de una actitud social que no puede ser cuantificable en términos psicológicos-científicos. La elección de Sartre también acarrea una apuesta ideológica precisa: la invocación del marxismo[11] como forma de concebir la sociedad. De esta manera, observa Domínguez Michael, se puede decir sin demasiados problemas que "los relajientos" son "el proletariado sin conciencia de clase" (*Servidumbre* 102), por lo que la fenomenología del relajo sería una crítica a la idea del relajo como falsa conciencia, o, como lo pone el propio Portilla en términos más existencialistas, "libertad negativa" (94). La "libertad negativa" del relajo, entonces, se contrapone a un concepto existencialista de libertad que "revindica para sí todos los privilegios de su significación fenomenológica, jurídica y metafísica y se revela como sentido realmente activo de la existencia humana en todos sus estratos" y conduce a una "libertad política" entendida como "la situación de una comunidad humana en que el desarrollo de cada individuo como persona hasta el máximo de sus posibilidades, no está obstruido por la acción de ninguna instancia exterior a las personas mismas" (Portilla 57).

El argumento de Portilla oscila, entonces, entre un planteamiento libertario de tintes existencialistas que se plantea en términos de la conciencia individual y una subyacente noción de conciencia falsa retraducida como formas de identidad comunitaria que obstaculizan esta libertad. Como observa José

Manuel Valenzuela, para Portilla, "en México los horizontes de comunicación poseen una falla o inarticulación, pues sólo de manera débil y lateral determinan nuestra vida y acción, lo cual podría ser el hecho con mayor capacidad de determinación del carácter nacional mexicano" (*Impecable* 99). La aporía de este planteamiento radica en que este obstáculo a la libertad política viene del sujeto mismo y no de afuera, por lo que es labor del filósofo una labor externa de regulación y crítica para el logro de una comunidad libre. Se trata de una condena de la intervención del Estado en defensa de una figura similar al filósofo platónico que determina, desde la filosofía, las normas de conducta social.

Hay que decir, antes de seguir, que la indagación de Portilla está lejos de ser aislada en el contexto latinoamericano. Se puede recordar, por ejemplo, la *Indagación del choteo* de Jorge Mañach, escrita dos décadas y media antes, cuyo comienzo es un intento de "reivindicación de lo menudo" (9) y cuya indagación concluye con el planteamiento de una suerte de choteo sistemático que plantea ser "críticamente alegres, disciplinadamente audaces, conscientemente irrespetuosos" (80). El espíritu del libro de Mañach es exactamente el mismo de la *Fenomenología*: la celebración de una manifestación cultural popular como parte de un proceso de construcción de la identidad nacional que debe ser regulado y criticado para que alcance su máximo potencial. Para usar los términos de Mañach, el pueblo pondría la alegría, la audacia y el irrespeto, mientras que el filósofo colabora con la crítica, la disciplina y la conciencia. Por su parte, Portilla lleva esta concepción cuasi-platónica del filósofo aún a grados más amplios, lo que lo lleva a comparar el relajo con el choteo para deslegitimarlo:

> El choteo exige la estabilidad y conservación de la relación del sujeto frente a un interlocutor, puesto que sólo así puede aparecer la pretendida superioridad del uno sobre el otro, en tanto que el relajo acaba siempre neutralizando totalmente a las personas o situaciones que son sus objetos y apuntando exclusivamente hacia sí mismo, el sostenimiento de una atmósfera de desorden y despego. (29–30)

Esta aseveración es particularmente significativa si consideramos el peso del individualismo existencialista en la escala de valores de Portilla. En otras palabras, la cita anterior puede

Capítulo cuatro

traducirse al decir que, mientras el choteo es redimible porque conserva la subjetividad, la anulación de la individualidad en el relajo (fenómeno colectivo a diferencia del choteo, que puede ser individual) lo hace aún más condenable. Las consecuencias de esta versión institucionalizada del relajo hace, como ha observado Bartra, que una forma de comportamiento originada en "una actitud de autodefensa popular" frente a "los mecanismos de domesticación y explotación" se convierta, al institucionalizarse en el discurso intelectual del ser nacional, en una "trampa" donde "el relajo institucionalizado" termina siendo "una diversión que encamina las protestas potenciales por un desvío que asegura el equilibrio y la permanencia de las relaciones de dominación" (*Jaula* 163).

"En este punto," observa Juan José Reyes respecto al rechazo total del relajo, "Jorge Portilla ha dejado de ver un hecho cardinal: bien distante del ejercicio de la crítica —que supone en todos los casos una carga de seriedad—, el relajo cuenta entre sus intenciones una negativa a un orden impuesto" (90). En otras palabras, el elitismo implícito en la escala de valores de Portilla lo ciega al potencial de resistencia en la práctica del relajo frente a un poder constituido y, en última instancia, se convierte en el elemento que siembra la contradicción en su sistema. Mientras plantea un estudio de un fenómeno colectivo y una agenda comunitaria definida por el propio Portilla como "la constitución de una comunidad mexicana, de una auténtica comunidad y no de una sociedad escindida en propietarios y desposeídos" (95), la *fenomenología* plantea una caracterología del humor fundado en un sistema fuertemente individualista que, por añadidura, no es marxista sino cristiano: la discusión tardía de la ironía en un texto póstumo de Sören Kierkegaard titulado *Concluding Unscientific Postscript* [*Concluyendo posdata poco científico*].[12]

La afinidad de Portilla por Kierkegaard no es del todo inexplicable. Como ha observado Merold Westphal, el *Postscript* plantea "that selfhood is the goal rather than the presuppostion of my existence" (ix) [24], lo cual sin duda puede ser interpretado en las coordenadas del proyecto de adquisición y descripción de la conciencia histórica del grupo Hiperión. El interés por este texto particular tiene que ver con la forma en que el tema del humor y la ironía pasan por la columna vertebral de la discusión

"Ser nacional" y filosofía

de Kierkegaard en torno a la conciencia (Westphal 165–69). Por momentos, Portilla busca entablar distancia de la discusión de Kierkegaard, al observar que sólo influye de manera "incidental" en su pensamiento (78), pero lo cierto es que las ideas que Portilla atribuye a Kierkegaard —"el humorista [que en Kierkegaard es una figura análoga y antinómica al hombre religioso] indica con su actitud el hecho de que no podemos cancelar nuestra responsabilidad, es decir, nuestra libertad, simplemente porque la vida sea dura" (81)— tienen una cercanía con el concepto mismo de humor postulado por el propio Portilla, quien plantea que en el humor aparece "la libertad como una positividad" y como "una constante de la responsabilidad" (81).

Ciertamente, Portilla no maneja en su pensamiento las profundas implicaciones con que Kierkegaard reviste el concepto de humor, lo cual se puede explicar simplemente por su propia reticencia a encontrar algún tipo de redención para el relajo.[13] El punto, sin embargo, es que los naufragios teóricos son atribuibles, en buena medida, a un eclecticismo filosófico fundado en la necesidad de validar una perspectiva con la autoridad del canon referido. Dicho de otro modo, el uso de métodos filosóficos no del todo compatibles entre sí se debe a que, en el fondo, ni Portilla ni Uranga utilizan los nuevos archivos conceptuales para socavar las ideas recibidas de la mexicanidad, sino para confirmarlas. Por eso, la diferencia entre el pelado de Ramos, el mexicano de Uranga y el relajiento de Portilla es sólo de argumentación: detrás de todos ellos palpita el mismo tipo social. Por ello, la lucha de clases, que en Marx es ante todo un fenómeno colectivo, se reduce en Portilla a la oposición entre el relajiento y el "apretado" (término que denota el fingimiento y la apariencia de corrección de las clases burguesas). A fin de cuentas, el recurso al marxismo no es un cuestionamiento del hecho de que esas mismas tipologías son resultados superestructurales de las relaciones de producción. En el sistema de Portilla, los tipos operan como realidades en sí y, aunque Portilla reconoce que en una sociedad igualitaria los tipos no existen, el desprecio inherente a la figura del relajiento vacía de sentido la posible solidaridad del filósofo con las clases oprimidas.

Este periplo por los problemas epistemológicos y críticos planteados por los fallidos sistemas de Uranga y Portilla deja ver claramente lo difícil que es la constitución de formas alternativas de pensamiento crítico en el contexto de la creciente institucionalización del campo literario y cultural en México. Precisamente, la conformación de magisterios establecidos, como el de Gaos y Reyes, y la canonización de figuras como López Velarde, Vasconcelos o Ramos como figuras emblemáticas del proyecto nacional de la cultura (con su ulterior reducción a estereotipos como hace Uranga con López Velarde) hacen que los campos literario y filosófico sean espacios más regulados, debido a la emergencia de sistemas hegemónicos de ideas que, incluso, una generación joven como los hiperiones irremediablemente adopta. Lo que se pierde en los años cincuenta es la dinámica cultural provista por los debates de décadas anteriores: la institucionalización ciertamente permite la creación de espacios autonómicos que, a su vez, generan las condiciones potenciales para la producción de ideas fuera de los cánones oficiales. Simultáneamente, el encauzamiento de las escuelas de pensamiento hacia un número limitado de corrientes filosóficas hace muy difícil en la práctica la articulación de un pensamiento que rompa con las coordenadas establecidas tanto por la hegemonía ideológica del campo de poder como por las figuras líderes del campo de producción cultural.

Como un contrapunto a estos problemas, vale la pena detenerse por un momento en el filósofo más célebre de los hiperiones: Leopoldo Zea. Su obra es muy extensa y buena parte de ella dedicada a América,[14] pero en este espacio me interesa detenerme solamente en tres de sus trabajos dedicados a México: el anteriormente citado *El positivismo en México*, *Conciencia y posibilidad del mexicano* y *Occidente en la conciencia de México*. La diferencia sustancial de Zea con Ramos, Uranga y Portilla es que su trabajo no se funda en un sistema antropológico que convierte a la filosofía en teorización de estereotipos observados, sino que la base de su trabajo es una reflexión siempre histórica[15] que permite darle la vuelta al problema del esencialismo. "For Zea," plantea Solomon Lipp "philosophy is historic truth" ["Para Zea, la filosofía es la verdad histórica"] (52). Esta postura filosófica, entonces, es una versión del historicismo introducido por Gaos y Ortega a la filosofía mexicana llevado a sus consecuencias últimas. Mientras Uranga subordina lo histórico a lo ontológico y Portilla desliza lo existencial hacia el esencialismo, la filosofía de Zea encuentra su fundación en un sistema conceptual cuyas bases se encuentran siempre en la historicidad de sus objetos y en sus condiciones contingentes de existencia. Tzvi Medin ha observado que, para Zea, "La comprensión de una filosofía puede darse solamente a partir de la comprensión del horizonte que le es peculiar; o sea, a partir del conjunto de cosas que le son familiares y problemáticas" (*Leopoldo Zea* 32). Con esta base, muy claramente fundada en el magisterio de Gaos, Zea desarrolla uno de los primeros sistemas filosóficos en México que consiguen superar los obstáculos del esencialismo.

El sistema de Zea, como de buena parte de los hiperiones, se funda en el circunstancialismo planteado por Ortega en *Meditaciones del Quijote*. En su estudio sobre el uso que Zea hace del concepto, Francisco Javier Higuero observa que el filósofo mexicano toma del español la idea de que "el ser humano rinde el máximo de su capacidad cuando adquiere plena conciencia de sus circunstancias" (565). Vía Gaos, Zea toma los presupuestos de Ortega y los monta en una filosofía de la historia, donde la "plena conciencia de sus circunstancias" corresponde a la potenciación no de un sujeto sino de la nación mexicana. Higuero argumenta que esta conclusión es resultado de la forma en que Gaos entendió la circunstancia en relación con su propio exilio y que, al retomar Zea la noción, la lleva al problema de la marginalización cultural en México (568–69). A lo que lleva esta genealogía, en última instancia, es a observar que la lectura del existencialismo y el historicismo en que se funda la filosofía de Zea es un intento de reconstrucción de una agenda de descolonización, de implicaciones históricas mucho más amplias. Santiago Castro Gómez ha observado que el uso de parte de Zea del discurso hegeliano adquiere esta perspectiva a partir de una lectura del circunstancialismo orteguiano a través de la filosofía de la historia de Hegel (*Crítica* 109). Mientras Ramos y Uranga, por ejemplo, se mantienen en el mismo nivel subjetivo e individual que Ortega, llegando a ideas de emancipación de un sujeto, Zea retoma una noción más hegeliana de los pueblos como sujetos de la historia y, a partir de ella, transforma al circunstancialismo en una filosofía de la historia. Zea, entonces, supera el aparato conceptual de sus maestros en dimensiones mucho más complejas que el pensamiento de Uranga o Portilla al constituir una estructura epistemológica de vocación anticolonial que se ajusta a las problemáticas históricas específicas al país y al continente.

Es más o menos desde estas coordenadas que Zea lee al positivismo mexicano.[16] La percepción del positivismo antes de Zea, como la sostenida, por ejemplo, por Samuel Ramos, planteaba a esta corriente, en parte, como una imitación sin más de una escuela filosófica europea. Asimismo, la crítica de Antonio Caso, discutida anteriormente, era simplemente una cuestión de postura: la preferencia del intuicionismo de Bergson sobre el sistema filosófico de Comte. Más aún, como documenta Zea, el Ateneo de la Juventud, producto el grupo mismo de la educación positivista, desarrolló la idea del positivismo como "el instrumento ideológico del cual se servía una determinada clase social para justificar sus prerrogativas sociales y políticas" (31).[17] Frente a estos antecedentes, Zea propone una lectura del positivismo separando, por un lado, el debate teórico sobre las bases del positivismo y por otro, las manifestaciones concretas del positivismo en vista de las prácticas y "circunstancias" (en el sentido orteguiano del término) resultantes de su historia en México. Al ocuparse de esto último, Zea se deslinda de la postura imitacionista, al proponer una lectura sobre la originalidad del positivismo en México dado el hecho de que "toda teoría es expresión de una realidad circunstancial" (37) y, por ende, el positivismo mexicano es más un intento de encarar la circunstancia mexicana en el México decimonónico que una doctrina inexpugnable importada de Europa. Por ello, el concepto que desarrolla Zea aquí no es "imitación," sino "dependencia" (Medin, *Leopoldo Zea* 32), que introduce argumentos propiamente históricos sobre colonialismo y poder (o "colonialidad del poder" como años más tarde lo llamará Aníbal Quijano) y desplaza la noción de inferioridad cultural que había dominado el debate mexicano hasta ese entonces hacia la problematización de un sistema basado en relaciones de poder. Con este argumento, Zea complejiza de gran manera la idea del positivismo como ideología de un grupo de poder, dado que su argumentación supone un concepto de "burguesía dependiente" (Medin, *Jerarquía* 64). En otras palabras, a diferencia de la crítica ateneísta, Zea enfatiza que las clases dominantes mismas están sujetas a una circunstancia histórica de naturaleza dependiente, lo cual le permite, por ejemplo, entender que la penetración del positivismo tuvo mucho que ver con conceptos de libertad desarrollados por las élites criollas frente al dominio colonial y neocolonial europeo, mientras que el concepto deriva en un uso ligado a intereses de clases (92–94). Esto significa un movimiento histórico del liberalismo mexicano de clase política marginalizada a la hegemonía estatal, lo cual implica también que el postivismo mismo tiene un desarrollo histórico dejado de lado por muchos de sus críticos. Finalmente, al no plantear un debate teórico del positivismo, sino una exploración histórica, Zea se aproxima al tema desde un método semejante al de la historia de las mentalidades, donde el positivismo y sus oponentes son productos de circunstancias históricas específicas. De esta manera, Zea se coloca por encima del debate de la legitimidad o no del positivismo, que ocupó la segunda mitad del siglo XIX y la primera mitad del XX en México, alejándose, por ende, de la agenda de cuestionamiento del positivismo desarrollada por Caso y Vasconcelos.

El positivismo en México, como vimos en el capítulo anterior, tuvo su origen en el seminario de Gaos y en el imperativo de estudiar las genealogías filosóficas propias como parte de una agenda mayor de revaloración del pensamiento de lengua española. Lo notable en el caso particular de Zea es el hecho de que su trabajo, junto con el de Villoro, denota una comprensión más amplia del peso del magisterio de Gaos en el sistema intelectual del país. A diferencia de Uranga y Portilla, cuyas ideas nunca lograron separarse del todo ni del nacionalismo cultural a la Ramos ni de los prejuicios culturales y de clase implícitos en la filosofía de lo mexicano desde Gamio mismo, Zea comprendió que la misión de emancipación intelectual de América requería una transformación de los esquemas mismos de pensamiento. O, para decirlo en el lenguaje con que Zea describe el positivismo, la superación de la dependencia intelectual requiere una comprensión radical de las circunstancias propias del país como una forma de adquirir conciencia histórica. Por ello, el punto de partida de Zea no es ontológico, sino histórico, puesto que, como demuestran los naufragios hermenéuticos de Uranga, el ser no existe en sí, sino como parte de una contingencia histórica. De esta manera, Zea superó algunos de los escollos más problemáticos de Hiperión y, como ha sugerido Enrique Dussel, desarrolló un sistema predicado sobre "una

Capítulo cuatro

hermenéutica histórica de los presupuestos concretos del 'mundo de la vida cotidiana'" (215).

Con todo, la filosofía de Zea no está libre de algunos problemas y preconcepciones propias de los hiperiones. Zea fue, de hecho, el gestor principal de la filosofía de lo mexicano a nivel institucional: en 1952 funda el Centro de Estudios sobre el Mexicano en el Colegio de México, y dirige la serie México y lo Mexicano de la editorial Porrúa y Obregón, donde publica, entre otros, a Uranga, a Gaos y a Alfonso Reyes. Medin ha leído así este giro institucional: "Parecería que Zea en esos momentos, habiendo concebido una determinada interpretación de la historia mexicana a través de la historia de sus ideas, desemboca finalmente en el compromiso de tomar parte en el develo de la autenticidad mexicana" (*Leopoldo Zea* 36). Este punto de la filosofía de Zea se cristaliza en el libro que lo acerca más a Hiperión: *Conciencia y posibilidad del mexicano*. Pese a lo que indica el título, el libro se trata más de un recorrido histórico de la adquisición de conciencia política en México, tomando a la Revolución como su eje de cristalización, que una ontología sin más a la Uranga. Esta distinción es importante, porque una de las tesis centrales del libro, la defensa de "lo positivo" en el devenir histórico mexicano frente a percepciones de "lo negativo" como las planteadas por Samuel Ramos,[18] describe lo que Zea hizo con el positivismo: la revaloración de una escuela de pensamiento que, en la percepción de la época, era considerada en términos completamente negativos. El libro de Zea implica un cambio importante de tono en términos de la valoración del devenir histórico del país, ya que su aproximación presupone una fuerte crítica del argumento de inferioridad cultural y la idea de constituir una "conciencia constructiva de la realidad mexicana" (50).[19]

Los problemas de *Conciencia y posibilidad*, entonces, no vienen ni del ingreso del esencialismo por la puerta de atrás ni en la postulación axiomática de la inferioridad cultural del mexicano, sino en una fidelidad problemática al mismo argumento circunstancialista de los hiperiones. Dicho de otro modo, en este trabajo, Zea reubica el sujeto de la circunstancia histórica en una subjetividad individual y transhistórica (el "mexicano"), lo cual hace que su libro caiga en exactamente la misma contradicción que algunos compañeros de grupo: la relación problemática entre circunstancia y universalidad. El libro de Zea, de esta suerte, comienza con un fragmento titulado "Relatividad de lo universal y universalidad de lo concreto" (11), donde sigue la misma línea de cuestionamiento de la universalidad europea, por un lado, y, por otro, de planteamiento del mexicano como universal en el análisis de su circunstancia. Abelardo Villegas, a propósito de Zea, plantea la contradicción existente en el planteamiento de una universalidad sobrecircunstancial alcanzada por el análisis circunstancial (*Conciencia* 149), algo que, según el mismo Villegas, es un problema inherente a la filosofía tanto de Ortega como de Heidegger (148).

A pesar de esta contradicción metodológica, Zea logra escapar las aporías de la ontología existencialista en otro libro, *El Occidente y la conciencia de México*. En este trabajo, Zea se vincula a la tradición intelectual de "Presagio de América" y *La invención de América*. Este trabajo hace una historia de la estrategia occidental de conferir y negar "humanidad" a los americanos y el proceso histórico de emergencia de la conciencia a contracorriente del imperialismo. Este libro distancia a Zea, de manera muy particular, de Uranga y Portilla, puesto que se trata de una adopción más amplia de las tesis historicistas, en un marco más cercano a los estudios de Reyes y O'Gorman.[20] Aún cuando el texto no tiene la sofisticación epistémica de sus precursores (o, para decirlo en un lenguaje más actual, a pesar de que no tiene una problematización comprensiva de la colonialidad del saber), el libro de Zea introduce un argumento materialista ausente del resto de los hiperiones. Parte del argumento de *Occidente* descansa sobre la idea de que la percibida inferioridad racial es, en el fondo, un problema económico: "Su inferioridad racial, lo saben, se debe a una serie de hechos económicos a lo cual puede llegar a poner fin" (126). Teorizando algo muy cercano a una conciencia de clase marxista,[21] Zea introduce en este volumen un elemento que deja ver mejor los problemas del método existencialista: el materialismo. El problema de Uranga y Portilla, al igual que de Ramos y del Zea de *Conciencia*, radica entonces en la constitución de una categoría de "lo mexicano" que desconoce por completo las relaciones de producción y dominación en el país. La falta de un argumento propiamente materialista no implica en sí mismo un naufragio filosófico, pero lo cierto es que resulta difícil reconciliar un argumento historicista como el desarrollado por los hiperiones con una perspectiva que carece de instrumentos críticos para la ubicación teórica de los sujetos en el mar de las relaciones sociales. La contradicción entre la relativización de lo universal y la universalidad de lo particular sucede, en parte, debido a que este "particular" tiene que ver con la percepción historizante de estereotipos (el caso de Portilla) y con la negación de la historia misma al privilegiar una ontología a-histórica (Uranga). Este último punto es particularmente importante, porque el argumento de Zea (quien intuye el problema de clase en *El positivismo en México* a través de la categoría de "burguesía dependiente") demuestra la forma en la que las relaciones económicas a nivel nacional y trasatlántico son instrumentales para la constitución de una subjetividad histórica. En el capítulo anterior, mencioné que para Gaos la teoría de Marx era un humanismo, y el marxismo nunca tuvo una lectura como teoría social desde su obra. Hiperión, en última instancia, hereda esta perspectiva, que se ajusta muy bien al hecho de que, durante los años cincuenta, el campo de poder practicó un distanciamiento feroz respecto al marxismo como forma de deslindarse de las reformas cardenistas. Al final del régimen de Lázaro Cárdenas, el socialismo perdió mucho del peso intelectual que tuvo en los años treinta y no lo recuperará hasta los sesenta, particularmente con la obra y labor política de José Revueltas. *El Occidente y la conciencia de México*, entonces, se trata de un texto en varios sentidos exógeno al canon de textos del grupo Hiperión: el argumento materialista, la cercanía a la tradición de Reyes y O'Gorman y el sacrificio de la ontología por la historia otorgan al texto un potencial crítico especial y dejan ver los huecos de Hiperión. Corresponderá a Villoro una articulación particular del pensamiento de Hiperión que conducirá tanto a la enunciación de una "nación intelectual" desde la filosofía como a la primera manifestación del canon de ideas que, en años posteriores, servirá para desarmar el oficialismo nacionalista.

Luis Villoro: La nación intelectual del ser nacional

Una explicación de por qué Hiperión no tuvo un peso tan grande en la construcción de alternativas políticas se puede encontrar en la versión particular del nacionalismo estatal durante los años cuarenta y cincuenta. Como vimos en los capítulos anteriores, durante los años treinta, los intelectuales se encontraban en búsqueda de una representación de lo nacional desde distintas trincheras, basados en la idea de participar directamente en una Revolución en curso. Al comenzar los cuarenta, el régimen comienza a interpretar la Revolución como un legado que hay que defender y ya no como un proceso en marcha. En términos económicos, esto tiene que ver con las nuevas políticas económicas impuestas durante las presidencias de Ávila Camacho y Miguel Alemán, que significaron un distanciamiento definitivo del socialismo.[22] En términos culturales, el movimiento político hacia los cuarenta, en combinación con la emergencia de las instituciones académicas, significó la construcción, dentro del campo intelectual, de una maquinaría de producción que, desde su autonomía, produjo un pensamiento afín a la consolidación del Estado. Observa Bartra: "La idea de que existe un sujeto único de la historia nacional —"el mexicano"— es una poderosa ilusión cohesionadora; su versión estructuralista o funcionalista, que piensa menos en el mexicano como sujeto y más en una textura específica —"lo mexicano"—, forma parte igualmente de los procesos culturales de legitimación política del Estado moderno" (*Jaula* 20). Ramos y Uranga pertenecen a la primera genealogía: la construcción del mito de un sujeto único que, en última instancia (como atestigua la ulterior canonización de Ramos y, como veremos, de Paz, al canon del nacionalismo), es cómplice de los discursos de dominación política del Estado utilizando en ocasiones la máscara de una falsa oposición. Portilla, por su parte, opera en el segundo territorio, reactivando un particular discurso de civilización y barbarie que, en última instancia, implica el derecho del Estado a mantener el orden en una sociedad de "relajientos." Por su parte, Zea logra escapar de estas problemáticas, al reconocer el conflicto de clase y los problemas epistemológicos subyacentes al discurso colonial, pero su contribución teórica tuvo un impacto mayor a nivel continental que nacional, en parte debido al creciente control que el Estado ejercía en el discurso público. La mayor contribución teórica de los hiperiones vendrá de parte de Villoro, precisamente por su capacidad de romper, desde adentro, con las ideas de "el mexicano" y "lo mexicano."

Mario Teodoro Ramírez ha definido la filosofía de Villoro como una "dialéctica de la conciencia filosófica mexicana" y ha dividido su trabajo en tres etapas: "La crítica de lo universal y la

Capítulo cuatro

búsqueda de lo propio" (el periodo de Hiperión), "La crítica de lo particular y el regreso al universalismo duro" (que en Villoro, a partir de los sesenta se manifiesta doblemente en la filosofía analítica y el marxismo) y "Pluralismo ¿hacia una síntesis de lo universal y lo particular?" (en referencia a los trabajos sobre indigenismo y ética política desarrollados por Villoro en los ochenta y noventa) (12–13). En este apartado me centraré en la primera etapa que, según el propio Ramírez, tiene dos preocupaciones: el "componente indígena de nuestra configuración cultural" y "la función y los límites de las ideologías en los procesos políticos del país" (15). Estos dos preocupaciones se manifiestan, respectivamente, en los dos libros fundamentales del primer Villoro: *Los grandes momentos del indigenismo en México* (1950) y *El proceso ideológico de la Revolución de independencia* (1953). Vale la pena mencionar que, a diferencia de los trabajos de Uranga y Portilla y al igual que los de Zea, ambos libros siguen reeditándose todavía.

Una de las características que distinguen a Villoro del resto de Hiperión son sus escritos sobre filosofía europea. Aunque Uranga fue autor de algunos trabajos similares, Villoro reflexionó extensamente sobre algunas de las fuentes fundamentales de la filosofía del grupo, y fue traductor de algunos trabajos de filosofía europea que reflejan sus puntos de vista. Dos ejemplos llaman particularmente la atención. Primero, un conjunto de *Estudios sobre Husserl*, publicados entre 1959 y 1966 y compilados en forma de libro en 1975, donde Villoro, basado especialmente en las *Investigaciones lógicas*, plantea la idea de un método sustentado en la reducción fenomenológica, que analiza objetos en sí desde su lugar en el mundo. El argumento de Villoro descansa en la distinción entre la "reducción eidética" que, siguiendo una ontología platónica, plantearía la búsqueda de una esencia ideal y abstracta, y la "reducción fenomenológica" husserliana que busca al objeto en sí al abstraerlo desde su lugar en el mundo. El método fenomenológico será ulteriormente entendido por Villoro como la búsqueda de una subjetividad en sí desde posiciones concretas en el mundo, una distinción que le permitirá dar la vuelta a los problemas de la ontología de Uranga, que operaria en términos de la "reducción eidética." Con el tiempo, también, esto tendrá una consecuencia política, porque tal como argumentará el propio Villoro años después, la idea de la "esencia nacional" es un arma de doble filo que, si bien concede a la nación una sensación de comunidad, "sanciona la realidad existente y condena cualquier intento de ponerla en cuestión y transformarla" (*Signos políticos* 132). A diferencia de sus compañeros de generación, enfrascados en el problema de la inferioridad, Villoro se da cuenta muy temprano de las resonancias políticas de la ontología y las consecuencias de la afirmación sin más de un "ser nacional."[23]

Al igual que otros miembros de Hiperión, Villoro apunta al historicismo como una estrategia para escapar del esencialismo. Las fuentes de Villoro son semejantes a las de Gaos, dedicando particular atención a Dilthey. En un ensayo sobre el problema de la fundamentación de las ciencias del espíritu, Villoro contrasta el método de Dilthey con el del neokantiano Heinrich Rickert, subrayando que, mientras Rickert plantea un concepto de ciencia que determina la realidad, Dilthey aboga por una ciencia material que conoce sus objetos empíricamente (*Páginas* 133). Desde esta perspectiva, se puede ver cómo Villoro concilia sus fuentes filosóficas al entenderlas como metodologías de conocimiento empíricas que buscan evitar la determinación de la realidad desde un sistema conceptual o la constitución de una ontología abstracta basada más en presupuestos filosóficos que en la realidad. De este punto emerge la diferencia crucial de Villoro con el resto de Hiperión: un método que siempre se pone en cuestión a sí mismo y, al hacerlo, pone en perspectiva metodológica e histórica a su objeto. Mientras para Uranga, Portilla y hasta Zea el "mexicano" es un objeto de estudio dado, un elemento axiomático en la heurística de sus distintas metodologías, Villoro plantea una metaproblemática del ser nacional donde la categoría misma de "mexicano" es entendida como una construcción histórica basada en relaciones económicas, epistemológicas y de poder. El resultado de esta teorización es *Los grandes momentos del indigenismo en México* (1950).

Visto así, *Los grandes momentos del indigenismo en México* es un texto profundamente innovador que intuye muchas de las críticas y limitaciones del proyecto de constitución identitaria que, en esa época, se encontraba en su punto más paradigmático. De acuerdo a Enrique Florescano, el libro de Villoro constituye una corriente innovadora en el pensamiento histórico mexicano al introducir dos novedades fundamentales.

Capítulo cuatro

Por un lado, es el primer libro mexicano en el que el indígena no es estudiado en sí mismo ni desde un discurso antropológico sino desde el planteamiento del problema de la alteridad. El "mexicano," entonces, es el resultado de este mismo proceso y, por tanto, no es un problema antropológico, como lo articuló Gamio, ni psicológico, a la Ramos, sino de subjetividad histórica. Además, y quizá más importante en este proceso, Villoro emprende el primer estudio histórico del concepto de indígena y de mexicano, en el cual analiza con profunda lucidez los resortes discursivos a través de los cuales se ha constituido ese otro necesario a la identidad nacional (Florescano 287–89). Es claro por esta lectura que *Los grandes momentos del indigenismo en México* es un libro precursor en distintos niveles: la crítica al aparato ideológico nacionalista que sustentó al PRI por medio de la deconstrucción de la noción del mestizo, el auge del comunitarismo y, en especial, del zapatismo y la postulación de una condición posmexicana[24] cuyo centro operativo radica precisamente en el desmontaje de dos siglos de construcción discursiva del "mexicano."

Lo primero que resalta de *Los grandes momentos del indigenismo en México* es la forma en que el libro provee una serie de llaves para el reabordaje del devenir histórico mexicano. Villoro periodiza la historia del indigenismo en tres momentos: "Lo indígena manifestado por la providencia," que corresponde al descubrimiento y conquista de México y al establecimiento de relaciones coloniales; "Lo indígena manifestado por la razón universal," que inicia con el pensamiento previo a la emancipación y llegará hasta el positivismo; y "Lo indígena manifestado por la acción y el amor," que abarca el indigenismo desde la Revolución hasta el momento de escritura del libro. En el primer momento, Villoro emprende una lectura amplia del proyecto de Sahagún, autor que, pese a ocupar un lugar central en la historia de las relaciones coloniales entre europeos e indígenas, ha sido dejado de lado por muchos de los proyectos poscoloniales e indigenistas[25] a favor de figuras más utilizables en términos políticos, como Bartolomé de las Casas. En su lectura de Sahagún, Villoro observa una paradoja en la constitución de la figura del indígena, paradoja fundacional en el modo de concebir al indígena:

> La perspectiva de Sahagún gravita sobre dos polos. Por un lado se contempla América en su relación con la historia y la

> cultura universales; por el otro, el hombre americano en sus vicisitudes y creaciones propias. Desde el primero se incardinará América en una filosofía de la historia —de raíz sobrenatural— y se le juzgará según el criterio religioso revelado, es el polo sobrenatural. Desde el segundo, se contemplará al hombre americano creando espontánea y libremente su civilización: polo natural. (*Grandes momentos* 82)

Es en esta doble concepción donde se origina el proyecto colonial de América, puesto que ahí se funda la relación específica de alteridad que distingue a las colonias españolas de las colonias británicas o francesas. Si, como presupone Said en *Orientalism*, la epistemología del colonialismo británico proviene de un proyecto ilustrado del XVIII que construye un imaginario esencialmente discursivo para relacionarse con el otro, el colonialismo español, hijo del Renacimiento y, por ende, de una concepción epistemológica del otro muy distinta, establece también relaciones específicas con el colonizado. Si bien el trabajo de Villoro no llega a la reflexión de un sistema-mundo atlántico, tal como aparecerá en autores como Dussel o Mignolo, es claro que su obra plantea el problema del "otro" para el caso americano desde un sistema que, construido desde un paradigma humanista heredado del Ateneo de la Juventud y la subjetividad historicista de Gaos y Ortega, incluye el problema del hombre como categoría de pensamiento.

Central a esta cuestión es la doble historicidad que Villoro plantea en su estudio: "historicidad en el indigenismo [entendido como "el conjunto de concepciones acerca de lo indígena que se han expresado a lo largo de nuestra historia" (*Grandes momentos* 13)] e historicidad en el mismo ser indígena que él manifiesta" (15). El hecho de que Villoro haga una distinción entre ontología y epistemología lleva a que la reflexión se enmarque en una de las tensiones profundas de la constitución de los discursos nacionales mexicanos: el ensalzamiento del indígena (entendido como categoría ontológica) como parte del discurso nacional *vis-á-vis* el sometimiento de los indígenas reales. Aquí es importante ver tres cosas. En primer lugar, el privilegio de la historia y la epistemología sobre lo ontológico le proporciona una plataforma de cuestionamiento de la historia de la subjetividad nacional, algo que había sido un punto ciego del resto de los hiperiones. Además, el énfasis en el historicismo le permite ver al indígena (y, por extensión, al mexicano) como parte de una doble historicidad: la de su subjetividad en sí y, de manera crucial, de los discursos de constitución de dicha subjetividad desde posiciones otras. Villoro no sólo plantea que el sujeto es una construcción histórica, sino que las maneras de percibir al otro son también contingentes y producto de relaciones históricas y de poder. Antes de la metodología foucaultiana, Villoro llega a conclusiones semejantes a las alcanzadas por Said casi treinta años después. Finalmente, Villoro comienza a intuir claramente en su trabajo un problema de conciencia histórica muy cercano a la dialéctica histórica marxista. Villoro no era cercano al marxismo en su primera etapa, debido sobre todo a las reservas que Gaos mismo tenía sobre Marx. Sin embargo, en los setenta y ochenta, Villoro reevalúa al marxismo como discurso de universalidad y, en libros como *Signos políticos* y *El concepto de ideología*, tendrá una perspectiva más cercana al materialismo histórico. Quizá el ejemplo más claro es el prólogo de 1979 a *Los grandes momentos*, donde Villoro replantea su proyecto como una historia del comienzo y superación final de una conciencia *falsa*, demostrando simultáneamente sus afinidades con el pensamiento de Marx y las consecuencias teóricas que, a la larga, tiene el cuestionamiento de los conceptos estereotípicos de la mexicanidad:

> Falsa no en el sentido de que haya sido incapaz de ver y comprender la realidad indígena al como se le presentaba, sino en el sentido de que interpretaba lo visto con un aparato conceptual y un sistema de creencias previas que necesariamente distorsionaba la realidad. [...] Las concepciones indigenistas sufren la misma mistificación: describen una realidad parcialmente verdadera con conceptos que la distorsionan. No nos comunican, pues, una historia *imaginaria*, sino una historia *real* pero *disfrazada*. (9; énfasis en el original)[26]

El proyecto de replantear el discurso indigenista desde los orígenes y de releer figuras como Cortés y Sahagún es, en el fondo, político-ideológico: el desmontaje de un discurso nacional que, desde el indigenismo constituye tanto a un "otro" oprimido como a un "yo" nacional autolegitimado. El remontarse a los orígenes y estudiar la construcción conceptual de esta conciencia falsa es la manera de constituir un discurso de resistencia ante los discursos identitarios naturalizados por los paradigmas de reflexión de lo nacional. Villoro, en 1950 y mucho antes del poscolonialismo y del posmexicanismo, arma un aparato conceptual que permite el desmontaje, desde el interior de su propio discurso, de la ideología de la "raza cósmica" y la indología de Vasconcelos, así como todas las teorizaciones de la cultura que, como Gamio, Ramos o Uranga, buscan definir el carácter nacional en función de adjudicarle los estereotipos atribuidos al indígena. Al buscar una definición universal del sujeto a partir de las especificidades y contradicciones del "sujeto mestizo" nacional en México, el libro de Luis Villoro escapa a las concepciones del colonialismo como dialéctica entre imperio y periferia al mostrar que las raíces mismas del colonialismo latinoamericano radican dentro de los confines de la nación y coexisten en la emergencia de subjetividades que no tienen necesariamente que ver con una otredad absoluta creada a partir de la exotización. En otras palabras, la incorporación de la noción de sujeto, sumada a la reflexión sobre el problema nacional en un momento en que la categoría no estaba en entredicho, contribuye insospechadamente a un lenguaje crítico que hasta los años ochenta postulará Antonio Cornejo Polar: la clave de las contradicciones culturales radica precisamente en que el problema del sujeto no radica en su centralidad sino en su heterogeneidad entendida como totalidad conflictiva (Cornejo Polar 22–24).

El segundo momento del libro de Villoro ofrece también un aparato crítico frente a la constitución de la Ilustración y del positivismo en términos de la relación Europa-América: "El europeo tiene por fin una pauta infalible y universal para valorarlo todo, válida no tan sólo en el terreno sobrenatural —como lo era la revelación— sino en todos terrenos y rumbos: la razón. Y por su yugo deberá pasar de nuevo América." (*Grandes momentos* 113). Este nuevo periodo provoca varias líneas de indigenismo, que son fundamentales para comprender la función del indio en la República independiente. La principal de ellas es lo que Villoro llama "Lo indígena como realidad específica que me libera de la 'instancia' ajena" (153), ejemplificado por la forma en que el pensamiento independentista de Francisco Javier Clavijero y Fray Servando Teresa de Mier justifica el rol histórico de los indígenas para deconstruir la legitimidad

Capítulo cuatro

de la conquista desde el discurso de la evangelización. Esta inversión, según Villoro, tiene dos efectos: otorgar a América un "ser-ante-la-historia" previo a la llegada de los españoles y darle al pasado precolombino una valencia positiva (173). Este momento, entendido como constitución discursiva, deja muy en claro el efecto que el indigenismo tuvo en el marco del proyecto emancipador ilustrado: se convirtió en la instancia en la que los criollos, expulsados de su patria al otro lado del Atlántico, pudieron establecer el mito fundacional necesario para romper con el peso histórico de la metrópoli.[27]

Mientras fue labor de Zea un replanteamiento del lugar histórico del positivismo, el proyecto de Villoro, como ha señalado Guillermo de la Peña, logra decodificar el mensaje profundo de la historiografía positivista (252), mensaje que se podría caracterizar como la necesidad de legitimar la constitución de un poder central a partir de la cooptación o exclusión del otro. A partir de esto, continúa de la Peña, el proyecto de Villoro logra una segunda operación esencial para comprender su lugar en la historiografía mexicana: la desfetichización del liberalismo (261). Dentro del debate sobre la cultura en México, esta cuestión resulta fundamental, especialmente por la profunda identificación con el liberalismo que el campo de producción cultural mexicano sostiene aún hoy. La relectura de *Los grandes momentos del indigenismo en México* adquiere una nueva dimensión, la necesidad de replantear, desde la autocrítica a la tradición intelectual, la función sociopolítica y simbólica de los discursos identitarios que constituyen la narrativa nacional. Este trabajo, que ha sido emprendido con fuerza por muchos intelectuales de nuestros días,[28] encuentra en la obra de Villoro dos contribuciones fundamentales, que, aunque retomadas a veces en nuestros días, están todavía por recobrar la centralidad que necesitan para operar más efectivamente.

Una contribución radica en la capacidad de leer los discursos culturales en sus propios términos. Si uno observa la detenida lectura de autores como Francisco Xavier Clavijero, lo primero que resalta es un cuidadoso trabajo de discusión de los principios conceptuales. La estrategia de lectura de Villoro no es ni el descarte *a priori*, ni la confrontación, ni la etiquetación acrítica, sino una reproducción minuciosa de cada uno de los argumentos seguida de un análisis de sus consecuencias. A lo largo del libro encontramos un capítulo que lee detenidamente los postulados de cada historiador, seguido de un capítulo conceptual donde Villoro inserta su crítica. Este rigor inusitado devela el punto donde radica la mayor fuerza crítica de su argumento: el profundo conocimiento de los discursos analizados. Sin embargo, esta contribución sería imposible si no fuera por una segunda complementaria: el analizar el discurso indigenista en tanto discurso y no discutir los postulados del indigenismo desde la aceptación de sus tesis. Años antes de las conceptualizaciones estructuralistas y postestructuralistas, Villoro logró ver la urgencia de entender los discursos culturales como construcciones históricas y la necesidad de recurrir al archivo para realizar una genealogía crítica de los acontecimientos.

La salida de Villoro al problema de "lo mexicano," entonces, es mucho más política que la planteada por Paz, Uranga o Ramos, puesto que, si bien no deja fuera del todo la valencia positiva del mestizaje, la conciencia de estar trabajando con discursos y construcciones separadas de los sujetos históricos es el camino a través del cual dichos sujetos se constituyen para una praxis más allá del discurso en dos manifestaciones. La primera es la unión por la acción:

> El mestizo encuentra así unidos en la esfera de la praxis de lo occidental y lo indígena que escindían su espíritu y, en su actuación común, se reconocerá a sí mismo. Logrará la acción, la que la reflexión no alcanzaba. Indígena y occidental quedan unidos indisolublemente por la empresa común., [...] indio y mestizo se confunden; su comportamiento, en tanto clases explotadas, es similar, su reacción fundamental ante una situación semejante es la misma. (*Grandes momentos* 276).

La vía de la acción, cuya función es universalizar al indígena para trascender las polaridades del discurso racial (280), se complementa con una segunda vía, el "amor," en el cual el yo mestizo se apropia y recrea el pasado del indio como una forma de "recuperar una dimensión oculta de su propio Yo" (282). La dimensión específica del indígena, cancelada por la universalidad de la acción política, subsiste: "Por la historia enigmática, el ser indígena latente en el espíritu mestizo se manifiesta en cuanto él mismo señala sus significaciones propias y revela su

Capítulo cuatro

íntimo sentido" (282). Esto lleva a la dimensión última del indigenismo, la "pasión," en la cual la acción y el amor se exigen mutuamente, llevando a la constitución de una agenda política en la cual se reconoce la agencia política del indígena en tanto oprimido sin cancelar las especificidades de su subjetividad.

Bartra, en su breve nota introductoria a una selección de Villoro, sugiere que estas tesis prefiguran el zapatismo y el comunitarismo (*Anatomía* 203). Como quiera que sea, lo cierto es que el texto de Villoro inaugura una vía alternativa para pensar lo mexicano fuera de las condiciones pedagógicas de los letrados liberales articulados al proyecto nacional revolucionario y prefigurará las distintas manifestaciones que llevarán a los movimientos indígenas actuales: el trabajo de recuperación de lo prehispánico como estrategia de recuperación de lo indígena tanto para el discurso nacional como para la construcción de una tradición indígena necesaria al agenciamiento político; la unión de indígenas con no indígenas como estrategia de resistencia frente al poder basado en la noción monolítica de lo mexicano (i.e., el zapatismo) y un largo etcétera. Sin embargo, la relectura de Villoro, anterior a la aniquilación teórica del sujeto, permite cerrar esta reflexión con la idea que funda una de las naciones intelectuales más poderosas de la historia de México: el reconocimiento de un "ser indígena" es el reconocimiento de que, pese a su carácter incognoscible desde las estrategias epistemológicas occidentales, es necesario que dejemos de teorizar su silencio para escuchar su voz y posibilitar su agenciamiento. Villoro cierra así su libro: "Porque siempre, por más que lo iluminemos [al ser indígena] con nuestras categorías concienciales, permanece un sentido personal, desconocido y no realizado en la superficie que muestra ante nosotros: su capacidad de trascendencia" (296). La nación intelectual de Villoro surge de la emergencia de sujetos que se sobreponen históricamente a los estereotipos planteados por los discursos de poder y la ulterior definición del "mexicano" no por características dadas, sino por una solidaridad social que permite deconstruir siglos de pensamiento colonial. Por ello, la utopía implícita de Villoro no podrá tomar forma sino hasta los años noventa, cuando muchos de los principios expresados por su libro emergen en la realidad en el pensamiento del zapatismo.[29]

Octavio Paz y el cierre del ciclo revolucionario

Las ideas planteadas por Luis Villoro tienen en nuestros días su mayor peso. Sin embargo, en la época que me ocupa, el libro que en última instancia dictaría la imagen oficial de "lo nacional" no sería la obra de un filósofo sino la de un poeta: *El laberinto de la soledad* de Octavio Paz. Este punto es muy significativo, porque indica una situación de particular relevancia en mi discusión: mientras la filosofía quedó confinada a los ámbitos académicos, la obra de Octavio Paz marca la consolidación de la literatura como un discurso operativo en la esfera pública. La obra de Paz es fuertemente tributaria de los devaneos de Samuel Ramos y de Hiperión, pero su trabajo opera en un orden discursivo distinto, donde la configuración de las ideologías de lo nacional adquiere una legitimidad inusitada. Tradicionalmente, la forma en la que se ha interpretado esta diferencia ha sido respecto a la evidente superioridad estética de la prosa de Paz. Evodio Escalante, por ejemplo, dice que *El laberinto* "fue determinante para sepultar en el olvido las decenas de libros que se escribieron en torno a la filosofía de lo mexicano" lo cual se debe a "sus estrictos méritos literarios." Esto, continúa Escalante, implica que las ideas en sí no bastan y que se necesita una estilística particular para legitimarlas (*Metáforas* 204). Este fenómeno, sin embargo, no es explicable sólo por la aptitud estética de Paz, sino por una situación más compleja: el hecho de que la literatura opera con mayor eficacia en el espacio público. Para 1950, obras literarias de la época posrevolucionaria, como la novela de la Revolución y la poesía de López Velarde, eran parte integral del imaginario público y, más importante aún, de los contenidos pedagógicos del sistema educativo construido bajo la tutela de Vasconcelos. La obra de Paz, entonces, utiliza recursos literarios ausentes de la obra de Ramos y los Hiperiones y estos recursos, percibidos críticamente como "superioridad estilística" potencian la circulación del libro en la esfera social. El punto a enfatizar, entonces, no es una supuesta o justificada excepcionalidad de Paz, sino la forma en la que las modalidades literarias del discurso superan a las filosóficas en la capacidad de articulación a la esfera pública. Esto, sin embargo, no debe sorprender a nadie, puesto que, mientras la filosofía mexicana existió, en mayor medida, en los claustros del Colegio de México y la Universidad Nacional, la literatura, particularmente con las polémicas de los veinte y treinta, tenía una existencia clara en los medios de comunicación del país, como atestigua el hecho, discutido en los capítulos 1 y 2, de que los debates del nacionalismo ocurrieron en los medios periodísticos de mayor circulación.

En una de esas coincidencias que hablan muy claramente del espíritu de los tiempos, *Los grandes momentos del indigenismo en México* y *El laberinto de la soledad* fueron publicados en 1950, en medio de la presidencia de Miguel Alemán. A lo largo de esta sección hablaremos de varios elementos que separan a Paz de Villoro y del resto de los hiperiones, pero importa muy particularmente destacar desde ahora una diferencia crucial que marcará las distintas posiciones que ambos textos ocupan en el espacio público mexicano. En primer lugar, mientras Villoro escribe su texto en México, Paz lo hace desde Francia y los Estados Unidos. El significado de esto es que ambos textos están diseñados para contestar preguntas muy diferentes. Villoro escribe como resultado de la pregunta en torno al "indígena real" en relación con la configuración histórica de México. En otras palabras, el texto es el resultado de un problema de subjetividad filosófica emergente de la observación y reflexión en torno a una situación sociopolítica inmediata. En cambio, Paz, como sugiere el famoso capítulo sobre el "pachuco," se plantea la pregunta por una identidad desde fuera, como una manera de determinar una identidad particular que descansa en supuestos míticos y artísticos (el capítulo "Máscaras mexicanas" sería el momento más claro). En suma, mientras Villoro propone una filosofía histórica, Paz propone una estética: el primero se preocupa por la emergencia histórica de una conciencia política, el segundo por las estrategias de representación de un ser nacional fundado en sus arquetipos. En este contraste radica el paso del campo filosófico al campo literario como espacio privilegiado de la discusión nacional: una imaginación pública que, con la venia del Estado, incrementará su enfoque en los mitos y estereotipos en detrimento de la historicidad puesta en juego por el existencialismo mexicano.

Dentro de la obra de Paz, *El laberinto de la soledad* es la conclusión de un proceso de formación intelectual que comienza en los años treinta. Paz irrumpe en el medio literario del país a través de la revista *Barandal*, que, en la víspera de la polémica de 1932, se planteaba a sí misma como una publicación vanguardista de corte americanista. La publicación cesa de existir en medio del calor de los debates del 32, pero resurge en 1933 como *Cuadernos del Valle de México*, una revista de corte abiertamente marxista, cuyo primer número abría con "Apuntes para un ensayo sobre el significado universal de la Unión Soviética" (*Barandal* 321). Paz participa en esta revista hasta su cierre. Si bien estas publicaciones colocan a Paz en el mapa cultural, su perfil político-intelectual se definiría hacia fines de los 30, cuando, en parte por sus experiencias con los grupos de izquierda vinculados a las redes de solidaridad de la Guerra Civil Española[30] y en parte por sus contactos con disidentes de la izquierda soviética como Victor Serge y Jean Malaquais (Sheridan, *Poeta* 403–15), Paz rompe con el socialismo y comienza a desarrollar su versión personal del liberalismo. La crítica de Paz al socialismo hace eco de Serge y se funda, básicamente, en la idea de que la burocracia soviética ha cortado a la libertad y que, si algún valor histórico tiene el socialismo, es el de la liberación. Como ha observado Domínguez Michael, Paz consideraba que la dialéctica "no está en la historia ni en la naturaleza" y que la única posición intelectual posible es "la defensa de los valores universales de la Ilustración" (*Servidumbre* 21). Cuando Paz se integra a la revista *Taller* en 1941, se entiende a sí mismo desde esta idea de intelectual y encuentra en la poesía la manera de dar forma a este ideal.[31]

El itinerario que acabo de esbozar fue crucial tanto para la formación de la figura intelectual que Paz ejercería a lo largo de su vida como para su consolidación ulterior como el gran caudillo cultural de la segunda mitad del siglo XX mexicano. Ciertamente, la abjuración del marxismo no es un atributo exclusivo de Paz, sino, como observa Ilan Stavans, un itinerario común de varios miembros de la *intelligentsia* del continente (29). Sin embargo, Paz llevó a cabo esta transición en el momento preciso en que la izquierda dejaba de ser hegemónica en México (Carr 151–92). La salida de Cárdenas del poder significó el fin de los intentos de los socialistas de articularse al Estado, por un lado, y, por otro, el triunfo del concepto de intelectual de Cuesta y los Contemporáneos como una figura separada del poder. La institucionalización de la cultura que he discutido

Capítulo cuatro

hasta aquí fue un síntoma de esto, pero, en el caso de Paz, este concepto de intelectual opera desde otra plataforma. Nicola Miller ha señalado que Paz tenía muy clara la distinción entre intelectual e ideólogo, siendo este último la figura intelectual que ocupa un lugar en el gobierno u opera de manera orgánica al régimen (27). Como se observa, esta idea del intelectual es heredera directa de la desarrollada por Cuesta en los debates de 1932 y, con la sospecha de Paz frente al marxismo, se relaciona perfectamente con la noción de "traición de los intelectuales" de Julien Benda. Lo que diferencia a Paz de Cuesta es la forma de resolver esta contradicción. Cuesta, como vimos anteriormente, continuó sus ideas sobre la autonomía del intelectual con una labor de crítica política al Estado ejercida desde los medios periodísticos, entrando siempre en conflicto con las formas de gobierno. Paz, como ha sugerido Ana María Roland, apuesta más bien por una política de la "reconciliación" entendida como la expresión de una sustancia natural de la historia que serviría para la constitución de una comunidad nacional (216). De esta manera, Paz comprende el rol de la poesía de manera muy diferente a Cuesta: mientras éste planteaba a la poesía pura como una forma de desapegar al sujeto del mundo y, desde ahí, realizar una crítica de la modernidad, Paz busca utilizar a la poesía como exploración mítica de lo moderno para la construcción de un proyecto intelectual en consonancia con su visión estética.[32] El énfasis que la crítica hace sobre el hecho de que Paz es, ante todo, poeta (Salgado, *Ensayística* 75; González Torres 26) se relaciona con la idea de que la actividad intelectual de Paz opera desde un *ethos* constituido por un concepto preciso de la poesía y el poeta, que, en última instancia, funciona como marco conceptual en su obra ensayística. Esto ha llevado a filósofos como Carlos Pereda a observar que la escritura de Paz se compone de "textos del discurso de la opinión, no del pensamiento" dado que sus ensayos "son territorios de su poesía" (13). La distancia entre la escritura de Paz y la filosofía es crucial, entonces, no sólo por el rol que la literatura tiene en el espacio público, sino también porque el camino de la poesía lleva a una configuración de la mexicanidad que, pese a similitudes superficiales, será sustancialmente diferente a la desarrollada por los hiperiones.

En un estudio de 1972, Rachel Phillips identificó tres modos poéticos en la escritura de Paz: el mítico, como parte del sistema de referencias de su poesía, el surrealista, como indicativo del proceso formal de su poesía y el semiótico, como parte de desarrollo de un vocabulario poético personal. Más allá de si la poesía de Paz es reducible a estas tres dimensiones, los modos identificados por Phillips definen muy bien la manera en la que Paz estructura una práctica intelectual desde la poesía. El modo mítico plantea una forma específica de entender la comunidad, en la cual la nacionalidad no se entiende como un devenir histórico, a la manera de los hiperiones, sino como una actualización constante de arquetipos que habitan en el fondo de la conciencia colectiva nacional. La mitología paciana funciona desde una configuración ideológica de clara filiación romántica, ya que se plantea un nexo vital entre la condición humana moderna y el tiempo mítico. Yvon Grenier ha planteado una amplia genealogía de ideas románticas en Paz, que incluyen, por ejemplo, el "mito de la inocencia original de la humanidad" y la "noción de que Occidente fragmenta y separa de forma excesiva a los seres humanos" (99–100). Estas ideas explican la afinidad de Paz con la cultura oriental,[33] pero, más importante aún, denotan una noción de sujeto moderno diametralmente opuesta a la planteada por la tradición que va de Reyes a Hiperión, dado que este sujeto no se encuentra constituido por Occidente, sino que se ve destruido por él. El romanticismo, además, provee a Paz de un esquema de pensamiento que Javier Rico Moreno desglosa en cuatro puntos: el romanticismo literario como forma de aprehensión de la historia, la "dimensión antropológico-social del mito," la función histórica de la invención (esta idea heredada de Gabriel Tarde) y la noción (articulada originalmente por Arnold Toynbee) de "ritmo histórico" y "filiación de las sociedades" (Salgado, *Camino* 59).[34] En otras palabras, la concepción completa de sociedad desde la poesía opera desde un sustrato romántico fundamental relacionado directamente no sólo con las nociones de "pueblo" del romanticismo alemán, sino con estructuras de pensamiento que actualizan los mitos de la antigüedad en el ámbito de la experiencia moderna y de la identidad comunitaria, así como formas de pensamiento pre-seculares que, en el mundo moderno, corresponden a la poesía. En este sentido, la idea de "romántico" no sólo tiene que ver con el romanticismo histórico europeo,[35] sino también con la crítica al romanticismo articulada por Cuesta y discutida en el capítulo 2.

Capítulo cuatro

Si Cuesta entiende a la vanguardia como una forma de actualizar la tradición desde su ejercicio, en Paz, el romanticismo es el recurso permanente a la re-historización de los mitos. En términos efectivos, esto significa que el mito, desde la poesía, es el único espacio de verdadera creación y pensamiento.[36] Por ello, podemos entender que Roberto Hozven identifique en Paz una serie de denominadores comunes entre poesía y política, como la "fijación" del presente, la conciencia crítica y, sobre todo, la autoconcepción de estas dos dimensiones como "actividades no subalternas a una instancia mayor" (247–49). Paz desarrolla un sistema donde poesía y política son nombres para el mismo ejercicio cultural.

Esta concepción tiene un peso tal en la obra de Paz que David Brading ha sugerido que buena parte de la distancia de Paz con la tradición de la Revolución Industrial tiene su base en la secularización implícita en el devenir histórico (30). Uno podría ir tan lejos como para sugerir que buena parte de la distancia de Paz frente al marxismo y la filosofía se funda en una idea similar. En *El arco y la lira*, Paz plantea que "el equívoco de la filosofía depende de su fatal sujeción a las palabras," lo cual se traduce en que "toda filosofía que se sirve de palabras está condenada a la servidumbre de la historia" (30). Dante Salgado ha subrayado que Paz legitima de esta manera al discurso poético para ocuparse de asuntos filosóficos (*Espiral* 45–46). El problema, sin embargo, es más complejo. La crítica de Paz, de hecho, se ubica a contrapelo de la historicidad misma de las palabras, confiriendo a la poesía la capacidad de configurar un vocabulario transhistórico. Esto es lo que Phillips, en la clasificación anteriormente citada, llama el modo semiótico. Esta aseveración tiene consecuencias importantes para la comprensión de Paz y su relación con otras formas de acercarse a la mexicanidad. Es claro, por ejemplo, que el trabajo de Villoro con la noción de "indígena" se basa en el movimiento contrario, es decir, en la radical historicidad de las palabras como forma de constitución de la crítica. En cambio, en la obra de Paz, la autoridad intelectual proviene de la constitución de un espacio supra-histórico de creación y pensamiento, lo llamado por Aguilar Mora "el paradigma del presente eterno" (*Divina* 17). Este paradigma es una ontología en oposición directa a las articuladas por las naciones intelectuales de Reyes, Cuesta y Villoro, en la medida en que implica una aniquilación de la historia como espacio de la transformación social y, para retomar el término de Roland, en la medida en que hace énfasis en una "reconciliación" con el pasado en el presente. Para ponerlo en una frase, "la sonrisa" como utopía histórica y posibilidad revolucionaria está cancelada de antemano en Paz, debido al carácter mítico y transhistórico del lenguaje que, en su concepción, corresponde al corazón de la modernidad.

La obra de Paz, desde estas coordenadas, opera en la postulación de un concepto, que llamará "tradición de la ruptura," constituido, en el fondo, por una lectura de la poesía desde el mito romántico de la inconformidad. Sin embargo, a diferencia de la lectura que Reyes hace del mismo problema en "La sonrisa," esta inconformidad no resulta en el nacimiento de una nueva conciencia, sino en la formulación de una relación tradicionalizada con el pasado. Desde esta forma de ver las cosas, para Paz no es en lo absoluto contradictorio concebir una tradición de la ruptura, inscribirse en ella y después recurrir al mito como fundación de la identidad. De ahí que el mismo pensador que invoca la literatura como discurso de emancipación de las narrativas totalizadoras del Estado sea el que escribe poemas ("Piedra de sol") y ensayos (*El laberinto de la soledad*) que definen identidades arquetípicas: el profundo vaciamiento del signo histórico que proviene del cuestionamiento de la metahistoria sólo puede llenarse, en el esquema de Paz, con el recurso al mito. En su polémico y brillante texto *La divina pareja: Historia y mito en Octavio Paz*, Jorge Aguilar Mora censura el giro al mito como una cancelación de la dialéctica histórica y observa que "uno de los fines últimos del sistema ideológico de Paz es quitarle a la historia su objeto, arrancarle sus encarnaciones," lo que lleva a la constitución de un "paradigma del presente eterno" (17). En otras palabras, el presentismo de Paz en la versión de Aguilar Mora es una reconciliación siempre metafórica que en último término cancela cualquier posibilidad de emancipación y, al vaciar la historia, desautoriza el espacio de cualquier reclamo social. Por ello, Aguilar Mora plantea que "Todo concepto de 'tradición de la ruptura' está basado en creer que la negación del poder institucional es un enunciado irrecuperable porque viene de los dominados y se ejerce sobre los dominadores ("la otredad") (54), lo cual es problemático precisamente porque en la relación entre dominador y dominado, como nos enseña el Reyes de "La sonrisa" desde Hegel, ambos tienen una función en la dialéctica, y la negación de la instancia del dominado implícita aquí cancela lo que Reyes siempre tiene en mente: la lógica del esclavo y el movimiento de la historia. En su acre crítica a *El laberinto de la soledad*, Aguilar Mora sentencia: "Paz prefiere convertir su libro en un *gesto* que entregarlo a la relatividad histórica. La naturaleza de la pasión disidente que lo anima ve así su futuro, así lo ha visto siempre: una metáfora" (*Divina* 54). Y en esta sentencia se ve precisamente las características del proceso de institucionalización: el origen de un pensamiento orgánico al poder que en una irrenunciable paradoja se constituye como una conciencia crítica siempre incapaz de desarmarlo.

Para entender de mejor manera la forma en que Paz realiza una operación de sentido contrario a lo que hemos visto con los autores de "naciones intelectuales," vale la pena detenerse en un instante en "Piedra de sol," incluido en la colección *Libertad bajo palabra*. José Emilio Pacheco ha observado que el poema ocupa un lugar particular en la obra de Paz, dado que se trata de un regreso a una escritura de tema nacional después de su periplo por el surrealismo ("Descripción" 122). El texto, como lo indica el título, es una estructura circular fundada en el calendario azteca. Esta referencia ancla directamente con lo que he venido discutiendo hasta aquí: la constitución del mito como estructura del pensamiento y origen del lenguaje poético y su posterior proyección a la contemporaneidad. El poema manifiesta los principales motivos de la obra de Paz, que he venido mencionando hasta aquí. Vemos en funcionamiento el presente perpetuo como cancelación del futuro —"todos los siglos son un solo instante / y por todos los siglos de los siglos / cierra el paso al futuro un par de ojos" (249; nótese que al futuro, espacio de la utopía, le "cierra el paso" un "par de ojos")— y como testimonio de la destrucción mítica del mundo histórico —"solo un instante mientras las ciudades, / los nombres, los sabores, lo vivido / se desmoronan en mi frente ciega" (249). También se ve claramente la emergencia de un tiempo mítico que suplanta al histórico desde la metáfora de los amantes e instaura una temporalidad originaria muy cercana al mito romántico de la inocencia —"todo se transfigura y es sagrado, / es el centro del mundo cada cuarto, / es la primera noche, el primer día / el mundo nace cuando dos se besan" (254). Finalmente, vemos una actualización de la estructura mítica en el presente cuando el calendario azteca / poema marca un momento preciso en el tiempo que coincide, no sorprendentemente, con el momento que originó el desencanto de Paz con el marxismo ("Madrid, 1937 / en la Plaza del Ángel las mujeres / cosían y cantaban con sus hijos / después sonó la alarma y hubo gritos, / casas arrodilladas en el polvo") que se cancela, una vez más con la emergencia del tiempo mítico marcado por los amantes que redimen, en su acto amoroso, la herencia histórica y el origen mítico de la identidad ("los dos se desnudaron y se amaron / por defender nuestra porción eterna, / nuestra ración de tiempo y paraíso, / tocar nuestra raíz y recobrarnos / recobrar nuestra herencia arrebatada / por ladrones de vida hace mil siglos") hasta que finalmente los sujetos poéticos se disuelven en una comunidad atemporal: "porque las desnudeces saltan el tiempo y son invulnerables, / nada las toca, vuelven al principio, / no hay tú ni yo, mañana, ayer ni nombres, verdad de dos en un solo cuerpo y alma" (253).

En todas estas operaciones[37] se deja ver muy claramente cómo la ontología e ideología de la práctica intelectual de Paz se traducen en una escritura. El lenguaje de Paz es siempre la instancia de mediación entre la temporalidad mítica y el tiempo secular y el vehículo en el cual los conflictos de la segunda (como la violencia de Madrid 1937) se disuelven en la reconciliación de la primera. Esta des-historización del conflicto tiene una función precisa que Monsiváis ha descrito así: "mientras no haya democracia, concentrémonos en la Nación con todo y las mayúsculas del mito" ("El mexicano" 168). Aún cuando Paz se mantuvo siempre distanciado de una ideología del Estado, su poética implica una renuncia abierta a la literatura como espacio de conflicto político, como la concebía el Reyes de "La sonrisa," y apela directamente a la idea de que, dado que la intervención política real es imposible, es mejor detenerse en la identidad. Leonardo Martínez Carrizales ha sugerido que la obra de Paz conduce a la articulación de un "sujeto histórico" que simultáneamente plantea la autonomía del lenguaje literario y el lugar privilegiado del poeta en la plaza pública (*Gracia* 95). El poeta de Paz es la cara contraria del poeta expulsado de la república platónica. El lenguaje de "Piedra de sol" apela, en su materialidad y estilo, a una estructura propia que escapa a los condicionamientos y sujeciones de la historia que Paz achaca a la filosofía. Por eso es tan común en el poema un vocabulario que refiere constantemente a lo "sagrado," lo "eterno," el "tiempo," el "paraíso" y que siempre ata a sus referentes a un espacio exterior al histórico. Simultáneamente, en tanto el poeta invoca momentos conflictivos de la historia —"Moctezuma en el lecho de espinas de su insomnio, el viaje en la carreta hacia la muerte"; "Madero y su mirada / que nadie contestó: ¿por qué me matan?" (258)— y los resuelve en instancias míticas de reconciliación, origen y purificación —"todo se quema, el universo es llama, / arde la misma nada que no es nada / sino un pensar en llamas, al fin humo: / no hay verdugo ni víctima" (259)—, se convierte en el vocero privilegiado de una comunidad constituida en su palabra. "Piedra de sol," en este punto, alegoriza en su estructura poética el rol de caudillo cultural que Paz ejercerá en el siglo XX.

Para poder funcionar en estas dos dimensiones, "Piedra de sol" se concibe, necesariamente, como un poema nacional, es decir, como una obra poética que alegoriza la nación desde un aparato estilístico y referencial que busca aprehender una supuesta esencia /estética del país. Como vimos en el capítulo 1, esta función correspondió en el periodo revolucionario a "Suave patria," mientras que poemas como "Canto a un dios mineral" ejercían una función crítica a esta supuesta negación de la individualidad. La condición que permite a "Piedra de sol" su ascenso a canon del poema nacional es una revisión llevada a cabo por Paz de los precursores. En el caso de López Velarde, Paz desautoriza sutilmente la posición de "La suave patria" al reubicarlo dentro del sistema de signos de la poesía nacional y cuestionar su centralidad dentro de la obra misma del zacatecano. De esta manera, Paz lee la nación de López Velarde como "[p]atria diminuta y enorme, cotidiana y milagrosa como la poesía misma, el himno con que la canta López Velarde posee la autenticidad y la delicadeza de una conversación amorosa" (*López Velarde* 83). Lo que "Suave patria" pierde en esta caracterización es su relación irónica con la poesía nacionalista y con la nación misma. Paz borra esta dimensión, que discutí en el capítulo 1, y plantea al poema como un canto de amor a la nación. La "épica sordina" de López Velarde opera en Paz de una manera inversa. Si el zacatecano toma el discurso grandilocuente del romanticismo mexicano y lo reduce a una patria "íntima" y menor representada por el Cuauhtémoc inscrito en la moneda, Paz interpreta las imágenes cotidianas del poema como si estuvieran constituyendo un mito de la nación. Paz atribuye a la poesía de López Velarde ("cotidiana y milagrosa") una dimensión mítica que no existe. De esta manera, el gran poema nacional de la época posrevolucionaria se convierte en preludio al poema de Paz. López Velarde transforma lo cotidiano de la patria en mito menor, desde la figura de los enamorados de la provincia, mientras Paz se encarga en forjar desde ella un mito mayor que reverbera de vuelta hacia los amantes, esta vez manifestados como figuras sagradas y transhistóricas.

En cuanto a Cuesta, Paz recurre directamente al borramiento. En su prólogo a *Poesía en movimiento*, la antología de 1966 que, bajo su dirección, rehace el canon poético de la primera mitad del siglo,[38] Paz apuesta a la definición de una "tradición de la ruptura" como criterio de definición de los autores a incluir. En este concierto, Cuesta es deliberadamente excluido: "No faltará quien nos reproche la ausencia de Jorge Cuesta. La influencia de su pensamiento fue muy profunda en los poetas de su generación y aún en la mía, pero su poesía no está en sus poemas sino en la obra de aquellos que tuvimos la suerte de escucharlo" (9). En estas frases se deja ver el mecanismo con que Paz construye su canon: la exclusión a modo de elogio. En esta frase, Paz reconoce la influencia que Cuesta tendrá en su pensamiento político (la noción de intelectual a la Benda), mientras le niega estatuto como precursor poético. En tanto "Canto a un dios mineral" es un poema de radical ruptura con la aspiración nacional y con la aspiración mítica (a diferencia de, por ejemplo, "Muerte sin fin" de Gorostiza, que tiene una reflexión más religiosa del sujeto y momentos de apropiación de la cultura popular), su exclusión del canon se convierte en un imperativo para la legitimación de la genealogía de Paz. La representatividad de "Piedra de sol" como poema nacional depende del borramiento de aquellas obras cuyo quehacer estético no desemboca en la poética de Paz.[39]

Con estas operaciones, Paz construye una voz literaria autorizada simultáneamente desde el rol transhistórico del poeta

Capítulo cuatro

romántico y desde un lugar privilegiado como desembocadura de la tradición nacional. Esta voz es la que impera en *El laberinto de la soledad*. En este punto se puede hacer claro que, pese a sus genealogías comunes (Samuel Ramos entre ellas), el poema de Paz lleva a cabo una operación diametralmente opuesta a la de Hiperión. Todos los filósofos de este grupo, incluido Uranga, tenían una conciencia clara de la existencia histórica del mexicano. *El laberinto* funciona en niveles diversos cuyo denominador común es la desaparición de un sujeto históricamente localizado. Lo que tenemos son figuras típicas como el pachuco, mitos de lo nacional actualizados en la supuesta psique de los mexicanos (como la Virgen de Guadalupe), un inconsciente colectivo que equipara la identidad popular con un estado adolescente de soledad y alienación, un conjunto de prácticas (como las máscaras o el día de muertos) que expresan una conexión mítica con el pasado o, a la manera del relajo, una forma velada de inferioridad nacional y un largo y detallado recuento histórico donde desaparece el sujeto histórico para dar paso a un recuento de sucesos.[40] En suma, la interpretación de los hechos históricos y culturales es siempre reducible a lo mítico. La reducción de los problemas nacionales a formas y mitos que "reprimen al mexicano y lo privan de intimidad" o "reprime el sentido original de comunión sagrada" (Santí 191). Por otra parte, el mito deja a un lado la historicidad del discurso nacional, para construir una entelequia mítica cuyo espacio es compartido azarosamente por figuras históricas y personajes míticos, ambos vinculados a una identidad nacional eterna.[41] En otras palabras, *El laberinto de la soledad* anula los intentos de Hiperión por definir a lo nacional precisamente al borrar esa subjetividad histórica y la ulterior conciencia política emergente de ella. En este sentido debemos leer la supresión de las relaciones históricas entre sujetos, ya señalado por la crítica. José Manuel Valenzuela plantea que "Paz habla de "el mexicano," sin observar los hilos finos que tejen las interacciones sociales y los diferentes ámbitos identitarios donde se expresan estas relaciones" (104). Esto quiere decir, básicamente, que la noción del mexicano de Paz es sólo posible con el borramiento de los conflictos de clase, de raza, de género, que componen a una sociedad. La nación reconciliada de Paz es la sublimación del conflicto, de la resistencia, de la inconformidad, por la identificación con el mito.

"Ser nacional" y filosofía

Para concluir el recorrido por Octavio Paz, vale la pena resumir lo dicho hasta aquí con lo planteado por Rubén Medina: "Paz considera la historia mexicana en un ámbito puramente mítico y arquetípico, como un mero escenario donde el 'ser' experimenta una serie de traumas y situaciones, sin una verdadera interacción con las circunstancias históricas actuales." Esto, continúa Medina, habla de que en Paz "se postula una afirmación y negación de la historia: negación del proceso histórico, de las determinaciones y contradicciones sociales, psíquicas, filosóficas, políticas que viven los hombres y las mujeres en el México de los cuarenta; afirmación de la historia en su dimensión arquetípica existencial (soledad del ser, orfandad, fascinación por la muerte, búsqueda de comunión)" (149). El ciclo de las naciones intelectuales comenzó con la idea de un pensamiento que radicalizará la idea de la Revolución y que permitirá entenderla como la base de una emergencia de la conciencia. Reyes, Cuesta, Gaos, Villoro, cada uno a su manera, imaginaron una utopía política de libertades, encarnada en la conciencia revolucionaria de la sonrisa del esclavo o la alianza de clase entre indígenas y mestizos y en la proyección de una república platónica que habita en el ágora grecolatino o en la república liberal. La obra de Octavio Paz significa el cierre de este ciclo en tanto denota su cancelación. Si la obra de las naciones intelectuales significó hasta este momento la alegorización de la posibilidad utópica de lo revolucionario, la obra de Paz es el punto más acabado de su institucionalización, del proceso en el cual la cultura se desactiva políticamente y se convierte en un elemento más al margen de la hegemonía del Estado. Hacia 1950, el pensamiento verdaderamente crítico se encuentra confinado en las instituciones académicas, mientras que en la esfera pública se consagran los mitos que los mexicanos comienzan a creer como propios. El sueño de emancipación intelectual de Reyes y los hiperiones, y que Paz parece reflejar, queda reducido a una caricatura. *El laberinto de la soledad*, a la fecha, "ofrece al lector metropolitano una imagen viva y complaciente de su universalidad" (Medina 151)

La reconciliación formal implícita en la obra de Paz no puede contener la violencia y el conflicto expresados por Reyes o por Villoro. Esos excedentes, esos momentos de creación y resistencia que no pertenecen al mito paciano se mantienen latentes en el inconsciente cultural del país. Tras la máscara de identidad

Capítulo cuatro

manifestada por Paz, así como tras la máscara de modernidad propagada por los regímenes poscardenistas, se mantiene el rostro de un país lleno de conflictos, y la necesidad latente de una literatura y una cultura que dé cuenta de ellos. En su capítulo sobre las máscaras, Paz critica el mimetismo del mexicano respecto a otras culturas. En un acto de suprema ironía, el máximo mimetismo será el del Estado que, bajo el alemanismo, amplía su voluntad de modernización norteamericanizada. En el espacio de este mito de lo nacional, la realidad irrumpe siempre para destruir un sistema que, por un momento, pareció suspenderse, como los mitos de Paz, por fuera del tiempo.

A manera de conclusión

Por una historia crítica de la literatura mexicana

En la introducción a su libro *La jaula de la melancolía,* Roger Bartra plantea uno de los puntos centrales de la agenda crítica en el México actual: "me parece que los mexicanos debemos deshacernos de esta imaginería que oprime nuestras conciencias y fortalece la dominación despótica del llamado Estado de la Revolución mexicana" (17). Si bien estas palabras fueron escritas unos diez años antes de la caída electoral del régimen priísta, la instancia estatal que por siete décadas mantuvo su legitimidad en parte por la imaginería de la que habla Bartra, las persistencias del "nacionalismo revolucionario" en el terreno cultural siguen siendo múltiples. La fábrica de imaginarios e identidades que se desarrolló durante los años del gobierno de la Revolución, tanto con el fomento del Estado como en la reproducción de sus ideologías en espacios del campo de producción cultural, sigue siendo el punto de partida en los estudios mexicanos actuales. México continúa presentándose hacia dentro y hacia el exterior el espacio del mestizaje, el país productor del muralismo y las películas de charros definido por *El laberinto de la soledad*. Entre los muchos indicadores que se pueden invocar de la enorme legitimidad que los estereotipos de "lo mexicano" discutidos en el capítulo 4, reproducidos hasta la náusea, siguen teniendo hasta hoy, basta recordar que *El laberinto de la soledad*, a 56 años de su publicación, es el libro de ensayo literario más vendido en México y posiblemente el libro sobre México más enseñado en el extranjero. Detrás de un conjunto increíble de estereotipos como el pachuco, que desapareció décadas atrás, nos enteramos que "el mexicano" es un hipócrita que se esconde tras la máscara y el disimulo, un estoico al que la muerte le es indiferente, mientras que la mujer es "enigmática."

Conclusión

Esta supervivencia es tan sólo un síntoma de la enorme perseverancia que los mitos que inventaron la historia y la cultura oficial en México, mitos fundados en el racismo, el estereotipo y la mitificación muchas veces despolitizadora de la historia, siguen disfrutando pese a las enormes transformaciones políticas y sociales de los últimos veinte años. Para comprender el rol que sigue jugando este sistema de pensamiento en la concepción de México dentro y fuera del país, hay que tener presente que, incluso en estudios críticos escritos por fuera de las lógicas de poder específicas al campo literario mexicano, la idea de la identidad sigue teniendo un peso profundo. Por ejemplo, en un libro de 2004, Kathryn Quinn-Sánchez, reconociendo el hecho de que las identidades son el resultado de un proceso de negociación cultural, sigue aceptando la idea de la identidad mexicana como "an ongoing battle between an authentic self and a mask" ["una batalla continua entre una identidad auténtica y una máscara"] (3). Esta forma de pensar, pese a operar desde una distancia crítica impensable en décadas anteriores, sigue predicada en términos de una identidad auténtica que se resuelve en el reconocimiento de una "pluralidad de Méxicos" (182), sin cuestionar en demasía la trama de las narrativas culturales canónicas del país. Como ha demostrado Floyd Merrell en *The Mexicans: A Sense of Culture*, el problema de pensar a México no sólo pasa por la comprensión que se pueda tener de una cultura a través de las mediaciones que configuran textos como los analizados por este libro. La identidad que ha dominado a México por muchos años es el resultado de un conjunto de expresiones históricas profundas, que dejan huella incluso, tal como se ve a lo largo del libro de Merrell, en el lenguaje. En este sentido, quizá la ahora perdida pista del Hiperión, con su profundo énfasis en la historicidad de la identidad, puede ofrecernos alternativas al persistente debate de la autenticidad, cuyas ramificaciones políticas actuales no sólo conciernen a la hegemonía del poder político en México, sino a los enormes retos que la cultura chicana y mexicano-americana representan para los debates del mexicanismo.

La idea de las "naciones intelectuales" se inscribe en el proyecto de cuestionar la centralidad y canonicidad de estas producciones culturales. Este proyecto ha sido emprendido desde varias trincheras de la crítica literaria y cultural. En México,

Conclusión

después de Bartra, han venido pensadores como Claudio Lomnitz-Adler o Luis Villoro, quienes reintrodujeron en los noventa la pregunta por lo regional en su relación problemática con la nación. En la crítica literaria, especialmente desde la academia norteamericana, los estudios de género han recuperado un importante número de voces canceladas por el insidioso mito de la virilidad que se afincó en la cultura nacional desde el debate de 1925. Sin embargo, estos nuevos retos parten de la misma premisa: la centralidad de figuras constructoras del nacionalismo revolucionario y sus ideas nunca queda en entredicho. Sea por la preferencia de la marginalidad como criterio estético o por el cambio de focos de la nación a la región, pocas veces la crítica ha apuntado al cuestionamiento de la centralidad de estas tradiciones en la constitución del pensamiento crítico mexicano. Mientras tanto, un fascículo reciente de *Letras Libres*, la revista cultural más importante de México, incluye un artículo de Miguel León-Portilla en que Tlacaélel, un supuesto poeta precolombino, parte del panteón nacional priísta, es ensalzado como un intelectual que gobernó con justicia. La descripción de León-Portilla habla por sí misma: el nombre del sabio príncipe precolombino significa "varón esforzado" o, "en su versión más literal, 'entrañas de macho.'" Además de su virilidad, expresada en la mejor tradición intelectual de los virilistas del 25, el rey era pensador: "Como ideólogo, hizo posible la formación de una nueva imagen del ser de los mexicas." Este anacronismo, llamar ideólogo a una figura mítica de tiempos precolombinos, se acompaña de otros más grandes, ya que, según nos informa León-Portilla, si viviera Tlacaélel daría sabios conceptos a Vicente Fox sobre el gabinete y la guerra contra el terrorismo (León-Portilla). Si pudiera describir en una frase la finalidad de pensar las naciones intelectuales y el lugar de la literatura mexicana como instancia política, ésta sería proponer una tradición crítica donde semejantes utilizaciones delirantes del mito nacional para el impulso de una política que reproduce los principios del priísmo dejen de ser centrales y legítimas.

En la introducción defino "naciones intelectuales" como "una construcción discursiva, propuesta desde el 'campo literario,' que en el momento de su enunciación ocupa una posición no hegemónica con respecto al campo de poder, y que imagina formas 'otras' de concebir 'lo nacional,' que se diferencian en

Conclusión

distintos niveles de las constituidas por la hegemonía estatal" (1). Este libro se ha enfocado primordialmente en el estudio de textos literarios precisamente porque la tradición que me interesa cuestionar tuvo un lugar importante de constitución en la literatura y porque la literatura produjo también varios instrumentos críticos para contravenirlas. En el contexto de lo que he venido exponiendo hasta aquí, me gustaría condensar mi proyecto en una serie de preguntas que el presente trabajo ha buscado responder: ¿Cuáles son las consecuencias de pensar una tradición dónde la fundación no radique en los mitos de la virilidad de Jiménez Rueda y Abreu Gómez sino en el intento de una cultura crítica y no siempre afirmativa de Jorge Cuesta? ¿Cuál es el potencial crítico de la idea de mexicanidad cuando se define no desde la fijación mitificadora de Octavio Paz sino desde la cuidadosa historización emprendida por Luis Villoro? ¿Cuáles son las contribuciones de las naciones intelectuales al debate cultural y político actual en México? En la respuesta a estas preguntas radica el interés potencial de investigaciones como la que he intentado realizar en este libro.

    Me parece que al descentrar, por medio de categorías como "naciones intelectuales," las narrativas canónicas de la literatura mexicana, se puede vislumbrar un espacio de pensamiento de México fuera de las recurrencias del mestizaje y los estereotipos. Creo que este espacio de pensamiento cada día se vuelve más necesario como el contrapeso a las tentaciones de un campo literario de reconstituirse como punto privilegiado de enunciación de nuevos mitos de lo nacional. A partir de esto, me interesa pensar la categoría de naciones intelectuales como parte de la constelación de instancias críticas que han permitido algunas deconstrucciones del discurso nacionalista en México, como "jaula de la melancolía" o "salidas del laberinto." Pienso en la tradición que propongo como un paso en una tradición crítica, que ha incluido figuras como los muy mencionados Jorge Aguilar Mora y Evodio Escalante, que se negaron a reproducir las ideas sobre lo que debía ser la literatura nacional.

    Jorge Cuesta, el primer gran crítico tanto de la Revolución como de lo nacional, a quien dediqué el capítulo 2, se dio cuenta de la importancia de resistir las tipificaciones esencializadoras: "La naturaleza es la costumbre, y la costumbre es la conformidad. Todo naturalismo es estrictamente, un conformismo. Y en

Conclusión

ningún conformismo puede verse nunca una revolución." Dentro de una idea cuestiana de la tradición como aquello que se vive y no que se preserva, las naciones intelectuales no son más que la tradición de los que se opusieron al conformismo. Quizá el mejor ejemplo de esto fue José Revueltas, el más pesimista entre los pesimistas, que, desde los años cuarenta, resistió el momento de mayor cierre discursivo tanto del lado del campo de poder como de la trinchera comunista a la que pertenecía y encontró en su literatura una forma de constitución de un lenguaje crítico que dio forma en el imaginario, de una manera mucho más compleja y productiva que la jerga leninista del PCM o la retórica vacía del PRI, a aquellos desposeídos que ni siquiera eran pensables desde los discursos políticos tradicionales.[1] Hasta los últimos momentos de su vida, Revueltas, ante todo un novelista y narrador, bregó con formas de pensar la política y lo político más allá de los consabidos lugares comunes, que, en México, sirvieron sólo para justificar matanzas como Tlatelolco y sus secuelas.

La emergencia del EZLN, el primero de enero de 1994, dio una nueva vigencia a la figura del escritor en el espacio público del país. Hasta este momento, el proceso de cooptación de los intelectuales literarios había alcanzado puntos sumamente complejos, como la formación del Consejo Nacional para la Cultura y las Artes, cuya labor incluye un número deslumbrante de becas, premios y estructuras de publicación nunca imaginadas por Cuesta o cualquier intelectual de los años treinta.[2] Sin demeritar las ventajas de la profesionalización literaria, queda claro que el espacio que permite a los intelectuales pensar por fuera de las coordenadas impuestas por un campo literario en el cenit de la institucionalización es muy reducido. Ciertamente, el movimiento zapatista opera políticamente dentro de coordenadas tradicionales del discurso político en México, como demuestra su apelación nada menos que a los derechos políticos de la Constitución de 1917 (Ejército Zapatista 34). Recientemente, Kristine Vanden Berghe publicó un extenso estudio, titulado *Narrativa de la rebelión zapatista*, en el cual destaca no sólo el enorme peso que tiene la figura de escritor en la construcción de la figura del Subcomandante Marcos, sino también la manera en la que el zapatismo ha utilizado una tradición literaria particular para darle forma a su discurso político, a sus utopías, a lo que

Conclusión

sin dudas debería llamar su nación intelectual. Como demuestra Vanden Berghe, el discurso de Marcos y el zapatismo tiene relaciones directas con tradiciones como el cervantismo,[3] el realismo mágico, así como las obras de Borges y García Lorca, por no hablar del *Popol Vuh* y la tradición literaria maya. En el fondo, Marcos es un afluente del legado cultural que he explorado en este trabajo. Hay que recordar, como plantea Hermann Herlinghaus, que la obra de Marcos significa importantes aperturas en la noción misma de autor (220–49), y queda por ver si el trabajo de Marcos tendrá efectos comparables en el *ethos* literario al que tuvieron, en su momento, Revueltas o Cuesta. Ciertamente, mientras las dos revistas literarias más importantes del país, *Letras Libres* y *Nexos*,[4] siguen siendo dos foros fundamentales de debate político, queda claro que la función pública de la literatura sigue teniendo mucho que ofrecer y la vena construida por el Subcomandante Marcos es sólo una de las posibilidades de un sistema mucho más complejo.[5]

Revisar la tradición literaria mexicana, como lo he intentado hacer en este libro para la primera mitad del siglo XX, es también un llamado a la renovación de la práctica literaria del país, buscando dar mayor atención a la dimensión política de los momentos de configuración literaria que han definido a los autores actuales. Esta tarea es de particular urgencia, sobre todo cuando uno lee, en los últimos años, novelas producidas desde paradigmas estéticos muy distintos, incluso opuestos, coincidiendo en una crisis de la noción del intelectual literario. Vemos, por un lado, perspectivas nostálgicas como la presentada por Pedro Ángel Palou en *Paraíso clausurado*, en la cual narra los últimos años de vida de un poeta, Juan Gavito, cuya fijación por las formas de la alta literatura son presentadas con la nostalgia por algo que se ha perdido y con un trágico sentido de anacronismo que permea las palabras del narrador, Eladio, discípulo del poeta, y, no es de extrañarse, crítico literario.[6] Por el otro, en un espectro literario completamente diferente, Guillermo J. Fadanelli presenta en *Lodo* una narrativa lumpen, muy cercana a la de Revueltas, donde un viejo profesor de literatura se enamora de una joven empleada de un minimercado, de la cual es cómplice en un asesinato. La *reductio ad absurdum* de la figura del escritor en Fadanelli, cuya corriente literaria se llama, no sorprendentemente, "literatura basura," habla de un vaciamiento de la literatura frente a la emergencia de textualidades urbanas, subterráneas que parecen volverla irrelevante. Este movimiento, me parece, debe ser resistido, no porque haya que reclamar para la literatura un lugar de privilegio, ni porque esas nuevas textualidades carezcan de valor cultural, sino porque, si algo queda de la investigación llevada a cabo de este trabajo, es que mantener la opción política de la literatura abierta puede ser, en momentos de cierre discursivo como el vivido por Cuesta, uno de los pocos, fundamentales, caminos de salida.

Quizá habría que valorar, a la luz de la presente investigación, los intentos de escribir una novela política mexicana fundada en una lectura cuidadosa de la tradición y en una actualización, me atrevería a decir cuestiana, de ella en el contexto de los discursos culturales de hoy. No es casual que dos de las primeras novelas de los autores que unos años después formarían al *crack* estaban basadas en la figura de dos Contemporáneos: *En la alcoba de un mundo* del citado Pedro Ángel Palou, en Xavier Villaurrutia y *A pesar del oscuro silencio*, de Jorge Volpi, en Jorge Cuesta. Tampoco es coincidencia que Volpi haya escrito en *El fin de la locura* una crítica novelada al poder, basada en la carnavalización del discurso estructuralista (la escena clave del libro es un psicoanalista lacaniano que, tras analizar a Carlos Salinas de Gortari, el presidente del neoliberalismo, visita también a Marcos).[7] Quizá el ejemplo más significativo en fechas recientes es *El testigo* de Juan Villoro, novela ganadora del Premio Herralde de Novela 2004. Esta novela narra el regreso al México post-PRI de un intelectual que ha estado fuera del país por varios años, enseñando en Francia. El regreso implica para el personaje, Julio Valdivieso, la conjura de varios fantasmas, entre ellos la guerra cristera, con la cual tiene un vínculo familiar, y la figura de López Velarde, presentada como parte de otro periodo de transición, el revolucionario, mientras se enfrenta a una nueva política caracterizada por la violencia urbana, las deudas de la Revolución y un sentido de conspiración en la política. En esta descripción, se puede ver buena parte del rompecabezas literario de Villoro: la recuperación de López Velarde, figura fundadora de los discursos que he estudiado en este libro, la reactivación del fantasma de la guerra cristera y, más importante que todo, la reactivación de estas tradiciones literarias en un contexto cultural y político que aún

Conclusión

carece de sentido. Aquí podemos ver ya una crítica al poder. Si la tecnocracia que dominó al país se legitimó a sí misma como una "democracia dentro de la razón,"[8] libros como el de Villoro hablan de la sinrazón que domina un mundo gobernado con el mito de un progreso que sigue excluyendo a los marginados y que sigue sujeto a contradicciones, algunas de ellas más profundas que nunca antes. En cierto sentido, con Julio Valdivieso, el protagonista, Villoro ha puesto en el centro de la cuestión la pregunta por un país que ya no tiene guías fuertes y reclama para la tradición literaria y cultural un intento de definición. Por supuesto, no tengo nostalgia alguna por la enorme regulación del discurso crítico literario emergida después de la publicación de *El laberinto de la soledad*. Sin embargo, en la medida en que el proceso revolucionario y la consolidación institucional del campo literario suscitaron también espacios sin precedentes de pensamiento crítico, me parece que una de las salidas a la decreciente influencia de la literatura en la esfera pública mexicana se encuentra en el cuidadoso estudio de dichos espacios.

Uno de los dichos más conocidos de Alfonso Reyes, proveniente de su "Discurso para Virgilio," reza: "Quiero el latín para las izquierdas, porque no veo la ventaja de dejar caer conquistas ya alcanzadas" (*Obras* 11: 160). El punto de Reyes era que el "latín," la tradición clásica, tenía un potencial político fundamental, sobre el cual las izquierdas y las causas progresistas podían construir. En el fin de siglo, quizá cabría decir lo mismo para la literatura: recobrar lo literario para las izquierdas, porque no hay ventaja alguna en dejar caer el legado de Reyes, de Cuesta, de Gaos, de Villoro, de Zea, de Revueltas y de muchos otros que han hecho el esfuerzo de imaginar formas distintas de la nación. Este trabajo fue hecho en los últimos años del foxismo y en la víspera de la elección de 2006. Desde una nueva trinchera política como esta, la literatura sigue teniendo el potencial de producir esas formas alternativas de concebir la nación y de hablar la verdad al poder, para evitar volver a caer en esa tentación hegemónica que duró setenta años. En la capacidad crítica de leer a la literatura en este sentido y en mantener la vigencia política de sus tradiciones radica buena parte de las naciones intelectuales del futuro.

En un libro reciente sobre la "razón populista," Ernesto Laclau habla del delicado equilibrio que sustenta la emergencia de un "pueblo":

> If institutional differentiation is too dominant, the equivalential homogeneization that popular identities require as the precondition of their constitution becomes impossible. If social heterogeneity [...] prevails there is no possibility of establishing an equivalential chain in the first place. But it is also important to realize that total equivalence would also make the emergence of the "people" as a collective actor impossible. An equivalence which was total would cease to be equivalence and collapse into mere identity: there would no longer be a chain but a homogeneous, undifferentiated mass. This is the only situation contemplated by early mass psychologists, to which they wrongly assimilated all forms of popular mobilization. (*On Populist Reason* [*De razón populista*] 200) [25]

Leída a la luz mi análisis, esta aseveración describe la manera en que debemos inscribir la literatura en las formas de producción de identidades políticas. En efecto, el error en el que incurrieron los nacionalistas posrevolucionarios, cuyo punto más alto son Paz y el Hiperión, fue partir de la premisa de que un pueblo mexicano era sólo posible por una identidad psicológica común. Lo que la reflexión de Laclau ilustra es que esas formas de entender a la nación, algunas de las cuales, como la de Portilla, tenían genuinas intenciones políticas, eran un profundo naufragio de lo político, puesto que su homogeneización significaba una aniquilación simbólica del conflicto y una forma de disolver el potencial transformador movilizado por la Revolución Mexicana. En la medida en que grandes sectores de la población se identificaron con una imagen de sí misma que venía del cine, del muralismo, de la música popular, de las filosofías de lo nacional y de muchas otras fuentes, este "ser mexicanos" era una de las maneras a través de las cuales el poder del Estado pudo aniquilar tan eficientemente la resistencia. Si de algo sirvieron las naciones intelectuales, fue para la imaginación de formas alternativas de constitución del "pueblo" desde premisas radicalmente diferentes a la del psicologismo barato que inundó los autorretratos del país por décadas. Por ello, es crucial reconocer que uno de los autores que denunció con mayor fuerza esta situación fue el escritor más politizado del siglo XX mexicano. A diferencia de los epígonos del estalinismo que lo rodearon, José Revueltas comprendió que un frente político tenía siempre que hacerse la pregunta por todos los sectores de la sociedad, sobre todo por los sectores más abyectos, porque una revolución que no representara a los más desposeídos

Conclusión

carecía de sentido. Y esos desposeídos, queda claro, no existen en *El laberinto de la soledad*.

La perspectiva de Laclau nos deja ver también que el camino de dispersión tomado por la literatura mexicana en los años ochenta y noventa puede ser también una forma de callejón sin salida. Las exclusiones del sistema priísta generaron una explosión de identidades, y la política mexicana ha sido el resultado, en parte, de un conjunto de grupos que defienden agendas fundamentales, pero mucho más acotadas que la de los movimientos que condujeron a la Revolución. Los movimientos gay, el feminismo, la reivindicación de la identidad y la cultura indígena de parte del zapatismo, la poderosa, y violenta, emergencia de la frontera como espacio de figuración social, son todos el resultado del silenciamiento de sectores por la hegemonía y que, con las aperturas resultantes del 68, comenzaron a tomar forma y a articularse a la sociedad civil. Hoy en día, la sociedad civil es el mito mayor del país, el espacio donde toda perspectiva vale y la tribuna donde se juzga al Estado. Esto, por supuesto, es una ganancia considerable respecto a años anteriores, pero también es cierto que los movimientos políticos sociales de los últimos años, salvo muy contadas excepciones,[9] no tienen la fuerza política que se alcanzó en el 68. Esta fragmentación permite, quizá, imaginar cómo se verían las naciones intelectuales de los próximos diez años. En vez de la celebración del carnaval de la diferencia, cuyo valor político en México se desvanece poco a poco en el aire, tal vez las naciones intelectuales del futuro sean capaces de inventar formas distintas del "nosotros" políticos, espacios comunes que tomen en cuenta los avances de los últimos años y puedan darles forma en nuevas figuraciones literarias. Las teorizaciones más recientes sobre México, sobre todo en los últimos trabajos de Carlos Monsiváis, parecen encaminarse hacia esta dirección,[10] pero falta todavía un gesto más profundo desde la literatura y desde el pensamiento cultural. El *impasse* al que apuntaban los textos de Fadanelli y Palou debe romperse imaginando nuevas formas de ser intelectual y de hablar al poder, como hicieron Cuesta y Revueltas o como en nuestros días hace Monsiváis. Solamente desde esa posición se puede construir el "pluralismo agónico" del que habla Chantal Mouffe,[11] una diversidad que se materializa en el conflicto y a partir de la cual se puede construir un frente común que no se disuelva en identidad. Si la historia es un indicador preciso, es claro que éste es el camino que permitirá a la literatura seguir siendo el espacio de pensamiento alternativo que ayudó a encaminar al país a la transición política, puesto que requiere las dos reinvenciones fundamentales que caracterizaron a los momentos más importantes del recuento que presenta esta investigación: la construcción de un imperativo intelectual y la configuración de formas de ser nación por fuera de las identidades y en estructuras distintas a las prevalentes en el discurso. En la época de las identidades sueltas, mutuamente excluyentes y en el momento en cual la atomización resultante de esto amenaza con desactivar el potencial político común manifestado en movimientos sociales como el zapatismo, la defensa de Andrés Manuel López Obrador contra el desafuero o la oposición a la privatización petrolera, la literatura tiene un espacio invaluable para reinventarse, y la identificación de aquellos textos y autores que puedan significar algo relevante para las nuevas esferas públicas es un imperativo ético que queda para la crítica. En esta misión se abre la disyuntiva actual para la crítica literaria en y sobre México: la formación de un proyecto intelectual en los términos ofrecidos por una situación sin precedentes en el país o el camino inequívoco hacia la irrelevancia.

Apéndice

Traducciones

Los números en corchetes de las citas en inglés y francés presentes en el libro se corresponden con estos de las traducciones. Todas las traducciones son mías.

Introducción

1   ha operado en espacios sociales distintos a los del nacionalismo, empleando prácticas sociales diferentes. (Bhabha, *Nation* 138)

Capítulo uno
De la nación a la literatura nacional: Los orígenes del campo literario mexicano (1917–1925)

2   las formas en que un poder gobernante obtiene el consentimiento de su gobierno de parte de aquellos que subyuga. (Eagleton, *Ideology* 112)

3   desde el nivel indecidible de apertura no totalizable al nivel decidible del discurso ... El juego del significado dentro del discurso y la subversión del discurso de parte del campo de la discursividad. (Torfing 102)

4   involucra la expansión de un discurso particular de normas, puntos de vista y percepciones a través de redescripciones persuasivas del mundo. (Torfing 302)

5   el grupo social o clase que es capaz de formar su propio conocimiento particular y sistemas de valor, y de transformarlos en concepciones generales del mundo universalmente aplicables, es el grupo que ejerce el liderazgo intelectual y moral. ... concepciones del mundo universalmente aplicables ... (Fontana 140)

6 no es una ideología compartida, sino un material común y un marco significativo para vivir en, hablar de y actuar sobre órdenes sociales caracterizados por la dominación. (Roseberry 361)

7 Los trozos, remiendos y harapos del tejido de la vida diaria deben convertirse repetidamente en los signos de una cultura nacional coherente, mientras que el acto mismo de performance narrativo interpela a un círculo creciente de sujetos nacionales. (Bhabha, *Nation* 209)

8 es solamente en esta relación entre conciencias de sí que se actualiza la vocación del hombre, aquella de encontrarse a sí misma en el ser, de hacerse ser. (Hyppolite 161)

9 Reyes, en un gesto similar que incorpora la filología española, supera las categorías de sus colegas al identificar la modernidad literaria y filosófica con el *ethos* de sujetos románticos que no son parte de la elite, localizada en el pasado o en un presente arcaico y pintoresco. En ambos casos, Reyes crea una visión de la Cultura que complemente y, por ende, legitima la acción de su Estado liberal inspirado por Hegel. (Conn 134)

Capítulo dos
El alquimista liberal: Jorge Cuesta y la invención del intelectual

10 las contranarrativas de la nación que continuamente evocan y borran sus límites totalizantes —tanto reales como conceptuales— alteran esas maniobras ideológicas a través de las cuales se dan identidades esencialistas a las "comunidades imaginadas." (Bhabha, *Nation* 213)

11 La posición del escritor o artista "puro," como la del intelectual, es una institución de la libertad, construida contra la "burguesía" [...] y contra las instituciones —en particular contra las burocracias estatales, academias, salones, etc. —a través de una serie de rupturas, parcialmente cumulativas, pero a veces seguidas por regresiones, que muchas veces han sido hechas posibles a través de la desviación de los recursos del mercado —y por tanto de la "burguesía"— y aún de las burocracias del Estado.

Debido a su intención objetivamente contradictoria, existe solamente en el nivel más bajo de la institucionalización, en forma de palabras (la "vanguardia" por ejemplo) o modelos (el escritor de vanguardia y sus acciones ejemplares) que constituyen una tradición de libertad y crítica, y también, pero sobre todo, en la forma de un campo de competencia equipado con sus propias instituciones [...] y articulados por mecanismos de competencia capaces de proveer incentivos para esfuerzos emancipatorios. (Bourdieu, *Field* 63)

12 al fondo de la retórica combativa del trabajo básicamente muy conservador de Benda se encuentra esta figura del intelectual como distinto, alguien capaz de hablar la verdad al poder, un individuo malhumorado, elocuente, fantásticamente valiente y enojado para el cual ningún poder mundano es demasiado grande o imponente para ser criticado y retado de manera intencionada. (Said, *Representations* 8)

Capítulo tres
Hispanidad, occidentalismo y las genealogías del pensamiento nacional: Alfonso Reyes, José Gaos y la fundación de las instituciones educativas

13 El occidentalismo, en otras palabras, es el imaginario político global del sistema-mundo moderno/colonial, al cual se agregó el orientalismo en su primera transformación radical. (Mignolo, *Local Histories* 59)

14 un intento virtualmente de ver el desarrollo de la cultura occidental casi en el último momento en que dicha cultura aún tenía su integridad y coherencia civilizacional [...]. El objetivo era una síntesis de la cultura occidental en la cual la síntesis misma era tan importante como el gesto mismo de hacerla. [...] El particular discreto fue por tanto convertido en un símbolo altamente mediado del proceso histórico mundial. (Said, *Orientalism* 258–59)

15 El occidentalismo por tanto dirige la atención al devenir-moderno del mundo y al devenir-occidente de Europa de tal forma que la modernidad occidental gradualmente se estableció como la forma privilegiada, si no hegemónica,

de socialidad, atada a una ambición universalizante y totalizante. El occidentalismo indica una genealogía del presente que reconstruye una trayectoria particular de la modernidad, infringida por el hecho del colonialismo y del capitalismo. (Venn 19)

16   una síntesis de la cultura occidental en la cual la síntesis misma era tan importante como el gesto mismo de hacerla. (Said, *Orientalism* 259)

17   Por un lado, estas facultades participan en el campo científico, y por tanto en la lógica de la investigación —con la consecuencia de que el reconocimiento intelectual constituye la única forma de capital y ganancia específicamente suya; por otro lado, en tanto son instituciones encargadas de la transmisión de la cultura legítima y comprometidas por este motivo con una función social de consagración y conservación, se trata de lugares de poderes sociales específicos que tienen igual derecho que los profesores de derecho y medicina a contribuir a las estructuras más básicas del orden social. (Bourdieu, *Homo academicus* 74)

18   arte burgués caracterizado por la auto-contención y una interioridad racional psicológica jamesiana. (Conn 92)

19   El humanismo es el logro de la forma por la voluntad y agencia humanas [y] las humanidades tienen que ver con la historia secular, los productos de la labor humana, la capacidad humana de articular expresión. (Said, *Humanism* 15)

20   "Ser humano significa sentirse inferior" —esta es una de las percepciones más importantes de Adler. Todos los seres humanos tienen un sentido de inferioridad que influye sus acciones; está al fondo de todo esfuerzo humano. Todo progreso humano puede ser referido al hecho de que el ser humano se esfuerza por superar su inferioridad. (Orgler 55)

21   reclamo de un punto de vista universal y, de cierta forma, utópico, un reclamo que avanza al tiempo que reprime la memoria [colonial] de su origen. El hispanismo opera como si fuera el resultado natural de un proceso civilizatorio coalescido en torno a un lenguaje visto como

superior a aquellos con los que entró en contacto y, por tanto, preordenado a reemplazarlos en su ascenso a la preeminencia peninsular, continental y algún día cósmica. (Resina 161)

Capítulo cuatro
El "ser nacional" en el diván de la filosofía

22 Los escritores de Hiperión consideraban a la filosofía como central a la comprensión del mexicano. Al ofrecer autoconciencia, creían que podría conducir a los mexicanos a abandonar su imitación de doctrinas importadas y superar su autodenigración —un efecto de la dependencia cultural. Sin embargo, enfatizaron que el proceso de autoconciencia debe en última instancia conducir al descubrimiento del hombre universal y no al de un hombre estrictamente nacional. (Doremus 158)

23 Ahora podemos concebir lo que es una emoción. Es una transformación del mundo. (Sartre 39)

24 que el ser es la meta y no la presuposición de mi existencia. (Westphal ix)

A manera de conclusión:
Por una historia crítica de la literatura mexicana

25 Si la diferenciación institucional es demasiado dominante, la homogeneización equivalencial requerida por las identidades populares como precondición de su constitución se vuelve imposible. Si la heterogeneidad social [...] prevalece no hay posibilidad de establecer una cadena equivalencial en primer lugar. Pero también es importante darse cuenta de que la equivalencia total también haría la emergencia del "pueblo" como actor colectivo imposible. Una equivalencia que fuera total dejaría de ser equivalencia y se colapsaría en mera identidad: no habría ya una cadena sino una masa homogénea e indiferenciada. Esta es la única situación contemplada por los primeros psicólogos de masa, a la cual asimilaron equivocadamente todas las formas de movilización popular. (Laclau, *On Populist Reason* 200)

Notas

Introducción

1. Sigo aquí el término de Pierre Bourdieu. Lo desarrollaré a lo largo del libro.

2. Proceso que es discutido extensamente en el volumen colectivo *Everyday Forms of State Formation* [*Formas cotidianas de formación de estado*], editado por Gilbert Joseph y Daniel Nugent.

3. Elaboraré un poco más adelante la distinción operativa entre nacionalismo y cultura nacional que utilizaré en este libro. Por el momento, me interesa más señalar el estado de la discusión sobre el tema.

4. Una evaluación, algo incompleta, del problema de la crítica literaria en México puede encontrarse en el volumen colectivo *Los críticos y la crítica literaria en México*, que presenta perspectivas personales de varios críticos literarios mexicanos de hoy, incluido el propio Escalante.

5. Hablaré con más detalle de este término y de otras terminologías invocadas aquí en el capítulo 1.

6. Aquí y en el resto del libro, el grupo Contemporáneos se refiere al conjunto de escritores vinculados por su tiempo común en la revista del mismo nombre.

Primera parte
La fundación del campo literario (1917–1939)

Capítulo uno
De la nación a la literatura nacional: Los orígenes del campo literario mexicano (1917–1925)

1. Mi entendimiento de la noción de "cultura nacional" sigue la definición de Philip Schlesinger: "The national culture is another phrase for national cultural space. In principle the national culture is bounded by the territorial confines of a given nation-state. However, the 'national' characteristics are not given. National cultures are not simple repositories of shared symbols to which the entire population stands in identical relation. Rather, they are to be approached as sites of contestation in which competition over definitions takes place. We need to distinguish between historical phases in which national cultures are first being established and those in which problems of maintenance are pre-eminent. The national culture is a repository, *inter alia* of classificatory systems. It allows 'us' to define ourselves against 'them' understood as those beyond the boundaries of the nation. It may also reproduce distinctions between 'us' and 'them' at the intra-national level, in line with the *internal* structure of social divisions and relations of power and domination" ["La cultura nacional es otra frase para el espacio cultural nacional. En principio, la cultura nacional está restringida por los confines territoriales de un estado-nación dado. Sin embargo, las características 'nacionales' no están dadas. Las culturas nacionales no son simples repositorios de símbolos compartidos frente a los cuales la población entera se ubica en relación idéntica. Más bien, deben ser aproximados como espacios de pugna en los cuales la competición sobre definiciones tiene lugar. Necesitamos distinguir entre fases históricas en las cuales las culturas nacionales se establecen por primera vez y aquellas en que los problemas de mantenimiento son preeminentes. La cultura nacional es un repositorio, *inter alia*, de sistemas clasificatorios. 'Nos' permite definirnos frente a 'ellos,' entendidos como aquellos más allá de las fronteras de la nación. Puede también reproducir las distinciones entre 'nosotros' y 'ellos' al nivel intra-nacional, en línea con la estructura interna de divisiones sociales y relaciones de poder y dominación"] (107).

2. Para un estudio amplio sobre la cuestión de la educación en el México posrevolucionario, véase Vaughan, quien analiza el proyecto educativo de los años veinte y treinta y su gradual penetración en los distintos rincones del país, así como el rol de la educación como forma de constitución de la mencionada "comunidad imaginada."

3. Para el rol del cine en la construcción de la identidad nacional, véase Monsiváis, "Función corrida," donde analiza la manera en que el cine mexicano, financiado especialmente por el Estado, fue la fuente de tipos, comportamientos y afectos que, en última instancia, se convirtieron en componentes de la identidad nacional del país.

4. Aquí, por supuesto, invoco el concepto de Althusser, que refiere a las estructuras con que el Estado reproduce su ideología por medios no violentos. Véase Althusser, *La filosofía como arma de la revolución* 102–51.

5. Este carácter dinámico, por supuesto, no es sólo parte de la teorización de Laclau, sino que es constitutivo de la noción de hegemonía. Raymond Williams lo resume de esta forma: "A lived hegemony is always a process" ["Una hegemonía vivida es siempre un proceso"] (*Marxism and Literature* [*Marxismo y literatura*] 112; traducción mía).

6. El desarrollo más amplio de la noción de "hegemonía" en la obra de Laclau tiene su origen en el volumen *Hegemony and Socialist Strategy* [*Hegemonía y estrategia socialista*], co-escrito con Chantal Mouffe.

7. Para un desarrollo más amplio de la noción de antagonismo, véase Laclau y Mouffe, quienes entienden la noción como una "presencia discursiva" de los límites de la totalidad del sistema hegemónico (122).

8. Raymond Williams plantea así la cuestión de las posturas contrahegemónicas: "The reality of any hegemony, in the extended political and cultural sense, is that, while by definition it is always dominant, it is never either total or exclusive. At any time, forms of alternative or directly oppositional politics and culture exist as significant elements in the society" ["La realidad de cualquier hegemonía, en el sentido político y cultural extenso, es que, mientras por definición siempre es dominante, nunca es total o exclusiva. En cualquier momento, formas de política y cultura alternativas o directamente oposicionales existen como elementos significantes de la sociedad"] (*Marxism and Literature* 113; traducción mía). Como se puede ver, estoy poniendo aquí en debate dos nociones de hegemonía (la de Williams y la de Laclau y Mouffe) con distintas implicaciones. Sin embargo, en el caso particular que me ocupa, la noción de hegemonía de Laclau me permite una mejor comprensión de las "redes imaginarias del poder político" con relación al Estado y sus imaginarios, mientras que el concepto de contrahegemonía de Williams citado aquí define mejor la actividad de los intelectuales estudiados en este libro.

9. Véase Legrás, De Beer y el conjunto de conferencias del grupo editado por Juan Hernández Luna.

10. Véase Krauze, *Biografía del poder*.

11. Uso estos términos de manera intercambiable, tal y como se hacía en la época.

12. Para un estudio multidisciplinario de la influencia de Francia en la cultura mexicana del siglo XIX, véase Pérez Siller. Vale la pena recordar que las dos revistas de mayor presencia en el modernismo porfiriano, la *Revista Azul* y la *Revista Moderna de México,* tenían fuertes afinidades con el afrancesamiento propugnado por Rubén Darío y, como veremos, muchas publicaciones de la década del 10 buscaron alejarse de esta corriente.

13. Véase el segundo tomo de las *Obras completas* de Alfonso Reyes para una recopilación de estos textos.

14. Por cuestiones de espacio, no puedo detenerme en una descripción detenida del trabajo de Boas. Baste decir que su rol en la fundación de la Escuela Internacional de Arqueología y Etnología Americanas en 1910 significó el origen de la versión actual de ambas disciplinas en el país. Este evento tiende el puente entre la antropología porfiriana y la posrevolucionaria y sienta las bases para la práctica de la antropología y la arqueología como instrumentos de construcción de la nación. Para una evaluación de Boas, véase Marshall Hyatt y Vernon Williams. Para el magisterio de Boas en México, véase Ezequiel Chávez 51–78. Para una contextualización de la relación de Boas y Gamio en el marco de la relación entre las ciencias sociales mexicanas y norteamericanas, véase Tenorio Trillo.

15. Una descripción sucinta del proyecto intelectual de Gamio, véase Swarthout 95–105.

16. Aquí uso el término de Gramsci, al que volveré más adelante en el capítulo.

17. En su libro *Mexican Modernity* [*Modernidad mexicana*], Rubén Gallo plantea que la tecnología fue uno de los espacios de pugna en el proceso de articulación de la cultura en México, hacia dentro de los proyectos mexicanos de vanguardia. Para una revisión más amplia de la crítica del estridentismo, véase Corte Velasco, *La poética del estridentismo ante la crítica*.

18. Bourdieu define campo como "un *estado* de la relación de fuerzas entre los agentes o las instituciones que intervienen en la lucha o, si ustedes lo prefieren, de la distribución del capital específico que ha sido acumulado durante luchas anteriores y que orienta estrategias ulteriores" (*Sociología y cultura* 136). El campo es, por tanto, una noción proveniente de la sociología de la cultura que estudia relaciones, luchas y producción de "capital simbólico," dentro de un grupo de poder dado.

19. Para el caso de la cultura, Bourdieu ha definido esta noción para englobar todos los individuos e instituciones involucrados en lo que él denomina "espacio literario-artístico" (*Field of Cultural Production* [*Campo de producción cultural*] 30). Dentro de la argumentación de Bourdieu, el campo de producción cultural se encuentra incluido en el campo de poder (comprendido como el conjunto de individuos e instituciones que constituyen la hegemonía y rigen la sociedad), el cual a su vez estaría incluido en el campo de las relaciones de clase (*Field* 36).

20. Sigo aquí el término de Habermas, quien entiende a la esfera pública como el espacio de debate y acción comunicativa de una sociedad. Vale la pena recordar que, en el argumento de Habermas, la esfera pública burguesa surge a partir del concepto de crítica literaria y, después, se expande a la sociedad en general. Podría decirse que los medios literarios mexicanos de la época tienen una vocación similar ya que, algunos de ellos, por lo menos, serán espacios también de debate político, una tradición que se continúa hasta nuestros días en revistas literarias como *Nexos* o *Letras Libres*. Véase Habermas, *The Structural Transformation of the Public Sphere* [*La transformación estructural de la esfera pública*]. El argumento sobre la relación entre publicaciones literarias y esfera pública puede encontrarse también en Eagleton, *The Function of Criticism* [*La función de la crítica*].

21. Un recuento amplio de las distintas publicaciones culturales puede encontrarse en Pedro Ángel Palou, *Escribir en México durante los años locos* 37–82.

22. Las referencias a *Antena* provienen de la edición facsimilar publicada por el Fondo de Cultura Económica en su serie Revistas Literarias Mexicanas Modernas. El volumen que incluye *Antena* abarca también *Monterrey, Examen* y *Número*, tres publicaciones a las que haré referencia a lo largo de este capítulo y el siguiente. Todas las referencias a estas revistas provienen de este volumen facsimilar.

23. Vale la pena observar que el ulterior fracaso de esta agenda fue también usada como una forma de desacreditación de la hegemonía en algunas de las pugnas culturales de los treinta. Un ejemplo claro son los siguientes versos publicados por Salvador Novo en 1934: "los radios al servicio de los intelectuales proletarios / al servicio del Gobierno de la Revolución / para repetir incesantemente sus postulados / hasta que se graben en la mente de los proletarios / de los proletarios que tengan radio y los escuchen" (*Nuevo amor* 111).

24. El texto citado por Gallo está incluido en el volumen 9 de las *Obras completas* de Alfonso Reyes.

25. El impacto del medio radial en la literatura y la cultura en México, por supuesto, excede a la revista *Antena*. Un estudio de este impacto puede encontrarse en Gallo 119–68. Otro ejemplo interesante es el del poeta estridentista Luis Quintanilla, quien publicó en 1924, bajo su seudónimo Kin Taniya, un poemario titulado *Radio: Poema inalámbrico en trece mensajes* (Schneider 413–25).

26. Este texto está incluido en *Figuras y generaciones*.

27. Las lecturas más recientes del debate, como la planteada por Robert Irwin en *Mexican Masculinities* [*Masculinidades mexicanas*], han usado estos términos como formas de inscripción del suplemento *queer* en el canon literario mexicano.

28. Maples Arce, por cierto, no era ajeno a esta retórica. Basta recordar que en el segundo manifiesto estridentista, escrito dos años antes, se encuentra una aseveración parecida: "Ser estridentista es ser hombre. Sólo los eunucos no estarán con nosotros" (Schneider 277), algo que, por las fechas, se podría inferir sin demasiado riesgo estaba dirigido a los Contemporáneos. Durante los años veinte, Maples Arce fue funcionario del gobierno de Veracruz y en de 1932 a 1934 fungió como diputado por el distrito de Tuxpan.

29. Escalante cita a Maples Arce en este sentido: "En la Cámara de Diputados, la razón de los discursos se trocaba sucesivamente en un relámpago de pistolas. Los entorpecedores del progreso de México fanatizaban a grupos de militares para adueñarse del poder, los obreros desfilaban en manifestaciones de alerta, y, por mi parte, miraba estos espectáculos y reflexionaba sobre las circunstancias y responsabilidades de los hombres que podrían influir en los destinos nacionales" (*Elevación y caída del estridentismo* 53). Aquí se puede ver el doble movimiento: por un lado una crítica al sistema caudillista y antiintelectual del estado obregonista y por otro el deseo de constituir una clase intelectual que señalara el camino a seguir de la cultura revolucionaria.

30. Otro signo de este borramiento es el hecho de que el libro canónico sobre la novela de la Revolución, el de Adalbert Dessau, no tiene mención de Torri, mientras Azuela ocupa varios capítulos.

31. Término del propio Bourdieu, que refiere a la forma en que el arte se distingue a sí mismo de otras prácticas sociales. Bourdieu dedica su libro *La distinción* al tema.

32. Para una lectura del trabajo de Carrera y Blanco en relación con la Revolución, véase Aguilar Mora, *Una muerte sencilla, justa, eterna*.

33. En el primer caso, se puede destacar *Moisén: Historias de judaizantes e inquisidores*, publicada por Jiménez Rueda en 1924. En el segundo, basta recordar el ya citado caso del Manifiesto Estridentista y sus consignas: "Caguémonos: Primero: en la estatua del General Zaragoza, bravucón insolente de zarzuela" (Schneider 177).

34. Este es el argumento central de su libro *José Gorostiza: Entre la redención y la catástrofe*.

35. A esto volveré un poco más adelante al discutir la *Antología de poesía mexicana moderna*.

36. Para una discusión del origen de la noción, véase Cristophe Charle, *Naissance des "intellectuels"* [Nacimiento de los "intelectuales"].

37. Traducido tradicionalmente como *La traición de los intelectuales,* aunque técnicamente el término de Benda es "clérigos"

38. Véase, por ejemplo, *Tiros en el concierto* de Christopher Domínguez Michael.

39. En un texto llamado "La novela de la Revolución Mexicana," Monterde recuenta que un investigador norteamericano, John Englekirk, le envió un ejemplar de la primera edición, publicada en 1916 por la imprenta "Paso del Norte" de El Paso, Texas, y sigue la suerte de la novela hasta su publicación en México precisamente en el 25. Para un recuento completo, véase Monterde, *Figuras* 217-25.

40. Entre las obras más destacadas de esta corriente, publicadas entre 1916 y 1926, se pueden destacar *El madrigal de Cetina* y *El secreto de la Escala* de Monterde; *Moisén: Historias de judaizantes e inquisidores* de Julio Jiménez Rueda; *Arquilla de marfil* de Mariano Silva y Aceves; *El corcovado* de Ermilo Abreu Gómez; *Pero Galín* de Genaro Estrada; y *Doña Leonor de Cáceres y Acevedo y cosas tenedes* de Artemio de Valle-Arizpe, que seguirá cultivando el género hasta su muerte en 1961. Siendo justos, hay que reconocer que pese a su conservadurismo ideológico y al fracaso de su estética, debemos a muchos de ellos la recuperación de una parte importante del corpus de la literatura colonial en México: Abreu Gómez es responsable de la primera edición moderna de la *Carta Atenagórica* de Sor Juana, por ejemplo. Además, hay que decir que los colonialistas no inventaron el tema en la tradición literaria mexicana, sino que seguían el ejemplo de uno de los escritores mayores del siglo XIX, Vicente Riva Palacio, que desde el romanticismo cultivó temas similares en obras como *Martín Garatuza* y *Monja, casada, virgen y mártir*. De hecho, el gesto nostálgico de los virreinalistas debe considerarse no sólo hacia el carácter fundacional del virreinato, sino con respecto al éxito de su precursor Riva Palacio en su función de intelectual nacional.

41. Texto recogido en el volumen *Figuras y generaciones literarias,* de Monterde.

42. Aquí refiero de nuevo a *Una muerte sencilla, justa, eterna* de Aguilar Mora, que abarca fundamentalmente el periodo que va de 1910 a 1915.

43. La trayectoria de Genaro Estrada se puede seguir en sus *Obras completas*, editadas en dos tomos por Luis Mario Schneider, que permiten ver su evolución desde el virreinalismo, pasando por *Pero Galín* y las obras poéticas y ensayísticas que escribiría hasta su muerte en 1937. El prólogo a *Pero Galín* es un argumento sobre los motivos de la elección del tema virreinalista.

44. Sin mencionar aquí el hecho paradójico de que Monterde, abogado del nacionalismo, nombra su novela en honor a un personaje de la Revolución Francesa.

45. Véase el ensayo de Schwartz donde define este concepto en *Ao vencedor as batatas* [*Al vencedor las patatas*].

46. Estas valoraciones pueden encontrarse en el dossier de crítica preparado por José Luis Martínez para la edición Archivos de la poesía completa de López Velarde. Véase también Carballo, *Visiones y versiones*.

47. Una lectura en paralelo de Othón y López Velarde se puede encontrar en Campos, *El San Luis de Manuel José Othón y el Jerez de Ramón López Velarde*.

48. "Pero el paisaje, es tiempo ya de precisarlo es algo esencialmente estático [...] Pues acaso lo que en él hay de estático más bien surge de la inmovilidad del espectador, quien ha de ponerse, para percibir el paisaje, a mirar determinado rincón de la naturaleza tratando de destacarlo como una unidad en todo el conjunto que se desarrolla ante sus ojos" (A. Reyes, *Obras* 1: 211).

49. Vale la pena señalar también que el agotamiento del paisajismo que significa la obra de López Velarde es tal que incluso un poeta de línea más nacionalista como Carlos Pellicer sólo puede regresar al paisaje tropical desde un poema autorreflexivo, "Esquemas para una oda tropical," donde el motivo no es el paisaje en sí, sino la pregunta sobre las posibilidades del poema de representarlo.

50. Este pasaje es comentado por José Emilio Pacheco en *Antología del modernismo* 357.

51. Como atestiguan los versos "Sobre tu Capital, cada hora vuela / ojerosa y pintada, en carretela" (López Velarde 261). Véase el comentario a este pasaje y a la relación de López Velarde con la *flânerie* en Pacheco, *Antología* 356.

52. Entre las muchas fuentes que pudieran citarse a este respecto (entre los muchos años de crítica de su obra), puede elegirse de manera representativa *Alfonso Reyes: Caballero de la voz errante* de Adolfo Castañón. En este libro podemos encontrar afirmaciones de Reyes como padre fundador de la literatura en México (79), plenamente identificado con la Alta Cultura (53), antimoderno y conservador (33), inactual (35), etc. Sin embargo, siendo justos, parte de la importancia del libro de Castañón es la profunda agudeza con la que, a pesar de estas aseveraciones, lee a Reyes. De hecho, como se irá viendo, retomaré algunas de sus afirmaciones y buscaré ponerlas en contextos distintos. Por el momento, a pesar de esto, me interesa enfatizar el hecho de que la lectura de Castañón es a fin de cuentas la lectura de un crítico que se encuentra inmerso en la parte hegemónica del campo literario en México (ex-editor del Fondo de Cultura Económica, colaborador de algunas de las revistas literarias más influyentes, como *Vuelta*, etc.) y que en más de un sentido es continuador de la narrativa hegemónica de la que hablaré a lo largo de este trabajo.

53. Reyes consigna este ingreso a la literatura en sus obras completas: "El 28 de noviembre de 1905 hice mi primera aparición en las letras con tres sonetos, *Duda*, inspirados en un grupo escultórico de Cordier, que se publicaron en *El espectador*, diario de Monterrey" (1: 7). Todas las citas de Reyes, a menos que se indique específicamente lo contrario, vendrán de la edición del Fondo de Cultura Económica de sus obras. Las citas incluirán el número del tomo seguido del número de página.

54. Me parece innecesario trabajar este hecho con demasiada profundidad dado que existe una copiosa crítica al respecto. Entre ella, se puede consultar la biografía *Alfonso Reyes* de Javier Garciadiego y, específicamente, *Alfonso Reyes y los hados de febrero* de Rogelio Arenas Monreal, que propone incluso que la muerte de Reyes es el origen de una "cosmogonía literaria" en la obra de Reyes. Sobre los años inmediatamente posteriores a la muerte de Bernardo Reyes y el impacto de esa muerte durante el exilio, véase *La sal de los enfermos* de Leonardo Martínez Carrizales. Finalmente, Reyes mismo dedica un texto en 1930 a discutir la ón de su padre: *Oración del nueve de febrero* (24: 23–39). Existe, además, una edición del diario de Alfonso Reyes que abarca esos años (1911–30).

55. Véase particularmente Martínez Carrizales, *La sal de los enfermos*.

56. Este término se usa para denominar a los intelectuales que, encabezados por el Ateneo de la Juventud, enmarcaron su producción en los festejos del centenario de la Independencia de México en 1910. El producto más importante es una compilación de textos decimonónicos llamada precisamente *La antología del centenario* a cargo de Justo Sierra, la figura central del proyecto educativo y cultural de los últimos años del Porfiriato y, por añadidura, maestro de los ateneístas, Pedro Henríquez Ureña, el ateneísta dominicano, Luis G. Urbina, uno modernista, y Nicolás Rangel, un especialista en cultura y literatura colonial, proyecto que deja ver la variedad de intereses y tendencias de la generación y la manera en que esta obra colaborativa simboliza la pax porfiriana en el terreno intelectual.

57. Rodríguez Chicharro cita aquí un censo de las profesiones de los ateneístas que puede encontrarse en Krauze, *Biografía del poder: Caudillos culturales en la Revolución Mexicana* 48.

58. Ángel Rama describe en estos años lo que llama la "cultura moderna internacionalizada" que tiene tres periodos: el inicio de la modernización, el modernismo, entendido como un giro hacia un "subjetivismo sensualista" y una "cultura pre-nacionalista" que dará paso a la "cultura modernizada nacionalista" de la primera mitad del siglo XX (31–49). Esta periodización la discute Rama más ampliamente en los capítulos 4 y 5 de *La ciudad letrada*.

59. Los términos "Estado pedagógico" y "Estado estético" son, en el análisis de Conn, posturas del intelectual. El primero se refiere al intelectual que se posiciona como un maestro cuyas obras se dirigen a un pupilo implícito y el segundo se valida así mismo como miembro de un círculo literario y estético. Desde estas nociones, Conn entabla una constante contraposición entre ambos en los procesos de formación intelectual. El libro de Conn, al que citaré constantemente a lo largo de este análisis, se preocupa por las estrategias en que Reyes construye una posición. Me parece necesario aclarar también que el término "Estado estético" es de una naturaleza distinta al de "nación intelectual": el primero es una postura y un lugar de enunciación del sujeto intelectual: el segundo es un proyecto imaginado por dicho sujeto.

60. Aquí se ve la distancia de Reyes con respecto a la estética específicamente rubendarista del modernismo y con la poesía pura. Vicente Quirarte observa que el quehacer poético de Reyes se preocupaba por "traducir la realidad de la forma más clara y compatible" (*Peces del aire altísimo* 102), algo que se relaciona evidentemente con la reivindicación del intelectual político.

61. En este sentido es muy sintomático que el primer cargo político de Vasconcelos, bajo el gobierno de la Convención de Aguascalientes (el gobierno efímero liderado por Villa y Zapata entre la caída de Huerta y la emergencia del constitucionalismo de Venustiano Carranza), fue ministro de Instrucción Pública, cargo que perdió literalmente a punta de pistola, cuando un coronel zapatista lo amenazó de muerte. Esta anécdota, narrada por Christopher Domínguez Michael, ilustra no sólo la situación precaria de los intelectuales durante el movimiento sino también la diferencia de actitud que va desde un Vasconcelos, comprometido con la educación y el Estado, a un Reyes que produce desde un exilio autoimpuesto (*Tiros en el concierto* 73–74).

62. El mejor estudio retórico sobre Alfonso Reyes es el de Eugenia Houvenaghel. Su trabajo es más formal de lo que intento ensayar aquí, pero algunas de mis observaciones sobre la escritura de Reyes descansan sobre él.

63. La referencia a la *Fenomenología* de Hegel respecto a "La sonrisa" ha sido explorada por Escalante en *Metáforas* 40–57. En este punto en particular, al que regresaré a lo largo de este subcapítulo, mi trabajo acusa deudas importantes con la reflexión de este crítico.

64. Para el influjo del romanticismo alemán en la obra de Alfonso Reyes, véase Castro Gómez, "América Latina y la nueva mitología de la razón."

65. Es en este punto donde se articula la referencia, planteada en el artículo "Reyes, raza y nación" de Joshua Lund, a Hegel, quien lee a Alfonso Reyes en la clave de la filosofía hegeliana de la historia y, al comparar "La sonrisa" con "Visión de Anahuac," plantea una filiación de Reyes a un concepto contradictorio de síntesis: la síntesis del mestizaje trazada desde Gabino Barreda hacia "Visión" y la "protesta" presente en "La sonrisa."

66. Para ilustrar este punto un poco más, viene a cuento la distinción planteada por Homi Bhabha entre la dimensión pedagógica y la performativa de la nación. La práctica de los nacionalistas del 25 daría cuenta del primer proceso: la fijación de un sistema de signos identitarios reproducidos posteriormente desde el poder. Alfonso Reyes, por su parte, se

encontraría en la segunda, que, aunque Bhabha la atribuye de hecho a las clases subalternas, en la práctica reyesiana este rol correspondería al intelectual.

67. Cabe decir que en este texto aparece también la referencia a la servidumbre voluntaria y su contraposición con la libertad y la toma de conciencia (3: 250).

68. Aquí puede leerse la detenida glosa de Hegel hecha por Terry Pinkard 53 y ss. El pasaje de Hegel está en *Fenomenología* 117–21. Habría que decir también que Alfonso Reyes antecede las interpretaciones fundacionales del pasaje y que en su momento no se leía como particularmente importante. De hecho, la primera interpretación de la *Fenomenología* con este pasaje como centro está en Kojève.

69. Más adelante veremos que este ciclo está en la base del pensamiento político de Jorge Cuesta.

70. Esto lo discuto en relación con los argumentos planteados por Lund (213). Ciertamente tiene razón al decir que la "historia, sin embargo, es la que permite a la conciencia ser pensada," pero este argumento no implica que la conciencia no pueda ser previa a la historia. Por ello, no creo necesario pensar, como presupone Lund, que la protesta sea una "síntesis" en el pensamiento de Alfonso Reyes (191), sino, más bien, habría que ver las consecuencias de la posibilidad de que la protesta no sea el resultado, sino el origen de la dialéctica, algo que parece más consistente con la vocación anticolonialista del pensamiento reyista.

71. Este rastreo lo hace Amelia Barili (148).

72. De hecho, esta contraposición entre un "buen" y un "mal" Hegel es un tópico bastante común en los estudios hegelianos relacionados con el problema de América. Un ejemplo reciente donde esta contraposición opera muy claramente es Buck-Morss, "Hegel and Haiti."

73. Véase, por ejemplo, Ainsa, "Invención de la utopía y destrucción de la realidad"; Zea, *Sentido y proyección de la Conquista*. La dimensión utópica de "Visión" es analizada por Ruiz Abreu.

74. Estas crónicas están recogidas en la antología de Fray Servando compilada por Héctor Perea. Domínguez Michael, por su parte, documenta extensamente el viaje de Fray Servando a España en su biografía *Vida de Fray Servando*

Capítulo dos
El alquimista liberal: Jorge Cuesta y la invención del intelectual

1. Frank Dauster, en un libro de 1963, consideraba a Jorge Cuesta "el menos logrado de los 'Contemporáneos,'" aunque reconoce que "su obra es un de los enigmas atrayentes de la poesía contemporánea" (124). Cuesta, además, fue excluido de la antología que definió el canon de la poesía mexicana moderna, *Poesía en movimiento*, compilada por Octavio Paz, Alí Chumacero, José Emilio Pacheco y Homero Aridjis. Paz hacía

un reconocimiento ambiguo: "No falta quien nos reproche la ausencia de Jorge Cuesta. La influencia de su pensamiento fue muy profunda en los poetas de su generación y aun en la mía, pero su poesía no está en sus poemas sino en la obra de aquellos que tuvimos la suerte de escucharlo" ("Poesía en movimiento" 9). Para una historia del rechazo de la obra de Cuesta hasta su reconocimiento inicial en los setenta, véase Sylvester 29–35.

2. Los textos más importantes en este respecto son: Arredondo, Panabière, Domínguez Michael, Caicedo, Katz, Herrera, Segovia, Isla, Sylvester, Cabada Ramos y Huerta-Nava. Véase bibliografía. Una versión condensada de las ideas políticas y éticas de Cuesta se puede encontrar en González Torres 117–28. Aunque algunas de las intuiciones de González Torres difieren del análisis presentado aquí, su texto es una introducción eficiente a Cuesta.

3. Para un desarrollo de esta aseveración en el contexto filosófico en que se desarrolló la obra de Cuesta, véase Semo.

4. El libro más importante sobre esta guerra son los tres volúmenes de *La cristiada* del historiador Jean Meyer. En términos de las consecuencias literarias de la cristiada, véase Ruiz Abreu, *La cristera: Una literatura negada*.

5. El trabajo teórico crítico más completo sobre el rol de las antologías en México es el libro de Susana González Aktories, *Antologías poéticas en México*. Mi aproximación a la *Antología* de Cuesta tiene deudas con sus propuestas teóricas. No obstante, el recuento de la propia González Aktories sobre esta antología es muy anecdótico (142–47) y aporta poco a mi análisis. Más bien, mis deudas quedan en su teoría de la antología (19–63).

6. Es relevante anotar aquí que la antología sí incluye "Suave patria," lo cual quiere decir que Cuesta lo percibía como un poema que trascendía en mucho su carácter de poema nacional.

7. Díaz Mirón es uno de los poetas con que Cuesta se identifica más ampliamente, pese al hecho de que, en su momento, era un poeta considerado muy por debajo de Gutiérrez Nájera y otros modernistas. En 1940, Cuesta publica un artículo en el que critica a Genaro Fernández McGregor, otro de los nacionalistas, por tratar a Díaz Mirón como caso clínico (Díaz Mirón fue encarcelado debido a un asesinato) y menospreciar su obra (2: 493). Cuesta se centra en *Lascas*, el libro de 1901 en el que Díaz Mirón da la espalda al modernismo y retoma la influencia decadentista de Poe y Baudelaire, lo cual le permite a Cuesta afirmar que, en medio de la asfixia del modernismo, su obra permite una "libertad de los sentidos" (2: 501).

8. Las citas de Sheridan en este apartado provienen de su prólogo a la *Antología* y las páginas indicadas son del libro de Cuesta, a menos que se indique lo contrario.

9. Acerca de esto, véase también el capítulo "El poeta en el mercado económico," donde Ángel Rama explica esta situación respecto a Darío en *Rubén Darío y el modernismo*.

10. Para el tema de la Revista *Azul*, su poética y su lugar en la historia de la cultura en México, véase Pineda Franco.

11. "Sobre el dormido lago está el saúz que llora. / Es el mismo paisaje de mortecina luz. / Un hilo imperceptible ata la vieja hora / con la hora presente... Un lago y un saúz" (González Martínez, en Cuesta, *Antología* 121).

12. Cuesta mismo ofrece una justificación que balancea la idea de la antología como obra colectiva y el derecho a ejercer en ella una postura: "Una antología es, en fin, un lugar donde sólo puede figurarse. Si Jorge Cuesta la firma, es únicamente para conseguirlo; esto es: con la misma tolerancia y con una libertad igual. Lo que acaba de aclarar nuestro propósito de no hacer una obra "personal que no quiera, con el tiempo o aun inmediatamente, ser corregida; sino, al contrario, una obra con 'influencia,' siempre colectiva, siempre abierta a nuevas correcciones y prolongaciones" (*Antología* 62).

13. Para una discusión del problema de la selección en el canon y la historia literaria, véase Sánchez Prado, *El canon y sus formas* 69 y ss.

14. Algo que, naturalmente, debe considerarse consecuencia directa del agotamiento de los procedimientos del romanticismo que discutí en la sección anterior.

15. Véase Meyer, *La Cristiada* y Ruiz Abreu.

16. Fuera de las intervenciones de Cuesta y Reyes y del debate Pérez Martínez–Reyes, los documentos citados provienen de Sheridan, *México en 1932*. Los números entre paréntesis refieren a esta edición.

17. Figura cercana de los Contemporáneos, Guillermo Jiménez era en ese momento director del boletín *El libro y el pueblo* de la Secretaría de Educación Pública y un año después de la polémica fundaría *Número*, una de las revistas más influyentes de la década.

18. Los fundadores de la revista *Barandal* eran escritores menores de 20 años en ese momento: Octavio Paz y Salvador Toscano, entre otros. La revista, quizá por la juventud de sus fundadores, mantenía una posición mucho más abierta respecto a la vanguardia que otras publicaciones similares.

19. En ese momento, por ejemplo, Samuel Ramos colaboraba en *Examen*, la revista de Cuesta, y fue parte de la revista *Contemporáneos* misma. Hablaré con más detalle de Ramos y de su obra capital *El perfil del hombre y la cultura en México*.

20. De Abreu Gómez básicamente cabe decir que fue autor de una literatura cuya característica principal es la constitución de personajes estereotípicos básicamente alineados con los proyectos del nacionalismo izquierdista de los años treinta. Entre ellas, destaca *Canek* (1940), una novela que aún se edita constantemente. Este libro trata de un personaje maya, Jacinto Canek, que se constituye como héroe en el contexto de la llamada "insurrección de Quisteil" en 1761. Martin Lienhard, quien ha leído la novela como antecedente de la poética de Miguel Ángel Asturias, observa que la novela se ajusta a "los postulados indigenistas del sexenio cardenista": "*Canek* se compone de una rápida sucesión de secuencias breves que presentan, al modo de parábolas, las características y la evolución de las relaciones interétnicas. En la mayoría de los casos, la última palabra o sentencia moral pertenece a Jacinto Canek, dirigente indígena cuyo modelo histórico, según la tradición ladina, poseía una formación en teología moral [...]. Las sentencias de Canek insisten en la diferencia entre el pensamiento de los 'blancos' y 'nosotros' —los mayas" (576). Hay que anotar que este texto ejemplifica muy bien algunos de los postulados que se vienen defendiendo desde la polémica del 25: el tema nacional, la adscripción a las agendas revolucionarias, la construcción de un héroe, etc. En esto años, Abreu Gómez era considerado uno de los especialistas mayores de la obra de Sor Juana.

21. De hecho, aclara Sheridan en los cinco primeros números de la revista *Ulises* aparecen como editores Novo y Villaurrutia, mientras que Samuel Ramos era sólo columnista. En un artículo del 2 de abril, Guillermo Jiménez escribirá un artículo en la misma publicación donde aclara que Ramos nunca fue director de *Ulises* y que la médula espinal de la revista estaba, no en la "filosofía doméstica" de Ramos, sino en la originalidad intelectual de Novo, Cuesta y Villaurrutia (137–42).

22. *Examen* es citada de la misma edición facsimilar que incluye *Antena* y *Monterrey*.

23. La polémica, sin embargo, está completamente reproducida en el último número de *Examen*, publicado en noviembre de 1932. Véase *Antena* 12–26. Un breve recuento puede encontrarse en Palou, "Un pesimista socrático" 127–28.

24. Una semblanza de la vida y obra de Salazar Mallén puede encontrarse en Domínguez Michael, *Tiros en el concierto* 337–58.

25. Este texto, junto con la cuestión del "ser nacional," es discutido en el capítulo 4.

26. Que en algunas ediciones se publica con el título "¿Existe una crisis en la literatura de vanguardia?"

27. Que en todas las ediciones anteriores de las obras de Cuesta se titula, erróneamente, "Clasicismo y romanticismo."

28. Véase Conn 136–67.

29. Argumento, sobre todo, de *Última Tule*, pero muy presente en "A vuelta de correo" y el "Discurso por Virgilio."

30. Sobre todo, si consideramos que los trabajos de crítica al nacionalismo como idea esencialmente fincada en una modernidad europea no adquieren un lugar prominente hasta los ochenta con el libro de Benedict Anderson.

31. Para ver el proceso de construcción del nacionalismo mexicano en la cultura popular, ver *Aires de familia* de Carlos Monsiváis.

32. Esto se ve claramente en los textos recopilados por Sheridan. Es imposible ser muy detallado sobre quién de los interlocutores opina qué, pero se pueden poner como ejemplo a Samuel Ramos en la primera y Abreu Gómez en la segunda.

33. Haré mayores referencias a Vasconcelos en el capítulo 4.
34. A este respecto, véase Miller, *The Rise and Fall of the Cosmic Race* [*La subida y la caída de la raza cósmica*].
35. Tema central de su libro *Los hijos del limo*. Miguel Ángel Náter (107) subraya esta conexión. Véase también Cabada Ramos, *La relación olvidada* 135–46.
36. Una consideración posterior sobre la definición de romanticismo y clasicismo en Cuesta puede encontrarse en Ugalde, "De la crítica a la crisis," quien por un lado, rastrea los conceptos en otros trabajos de Cuesta y, por otro, profundiza en la manera en que las tesis de Cuesta entran en polémica con el en ese momento predominante concepto de la "deshumanización del arte" de Ortega y Gasset.
37. Entre estos enfoques, destacan Quirarte, quien busca leerlo desde Cezanne (*Perderse* 13–30); Montemayor, desde la construcción de un sujeto cognitivo; Pérez Amador Adam en su relación con el *Sueño* de Sor Juana; Volpi desde la alquimia; etc.
38. Puntos de vista generales sobre el problema pueden leerse tanto en el libro de Hamburger, como en la recolección de ensayos de Valéry recogidos en la bibliografía.
39. "La literatura en pureza no debe confundirse con la tan traída y llevada noción de 'poesía pura.' Ante todo, porque la poesía sólo es una parte de la literatura; en seguida, porque la poesía pura sólo es una parte de la poesía: una cumbre si se quiere, pero no toda la montaña. [...]. Subrepticiamente, los teóricos de la poesía pura parecen suavemente empujados hacia un propósito preceptivo. Quien los lea de prisa, se figurará que intentan imponer una norma sobre lo que debe ser la poesía, puesto que dibujan la forma poética que consideran como la más excelsa. [...] La sola cautela ante cualquiera invasión preceptiva bastaría para precavernos aquí contra un concepto de la pureza que no acepta la literatura tal como es, sino como algunos suponen que debe ser. Pues aquí no hacemos preceptiva, sino teoría. Por otra parte, si nuestro análisis se limitara a la poesía pura, nos quedaría en la probeta una sola gotita de agua, diáfana y radiosa, pero insuficiente para las abundantes manipulaciones a que hemos de entregarnos. Tenemos, pues, que explicar nuestra noción, nada comprometedora, de la literatura en pureza. Esto nos conduce a una visión de lo literario más extensa todavía que la misma literatura" (A. Reyes 15: 42–43). Para un comentario específico de las implicaciones de esta cita, véase Sánchez Prado, "Las reencarnaciones del centauro."
40. Por razones de espacio, no puedo abundar más sobre la influencia de Nietzsche en Cuesta, pero esta es muy importante. Cuesta, en palabras de Domínguez Michael, "es el primero en México que entiende a Nietzsche como un crítico de la conciencia occidental y no como el payaso supremo de la desesperación romántica" (*Tiros en el concierto* 281). Esta lectura la hace Cuesta con más detenimiento en "Nietzsche y la psicología," publicado en *Noticias gráficas* del 11 de diciembre de 1939, leyendo la obra e incluso la lectura del filósofo alemán como críticas radicales a la

razón occidental (*Obras* 2: 480–82). En "Nietzsche y el nazismo," publicado en la misma revista una semana antes, Cuesta lo defiende de las acusaciones de ser precursor de Hitler (2: 483–85). Una lectura específica de los momentos del pensamiento de Cuesta inspirados por el filósofo alemán puede encontrarse en Cabada Ramos, *Pasiones* 46–69.

41. Willebaldo Herrera ha señalado a este respecto que una de las conclusiones de la lectura de Valéry es, para Cuesta, un "desplazamiento de la sensibilidad hacia el intelecto implicado en el método cartesiano" (*Jorge Cuesta y la manzana francesa* 92).

42. Es en estos términos que Vicente Quirarte subraya que la autonomía del objeto en Cuesta no necesariamente implica una filosofía del arte por el arte (*Perderse* 15). En este contexto es que se ubica lo que Adolfo León Caicedo, siguiendo a Bachelard, llama el "complejo de Prometeo," es decir, la tendencia a saber más que los maestros (*Soliloquio* 41). Es importante aquí subrayar que la tradición del demonio invocada por Cuesta es estrictamente nietzscheana y, por ende, articularla al romanticismo goetheano, como hace Verónica Volkow, traiciona el espíritu de la noción, puesto que la idea política de la revolución es reducida a una rebeldía fáustica idealizada, que borra la dimensión más radical de los pensamientos de Cuesta. Véase Volkow 102.

43. No voy a intentar aquí una nueva lectura de la poesía de Cuesta, puesto que el punto central es más bien la comprensión del proyecto intelectual general. Creo que las lecturas que se han hecho sirven a mi propósito, independientemente del hecho de que no hacen la conexión que propongo aquí.

44. Aquí me parece preciso distanciarse de lecturas, como la ensayada por Francisco Segovia, quien regresa el poema a una dimensión esotérica: "La palabra es un fruto sobrenatural, preñado de sentido, pero sobre todo, preñado de eternidad y permanencia" (*Jorge Cuesta* 86–87). Creo que Segovia tiene razón al apuntar que el poema concluye con la emergencia del sentido y su igualación a la forma, pero esto, en mi opinión, no lo proyecta a la eternidad. Más bien, es el resultado de la actividad científica y, por ende, se mantiene siempre en una dimensión temporal.

45. Parte de esta distinción se basa en la idea de que no es posible, como pretende Pérez Amador, leer una influencia del *Primero sueño* en Cuesta, puesto que esta idea contradice una lectura fundada en el ejercicio intelectual del escritor. Más bien, creo que ambos textos plantean una crítica a la modernidad desde sus respectivas posiciones y la estrategia de lectura es más una analogía que un rastreo de influencias.

46. Este es, a grandes rasgos, el argumento de Mabel Moraña en *Viaje al silencio*.

47. Bolívar Echeverría entiende "ethos" como las maneras en que el sujeto moderno negocia la contradicción esencial al capitalismo generada por el privilegio del valor de cambio sobre el de uso. Los otros tres son el realista, el romántico y el barroco.

48. Para un estudio completo de la poética de Jorge Cuesta, centrado en sus sonetos, véase Allaigre-Duny, *L'écriture*.

49. Este punto lo discutiré con amplitud en la sección siguiente.

50. Para el agorismo, véase Benítez, "El estridentismo, el agorismo, *Crisol*." Un estudio de *Crisol*, el órgano literario del Bloque de Obreros Intelectuales, puede consultarse en Espinosa, "Intelectuales orgánicos y Revolución Mexicana."

51. De hecho, en una página de su diario Reyes llamó la polémica una "campaña de gentuza contra la literatura joven" (Sheridan, *México en 1932* 244). Es curioso, sin embargo, que dos figuras prominentes del nacionalismo, Abreu Gómez y Monterde, buscaron caracterizar a Alfonso Reyes como un aliado en la polémica: El primero cita el "Discurso por Virgilio," de manera descontextualizada, como un argumento de vuelta a lo autóctono (Sheridan, *México en 1932* 178), mientras que el segundo escribe una breve nota sobre su "mexicanismo": "el mexicanismo de Alfonso Reyes se percibe en la parte de su obra que, escrita en España, no deja de ser la obra de un mexicano" (Sheridan, *México en 1932* 276).

52. De hecho, Houvenaghel ha sugerido que el texto está construido retóricamente como una defensa jurídica, lo cual señala que Reyes concebía su participación en el debate como una defensa frente a los cargos de europeísmo en el tribunal de la esfera pública. Véase "Alfonso Reyes y la polémica nacionalista de 1932."

53. Entre los motivos aducidos por Abreu Gómez, destacan: "Un escritor guía es mucho más que un lector de la *Nouvelle Revue Française*" (en referencia a la idea de que si Genaro Estrada y Reyes tomaran su liderazgo cultural, serían mejores ejemplos para la literatura nacional que los Contemporáneos); la importancia de la labor cultural es descrita así: "La Revolución Mexicana no está en el gobierno. Tal vez en el gobierno es donde menos está. La Revolución está en el despertar de una conciencia humana de lo humano" (apelando aquí al humanismo que tanto Reyes como Estrada abiertamente practicaban) (Sheridan, *México en 1932* 197–99). Vale la pena observar que Reyes y Estrada eran las cabezas de la labor diplomática en México y dos figuras intelectuales que gozaban de un consenso entre todos los grupos en disputa.

54. Como atestiguan las ya citadas cartas de Villaurrutia y Abreu Gómez.

55. Para ilustrar este punto, podría decirse que Alfonso Reyes prefigura en este recuento lo que Alain Badiou definirá como el "acontecimiento," es decir, aquellas transformaciones profundas emergentes hacia dentro de un sistema dado que transforman la naturaleza misma del sistema. Véase Badiou, *El ser y el acontecimiento*.

56. Este sistema literario es desarrollado con amplitud por Bourdieu en *Las reglas del arte*.

57. Otra hipótesis de este hecho es la provista por Domínguez Michael, quien dice que el hartazgo de Cuesta con la censura a *Examen* era tal "que decide incomodar y hostilizar al público" (*Tiros en el concierto* 284). Esto, sin embargo, no es la descalificación de la labor de Cuesta que si intentará, por ejemplo, Alejandro Katz, quien lo considera un "sofista" (14), ya que Domínguez Michael, en una descripción muy cercana a la planteada por Said a propósito de Benda, observa: "[Cuesta] enfrentó el Espíritu contra el poder en la medida de su firme creencia en la eternidad de los valores" (*Tiros en el concierto* 286).

58. Los dos casos icónicos son el ejercicio de Narciso Bassols como Secretario de Educación Pública y el enorme peso que Vicente Lombardo Toledano, fundador del sindicalismo moderno, tenía en el régimen de Lázaro Cárdenas (1934–40).

59. En este punto vale la pena hacer un paréntesis para referir como esta vocación normativa que criticaba Cuesta, sumada a la idea de la literatura viril, sirvió para la supresión de las mujeres en distintas áreas del espacio político y cultural. Si bien el debate de la virilidad se articuló desde esta terminología como una forma de ataque personal a la preferencia sexual de Villaurrutia y otros contemporáneos, lo cierto es que, hacia los años treinta, el debate de la virilidad deja por fuera a las mujeres de los debates del campo cultural. Margo Glantz atribuye esto al hecho de que la visión de la literatura, particularmente de la narrativa, relega la experiencia de la mujer frente al carácter heroico de los cuerpos masculinos ("Vigencia" 124). Ciertamente, los Contemporáneos no tienen esta vocación particular de relegamiento, pero lo cierto es que la poca producción literaria escrita por mujeres que alcanzó cierta relevancia en el espacio público se produjo desde espacios menores y muy marginalizados del campo literario (como *Cartucho*, de Nellie Campobello, tema del ensayo de Glantz, publicado en 1931 por una editorial menor y marginalizado, por añadidura, por su glorificación del tema villista). Asimismo, algunas mujeres destacaron en los medios literarios como una suerte de figuras "malditas" que se relacionaban de manera escandalosa con los intelectuales de la época. Este es el caso de Guadalupe Marín, esposa tanto de Cuesta como de Diego Rivera, cuya novela autobiográfica, *La única*, fue un suceso literario (Oropesa 94–116). El punto a enfatizar, sin embargo, es que la exclusión de las mujeres en este periodo será uno de los puntos de inflexión de la narrativa escrita por mujeres en los años cincuenta, donde el género será uno de los "espectros" que acecharán la modernidad literaria en México. Para una discusión de este tema, véase Sánchez Prado, "La destrucción de la escritura viril."

60. Para una descripción del cardenismo y su institucionalización, véase Carr, *La izquierda mexicana*; Krauze, *El sexenio de Lázaro Cárdenas;* y Aguilar Camín y Meyer, *A la sombra de la Revolución Mexicana*.

61. Un recuento de este proceso de consolidación y de la pugna Cárdenas-Calles se encuentra en Meyer, "El primer tramo del camino."

62. Por ello, uno de los momentos culturales más sorprendentes para Cuesta fue la conversión del moralista francés André Gide, uno de sus modelos intelectuales fundamentales, al comunismo. Cuesta consideró esta conversión, en una línea muy cercana a la de Benda, como una "traición." Véase "Gide y el comunismo" (2: 538–40). Para una consideración de la influencia de Gide en Cuesta, véase Herrera, *Jorge Cuesta y la manzana francesa* 73–82.

63. Reunida, de hecho, en más de una veintena de epistolarios.

64. Aquí uso el término tal y como lo plantea Bhabha. Véase *The Location of Culture* [*El sitio de la cultura*] 208–09.

65. Algunos puntos de vista sobre la cuestión del laicismo en Cuesta complementarios a lo que he expuesto hasta aquí pueden encontrarse en Isla 222–29. También vale la pena recordar que si bien Cuesta expande el concepto del laicismo hacia lo político, la religión también fue objeto de sus diatribas. Véase, particularmente, su polémica contra la teología católica en "Crítica al reino de los cielos" (2: 533–35).

66. El énfasis que Katz pone en la combatividad de Cuesta es tal que su libro se llama *Jorge Cuesta o la alegría del guerrero*, como si Cuesta polemizara en nombre de la polémica misma. Esto, por supuesto, es un malentendido cuya base tiene que ver con la poca atención que hasta el momento de publicación del libro, en 1989, se había prestado a la obra política de Cuesta. Los trabajos posteriores de Christopher Domínguez Michael, Willebaldo Herrera y Augusto Isla han hecho contribuciones fundamentales a la reconsideración de la política de Cuesta y el argumento expuesto aquí tiene deudas importantes con los tres.

67. Lo cual por supuesto se ejemplifica en la defensa de Plutarco Elías Calles en "El plan contra Calles" (Cuesta, *Obras* 2: 276–89). Aunque por momentos parece incomprensible esta defensa en vista del autoritarismo que Calles ejerció (Isla 234), Cuesta pensaba que Calles, en el asunto del artículo tercero, defendía los preceptos de la Revolución.

68. El origen de esta mitología en su versión más actual se encuentra en la publicación de parte de la carta de Cuesta al Dr. Gonzalo Lafora, fechada el 19 de septiembre de 1940, en el libro *Vida y obra de Jorge Cuesta* de Nigel Grant Sylvester (22–26), donde Cuesta defiende su sanidad, y en la extensa lectura que Louis Panabière hace del acontecimiento de su muerte (74–88). Esta última potenció las lecturas, que continúan apareciendo hasta nuestros días, del suicidio de Cuesta y de la autocastración que realizó días antes de su muerte, como si fueran parte de su práctica intelectual. Esto ha potenciado tanto lecturas desde el paradigma *queer*, la más notable de las cuales está en Irwin, *Mexican Masculinities* 152–60, como en interpretaciones deleuzianas de la castración de Cuesta como irrupción de una máquina deseante en el mecanismo del poder, como la ensayada por Herrera en *Jorge Cuesta a fragmento abierto*. Asimismo, la figura de Cuesta ha sido objeto de estudios que relacionan la literatura con la aproximación psicoanalítica, como se ve en algunas ponencias recogidas por Allaigre-Duny en el volumen colectivo *Jorge Cuesta: Littérature, histoire, psychanalise*. Finalmente, se debe parte del crecimiento de esta mitología a la novela semibiográfica *A pesar del oscuro silencio* de Jorge Volpi. Vale la pena anotar que en las aportaciones más recientes al debate en torno a Cuesta, notablemente los libros de Augusto Isla y Francisco Segovia, el peso de este anecdotario es considerablemente menor. Otras referencias sobre el mito biográfico de Cuesta se encuentran en Israel Ramírez, "Jorge Cuesta" y Villena 167–76.

69. Es necesario aclarar aquí que el argumento de Hodges está planteado como una respuesta de los intelectuales a la emergencia de la época post-industrial. Sin embargo, las características definidas por Hodges tienen antecedentes comunes a los de Cuesta. La genealogía trazada por Hodges puede encontrarse en las páginas 162–66.

70. Es decir, hasta la llegada en 1966 de *Poesía en movimiento*.

Segunda parte
La fundación de las instituciones (1940–1959)

Capítulo tres
Hispanidad, occidentalismo y las genealogías del pensamiento nacional: Alfonso Reyes, José Gaos y la fundación de las instituciones educativas

1. La mejor caracterización de la relación entre intelectuales y Estado en México a lo largo de siglo XX es la llevada a cabo por Roderic Ai Camp, quien describe "the structural relationship between intellectual life and the state" ["la relación estructural entre la vida intelectual y el estado"] (11). De esta manera, el libro de Camp describe, entre otras cosas, la función de los intelectuales en el espacio público, la conformación de instituciones, y las lógicas específicas del campo de producción cultural mexicano, como la constitución de "camarillas" y los grados de relación con el Estado. Mi análisis en el resto de este trabajo sigue en varios casos los postulados de Camp.

2. Para un recuento del proceso de autonomía de la Universidad Nacional, véase Appendini 107–56, que trabaja sobre el decreto original del autonomía de 1929 y Silva Herzog 32–80 que, aparte de los sucesos de 1929, discute la Ley Bassols de 1933, que da plena autonomía a la universidad y en cuyo debate en la prensa intervino, entre otros, Jorge Cuesta. Dado que los intelectuales que trabajo en este capítulo y el próximo capítulo pertenecen sobre todo al Colegio de México y al Colegio Nacional, no elaboraré sobre las condiciones institucionales de la UNAM.

3. Un recuento de este proceso desde la perspectiva del Partido Comunista es presentada por Carr 125–29.

4. Esta pugna es explorada extensamente por José Agustín en el capítulo de la *Tragicomedia mexicana* dedicado al sexenio de Ávila Camacho (1: 7–66).

5. Entre ellos la UNAM, el Seminario de Cultura Nacional, el Fondo de Cultura Económica, la Escuela Nacional de Economía, la Academia Nacional de Medicina y el Centro Mexicano de Escritores. Debo anotar que todas estas instituciones reflejan el desarrollo del medio intelectual en la capital, mientras que la historia en la provincia es muy diferente. En el interior, el tema central es el proyecto masivo de educación y alfabetización emprendido, sobre todo, por el régimen de Cárdenas, con

consecuencias que escapan el alcance del presente trabajo. En realidad, hasta llegar a Rulfo, el medio intelectual que interesa al presente trabajo es el de la capital. El estudio más completo sobre el proyecto educativo entre 1930 y 1940, la política cultural del Estado en el interior y la producción literaria y cultural relacionada al esfuerzo estatal es el de Mary Kay Vaughan, *La política cultural de la Revolución*.

6. La información completa del Colegio Nacional y su historia proviene de la página Web de la institución. Véase *El Colegio Nacional* en la bibliografía. Los datos de la fundación del Colegio provienen de la *Memoria de El Colegio Nacional* de 1946.

7. Véase Lida et al., Faber y Soler Vinyes.

8. En la idea original de este libro, pensé en discutir a profundidad la emergencia del Fondo de Cultura Económica. Sin embargo, durante la primera etapa de la investigación me topé con el excelente estudio de Víctor Díaz Arciniega, *Historia de la casa*, que creo que cubre los puntos esenciales. Esto haría cualquier descripción de mi parte redundante respecto a dicho libro. Para el periodo cubierto por este libro, véase 15–146, donde se habla tanto de la emergencia de la editorial, como del rol que Reyes y los exiliados tuvieron en ella.

9. Al no ser Cosío un autor analizado en este capítulo, mencionaré sólo de pasada su labor. Algunos de los datos que menciono aquí, aparte de la *Memoria de El Colegio de México*, provienen de las memorias de Cosío.

10. Un muy buen indicador del estado de la filosofía antes de la llegada del exilio son las polémicas entabladas por Antonio Caso, quizá el filósofo más prominente del Ateneo de la Juventud, cuyos temas principales eran la orientación ideológica de la universidad, el marxismo, la teología y la legitimidad del neokantismo. Aunque Caso publica en los treinta un libro sobre Husserl, queda claro que el trabajo de Gaos, como veremos más adelante, introduce un conjunto considerable de escuelas filosóficas al país.

11. Una imagen contemporánea de la estructura del Colegio de México y su configuración actual puede encontrarse en *El Colegio de México: Una idea de casi medio siglo*. Una descripción completa de la estructura jurídico administrativa del Colegio y sus patrocinadores puede encontrarse en Lida et al. 134–37. Véase también Camp 107–09 y 173–75 para una discusión de la relación entre el Colegio, los intelectuales y el Estado a lo largo de su historia.

12. Uso aquí el término "tradición clásica" de cierta manera siguiendo el acuñado por Gilbert Highet. Highet usó este concepto para dar título a su *opera magna* sobre las influencias grecolatinas en la tradición occidental. Esto me parece apropiado, en parte, por el enorme peso del helenismo en Reyes, que discutiré a continuación, y en parte porque la obra tardía de Reyes, a fin de cuentas, realiza la misma operación que Highet, sumando, por supuesto, el legado español y algunos otros legados occidentales a la mezcla.

13. Reyes, de hecho, tenía contacto con ellos. En el archivo de Alfonso Reyes, documenta Rangel Guerra, existe una carta de Werner Jaeger donde acusa recibo de *El deslinde*, define la obra como "pedagógica" y encomia la vocación aristotélica de Reyes (104).
14. p.ej., el estudio de Zaheer Baber sobre orientalismo, occidentalismo y nativismo.
15. Como el trabajo de Syed Farid Alatas sobre occidentalismo y humanismo.
16. El texto en cuestión se llama "Nuestra América y Occidente," incluido en el volumen *Para el perfil definitivo del hombre*, de Fernández Retamar.
17. Para referencias específicas a este contrapunto véase los artículos de Fokkema y Ning.
18. Aquí, vale la pena mencionar que Auerbach, al igual que Leo Spitzer, articuló en Estambul una práctica intelectual cosmopolita desde el margen, algo semejante a lo que hace Reyes desde América Latina. Véase Apter.
19. Este eje es teorizado por Balibar y Wallerstein. Debo a Joshua Lund esta referencia.
20. Aquí podría decirse que la nación, en sentido estricto, es también una forma de occidentalismo. Sin embargo, la distinción es que la nación requiere de una serie de discursos originarios, autóctonos (el lado pedagógico) que los contenidos culturales del occidentalismo no proveen. Más aún, el recurso a este archivo cumple en cierto sentido con el borramiento de los orígenes que Bhabha plantea en la dimensión performativa.
21. Sobre este concepto, véase Quijano.
22. Es bien conocido el argumento de Beatriz González Stephan, quien observa que, en el siglo XIX, la idea de literatura nacional se traducía en una concepción de una "comunidad de cultura" que unificaba la nación (121). Alfonso Reyes, heredero del liberalismo, no está demasiado lejos de esta idea.
23. Un recuento breve de las contribuciones concretas de Reyes al estudio de la literatura en México puede encontrarse en Altamiranda 344–47. Un estudio completo de la concepción de literatura en Reyes, que considera todos los textos que Reyes escribió sobre el tema, puede encontrarse en el libro de Alfonso Rangel Guerra, *Las ideas literarias de Alfonso Reyes*.
24. Aquí se refiere Altamiranda a la distinción entre impresión, exégesis y juicio, que Alfonso Reyes articula en el centro de su concepto tardío de crítica. Véase particularmente Reyes 14: 109–14.
25. Los textos a los que refiere Escalante se encuentran recogidos en *Última Tule* y *Tentativas y orientaciones*, dos de los libros centrales de la labor americanista de Alfonso Reyes. Véase el tomo 11 de sus *Obras completas*.
26. Bourdieu ofrece un estudio de las relaciones entre los institutos educativos de élite y el campo de poder en *The State Nobility* [*La nobleza*

del estado]. Para el presente análisis, prefiero las observaciones hechas en *Homo academicus*, ya que refieren más directamente a escuelas de humanidades como el Colegio de México.

27. Error que el propio Alfonso Reyes corrige: "Ápice heroico de la lírica, la poesía pura ni siquiera pudo ser definida con precisión, lo cual en nada merma la autenticidad del fenómeno. Sus teóricos casi acaban por decirnos que es como una forma neumática, como un choque eléctrico tan intenso como vacío. Tales descripciones recuerdan singularmente aquel callejón sin salida de los tratadistas de otro siglo: el hermoso 'no se qué' de Feijoo" (15: 43). Sin embargo, muchas de las lecturas canónicas del texto, encabezadas por la de Roberto Fernández Retamar en *Para una teoría de la literatura hispanoamericana,* caen en él. He discutido esta cuestión con amplitud en mi artículo "Las reencarnaciones del centauro."

28. La reflexión sobre el helenismo de Alfonso Reyes es tan importante que uno de los trabajos fundacionales sobre su obra, el de Ingemar Düring, se centra sobre este tema.

29. Aquí invoco con cierta ironía el término que Vargas Llosa acuñó en su crítica a José María Arguedas. Con ella me refiero a un concepto pasatista y reaccionario de alguna civilización clásica que se usa como recurso para degradar al presente. Gutiérrez Girardot opina en el pasaje citado, sin usar este término en específico, que esta forma de ver Grecia está implícita en el idealismo alemán. Alfonso Reyes, cuyo pensamiento hace una referencia constante a la utopía futura, representaría una posición completamente opuesta a dicho arcaísmo.

30. Las reservas de Alfonso Reyes frente al modernismo surgen de su incorporación, en 1906, a la revista *Savia moderna*, dirigida por Alfonso Cravioto y Luis Castillo Redón, y considerada tanto un reto a los modernistas más influyentes del porfiriato como el momento de llegada al medio cultural de una nueva generación (Garciadiego 25).

31. Ottmar Ette ha propuesto una lectura de este texto en la que plantea a Ifigenia como alegoría de la constitución del ser nacional en México y en la que subraya la elección de este personaje en términos de su prestigio histórico, desde la tragedia griega, pasando por el clasicismo de Weimar, hasta Jean-Paul Sartre. Asimismo, Ette anota que este texto en muchos sentidos intuye varias de las preocupaciones de la vanguardia latinoamericana respecto a las apropiaciones de la tradición europea y sus mitos y la pregunta por la identidad. Véase *Modernidad, modernización, posmodernidad* 21–38.

32. Véase la nota preliminar de Ernesto Mejía Sánchez en Reyes 13: 7–11.

33. Por ejemplo, en "Aristarco o la anatomía de la crítica," el juicio es "aquella crítica de última instancia que definitivamente sitúa la obra en el saldo de las adquisiciones humanas" (Reyes 14: 113):

34. Véase también las precisiones que Reyes hace respecto a este término no en 21: 304–08.

35. El reciclaje de vocabularios y preocupaciones de su obra temprana no se detiene en la sonrisa. En el penúltimo parágrafo del texto, por ejemplo, retoma el movimiento de la tragedia de lo litúrgico a lo profano que exploró en "Las tres Electras del teatro ateniense."

36. Sobre este punto en particular, véase la segunda parte de *El deslinde*, donde Reyes distingue a la literatura de la historia y la "ciencia de lo real" (Reyes 15: 77–281).

37. Véase *Obras* 14: 112, donde Reyes denomina "exegética" al trabajo filológico, estilístico e interpretativo especializado, lo que llamaríamos crítica literaria académica.

38. Véanse los textos de Juan B. Salazar y Alfonso Noriega, para una biografía intelectual de Barreda. Martín Quirarte analiza la continuidad entre Barreda, Justo Sierra y el Ateneo de la Juventud. Hale analiza a Barreda como punto de origen del liberalismo (*Transformación* 15–20). Lund, en "Reyes, raza y nación," plantea las continuidades y diferencias entre Barreda y Reyes.

39. Para Sierra, véase el prólogo de Villegas a Sierra, *Evolución política*; Rivero Alvisa; Martín Quirarte; y Hale 27.

40. El concepto de "problemas nacionales" tiene un antecedente porfiriano: el trabajo de Andrés Molina Enríquez, escrito en los últimos años de Porfirio Díaz y, en cierto sentido, anticipando la agenda posrevolucionaria.

41. Un buen recuento de la recepción general del texto se encuentra en Marentes 75–107. Para un estudio sobre las implicaciones del libro de Vasconcelos en el nivel latinoamericano, véase Marilyn Miller, *Rise and Fall*. La mejor semblanza biográfica es la de José Joaquín Blanco, *Se llamaba Vasconcelos*. La actividad política de Vasconcelos en el país está descrita en Skirius, *José Vasconcelos y la cruzada e 1929*. Una valoración del legado de Vasconcelos, justo después de su muerte en 1959 (casualmente el mismo año que Reyes), se encuentra en Haddox. Véase también Fell, *Los años del águila*. Todas estas cuestiones exceden mi análisis, pero estos trabajos ofrecen, a mi parecer, análisis de muy buen nivel sobre Vasconcelos en el periodo temporal que abarca este libro.

42. Para un recuento biográfico de este distanciamiento de Vasconcelos con el positivismo, véase Domínguez Michael, *Tiros en el concierto* 63–74. Existen dos análisis muy completos del sistema filosófico de Vasconcelos: Villegas, *Filosofía* 65–99 y Romanell 109–59.

43. En este mismo sentido, Silvia Spitta sostiene también la idea de la negatividad (187).

44. Tesis que postula que los descubrimientos arqueológicos de Teotihuacan y la valoración del arte prehispánico están ligadas a la instrucción indígena y su incorporación a la nación, al proporcionarles a estos una raíz común con los mestizos y, desde la artesanía, una ocupación económica. Hay que notar también que cierta rivalidad emergió entre Gamio y Vasconcelos respecto al control de la alfabetización de los indígenas (Swarthout 119–20)

45. La influencia de Vasconcelos en el panorama educativo tuvo un impacto más importante en la alfabetización del interior que en los debates del campo literario, donde el magisterio de Reyes era más preponderante.

Véase el citado libro de Mary Kay Vaughan. Esto, por supuesto, no quiere decir que Vasconcelos no pesaba en el campo de producción cultural. A fin de cuentas, sus políticas fueron cruciales en la formación del muralismo (Swarthout 73–75) e incluso un escritor de Contemporáneos como José Gorostiza acusaba una fuerte influencia de la estética vasconcelista (Escalante, *José Gorostiza*). Más bien, la idea es que, mientras Vasconcelos ocupaba un cargo de Estado y se interesaba esencialmente de políticas educativas y de la transmisión de la Revolución Mexicana al ámbito continental (Domínguez Michael, *Tiros en el concierto* 103), Reyes llenaba una posición magisterial en los espacios autonómicos del campo, enfrascados más en cuestiones estrictamente literarias que en la cuestión más amplia de la nación.

46. Para una comparación entre Vasconcelos y Reyes alrededor de sus versiones de la utopía, véase Domínguez Michael, *Tiros en el concierto* 112–13. Un estudio del tema de la Atlántida en Vasconcelos puede encontrarse en Grijalva.

47. Lo cual, se puede argumentar, es relativo. Lund ha interpretado este pasaje como parte de la línea de borramiento del indígena del espacio nacional ("Reyes, raza y nación" 210). En lo personal, me parece que el pasaje apunta más a un intento de deslindarse directamente de la centralidad del mestizaje como principio fundacional de la nación, algo que no puede decirse de la línea positivista en la que Lund enmarca a Reyes.

48. Otro punto que podría atribuirse a Vasconcelos, de acuerdo al reciente análisis de John Ochoa, es la introducción de una suerte de idea del fracaso como parte constitutiva del ser nacional, algo que en cierto sentido está detrás de Ramos y Octavio Paz también. Me parece, sin embargo, que la forma en que Ochoa sustenta el argumento (a partir del contraste entre el optimismo y utopismo de Vasconcelos y su fracaso personal en la política mexicana) no da cuenta de una presencia estrictamente conceptual del fracaso dentro del esquema filosófico de *La raza cósmica*. Véase Ochoa 113–40.

49. Véase capítulo 2.

50. Otro recuento de las críticas a Samuel Ramos puede encontrarse en Arreola Cortés 130, quien recuerda que el libro fue atacado tanto por una "falta de método" que, según gente como Miguel Bueno, produce un libro carente de sistematicidad "formado prácticamente en su totalidad por observaciones aisladas, hipótesis generales y apreciaciones subjetivas," como por un conjunto de nacionalistas que consideraba sus tesis "ofensivas para el país."

51. Por supuesto, *La raza cósmica* da también este paso y Vasconcelos es el autor de un sistema filosófico de gran complejidad. El punto que busco enfatizar aquí es que Samuel Ramos es ante todo un filósofo, mientras que Vasconcelos se encuentra más cerca del modelo decimonónico del letrado.

52. Un estudio completo del sistema filosófico de Caso puede encontrarse en el libro de Rosa Krauze. Para un estudio del lugar de Caso en la filosofía mexicana, véase Magallón.

53. De hecho, según recuenta Hernández Luna, siguió un fuerte debate en el que dos alumnos de Caso, —Miguel A. Cevallos y Luis Garrido— publicaron críticas a Samuel Ramos, y posteriormente el propio Caso publicó una réplica titulada *Ramos y yo*, a que Ramos respondió (71–86).
54. Estos filósofos son el tema del capítulo siguiente.
55. Y desarrollado por S. Ramos mismo en *Hacia un nuevo humanismo*, incluido en el segundo tomo de sus *Obras completas*.
56. Lomnitz, *Deep Mexico* 73–76; Doremus 85–89; Villegas, *Filosofía* 126–27; Bartra, *Jaula* 108–11 y 147–51; Schmidt 139–51; Hernández Luna 131–46; Irwin, *Mexican Masculinities* 188–91.
57. Lo cual en cierto sentido es una mala interpretación de Adler, ya que, según apunta Orgler, la condición de inferioridad de las mujeres es un proceso psicológico análogo al de los hombres: un problema de actitud y de creerse inferior, más que de inferioridad en sí (76).
58. Esto lo discutiré en el próximo capítulo.
59. Según Pio Colonnello, esta idea proviene del pensamiento de Manuel García Morente, quien divide el pensamiento entre el método escolástico, que plantea el "dialectical analysis of the very notion of Being" ["el análisis dialectical de la noción misma del Ser"], y una idea proto-heideggeriana de la ontología como el estudio emergente de las condiciones concretas de la vida. Gaos, como veremos, se inclina hacia el segundo método, lo cual explica su afinidad precisamente por filosofías de lo concreto como la fenomenología o el existencialismo.
60. Por supuesto, el magisterio de José Gaos no se limita a esto: Gaos fue profesor, además, de la Universidad Nacional, la Universidad Veracruzana y la Universidad de Nuevo León, entre otras instituciones.
61. La descripción precisa de la filosofía de Ortega y Gasset y de su relación con Gaos en los años previos al exilio de éste es un tema muy extenso que escapa a los alcances del presente trabajo. Para una discusión de Ortega y su influencia en América Latina, véase Dust; Medin, *Ortega y Gasset en la cultura hispanoamericana* y *Entre la jerarquía y la liberación;* y Ferrater Mora. La relación entre Ortega y Gasset y Gaos puede encontrarse en Alfaro López; Díaz Ruanova 103–18; Colonnello 17–28; y Faber, *Exile and Cultural Hegemony* 186–227. Una valoración de Ortega y Gasset desde el seminario de Gaos se encuentra en Salmerón, *Las mocedades de Ortega y Gasset*. Una crítica a la influencia de Ortega en el pensamiento mexicano, escrita en los cuarenta, puede encontrarse en Sánchez Villaseñor, *¿Es idealista Ortega y Gasset?*
62. Una discusión amplia de algunos términos filosóficos usados aquí es imposible, puesto que requeriría demasiadas digresiones. Por historicismo, entenderé a partir de aquí una concepción de la historia que presupone la sucesión orgánica de los hechos históricos y la idea de que las particularidades históricas y hechos locales influyen el devenir histórico de forma particular, una definición que básicamente da cuenta de la noción de historicismo en Ortega y Gaos. Para un desarrollo histórico del concepto de historicismo, con análisis de los filósofos más influyentes en el pensamiento de Gaos (particularmente Dilthey), véase Hamilton,

Historicism. "Existentialist phenomenology" se refiere al existencialismo alemán, tal y como se presenta en las obras de Edmund Husserl y Martin Heidegger, dos figuras de gran influencia sobre Ortega y Gaos. El volumen 10 de las obras completas de Gaos, titulado *De Husserl, Heidegger y Ortega*, contiene estudios sobre este tema. Asimismo, bajo la influencia de Gaos, Juan David García Bacca escribió un extenso volumen, con textos escritos entre 1942 y 1961, sobre esta línea existencialismo, centrándose particularmente en Heidegger. Véase también Langan, *The Meaning of Heidegger* [*El significado de Heidegger*]; Richardson, *Existential Epistemology* [*Epistemología existencialista*]; y Koenig, *Existentialism and Human Existence* [*Existencialismo y existensia humana*].

63. Dilthey expuso las bases de su propia filosofía en *Essence of Philosophy* [*La esencia de la filosofía*]. Véase particularmente la primera parte, titulada "Historical Procedure for Determining the Essence of Philosophy" ["Proceso histórico de distinguir la escucia de la filosofía"], donde se ve muy claramente el método histórico que Gaos toma de él y que será tan influyente en la filosofía mexicana. Para la cuestión del historicismo en Dilthey, en relación con Heidegger y Ortega, véase Tuttle, *The Dawn of Historical Reason* [*La madrugada de la razón histórica*]. Un estudio sobre Ortega y Dilthey es hecho por Ángel Medina. Para valoraciones de Dilthey bajo la égida de Gaos en México, véanse los dos libros de Eugenio Ímaz, quien, además, fue el traductor de Dilthey al español, así como Luis Villoro, *Páginas filosóficas* 121–55.

64. Dado que el enfoque autobiográfico tuvo un impacto poco significativo en las escuelas filosóficas que discuto en el resto de éste capítulo, no me ocupo de él con mayor profundidad. Para este tema, véase Yamuni y Uranga, "José Gaos."

65. Para una descripción más amplia de este proceso con respecto a México, véase Zea, "La filosofía mexicana de José Gaos." El propio Zea es autor de un proyecto que refleja muy bien esta dimensión: su antología en tres volúmenes *Fuentes de la cultura latinoamericana*.

66. Esta definición de Salmerón glosa los argumentos de Gaos 6: 48–94.

67. Ambos volúmenes publicados a partir de los años sesenta en un solo volumen titulado *El positivismo en México*. Citaré esta edición en el análisis posterior de Zea.

68. Por ejemplo, *Aportaciones al estudio de Gamarra; o, el eclecticismo en México* de Victoria Junco y *La introducción de la filosofía moderna en México* de Bernabé Navarro.

69. Cabe decir que, en realidad, Reyes y Gaos compartían mucho del espacio institucional y colaboraron en muchos proyectos. Esto está documentado en el epistolario entre ambos editado por Alberto Enríquez Perea. Vale la pena señalar también que Gaos dedicó una noticia bibliográfica a *La crítica en la edad ateniense* (6: 183–89) y que dedicó consistentemente artículos y notas al trabajo intelectual e institucional de Reyes (8: 395–420).

70. Incluida en su totalidad en Gaos, *Obras completas,* tomo 5.

71. De hecho, el hispanismo fue aquí un frente de lucha cultural ante intentos de pensar el americanismo desde una perspectiva panamericanista que incluía a los Estados Unidos, como el Instituto Internacional de Literatura Iberoamericana, dirigido en sus inicios por Julio Jiménez Rueda, intelectual conservador, como ya sabemos, e intelectuales norteamericanos como Edwin K. Mapes y John Crow. A pesar de que se ha atribuido a Reyes un rol en la fundación, en realidad estuvo muy poco involucrado en ella. Para una historia de la fundación del IILI, véase Martin 505–13, particularmente en referencia a un volumen de 1942 llamado "La hora panamericana." Para el debate entre hispanismo y panamericanismo en México, véase Faber, "'La hora ha llegado.'"

72. Profundizaré en este punto al hablar de Leopoldo Zea.

73. Sobre la labor de Ímaz en México, véase Abellán 219–46.

74. Ciertamente esta incidencia no se dio sin resistencias. La más notable fue la de José Sánchez Villaseñor, un filósofo jesuita neoescolástico de orientación tomista, quien, además del ya citado libro contra Ortega, publicó un libro contra Gaos titulado *Gaos en Mascarones*, donde sostenía que Gaos defendía el ateísmo al identificar al filósofo con una actitud "soberbia" de negación de Dios (27–29). Hernández Luna ha comentado la polémica de Sánchez Villaseñor y Gaos, defendiendo la postura del segundo ("En Torno" 76–80). La existencia del libro en sí muestra otro frente de lucha cultural en México, el religioso: Sánchez Villaseñor era profesor de la Universidad Iberoamericana, institución jesuita y el libro fue publicado por Jus, una casa editorial de fuerte inclinación católica, fundada en 1941 sobre la base de una revista que empezó a circular en 1933. Vale la pena mencionar que Sánchez Villaseñor publicó, también, un opúsculo contra el existencialismo francés titulado *El pretendido humanismo de Jean Paul Sartre*. Para más comentarios sobre Sánchez Villaseñor, véase Espinoza 26–27; Romanell 169; Larroyo, *Filosofía iberoamericana* 141.

75. En Gaos, *Obras completas* vol. 4.

Capítulo cuatro
El "ser nacional" en el diván de la filosofía

1. Para una discusión de este fenómeno en términos de la literatura de mujeres, véase Sánchez Prado, "La destrucción de la escritura viril."

2. De hecho, el marxismo no se convierte en un tema propiamente de la filosofía mexicana hasta la obra de José Revueltas y trabajos posteriores de Luis Villoro, ambos, fuera del rango temporal del presente trabajo.

3. Para una evaluación actual del paradigma de "pensar desde América Latina," aunque sin mención de Reyes, véase Cerutti Guldberg.

4. He tratado ambas cuestiones con amplitud en mi artículo "The Pre-Columbian Past as a Project" ["El pasado precolombino como proyecto"].

5. Se pueden citar otros dos textos por fuera del Hiperión y de la práctica filosófica en general. Uno es el psicólogo Jorge Carrión que, en *Mito y magia del mexicano*, explora el peso en la psicología nacional de cuestiones como la mitología precolombina o el lenguaje. Otro es *Catarsis del mexicano*, una conferencia que el sociólogo César Garizurieta pronunció respecto a la catarsis del ser nacional desde la comedia, particularmente con el trabajo de Cantinflas. Vale la pena mencionar también que el libro de Carrión fue publicado en una serie llamada "México y lo mexicano," de la casa Porrúa y Obregón, dirigida por Leopoldo Zea y donde publicaron textos Gaos, Reyes, Ramos, el Hiperión e incluso exiliados como José Moreno Villa. Esta serie, en cierto sentido, es sintomática del espíritu de época presente en estos trabajos.

6. La obra de estos dos últimos (Salmerón y Sánchez Macgregor) será de mayor relevancia en los años sesenta y setenta, un marco temporal posterior al del presente trabajo.

7. Esta descripción de la agenda de Hiperión es compartida por varios comentaristas del grupo. Oswaldo Díaz Ruanova menciona el término "autognosis" para hablar del intento de definir una conciencia nacional desde la filosofía (204). E. Suárez-Iñiguez habla de la meta del grupo como un intento de "elevar a un rango de universalidad la realidad mexicana" y lo caracteriza como "un nacionalismo filosófico ligado a lo universal" (29).

8. Hay que apuntar que esta caracterología ya se encuentra en un texto previo, de comentario a Ramos, titulado "Ensayo de una ontología del mexicano," donde Uranga invoca a López Velarde para decir que el problema no sólo es el sentimiento de inferioridad sino la zozobra.

9. Insuficiencia que Luis Villoro atribuye a la elección de la ontología como método, pero que tiene por detrás, según el propio Villoro, preocupaciones legítimas sobre el problema de la universalidad (*En México* 127).

10. Esta referencia es invocada por Domínguez Michael, *Servidumbre* 101.

11. Es necesario anotar que el *Bosquejo* no es un texto que refiere al marxismo, pero la escritura del texto de Portilla es posterior a la adscripción de Sartre a esta escuela.

12. Para lecturas críticas de este texto, véase Merold Westphal y Robert L. Perkins.

13. Aquí se puede contrastar a Portilla con la operación llevada a cabo por Garizurieta en *Catarsis del mexicano*, quien toma la figura de Cantinflas y la celebra como representante de la identidad del pueblo. Aquí no se manifiesta el elitismo de Portilla, pero el problema continúa siendo el imperativo tipificador de todos estos autores.

14. Para una valoración de la dimensión americanista de Zea, véase Lipp, Lizcano, López Díaz y los tres libros de Medin en las obras citadas.

15. Es importante tener presente que aquí "histórico" se refiere siempre a una categoría filosófica que estudia a los objetos en su devenir diacrónico y en relación con las circunstancias y contingencias que lo rodean. Por ello, esto no quiere decir que Zea sea un "historiador," es decir, un estudioso "objetivo" del devenir histórico. Esta crítica, sin embargo, es común, como ejemplifica el ensayo de Charles Hale sobre Zea, donde el historiador norteamericano le achaca imprecisiones debidas a su orientación filosófica: "Zea's Hegelian and existentialist assumptions place severe limitations on the reliability of his work as history" ["Las suposiciones hegelianas y existencialistas de Zea ponen limitaciones severas en la confiabilidad de su trabajo como historia"] ("The History of Ideas" ["La historia de ideas"] 68). En otras palabras, el sistema de Zea no busca la descripción de la historia "tal cual es," sino la constitución de un sistema filosófico interpretativo de la historia que la actualiza para un fin político e intelectual preciso.

16. En su origen, la investigación de Zea comprendía dos libros: *El positivismo en México* y *Apogeo y decadencia del positivismo*. A partir de los años sesenta, se editan ambos como un solo volumen. Dado que la unión en un solo volumen no significó ninguna transformación radical al argumento de Zea, cito de la edición actual.

17. Incidentalmente, sobre este mismo argumento, aunque con un carácter menos derogatorio, descansa el libro de Hale sobre el positivismo, de los años ochenta. Esto es de interés, porque Hale, como vimos en una nota anterior, es uno de los críticos del método histórico de Zea, cuando su lectura del positivismo es históricamente localizable dentro de una constelación de ideas descrita por el filósofo mexicano.

18. Doremus señala esta tesis como la idea central del libro (160). En lo personal creo que, si bien es importante y distintiva, pesa más la idea de la exploración histórica de la conciencia.

19. Este punto hace, por ejemplo, que Zea sea valorado por una perspectiva más nacionalista que la sugerida por el conjunto de su filosofía. En este sentido, el libro de Pedro López Díaz sobre Zea ilustra bien que su filosofía puede leerse como un argumento por la "esencia" del hombre, algo que estaría por fuera de las metas de un circunstancialismo más radical.

20. Vale la pena señalar la enorme admiración que Zea sentía por Alfonso Reyes. *Conciencia y posibilidad del mexicano* está dedicado a don Alfonso.

21. "[E]l inferior, desde el punto de vista económico, tiene conciencia de los orígenes de esta su situación y sabe que puede ser transformada" (Zea, *Occidente* 126)

22. Véase Aguilar Camín y Meyer 189–235 para una descripción detallada de este proceso.

23. Otro ejemplo de la concepción ontológica de Villoro es su trabajo con Gabriel Marcel, quien plantea que no existe una discontinuidad entre ser y existencia y que toda referencia al ser en sí (como la implicada en el *Cogito* cartesiano), implica una referencia al ser empírico. Véase *Páginas filosóficas* 155–80 y la traducción, hecha por Villoro, del trabajo de Marcel sobre el problema ontológico.

24. El término es de Roger Bartra.

25. Véase, por ejemplo, Gruzinski, *La guerra de las imágenes*.

26. Vale la pena apuntar que esta retraducción al lenguaje del marxismo en los años setenta se relaciona también con un abandono del lenguaje existencialista que, según observa Jorge Martínez Contreras, representa una desilusión frente a las deficiencias lingüísticas percibidas por Villoro en la escuela de Sartre y Heidegger (282).

27. Esta toma de conciencia histórica es el tema de *El proceso ideológico de la Revolución de Independencia* de Luis Villoro.

28. Roger Bartra y Claudio Lomnitz son los más destacados.

29. Para no romper con el marco temporal del capítulo, hago mención de Villoro y el zapatismo en la conclusión.

30. Sobre este periodo véase Sheridan, *Poeta con paisaje* 83–234; Stanton, *Primeras voces* 60–94; Rodríguez Ledesma 138–44, Vizcaíno 97–101. Sobre Paz en el campo mexicano de los treinta, véase Martínez Carrizales, *Gracia pública* 87–95.

31. Sobre *Taller* y la participación de Paz, véase Aguilar Mora, "Un taller mexicano."

32. Para una reflexión más completa de la relación entre Paz y Cuesta, así como sus similitudes y diferencias, véase Náter y Cabada Ramos, *La relación olvidada*.

33. Tema que la crítica ha discutido ampliamente. Véase Sosa y Kim.

34. Estos puntos los desarrolla Rico Moreno en un curso, y Salgado da cuenta de ellos (Camino 59). Según Salgado, el libro de Rico Moreno es de próxima aparición.

35. Grenier sostiene, incorrectamente a mi parecer, que el romanticismo en México no es una corriente precisa, más allá de ciertas prácticas articuladas por el Ateneo de la Juventud (90–91). Esto está desmentido por el volumen de Leopoldo Zea, *Dos etapas del pensamiento en Hispanoamérica: Del romanticismo al positivismo*.

36. El romanticismo seguirá siendo un motivo central en el pensamiento posterior de Paz y, de hecho, la construcción de la tradición en su célebre *Los hijos del limo*, proviene de una genealogía romántica aún más desarrollada. Para un comentario a este respecto, véase Quiroga 110–12. Vale la pena señalar también que la articulación de la noción de "tradición de la ruptura" en este texto es, de cierta manera, una inversión de la noción cuestiana de clasicismo, dado que, mientras Cuesta hablaba de la ruptura como ejercicio de contemporaneidad, Paz lo concibe como una forma de relacionarse a la tradición y al pasado.

37. Que son constantes en Paz. Otro ejemplo es el otro poema célebre de la colección, "Himno entre ruinas" donde se desarrolla la coincidencia histórica de la modernidad ("Nueva York, Londres, Moscú") son profecía de las ruinas imperiales del pasado mexicano ("Cae la noche sobre Teotihuacan") (219–21). A propósito de este poema, Alberto Ruy Sánchez define la estrategia de convergencia de tiempos en la poesía de Paz con el nombre de "simultaneísmo," estableciendo una genealogía hacia poetas surrealistas como Blaise Cendrars (68).

38. Sobre el rol de esta antología en el canon de la poesía mexicana, véase Stanton, *Inventores* 51–60 y González Aktories 154–55 y 202.

39. Vale la pena decir que Reyes se salva por tener tanto poemas de vocación nacionalista (como su poema sobre el Golfo de México), poemas donde comparte la vocación hispanista del propio Paz y, por supuesto, la mitología que articula *Ifigenia cruel*. Sobra decir que son estos poemas precisamente los que se incluyen en la antología.

40. Estos elementos, argumenta Anthony Stanton, están armados en una visión que conjunta cuatro capítulos fenomenológicos y cuatro capítulos históricos. Esta estructura deja ver bien las deudas que Paz tiene, pese a todo con Ramos y los primeros hiperiones. Véase Stanton, "Models of Discourse" ["Modelos del discurso"].

41. Vale la pena, en este sentido, observar el análisis cuantitativo de personajes en el texto propuesto por Lempérière (261).

A manera de conclusión: Por una historia crítica de la literatura mexicana

1. Dedico mi estudio "'Bienaventurados los marginados porque ellos recibirán la redención': José Revueltas y el vaciamiento literario del marxismo" a este tema.

2. Una descripción detallada del campo literario de los ochenta y noventa excede el trabajo de este libro. Para un estudio del campo literario respecto a la novela, con extensiones hasta los años ochenta, véase Sefcovich, *México, país de ideas, país de novelas*. El campo intelectual en los noventa en relación a Marcos es estudiado por Volpi en *La guerra y las palabras*. Finalmente, un estudio útil aunque poco riguroso del campo literario con especial énfasis en la novela está en Chávez Castañeda y Santajuliana, *La generación de los enterradores*.

3. Véase Lemaître.

4. Maarten van Delden ha hecho una reflexión sobre el lugar de *Vuelta*, la antecesora de *Letras libres* y *Nexos* en el discurso público del país. Véase "Conjunciones y disyunciones." Asimismo, véase el número especial de la revista *Viceversa* titulado *Vuelta: 20 años de la empresa editorial de Octavio Paz*.

5. Otro tema que valdría la pena considerar en una investigación futura es el rol del teatro, en su doble dimensión de literatura y representación, como forma política. Véase, al respecto, el libro de Stuart A. Day.

6. Hay que decir que Palou formó parte del grupo del *crack*, un intento de renovación de la literatura mexicana. En el libro colectivo que reúne los textos programáticos de todos los miembros, Palou reivindica una

noción cuestiana de tradición: "Continuidad y ruptura. No hay nada más revolucionario que la tradición. Renovar es corregir rumbos. Cada generación reescribe la tradición, la reacomoda" (*Crack* 205).

7. Véase el artículo de Pohl al respecto. Vale la pena también recordar que el único libro sobre Jorge Volpi, el de Eloy Urroz, está basado en el tema de la utopía, y quizá valdría revisar esta visión y plantear que, por lo menos en algunos de sus trabajos, Volpi podría ser caracterizado como autor de naciones intelectuales.

8. Tomo el término del libro de Miguel Ángel Centeno.

9. Una de ellas, los ejidatarios que detuvieron la construcción del nuevo aeropuerto en Texcoco.

10. Como indica, por ejemplo la reescritura de su libro sobre el terremoto publicada en 2005. Véase Monsiváis, *No sin nosotros*.

11. Véase Mouffe, *The Return of the Political* [*La vuelta de lo político*].

Obras citadas

Abellán, José Luis. *Filosofía española en América (1936–1966)*. Madrid: Guadarrama / Seminarios y ediciones, 1967.

Abreu Gómez, Ermilo. *Canek*. México: DeBolsillo, 2005.

———, ed. *Carta Atenagórica,* de Sor Juana Inés de la Cruz. México: Botas, 1934.

———. *El corcovado: Un amor de don Juan Ruiz de Alarcón y Mendoza*. México: E. Gómez de la Puente, 1923.

Adler, Alfred. *The Individual Psychology of Alfred Adler. A Systematic Presentation in Selections from His Writings*. Ed. Heinz L. Ansbacher y Rowena R. Ansbacher. Nueva York: Harper & Row, 1964.

Aguilar Camín, Héctor. *Saldos de la Revolución: Cultura y política de México, 1910–1980*. México: Nueva Imagen, 1982.

Aguilar Camín, Héctor, y Lorenzo Meyer. *A la sombra de la Revolución Mexicana*. México: Cal y Arena, 1990.

Aguilar Mora, Jorge. *La divina pareja: Historia y mito en Octavio Paz*. México: Era, 1991.

———. *Una muerte sencilla, justa, eterna: Cultura y guerra durante la Revolución Mexicana*. México: Era, 1990.

———. "Un taller mexicano." *Revista Iberoamericana* 208–09 (2004): 825–37.

Agustín, José. *Tragicomedia mexicana*. 3 tomos. México: Planeta, 1990–2000.

Ainsa, Fernando. "Invención de la utopía y deconstrucción de la realidad." Zea, *Sentido y proyección de la Conquista* 17–36.

Alatas, Syed Farid. "Eurocentrism and the Role of Human Sciences in the Dialogue among Civilizations." *European Legacy* 7.6 (2002): 759–70.

Alfaro López, Héctor Guillermo. *La filosofía de José Ortega y Gasset y José Gaos: Una vertiente del pensamiento latinoamericano*. México: Universidad Nacional Autónoma de México, 1992.

Allaigre-Duny, Annick. *L'écriture poétique de Jorge Cuesta: Les sonnets*. Pau: Covedi/CRLV, 1996.

———, ed. *Jorge Cuesta: Littérature, Histoire, Psychanalyse*. París: L'Harmattan, 2006.

Altamiranda, Daniel. "Literary Theory and Criticism." Foster 341–63.

Althusser, Louis. *La filosofía como arma de la revolución*. México: Siglo XXI, 1997.

Obras citadas

Anderson, Benedict. *Imagined Communities: Reflections on the Origin and Spread of Nationalism.* Londres: Verso, 1991.

Antena 1924. Monterrey 1930–1937. Examen 1932. Número 1933–1935. Revistas Literarias Mexicanas Modernas. México: Fondo de Cultura Económica, 1981.

Anzaldo, Sergio. "El pensamiento político de Jorge Cuesta." *Revista Mexicana de Ciencias Políticas y Sociales* 126 (1986): 211–16.

Appendini, Guadalupe. *Historia de la Universidad Nacional Autónoma de México.* México: Porrúa, 1981.

Apter, Emily. "Global *Translatio*: The 'Invention' of Comparative Literature, Istanbul, 1933." *Debating World Literature.* Ed. Chistopher Prendergast. Londres: Verso, 2004. 76–109.

Arenas Monreal, Rogelio. *Alfonso Reyes y los hados de febrero.* México: Universidad Autónoma de Baja California / Universidad Nacional Autónoma de México, 2004.

Arredondo, Inés. *Obras completas.* México: Siglo XXI/Difocur, 1988.

Arreola Cortés, Raúl. *Samuel Ramos: La pasión por la cultura.* Morelia: Universidad Mexicana de San Nicolás Hidalgo, 1997.

Auerbach, Erich. *Mimesis.* México: Fondo de Cultura Económica, 1950.

Azuela, Mariano. *Los de abajo.* Ed. Jorge Rufinelli. Madrid: ALLCA XX, 1988.

Baber, Zaheer. "Orientalism, Occidentalism, Nativism: The Culturalist Quest for Indigenous Science and Knowledge." *European Legacy* 7.6 (2002): 747–58.

Badiou, Alain. *Ethics: An Essay in the Understanding of Evil.* Trad. Peter Hallward. Londres: Verso, 2002.

———. *El ser y el acontecimiento.* Buenos Aires: Manantial, 1997.

Balibar, Etienne, e Immanuel Wallerstein. *Race, Nation, Class: Ambiguous Identities.* Londres: Verso, 1991.

Barandal 1931–1932: Cuadernos del Valle de México 1933–1934. Revistas Literarias Mexicanas Modernas. México: Fondo de Cultura Económica, 1981.

Barili, Amelia. *Jorge Luis Borges y Alfonso Reyes: La cuestión de la identidad del escritor latinoamericano.* México: Fondo de Cultura Económica, 2000.

Barreda, Gabino. *Oración Cívica.* Cuadernos de Cultura Latinoamericana 72. México: Universidad Nacional Autónoma de México, 1979.

Bartra, Roger, ed. *Anatomía del mexicano.* México: Plaza y Janés, 2002.

———. *La jaula de la melancolía: Identidad y metamorfosis del mexicano*. México: Grijalbo, 1996.

———. *La sangre y la tinta: Ensayos sobre la condición posmexicana*. México: Océano, 1999.

Bauman, Zygmunt. *Legislators and Interpreters: On Modernity, Post-Modernity and Intellectuals*. London: Polity, 1987.

Benda, Julien. *La trahison des clercs*. París: Bernard Grasset, 1927.

Benítez, José María. "El estridentismo, el agorismo, *Crisol*." *Las revistas literarias de México*. México: Instituto Nacional de Bellas Artes, 1963. 145–64.

Beristáin, Helena. *Diccionario de retórica y poética*. México: Porrúa, 2000.

Bhabha, Homi K. *The Location of Culture*. Londres: Routledge, 2004.

———, ed. *Nation and Narration*. Londres: Routledge, 1990.

Blanco, José Joaquín. *Se llamaba Vasconcelos: Una evocación crítica*. México: Fondo de Cultura Económica, 1977.

Bourdieu, Pierre. *La distinción*. Madrid: Taurus, 1998.

———. *The Field of Cultural Production*. Ed. Randal Johnson. Nueva York: Columbia UP, 1993.

———. *Homo academicus*. Trad. Peter Collier. Stanford: Stanford UP, 1988.

———. *Las reglas del arte: Génesis y estructura del campo literario*. Trad. Thomas Kauf. Barcelona: Anagrama, 1997.

———. *Sociología y cultura*. Ed. Néstor García Canclini. México: Consejo Nacional para la Cultura y las Artes / Grijalbo, 1992.

———. *The State Nobility: Elite Schools in the Field of Power*. Stanford: Stanford UP, 1996.

Brading, David. *Octavio Paz y la poética de la historia mexicana*. Trad. Antonio Saborit. México: Fondo de Cultura Económica, 2002.

Buck-Morss, Susan. "Hegel and Haiti." *Critical Inquiry* 26 (2000): 821–65.

Bürger, Peter. *Theory of the Avant-Garde*. Trad. Michael Shaw. Minneapolis: U of Minnesota P, 1984.

Cabada Ramos, José Luis. *Pasiones deliberadamente opuestas*. Xalapa: Instituto Veracruzano de Cultura, 2004.

———. *La relación olvidada: Jorge Cuesta (1903–1942) y Octavio Paz (1914–1998)*. Xalapa: Instituto Veracruzano de Cultura, 2003.

Caicedo [Palacios], Adolfo [León]. "Hacía un nuevo humanismo en Alfonso Reyes." Díaz Arciniega, *Voces* 25–35.

Obras citadas

Caicedo [Palacios], Adolfo [León]. *Soliloquio de la inteligencia: La poética de Jorge Cuesta*. México: Instituto Nacional de Bellas Artes / Leega, 1988.

Camp, Roderic Ai. *Intellectuals and the State in Twentieth Century Mexico*. Austin: U of Texas P, 1985.

Campobello, Nellie. *Cartucho: Relatos de la lucha en el norte de México*. México: Era, 2001.

Campos, Marco Antonio. *El San Luis de Manuel José Othón y el Jerez de Ramón López Velarde*. México: Dosfilos, 1998.

Canfield, Martha L. *La provincia inmutable: Estudios sobre la poesía de Ramón López Velarde*. Messina: Anna, 1981.

Carballo, Emmanuel. *Visiones y versiones: Ramón López Velarde y sus críticos*. México: Gobierno del Estado de Zacatecas / Universidad Autónoma de Zacatecas / Universidad Autónoma Metropolitana / Instituto Nacional de Bellas Artes, 1989.

Cardiel Reyes, Raúl. "Homenaje a José Gaos: Filosofía de la filosofía." *Cuadernos americanos* 166 (1969): 45–58.

Carr, Barry. *La izquierda mexicana a través del siglo XX*. Trad. Paloma Villegas. México: Era, 1996.

Carrión, Jorge. *Mito y magia del mexicano*. México: Porrúa y Obregón, 1946.

Castañón, Adolfo. *Alfonso Reyes: Caballero de la voz errante*. México: Universidad Nacional Autónoma de México, 1996.

———. *Arbitrario de la literatura mexicana: Paseos I*. México: Vuelta, 1993.

——— "La desaparición de los ensayistas." Olea Franco y Stanton 21–26.

Castro Gómez, Santiago. "América Latina y la nueva mitología de la razón." Pineda Franco y Sánchez Prado 51–62.

———. *Crítica de la razón latinoamericana*. Barcelona: Puvill, 1996.

Castro Gómez, Santiago, y Eduardo Mendieta, eds. *Teorías sin disciplina: Latinoamericanismo, poscolonialidad y globalización en debate*. México: Miguel Angel Porrúa / U of San Francisco, 1998

Centeno, Miguel Ángel. *Democracy within Reason: Technocratic Revolution in Mexico*. University Park: Pennsylvania State UP, 1997.

Cerutti Guldberg, Horacio. *Filosofar desde nuestra América: Ensayo problematizador sobre su modus operandi*. México: Miguel Ángel Porrúa / Universidad Nacional Autónoma de México, 2000.

Chakrabarty, Dipesh. *Provincializing Europe: Postcolonial Thought and Historical Difference*. Princeton: Princeton UP, 2000.

Obras citadas

Charle, Cristophe. *Naissance des "intellectuels" 1880–1900*. París: Minuit, 1990.

Chávez, Ezequiel A. *3 conferencias: La vida y obra de 3 profesores ilustres de la Universidad de México*. México: Universidad Nacional Autónoma de México, 1937.

Chávez Castañeda, Ricardo, y Celso Santajuliana. *La generación de los enterradores*. 2 tomos. México: Nueva Imagen, 2000–03.

Colegio de México, El: Una idea de casi medio siglo. México: El Colegio de México, 1987.

Colegio Nacional, El. 2005. El Colegio Nacional. 19 de dic. de 2005 <http://www.colegionacional.org.mx>.

Colonello, Pio. *The Philosophy of José Gaos*. Trad. Peter Cocozzella. Amsterdam: Rodopi, 1997.

Conn, Robert. *The Politics of Philology: Alfonso Reyes and the Invention of the Latin American Literary Tradition*. Lewisburg: Bucknell UP, 2002.

Cornejo Polar, Antonio. *Escribir en el aire*. Lima: Horizonte, 1994.

Coronil, Fernando. "Más allá del occidentalismo: Hacia categorías geohistóricas no imperialistas." Castro Gómez y Mendieta 147–68.

Corte Velasco, Clemencia. *La poética del estridentismo ante la crítica*. Puebla: Benemérita Universidad Autónoma de Puebla, 2003.

Cosío Villegas, Daniel. *Memorias*. México: Joaquín Mortiz, 1976.

Crack: Instrucciones de uso. México: Mondadori, 2004.

críticos y la crítica literaria en México, Los. Puebla: Ayuntamiento del Estado de Puebla / Benemérita Universidad Autónoma de Puebla, 2000.

Cuesta, Jorge. *Antología de la poesía mexicana moderna*. Prol. Guillermo Sheridan. México: Fondo de Cultura Económica, 1998.

———. *Obras reunidas*. 2 tomos. Ed. Jesús R. Martínez Malo y Víctor Peláez Cuesta. México: Fondo de Cultura Económica, 2003–06.

Curiel, Fernando. *El cielo no se abre: Semblanza documental de Alfonso Reyes*. México: Universidad Nacional Autónoma de México / El Colegio Nacional, 1995.

Curtius, Ernst Robert. *Literatura europea y Edad Media latina*. 2 tomos. México: Fondo de Cultura Económica, 1952.

Day, Stuart A. *Staging Politics in Mexico: The Road to Neoliberalism*. Lewisburg: Bucknell UP, 2004.

Obras citadas

Dauster, Frank. *Ensayos sobre poesía mexicana: Asedio a los Contemporáneos*. México: Andrea, 1963.

De Beer, Gabriela. "El Ateneo y los ateneístas: Un examen retrospectivo." *Revista Iberoamericana* 148–49 (1989): 737–49.

Dessau, Adalbert. *La novela de la Revolución Mexicana*. Trad. Juan José Utrilla. México: Fondo de Cultura Económica, 1972.

Díaz Arciniega, Víctor. *Historia de la casa: Fondo de Cultura Económica (1934–1996)*. México: Fondo de Cultura Económica, 1996.

———. *Querella por la cultura revolucionaria (1925)*. México: Fondo de Cultura Económica, 1991.

———, comp. *Voces para un retrato: Ensayos sobre Alfonso Reyes*. México: Universidad Autónoma Metropolitana / Fondo de Cultura Económica, 1990.

Díaz Mirón, Salvador. *Poesía completa*. Ed. Manuel Sol. México: Fondo de Cultura Económica, 1997.

Díaz Ruanova, Oswaldo. *Los existencialistas mexicanos*. México: Rafael Giménez Siles, 1982.

Dilthey, Wilhelm. *The Essence of Philosophy*. Chapel Hill: U of North Carolina P, 1951.

———. *Psicología y teoría del conocimiento*. Trad. Eugenio Ímaz. México: Fondo de Cultura Económica, 1945.

———. *Teoría de la concepción del mundo*. México: Fondo de Cultura Económica, 1945.

Domínguez Michael, Christopher. *Servidumbre y grandeza de la vida literaria*. México: Joaquín Mortiz, 1998

———. *Tiros en el concierto: Literatura mexicana del siglo V*. México: Era, 1997.

———. *Vida de Fray Servando*. México: Era / Instituto Nacional de Antropología e Historia, 2004.

Doremus, Anne T. *Culture, Politics, and National Identity in Mexican Literature and Film, 1929–1952*. Nueva York: Peter Lang, 2000.

Düring, Ingemar. *Alfonso Reyes helenista*. Madrid: Ínsula, 1955.

Dussel, Enrique. "El proyecto de una filosofía de la historia latinoamericana." *Cuaderno de Cuadernos* 4 (1993): 203–16.

Dust, Patrick H., ed. *Ortega y Gasset and the Question of Modernity*. Hispanic Issues 5. Minneapolis: Prisma Institute, 1989.

Eagleton, Terry. *The Function of Criticism*. Londres: Verso, 2005.

———. *Ideology: An Introduction*. Londres: Verso, 1991.
Echeverría, Bolívar. *La modernidad de lo barroco*. México: Era, 1998.
Ejército Zapatista de Liberación Nacional. *Documentos y comunicados 1*. México: Era, 1994.
Enriquez Perea, Alberto. *Itinerarios filosóficos: Correspondencia José Gaos / Alfonso Reyes, 1939–1959 y textos de José Gaos sobre Alfonso Reyes, 1942–1968*. México: El Colegio de México, 1999.
Escalante, Evodio. *Elevación y caída del estridentismo*. México: Consejo Nacional para la Cultura y las Artes / sin Nombre, 2002.
———. "Homonoia: La utopía cosmopolita de Alfonso Reyes." Pineda Franco y Sánchez Prado 155–70.
———. *José Gorostiza: Entre la redención y la catástrofe*. México: Juan Pablos, 2001.
———. *José Revueltas: Una literatura del "lado moridor."* México: Era, 1979.
———. *Las metáforas de la crítica*. México: Joaquín Mortiz, 1998.
Espinosa, Gabriela. "Intelectuales orgánicos y Revolución Mexicana: *Crisol* (1929–1934)." *Revista Iberoamericana* 208–09 (2004): 795–811.
Espinoza, José Armando. *Medio siglo de filosofía en México (1908–1958)*. México: Trillas, 1991.
Estrada, Antonio. *Rescoldo: Los últimos cristeros*. México: Jus, 1988.
Estrada, Genaro. *Obras completas*. 2 tomos. Ed. Luis Mario Schneider. México: Siglo XXI, 1988.
———, ed. *Poetas nuevos de México: Antología con noticias biográficas, críticas y bibliográficas*. México: Porrúa, 1916.
Ette, Ottmar. *Modernidad, modernización, postmodernidad*. Toluca: Universidad Autónoma del Estado de México, 1994.
Faber, Sebastiaan. *Exile and Cultural Hegemony: Spanish Intellectuals in Mexico 1939–1975*. Nashville: Vanderbilt UP, 2002.
———. "'La hora ha llegado': Hispanism, Pan-Americanism and the Hope of Spanish / American Glory (1938–1948)." Moraña, *Ideologies* 62–104.
Fadanelli, Guillermo J. *Lodo*. Madrid: Debate, 2002.
Fell, Claude. *José Vasconcelos, los años del águila, 1920–1925: Educación, cultura e iberoamericanismo en el México postrevolucionario*. México: Universidad Nacional Autónoma de México, 1989.
Fernández Retamar, Roberto. *Para el perfil definitivo del hombre*. La Habana: Letras Cubanas, 1992.

Obras citadas

Fernández Retamar, Roberto. *Para una teoría de la literatura hispanoamericana*. Bogotá: Instituto Caro y Cuervo, 1995.

Ferrater Mora, José. *Ortega y Gasset: An Outline of His Philosophy*. New Haven: Yale UP, 1963.

Florescano, Enrique. "Luis Villoro, historiador." Garzón Valdés y Salmerón 278–312.

Fokkema, Douwe. "Orientalism, Occidentalism and the Notion of Discourse: Arguments for a New Cosmopolitanism." *Comparative Criticism* 18 (1996): 227–41.

Fontana, Benedetto. *Hegemony and Power: On the Relation between Gramsci and Machiavelli*. Minneapolis: U of Minnesota P, 1993.

Forster, Merlin H. *Contemporáneos 1920–1934: Perfil de un experimento vanguardista mexicano*. México: Andrea, 1964.

Foster, David William, ed. *Mexican Literature: A History*. Austin: U of Texas P, 1994.

Franco, Jean. *Plotting Women: Gender and Representation in Mexico*. Nueva York: Columbia UP, 1989.

Gallo, Rubén. *Mexican Modernity: The Avant-Garde and the Techonological Revolution*. Cambridge: MIT, 2005.

Gamio, Manuel. *Forjando Patria*. México: Porrúa, 1992.

Gaos, José. *Obras completas*. 19 tomos. México: Universidad Nacional Autónoma de México, 1990–2005.

García Bacca, Juan David. *Existencialismo*. México: Universidad Veracruzana, 1962.

Garciadiego, Javier. *Alfonso Reyes*. México: Planeta DeAgostini, 2002.

Garizurieta, César. *Catarsis del mexicano*. México: Porrúa y Obregón, 1946.

Garzón Valdés, Ernesto, y Fernando Salmerón, eds. *Epistemología y cultura: En torno a la obra de Luis Villoro*. México: UNAM, 1993.

Glantz, Margo. *Esguince de cintura*. Lecturas Mexicanas Tercera Serie 88. México: Consejo Nacional para la Cultura y las Artes, 1994.

———. "Vigencia de Nellie Campobello." *El salto de Minerva: Intelectuales, género y Estado en América Latina*. Ed. Mabel Moraña y María Rosa Olivera-Williams. Madrid: Vervuert, 2005.

González Aktories, Susana. *Antologías poéticas en México*. México: Praxis, 1996.

Obras citadas

González Peña, Carlos. *Historia de la literatura mexicana: Desde los orígenes hasta nuestros días*. México: Porrúa, 1998.

González Stephan, Beatriz. *Fundaciones: Canon, historia y cultura nacional: La historiografía literaria del liberalismo hispanoamericano del siglo XIX*. Madrid: Vervuert, 2002.

González Torres, Armando. *Las guerras culturales de Octavio Paz*. México: Colibrí / Secretaría de Cultura Puebla, 2001.

———. "La proximidad de Cuesta." Segovia, *Pensar* 105–29.

Gorostiza, José. *Poesía completa*. Ed. Guillermo Sheridan. México: Fondo de Cultura Económica, 2000.

———. *Prosa*. Lecturas Mexicanas Tercera Serie 97. México: Consejo Nacional para la Cultura y las Artes, 1995.

Gramsci, Antonio. *Los intelectuales y la organización de la cultura*. México: Juan Pablos, 1975.

Grenier, Yvon. *Del arte a la política: Octavio Paz y la búsqueda de la libertad*. Trad. Ricardo Rubio. México: Fondo de Cultura Económica, 2004.

Grijalva, Juan Carlos. "Vasconcelos o la búsqueda de la Atlántida: Exotismo, arqueología y utopía del mestizaje en *La raza cósmica*." *Revista de Crítica Literaria Latinoamericana* 60 (2004): 333–49.

Gruzinski, Serge. *La guerra de las imágenes: De Cristóbal Colón a "Blade Runner" (1492–2019)*. México: Fondo de Cultura Económica, 1994.

Gutiérrez Girardot, Rafael. Prólogo. *Última Tule y otros ensayos*, de Alfonso Reyes. Caracas: Ayacucho, 1991. ix–xlv.

———. *Cuestiones*. México: Fondo de Cultura Económica, 1994.

Guzmán, Martín Luis. *La sombra del caudillo*. Ed. Rafael Olea Franco. Madrid: ALLCA XX, 2002.

Habermas, Jürgen. *The Structural Transformation of the Public Sphere: An Inquiry into a Category of Bourgeois Society*. Boston: MIT, 1991.

———. *Teoría de la acción comunicativa*. 2 tomos. Madrid: Taurus, 1999.

Haddox, John H. *Vasconcelos of Mexico: Philosopher and Prophet*. Austin: U of Texas P, 1967.

Hale, Charles A. "The History of Ideas: Substantive and Methodological Aspects of the Thought of Leopoldo Zea." *Journal of Latin American Studies* 3.1 (1971): 59–70.

———. *La transformación del liberalismo en México*. México: Fondo de Cultura Económica, 2002.

Obras citadas

Hamburger, Michael. *The Truth of Poetry: Tensions in Modern Poetry from Baudelaire to the 1960's.* Nueva York: Harcourt, Brace & World, 1970.

Hamilton, Paul. *Historicism.* Londres: Routledge, 1996.

Hegel, G. F. W. *Fenomenología del espíritu.* Trad. Wenceslao Roces. México: Fondo de Cultura Económica, 2002.

Heidegger, Martin. *El ser y el tiempo.* Trad. José Gaos. México: Fondo de Cultura Económica, 2006.

Henriquez Ureña, Pedro. *Ensayos.* Ed. José Luis Abellán y Ana María Barrenechea. Colección Archivos 35. Madrid: ALLCA XX, 1998.

Herlinghaus, Hermann. *Renarración y descentramiento: Mapas alternativos de la imaginación en América Latina.* Madrid: Vervuert, 2001.

Hernández Luna, Juan, comp. *Conferencias del Ateneo de la Juventud.* México: Universidad Nacional Autónoma de México, 1962.

———. "En torno a un curso sobre el historicismo del maestro José Gaos." *Cuadernos americanos* 166 (1969): 74–80.

———. *Samuel Ramos (su filosofar sobre lo mexicano).* México: Universidad Nacional Autónoma de México, 1956.

Herrera, Willebaldo. *Jorge Cuesta a fragmento abierto.* Puebla: Secretaría de Cultura, 2003.

———. *Jorge Cuesta y la manzana francesa.* México: Rimbaud, 2004.

Highet, Gilbert. *The Classical Tradition: Greek and Roman Influences on Western Literature.* Oxford: Oxford UP, 1985.

Higuero, Francisco Javier. "La conceptualización de la circunstancia en el pensamiento de Leopoldo Zea." *Revista Iberoamericana* 207 (2004): 565–78.

Historia general de México 2. México: El Colegio de México, 1996.

Hodges, Harold M., Jr. "The Humanistic Intelligentsia." *The Intelligentsia and the Intellectuals: Theory, Method and Case Study.* Ed. Alexander Gella. Londres: Sage, 1976. 153–72.

Houvenaghel, Eugenia. *Alfonso Reyes y la historia de América: La argumentación del ensayo histórico, un análisis retórico.* México: Fondo de Cultura Económica, 2003.

———. "Alfonso Reyes y la polémica nacionalista de 1932." Vanden Berghe y Van Delden 45–56.

Hozven, Roberto. *Octavio Paz: Viajero del presente.* México: El Colegio Nacional, 1994.

Obras citadas

Huerta-Nava, Raquel, ed. *Jorge Cuesta: La exasperada lucidez.* Tierra Adentro 266. México: Consejo Nacional para la Cultura y las Artes, 2003.

Hyatt, Marshall. *Franz Boas, Social Activist: The Dynamics of Ethnicity.* Nueva York: Greenwood, CT, 1990.

Hyppolite, Jean. *Genèse et structure de la phénomenologie de l'esprit de Hegel.* París: Montaigne, 1946.

Ímaz, Eugenio. *Asedio a Dilthey: Un ensayo de interpretación.* México: El Colegio de México, 1945.

———. *Pensamiento de Dilthey: Evolución y sistema.* México: El Colegio de México, 1946.

Irwin, Robert McKee. "The Legend of Jorge Cuesta: The Perils of Alchemy and the Paranoia of Gender." *Hispanisms and Homosexualities.* Ed. Sylvia Molloy y Robert McKee Irwin. Durham: Duke UP, 1998. 29–54.

———. *Mexican Masculinities.* Minneapolis: U of Minnesota P, 2002.

Isla, Augusto. *Jorge Cuesta: El león y el andrógino.* México: Universidad Nacional Autónoma de México, 2003.

Jaeger, Werner. *Paideia.* México: Fondo de Cultura Económica, 1957.

Jiménez Rueda, Julio. "El afeminamiento de la literatura mexicana." *El Universal* 21 de dic. de 1924. s.p.i.

———. *Moisén: Historias de judaizantes e inquisidores que vivieron en la Nueva España al promediar el siglo XVII. Las saca a la luz el licenciado Julio Jiménez Rueda y le pone prólogo el licenciado Don Antonio Caso.* México: Cvltvra, 1924.

Junco, Victoria. *Aportaciones al estudio de Gamarra; o, El eclecticismo en México.* México: Fondo de Cultura Económica, 1973.

Joseph, Gilbert M., Anne Rubenstein, y Eric Zolov, eds. *Fragments of a Golden Age: The Politics of Culture in Mexico since 1940.* Durham: Duke UP, 2001.

Joseph, Gilbert M., y Daniel Nugent, eds. *Everyday Forms of State Formation: Revolution and Negotiation of Rule in Modern Mexico.* Durham: Duke UP, 1994.

Katz, Alejandro. *Jorge Cuesta: La alegría del guerrero.* México: Fondo de Cultura Económica, 1989.

Kierkegaard, Sören. *Concluding Unscientific Postscript.* Trad. David F. Swenson. Princeton: Princeton UP, 1944.

Kim, Kwon Tae Jung. *El elemento oriental en la poesía de Octavio Paz.* México: Universidad de Guadalajara, 1989.

Obras citadas

Koenig, Thomas R. *Existentialism and Human Existence: An Account of Five Major Philosophers.* 2 tomos. Malabar: Krieger, 1992–97.

Kojève, Alexandre. *La dialéctica del amo y el esclavo en Hegel.* Trad. Juan José Sebrelli. Buenos Aires: Fausto, 1999.

Krauze, Enrique. *Biografía del poder: Caudillos culturales de la Revolución Mexicana 1910–1940.* México: Tusquets, 1997.

———. *El sexenio de Lázaro Cárdenas.* México: Clío, 1999.

Krauze de Kotelniuk, Rosa. *La filosofía de Antonio Caso.* México: Universidad Nacional Autónoma de México, 1961.

Kurzman, Charles, y Lynn Owens. "The Sociology of Intellectuals." *Annual Review of Sociology* 28 (2002): 63–90.

La Boétie, Étienne de. *Discurso de la servidumbre voluntaria: También llamado contra uno.* Trad. José de la Colina. México: Aldus, 2001.

Laclau, Ernesto. *Emancipación y diferencia.* Buenos Aires: Ariel, 1996.

———. *On Populist Reason.* London: Verso, 2005.

Laclau, Ernesto, y Chantal Mouffe. *Hegemony and Socialist Strategy: Towards a Radical Democratic Politics.* Londres: Verso, 2001.

Laclau, Ernesto, y Lilian Zac. "Minding the Gap: The Subject of Politics." *The Making of Political Identities.* Ed. Laclau. Londres: Verso, 1994. 11–39.

Langan, Thomas. *The Meaning of Heidegger: A Critical Study of an Existentialist Phenomenology.* Westport, CT: Greenwood, 1983.

Larroyo, Francisco. "El filosofar de José Gaos en exposición genética." *Cuadernos americanos* 166 (1969): 81–101.

———. *La filosofía iberoamericana: Historia, formas, temas, polémicas, realizaciones.* Sepan Cuantos 333. México: Porrúa, 1978.

Legrás, Horacio. "El Ateneo y los orígenes del ético en México." *Latin American Research Review* 38.2 (2003): 34–60.

Lemaître, Monique. "El salto dialéctico en el aire de la historia (a propósito de algunos textos del Subcomandante Marcos del EZLN)." *Casa de las Américas* 222 (2001): 104–08.

Lempérière, Annick. *Intellectuels, état et société au Mexique : Les clercs de la nation (1910–1968).* París: L'Harmattan, 1992.

León-Portilla, Miguel. *La filosofía náhuatl.* México: Universidad Nacional Autónoma de México, 1997.

———. "Tlacaélel: Un sabio poder detrás del trono." *Letras Libres* 63 (2004): 19 de dic. de 2005. <http://www.letraslibres.com/index.php?sec=3&art=9422>.

Obras citadas

Lida, Clara, José Antonio Matesanz y Josefina Zoraida Vázquez. *La Casa de España y El Colegio de México: Memoria 1938–2000*. México: El Colegio de México, 2000.

Lienhard, Martin. *La voz y su huella: Escritura y conflicto étnico social en América Latina, 1492–1988*. Hanover, NH: Ediciones del Norte, 1991.

Lipp, Solomon. *Leopoldo Zea: From Mexicanidad to a Philosophy of History*. Waterloo, ON: Wilfrid Laurier UP, 1980.

Lizcano, Francisco. *Leopoldo Zea: Una filosofía de la historia*. Madrid: Cultura Hispánica / Instituto de Cooperación Iberoamericana, 1986.

Lomnitz, Claudio. *Death and the Idea of Mexico*. Nueva York: Zone, 2005.

———. *Deep Mexico, Silent Mexico: An Anthropology of Nationalism*. Minneapolis: U of Minnesota P, 2001.

———. *Las salidas del laberinto: Cultura e ideología en el espacio nacional mexicano*. Trad. Cinna Lomnitz. México: Joaquín Mortiz, 1995.

López Díaz, Pedro. *Una filosofía para la libertad (la filosofía de Leopoldo Zea)*. México: Costa-Amic, 1989.

López Velarde, Ramón. *Obras*. Comp. José Luis Martínez. México: Fondo de Cultura Económica, 1990.

Luis Villoro: Doctor Honoris Causa. Morelia: Universidad Michoacana de San Nicolás Hidalgo, 2002.

Lund, Joshua. *The Impure Imagination: Toward a Critical Hybridity in Latin American Writing*. Minneapolis: U of Minnesota P, 2006.

———. "Reyes, raza y nación." Trad. Ignacio M. Sánchez Prado. Pineda Franco y Sánchez Prado 191–220.

Magallón Anaya, Mario. *Historia de las ideas en México y la filosofía de Antonio Caso*. México: Universidad Nacional Autónoma de México, 1998.

Mañach, Jorge. *Indagación del choteo*. La Habana: La Verónica, 1940.

Mannheim, Karl. *Ideología y utopía*. Madrid: Aguilar, 1973.

Maples Arce, Manuel. *Las semillas del tiempo: Obra poética 1919–1980*. Lecturas Mexicanas, Tercera Serie 13. México: Consejo Nacional para la Cultura y las Artes, 1990.

Marcel, Gabriel. *Posición y aproximaciones concretas al misterio ontológico*. Trad. Luis Villoro. México: Universidad Nacional Autónoma de México, 1955.

Obras citadas

Marentes, Luis A. *José Vasconcelos and the Writing of the Mexican Revolution*. Nueva York: Twayne, 2000.

Martin, Gerald. "El Instituto Internacional de Literatura Iberoamericana y *Revista Iberoamericana*: Breve relato de una ya larga historia." *Revista Iberoamericana* 200 (2002): 503–17.

Martínez, José Luis, ed. *Obra poética* de Ramón López Velarde. Madrid: ALLCA XX, 1998.

Martínez Carrizales, Leonardo. *La gracia pública de las letras: Tradición y reforma en la institución literaria de México*. México: Colibrí / Secretaría de Cultura-Puebla, 1999.

———. *La sal de los enfermos: Caída y convalecencia de Alfonso Reyes en París*. Monterrey: Universidad Autónoma de Nuevo León / Consejo para la Cultura de Nuevo León, 2001.

Martínez Contreras, Jorge. "En búsqueda de la identidad." Garzón Valdés y Salmerón 263–86.

Martínez San Miguel, Yolanda. *Saberes americanos: Subalternidad y epistemología en los escritos de Sor Juana*. Pittsburgh: Instituto Internacional de Literatura Iberoamericana, 1999.

Medin, Tzvi. *Entre la jerarquía y la liberación: José Ortega y Gasset y Leopoldo Zea*. México: Universidad Nacional Autónoma de México / Fondo de Cultura Económica, 1998.

———. *Leopoldo Zea: Ideología y filosofía de América Latina*. México: Universidad Nacional Autónoma de México, 1983.

———. *Ortega y Gasset en la cultura hispanoamericana*. México: Fondo de Cultura Económica, 1994.

Medina, Ángel. "Hermeneutics and Reason: Dilthey, Ortega and the Future of Hermeneutics." Dust 183–222.

Medina, Rubén. *Autor, autoridad y autorización: Escritura y poética de Octavio Paz*. México: El Colegio de México, 1999.

Memoria de El Colegio Nacional. México: El Colegio Nacional, 1946.

Merrell, Floyd. *The Mexicans: A Sense of Culture*. Boulder, CO: Westview, 2003

Meyer, Jean. *La cristiada*. 3 tomos. México: Siglo XXI, 1970.

Meyer, Lorenzo. "El primer tramo del camino." *Historia general de México* 2: 1183–1272.

Mignolo, Walter. *The Idea of Latin America*. Oxford: Blackwell, 2005.

———. *Local Histories / Global Designs: Coloniality, Subaltern Knowledges and Border Thinking*. Princeton: Princeton UP, 2000.

Miller, Marilyn Grace. *The Rise and Fall of the Cosmic Race: The Cult of Mestizaje in Latin America*. Austin: U of Texas P, 2004.

Obras citadas

Miller, Nicola. *In the Shadow of the State: Intellectuals and the Quest for Nacional Identity in Twentieth Century Spanish America*. Londres: Verso, 1999.

Molina Enríquez, Andrés. *Los grandes problemas nacionales (1909) y otros escritos 1911–1919*. México: Era, 1978.

Monasterios, Elizabeth. "*Visión de Anáhuac*: Lectura en diálogo con Bolivia y los letrados del novecientos." Pineda Franco y Sánchez Prado 221–44.

Monsiváis, Carlos. *Aires de familia: Cultura y sociedad en América Latina*. Barcelona: Anagrama, 2000.

———. "Función corrida (el cine mexicano y la cultura popular urbana)." *Los estudios culturales en México*. Ed. José Manuel Valenzuela. México: Fondo de Cultura Económica, 2003. 261–95.

———. *Jorge Cuesta*. México: CREA / Terra Nova, 1985.

———. "López Velarde: El furor de gozar y de creer." Martínez, *Obra poética*, de López Velarde 686–98.

———. "El mexicano y otros extremos." *Homenaje a Octavio Paz*. Nueva York: Instituto Cultural Mexicano / DGE / Turner / Fundación Octavio Paz, 2001. 166–72.

———. *No sin nosotros: Los días del terremoto*. México: Era, 2005.

Montemayor, Carlos. "El helenismo de Alfonso Reyes." Pineda Franco y Sánchez Prado 335–46.

———. *Tres Contemporáneos: Jorge Cuesta, José Gorostiza, Gilberto Owen*. México: Universidad Nacional Autónoma de México, 1981.

Monterde, Francisco. *Dantón: Novela mexicana contemporánea*. México: El Universal Ilustrado, 1922.

———. *Figuras y generaciones literarias*. Ed. Ignacio Ortiz Monasterio y Jorge von Ziegler. México: Universidad Nacional Autónoma de México, 1999.

———. *El madrigal de Cetina y el secreto de la Escala; son narraciones de lejanos tiempos en las qve figvran bisorreyes y visitadores, fijosdalgos y conqvistadores, frailes e inqvisidores de la Nveva España*. México: Imprenta Victoria, 1918.

Moraña, Mabel, ed. *Ángel Rama y los estudios latinoamericanos*. Pittsburgh: Instituto Internacional de Literatura Iberoamerica, 1997.

———. *Crítica impura: Estudios de literatura y cultura latinoamericanas*. Madrid: Vervuert, 2004.

———, ed. *Ideologies of Hispanism*. Hispanic Issues 30. Nashville: Vanderbilt UP, 2005.

Obras citadas

Moraña, Mabel. *Literatura y cultura nacional en Hispanoamérica (1910-1940)*. Minneapolis: Institute for the Study of Ideologies and Literatures, 1984.

———. *Viaje al silencio: Exploraciones del discurso barroco.* México: Universidad Nacional Autónoma de México, 1998.

Mouffe, Chantal. *The Return of the Political.* Londres: Verso, 1993.

Nancy, Jean-Luc. *La experiencia de la libertad.* Trad. Patricio Peñalver. Barcelona: Paidós, 1996.

Náter, Miguel Angel. "El intelectual ante la tradición: Octavio Paz y Jorge Cuesta." *Revista de Estudios Hispánicos, Universidad de Puerto Rico* 26.2 (1999): 107–25.

Navarro, Bernabé. *La introducción de la filosofía moderna en México.* México: El Colegio de México, 1948.

Ning, Wang. "Orientalism vs. Occidentalism?" *New Literary History* 28 (1997): 57–67.

Noriega, Alfonso. *Vida y obra del Doctor Gabino Barreda.* México: Instituto Mexicano de Cultura, 1969.

Noriega Hope, Carlos. *La inútil curiosidad: Cuentos mexicanos.* México: Talleres de El Universal Ilustrado, 1923.

Novo, Salvador. "El joven." *Monólogos en espiral: Antología de la narrativa.* Ed. Guillermo Sheridan. México: Instituto Nacional de Bellas Artes, 1982. 129–38.

———. *Nuevo amor y otras poesías.* Lecturas Mexicanas 19. México: Fondo de Cultura Económica / Secretaría de Educación Pública, 1984.

Ochoa, John A. *The Uses of Failure in Mexican Literature and Identity.* Austin: U of Texas P, 2004.

O'Gorman, Edmundo. *La invención de América.* México: Fondo de Cultura Económica, 2002.

Olea Franco, Rafael, y Anthony Stanton. *Los Contemporáneos en el laberinto de la crítica.* México: El Colegio de México, 1994.

Orgler, Hertha. *Alfred Adler: The Man and His Work: Triumph over the Inferiority Complex.* Londres: Sidgwick & Jackson, 1973.

Oropesa, Salvador. *The Contemporaneos Group: Rewriting Mexico in the Thirties and Forties.* Austin: U of Texas P, 2003.

Ortega y Gasset, José. *Meditaciones del Quijote.* Madrid: Cátedra, 1984.

Othón, Manuel José. *Obras completas I.* Ed. Joaquín Antonio Peñalosa. México: Fondo de Cultura Económica, 1997.

Owen, Gilberto. *Obras.* Ed. Josefina Procopio. México: Fondo de Cultura Económica, 1996.

Obras citadas

Pacheco, José Emilio. *Antología del modernismo (1884–1921)*. México: Universidad Nacional Autónoma de México / Era, 1999.

———. "Descripción de 'Piedra de sol.'" *Octavio Paz*. Ed. Alfredo Roggiano. Madrid: Fundamentos, 1979. 111–24.

———. *La poesía mexicana del siglo XIX*. México: Empresas editoriales, 1965.

———. *Ramón López Velarde: La lumbre inmóvil*. Zacatecas: Instituto Zacatecano de Cultura, 2003.

Palou, Pedro Angel. *La casa del silencio: Acercamiento en Tres tiempos a Contemporáneos*. México: El Colegio de Michoacán, 1998.

———. *En la alcoba de un mundo: Una vida de Xavier Villaurrutia*. México: Debate, 2003.

———. *Escribir en México en los años locos*. Puebla: BUAP, 2001.

———. *Paraíso clausurado*. Barcelona: Muchnik, 2001.

———. "Un pesimista socrático, decepción y tradición en Jorge Cuesta." *Morphé* 17–18 (1999): 107–36.

Panabière, Louis. *Itinerario de una disidencia: Jorge Cuesta*. Trad. Adolfo Castañón. México: Fondo de Cultura Económica, 1983.

Parra, Max. *Writing Pancho Villa's Revolution: Rebels in the Literary Imagination of Mexico*. Austin: U of Texas P, 2005.

Paz, Octavio. *El arco y la lira*. México: Fondo de Cultura Económica, 1996.

———. "La búsqueda del presente." *Obras completas 3: Fundación y disidencia*. México: Fondo de Cultura Económica / Círculo de Lectores, 1994. 31–41.

———. *El camino de la pasión: López Velarde*. México: Seix Barral, 2001.

———. *Los hijos del limo*. Barcelona: Seix Barral, 1974.

———. *El laberinto de la soledad: Postdata, Vuelta al laberinto de la soledad*. México: Fondo de Cultura Económica, 1999.

———. *Libertad bajo palabra (1935–1957)*. México: Fondo de Cultura Económica, 1997.

———. "Poesía en movimiento." *Poesía en movimiento*. Ed. Paz et al. México: Siglo XXI, 1991. 3–34.

Pellicer, Carlos. *Hora de junio: Práctica de vuelo*. Lecturas Mexicanas 22. México: Fondo de Cultura Económica / Secretaría de Educación Pública, 1984.

Peña, Guillermo de la. "Individuo, etnia, nación: Paradojas y antinomias de la identidad colectiva." Garzón Valdés y Salmerón 243–62.

Obras citadas

Perea, Héctor. *España en la obra de Alfonso Reyes*. México: Fondo de Cultura Económica, 1990.

———. *Fray Servando Teresa de Mier*. México: Cal y Arena, 1997.

Pereda, Carlos. *Conversar es humano*. México: El Colegio Nacional / Fondo de Cultura Económica, 1991.

Pérez Amador Adam, Alberto. *Sumisión a lo imaginario: Nueva edición y estudio sobre el Canto a un dios mineral de Jorge Cuesta*. Madrid: Vervuert, 2001.

Pérez Siller, Javier, ed. *México-Francia: Memoria de una sensibilidad común, siglos XIX y XX*. México: CEMCA / Benemérita Universidad Autónoma de Puebla / El Colegio de San Luis, 1998.

Perkins, Robert L., ed. *Concluding Unscientific Postscript to "Philosophical Fragments."* International Kierkegaard Commentary 12. Macon, GA: Mercer UP, 1997.

Perus, Françoise. *Literatura y sociedad en América Latina: El modernismo*. México: Siglo XXI, 1980.

Phillips, Rachel. *The Poetic Modes of Octavio Paz*. Oxford: Oxford UP, 1972.

Pineda Franco, Adela. "El afrancesamiento modernista de la Revista *Azul* (1894–1896)." *México-Francia: Memoria de una sensibilidad común, siglos XIX y XX*. Pérez Siller 395–425.

Pineda Franco, Adela, e Ignacio M. Sánchez Prado, eds. *Alfonso Reyes y los estudios latinoamericanos*. Pittsburgh: Instituto Internacional de Literatura Iberoamericana, 2004.

Pinkard, Terry. *Hegel's Phenomenology: The Sociality of Reason*. Cambridge: Cambridge UP, 1994.

Poggioli, Renato. *The Theory of the Avant-Garde*. Trad. Gerald Fitzgerald. Cambridge: Belknap / Harvard UP, 1968.

Pohl, Bukhart. "Ruptura y continuidad: Jorge Volpi, el crack y la herencia del 68." *Revista de Crítica Literaria Latinoamericana* 59 (2004): 53–70.

Portal, Marta. *Proceso narrativo de la Revolución Mexicana*. Madrid: Cultura Hispánica, 1977.

Portilla, Jorge. *Fenomenología del relajo y otros ensayos*. México: Fondo de Cultura Económica, 1984.

Pratt, Mary-Louise. *Imperial Eyes: Travel Writing and Transculturation*. Londres: Routledge 1992.

Quijano, Aníbal. "Colonialidad del poder, eurocentrismo y América Latina." *La colonialidad del poder, eurocentrismo y ciencias sociales: Perspectivas latinoamericanas*. Ed. Edgardo Lander. Buenos Aires: CLACSO, 2000. 201–46.

Quinn-Sánchez, Kathryn. *A Literary and Political History of Post-Revolutionary Mexico: Redefining "The Ideal."* Lewiston, NY: Edwin Mellen, 2004.

Quirarte, Martín. *Gabino Barreda, Justo Sierra y el Ateneo de la Juventud.* México: Universidad Autónoma de México, 1970.

Quirarte, Vicente. *Peces del aire altísimo: Poesía y poetas en México.* México: Equilibrista / Universidad Nacional Autónoma de México, 2000.

———. *Perderse para reencontrarse: Bitácora de Contemporáneos.* México: Universidad Autónoma Metropolitana, 1985.

Quiroga, José. *Understanding Octavio Paz.* Columbia: U of South Carolina P, 1998.

Rabasa, Emilio. *La bola.* Tuxtla Gutierrez, Mex.: Consejo Estatal para la Cultura y las Artes de Chiapas, 1999.

———. *La evolución histórica de México. Las evoluciones violentas. La evolución pacífica. Los problemas nacionales.* México: Porrúa, 1972.

Rama, Ángel. *La ciudad letrada.* Hanover, NH: Ediciones del Norte, 1984.

———. *Las máscaras democráticas del modernismo.* Montevideo, Urug.: Fundación Ángel Rama, 1985.

———. *Rubén Darío y el modernismo.* Caracas: Alfadil, 1985.

Ramírez, Israel. "Jorge Cuesta: Persona real y persona figurada: Algunas consideraciones biográficas." *Literatura mexicana* 14.2 (2003): 116–46.

Ramírez, Mario Teodoro. "Luis Villoro y la filosofía mexicana del siglo XX." *Luis Villoro* 11–16.

Ramos, Julio. *Desencuentros de la modernidad en América Latina: Literatura y política en el siglo XIX.* México: Fondo de Cultura Económica, 1989.

Ramos, Samuel. *Obras completas.* 3 tomos. México: UNAM: 1975–90.

Rangel Guerra, Alfonso. *Las ideas literarias de Alfonso Reyes.* México: El Colegio de México, 1989.

Rauch, Leo, y David Sherman. *Hegel's Phenomenology of Consciousness: Text and Commentary.* Albany: State U of New York P, 1999.

Resina, Joan Ramón. "Whose Hispanism? Cultural Trauma, Disciplined Memory, and Symbolic Dominance." Moraña, *Ideologies* 160–86.

Reyes, Alfonso. *Obras completas.* 26 tomos. México: Fondo de Cultura Económica, 1955–97.

Obras citadas

Reyes, Alfonso, y Héctor Pérez Martínez. *A vuelta de correo: La crítica literaria en México*. Ed. Silvia Molina. México: Universidad Nacional Autónoma de México / Universidad de Colima, 1988.

Reyes, Juan José. *El péndulo y el pozo*. México: Consejo Nacional para la Cultura y las Artes / Ediciones sin nombre, 2004.

Reyes Nevares, Salvador. *Historia de las ideas colonialistas*. México: Fondo de Cultura Económica, 1935.

———. *Proyecciones del existencialismo sobre el derecho*. México: Universidad Nacional Autónoma de México, 1950.

Richardson, John. *Existential Epistemology: A Heideggerian Critique of the Cartesian Project*. Oxford: Oxford UP, 1986.

Riva Palacio, Vicente. *Martín Garatuza*. 2 tomos. Ed. Antonio Castro Leal. México, DF: Porrúa, 1945.

———. *Monja, casada, virgen y mártir*. 2 tomos. Ed. Antonio Castro Leal. México, DF: Porrúa, 1945.

Rivero Alvisa, Daisy. *Justo Sierra y la filosofía positivista en México*. La Habana: Ciencias Sociales, 1987.

Robb, James Willis. *Estudios sobre Alfonso Reyes*. Bogotá: El Dorado, 1976.

Rodríguez, Blanca. *El imaginario poético de Ramón López Velarde*. México: Universidad Nacional Autónoma de México, 1996.

Rodríguez, Guillermo Héctor. *La filosofía en México*. México: s.p.i., 1949.

Rodríguez Chicharro, César. *Alfonso Reyes y la Generación del Centenario*. México: Universidad Autónoma Metropolitana, 1998.

Rodríguez Ledesma, Xavier. *El pensamiento político de Octavio Paz: Las trampas de la ideología*. México: Universidad Nacional Autónoma de México / Plaza y Valdés, 1996.

Roland, Ana María. *Fronteiras da palavra, Fronteiras da história: Contribução à crítica da cultura do ensaísmo latino-americano a través da lectura de Euclides da Cunha e Octavio Paz*. Brasilia: Universidade de Brasilia, 1997.

Romanell, Patrick. *La formación de la mentalidad mexicana: Panorama actual de la filosofía en México, 1910–1950*. Trad. Edmundo O'Gorman. México: El Colegio de México, 1954.

Roseberry, William. "Hegemony and the Language of Contention." Joseph y Nugent 355–66.

Ruffinelli, Jorge. "La crítica literaria en México: Ausencias, proyectos y querellas." *Revista de Crítica Literaria Latinomericana* 31–32 (1990): 153–70.

Ruiz Abreu, Álvaro. *La cristera: Una literatura negada, 1928–1992*. México: Universidad Autónoma Metropolitana, 2003.

———. "Reyes, el cronista utópico." Díaz Arciniega, *Voces* 235–51.

Ruiz Soto, Alfonso. "Re-Visión de Anáhuac." Díaz Arciniega, *Voces* 252–68.

Ruy Sánchez, Alberto. *Una introducción a Octavio Paz*. México: Joaquín Mortiz, 1990.

Said, Edward. *Humanism and Democratic Criticism*. Nueva York: Columbia UP, 2004.

———. *Orientalism*. Nueva York: Vintage, 1994.

———. *Representations of the Intellectual*. Nueva York: Vintage, 1996.

Salazar, Juan B. *G. Barreda Reformador*. México: n.p., 1944.

Salazar Mallén, Rubén. "Los prosistas de *Contemporáneos*." *Casa del Tiempo* 80 (2005): 69–74. <http://www.difusioncultural.uam.mx/casadeltiempo/80_sep_2005/69_74.pdf>

Salgado, Dante. *Camino de ecos: Introducción a las ideas políticas de Octavio Paz*. México: Praxis, 2002.

———. *Ensayística de Octavio Paz*. México: Praxis / Universidad Autónoma de Baja California Sur, 2004.

———. *Espiral de luz: Tiempo y amor en Piedra de sol de Octavio Paz*. Fondo Editorial Tierra Adentro 260. México: Consejo Nacional para la Cultura y las Artes, 2003.

Salmerón, Fernando. *Escritos sobre José Gaos*. México: El Colegio de México, 2000.

———. *Las mocedades de Ortega y Gasset*. México: Universidad Nacional Autónoma de México, 1971.

Sánchez Prado, Ignacio M. "'Bienaventurados los marginados porque ellos recibirán la redención': José Revueltas y el vaciamiento literario del marxismo." *El terreno de los días: Homenaje a José Revueltas*. Ed. Francisco Martínez Santacruz y Martín Oyata. México, DF: Benemérita Universidad Autónoma de Puebla / Universidad Nacional Autónoma de México / Miguel Ángel Porrúa, 2007. 147–73.

———. *El canon y sus formas: La reinvención de Harold Bloom y sus lecturas hispanoamericanas*. Puebla: Secretaría de Cultura del Estado de Puebla, 2002.

———. "De la utopía a la migración." *Quehacer* 151 (2004): 9–19.

———. "La destrucción de la escritura viril y el ingreso de la mujer al discurso literario: *El libro vacío* y *Los recuerdos del Porvenir*." *Revista de Crítica Literaria Latinoamericana* 64 (2006): 149–67.

Obras citadas

Sánchez Prado, Ignacio M. "The Pre-Columbian Past as a Project: Miguel León-Portilla and Hispanism." Moraña, *Ideologies* 40–61.

———. "Las reencarnaciones del centauro: *El deslinde* después de los estudios culturales." Pineda Franco y Sánchez Prado 63–88.

Sánchez Villaseñor, José. *¿Es idealista Ortega y Gasset?* México: Centro Cultural Universitario, 1944.

———. *Gaos en Mascarones: La crisis del historicismo y otros ensayos.* México: Jus, 1945.

———. *El pretendido humanismo de Jean Paul Sartre.* México: Jus, 1950.

Santí, Enrico María. *El acto de las palabras: Estudios y diálogos con Octavio Paz.* México: Fondo de Cultura Económica, 1997.

Sarlo, Beatriz. "Los estudios culturales y la crítica literaria en la encrucijada valorativa." *Revista de Crítica Cultural* 15 (1997): 32–38.

Sartre, Jean-Paul. *Sketch of a Theory of Emotions.* Londres: Routledge, 2001.

Schlesinger, Philip. "On National Identity: Some Conceptions and Misconceptions Criticized." *Nationalism: Critical Concepts in Political Science.* Vol 1. Ed. John Hutchinson y Anthony D. Smith. Londres: Routledge, 2000. 69–111.

Schmidt, Henry C. *The Roots of Lo Mexicano: Self and Society in Mexican Thought; 1900–1934.* College Station: Texas A&M UP, 1978.

Schneider, Luis Mario. *El estridentismo o una literatura de estrategia.* México: Consejo Nacional para la Cultura y las Artes, 1997.

Schwarz, Roberto. *Ao vencedor as batatas.* São Paulo: Duas Cidades, 1997.

Sefcovich, Sara. *México, país de ideas, país de novelas: Una sociología de la literatura mexicana.* México: Grijalbo, 1987.

Segovia, Francisco. *Jorge Cuesta: La cicatriz en el espejo.* México: Ediciones sin nombre / Consejo Nacional para la Cultura y las Artes, 2004.

———, ed. *Pensar a Cuesta.* México: Fractal / Consejo Nacional para la Cultura y las Artes, 2005.

Semo, Ilán. "El fetichismo de la politica, y su crítica." Segovia, *Pensar* 185–205.

Sheridan, Guillermo. *Los Contemporáneos ayer.* México: Fondo de Cultura Económica, 1985.

———. *México en 1932: La polémica nacionalista.* México: Fondo de Cultura Económica, 2001.

———. *Poeta con paisaje: Ensayos sobre la vida de Octavio Paz*. México: Era, 2004.

Sierra, Justo. *Evolución política del pueblo mexicano*. Ed. Abelardo Villegas. Caracas: Ayacucho, 1977.

———, et al. *Antología del centenario: Estudio documentado de la literatura mexicana durante el primer siglo de independencia*. México: Imprenta de M. León Sánchez, 1910.

Silva Herzog, Jesús. *Una historia de la Universidad de México y sus problemas*. México: Siglo XXI, 1974.

Silva y Aceves, Mariano. *Arquilla de marfil*. México: Porrúa, 1916.

Skirius, John. *Vasconcelos y la cruzada de 1929*. Trad. Félix Blanco. México: Siglo XXI, 1978.

Soler Vinyes, Martí. *La casa del éxodo: Los exiliados y su obra en La Casa de España y El Colegio de México*. México: El Colegio de México, 1999.

Sosa, Víctor. *El oriente en la poética de Octavio Paz*. Puebla: Secretaría de Cultura Puebla, 2000.

Spinoza, Baruch de. *Ética demostrada según el orden geométrico*. Trad. Óscar Cohan. México: Fondo de Cultura Económica, 2001.

Spitta, Silvia. "Traición y transculturación: Los desgarramientos del pensamiento latinoamericano." Moraña, *Ángel Rama* 173–91.

Stanton, Anthony. *Inventores de tradición: Ensayos sobre poesía mexicana moderna*. México: Fondo de Cultura Económica, 1998.

———. "Models of Discourse and Hermeneutics in Octavio Paz's *El laberinto de la soledad*." *Bulletin of Latin American Research* 20.1 (2001): 210–32.

———. *Las primeras voces del poeta Octavio Paz*. México: Consejo Nacional para la Cultura y las Artes / Ediciones sin Nombre, 2001.

Stavans, Ilan. *Octavio Paz: A Meditation*. Tucson: U of Arizona P, 2001.

Suárez-Íñiguez, E. *Los intelectuales en México*. México: El Caballito, 1980.

Swarthout, Kelley A. "Assimilating the Primitive." *Parallel Dialogues on Racial Miscegenation in Revolutionary Mexico*. Nueva York: Peter Lang, 2004.

Sylvester, Nigel Grant. *Vida y obra de Jorge Cuesta (1903–1942)*. Tlahuapan, Méx.: Premiá, 1984.

Tenorio Trillo, Mauricio. "Stereophonic Scientific Modernisms: Social Science between Mexico and the United States, 1880s–1930s." *Journal of American History* 86.3 (1999): 1156–87.

Obras citadas

Torfing, Jacob. *New Theories of Discourse: Laclau, Mouffe and Zizek.* Londres: Blackwell, 1999.

Torri, Julio. *De fusilamientos y otras narraciones.* Lecturas mexicanas 17. México: Fondo de Cultura Económica, 1984.

Tuttle, Howard N. *The Dawn of Historical Reason: The Historicality of Human Existence in the Thought of Heidegger, Dilthey and Ortega y Gasset.* Nueva York: Peter Lang, 1994.

Ugalde, Sergio. "De la crítica a la crisis: La poética de Jorge Cuesta." *Iberoamericana* 15 (2004): 43–60.

Uranga, Emilio. *Análisis del ser del mexicano.* México: Gobierno del Estado de Guanajuato, 1990.

———. *Astucias literarias.* México: Gobierno del Estado de Guanajuato, 1990.

———. "Ensayo de una ontología del mexicano." *Cuadernos americanos* 54.2 (1949): 135–48.

———, trad. *Fragmentos,* de Friedrich von Schlegel. México: Universidad Nacional Autónoma de México, 1958.

———. "José Gaos: Personalidad y confesión." *Cuadernos Americanos* 166 (1969): 130–56.

Urquizo, Francisco L. *Tropa vieja.* México: Secretaría de Educación Pública, 1943.

Urroz, Eloy. *La silenciosa herejía: Forma y contrautopía en las novelas de Jorge Volpi.* México: Aldus, 2000.

Valenzuela Arce, José Manuel. *Impecable y diamantina: La deconstrucción del discurso nacional.* Tijuana: El Colegio de la Frontera Norte / Instituto Tecnológico y de Estudios Superiores de Occidente, 1999.

Valéry, Paul. *Œuvres.* Paris: Gallimard, 1957.

Valle-Arizpe, Artemio de. *Doña Leonor de Cáceres y Acevedo y cosas tenedes.* Madrid: Tipografía artística, 1922.

Van Delden, Maarten. "Conjunciones y disyunciones: La rivalidad entre *Vuelta* y *Nexos.*" Vanden Berghe y Van Delden 105–20.

Vanden Berghe, Kristine. *Narrativa de la rebelión zapatista: Los relatos del Subcomandante Marcos.* Madrid: Vervuert, 2005.

Vanden Berghe, Kristine, y Maarten van Delden, eds. *El laberinto de la solidaridad: Cultura y política en México (1910–2000).* Foro Hispánico 22. Ámsterdam: Rodopi, 2002.

Vargas Llosa, Mario. *La utopía arcaica: José María Arguedas y las ficciones del indigenismo.* México: Fondo de Cultura Económica, 1996.

Obras citadas

Vasconcelos, José. *La raza cósmica.* México: Espasa-Calpe / El Colegio Nacional, 1994.

Vaughan, Mary Kay. *La política cultural de la Revolución: Maestros, campesinos y escuelas en México 1930–1940.* Trad. Mónica Utrilla. México: Fondo de Cultura Económica, 2001.

Vela, Arqueles. *El café de nadie: Un crimen provisional. La señorita etc.* Lecturas Mexicanas Tercera Serie 20. México: Consejo Nacional para la Cultura y las Artes, 1990.

Venn, Couze. *Occidentalism: Modernity and Subjectivity.* Londres: Sage, 2000.

Villaurrutia, Xavier. *Obras: Poesía, teatro, prosas varias, crítica.* México: Fondo de Cultura Económica, 1966.

Villegas, Abelardo. *La filosofía de lo mexicano.* México: Fondo de Cultura Económica, 1960.

———. *El pensamiento mexicano en el siglo XX.* México: Fondo de Cultura Económica, 1993.

Villena, Luis Antonio de. *Biografía del fracaso: Perseverancia y validez de un mito contemporáneo.* Barcelona: Planeta, 1997.

Villoro, Juan. *El testigo.* Barcelona: Anagrama, 2004.

Villoro, Luis. *El concepto de ideología y otros ensayos.* México: Fondo de Cultura Económica, 1985.

———. *En México, entre libros.* México: El Colegio Nacional / Fondo de Cultura Económica, 1996.

———. *Estudios sobre Husserl.* México: Universidad Nacional Autónoma de México, 1975.

———. *Los grandes momentos del indigenismo en México.* 1950. México: El Colegio de México / El Colegio Nacional / Fondo de Cultura Económica, 1996.

———. *La idea y el ente en la filosofía de Descartes.* México: Universidad Nacional Autónoma de México / Fondo de Cultura Económica, 1962.

———. *Páginas filosóficas.* Xalapa: Universidad Veracruzana, 1962.

———. *El proceso ideológico de la Revolución de Independencia.* 1953. México: Consejo Nacional para la Cultura y las Artes, 1996.

———. *Signos políticos.* México: Grijalbo, 1974.

Vizcaíno, Fernando. *Biografía política de Octavio Paz o la razón ardiente.* Málaga: Algazara, 1993.

Volkow, Verónica. "La tradición demoniaca." Segovia, *Pensar* 87–104.

Obras citadas

Volpi, Jorge. *A pesar del oscuro silencio*. México: Seix Barral, 2001.

———. *El fin de la locura*. México: Seix Barral, 2003.

———. *La guerra y las palabras: Una historia del alzamiento zapatista de 1994*. Barcelona: Seix Barral, 2004.

———. "El magisterio de Jorge Cuesta." *Plural* 234 (1990): 26–40.

Vuelta: 20 años de la empresa editorial de Octavio Paz. Número especial de *Viceversa* 43 (1996).

Westphal, Merold. *A Reading of Kierkegaard's Concluding Unscientific Postscript*. West Lafayette, IN: Purdue UP, 1996.

Williams, Raymond. *Keywords: A Vocabulary of Culture and Society*. Oxford: Oxford UP, 1983.

———. *Marxism and Literature*. Oxford: Oxford UP, 1977.

Williams, Vernon J., Jr. *Rethinking Race, Franz Boas and His Contemporaries*. Lexington: UP of Kentucky, 1996.

Xirau, Ramón. "De Descartes a Marx: La historia de la filosofía en la obra de José Gaos." *Universidad de México* 521 (1994): 40–44.

———. "José Gaos o del valer la pena." *Cuadernos americanos* 166 (1969): 157–64.

Yamuni, Vera. *José Gaos: El hombre y su pensamiento*. México: Universidad Nacional Autónoma de México, 1980.

Zaid, Gabriel. *Ómnibus de poesía mexicana*. México: Siglo XXI, 2000.

———. *Tres poetas católicos*. México: Océano, 1997.

Zea, Leopoldo. *Conciencia y posibilidad del mexicano; El Occidente y la conciencia de México: Dos ensayos sobre México y lo mexicano*. Sepan Cuantos 269. México: Porrúa, 2001.

———. *Dos etapas del pensamiento en Hispanoamérica: Del romanticismo al positivismo*. México: El Colegio de México, 1949.

———. "La filosofía mexicana de José Gaos." *Universidad de México* 521 (1994): 19–25.

———, comp. *Fuentes de la cultura latinoamericana*. 3 tomos. México: Fondo de Cultura Económica, 1993.

———. "José Gaos y la filosofía mexicana." *Cuadernos americanos* 166 (1969): 165–73.

———. *El positivismo en México: Nacimiento, apogeo y decandencia*. México: Fondo de Cultura Económica, 1968.

———, comp. *Sentido y proyección de la Conquista*. México: Fondo de Cultura Económica, 2006.

Índice alfabético

Abreu Gómez, Ermilo, 33, 98, 101, 103–04, 120, 134, 142, 242, 262n40, 268n20, 272n53
    y el debate de 1932, 115–18
Adler, Alfred, 175–77, 194, 281n57
agorismo, 116–17
Aguilar Camín, Héctor, 15, 23, 139, 142, 191
Aguilar Mora, Jorge, 5, 10, 37, 38, 48, 50, 55, 102, 230–32, 242, 261n32
Alemán, Miguel, 157, 215, 226
Altamirano, Ignacio Manuel, 27, 61
Análisis del ser del mexicano (Uranga), 199–203
Anderson, Benedict, 15, 269n30
Antena, 28–32, 34, 36, 38, 40, 56, 145, 260n22
Arenales, Ricardo, 68, 90
Ateneo de la Juventud, 19, 20, 25, 67, 69, 90, 104–05, 168, 172, 210, 219
Auerbach, Erich, 150, 152, 155
Ávila Camacho, Manuel, 139–43, 157, 215
Azuela, Mariano, 25, 31, 36–39, 44–46, 50, 59, 94, 95, 143

Bal y Gay, Jesús, 146
Barandal, 97, 227, 268n18
Barreda, Gabino, 168–69, 182
Barreda, Octavio, 98
Bartra, Roger, 1–3, 11, 202, 206, 215, 224, 239, 241
Bassols, Narciso, 84, 96–97, 124, 134–35, 142, 273n58
Benda, Julien, 7, 42–43, 85, 122–25, 128, 133, 135, 183, 228, 235

Bergson, Henri, 173–74, 210
Blanco, Lucio, 40
Boas, Franz, 22, 259n14
Bourdieu, Pierre, 6–7, 34, 42–43, 142, 183, 257n1, 260nn18 y19, 261n31. *Véase también* campo filosófico; campo literario
academia, 157–58, 179, 277–78n26
"autonomía relativa," 87, 120, 142
"cultura," 260n19
escritor "puro," 87, 252
y la literatura mexicana, 26–27
"mercado de bienes simbólicos," 90
nomos, 40

Cabrera, Luis, 40
Calles, Plutarco Elías, 84, 95, 117, 125, 134
Campobello, Nellie, 51, 193, 273n59
campo filosófico, 167–90, 192, 194, 226
campo literario, 1, 6–7, 8, 26–28, 32, 84–88, 90, 92, 94–96, 103–04, 113–14, 120–02, 134–36, 140, 152, 154, 160, 172, 178, 183–85, 189–90, 192–94, 208, 226, 241–43, 246, 260n18
Cárdenas, Lázaro, 84, 122, 125, 134, 139, 142, 214, 227, 273n58
Carrión, Jorge, 284n5
Caso, Antonio, 19, 140, 143, 146, 172–74, 177, 195, 210, 211, 276n10
Castañón, Adolfo, 106, 110, 149, 263n52

Índice alfabético

Colegio de México, El, 140, 142, 143–45, 148, 150, 159, 178, 180, 183, 184, 187, 212, 226, 276n11
Colegio Nacional, El, 140, 142, 143, 145–47
colonialistas, 21–25, 45, 262n40
Conn, Robert, 40, 69, 75, 76, 80–81, 264n59
Contemporáneos, 28, 30, 97
Contemporáneos, grupo, 21, 25, 30, 38, 83, 93, 147–78, 181, 193, 227, 257n6
  y Alfonso Reyes, 113–14, 116–18
  y la *Antología de poesía mexicana moderna,* 85–90
  y el debate de 1925, 34–38, 56
  y el debate de 1932, 96–98, 100, 103–04, 113–14
  indefinición del, 41
  y la "literatura viril," 46, 53
  poesía del, 41–42, 65
  y Ramón López Velarde, 41–42
  y Samuel Ramos 171, 174
Cosío Villegas, Daniel, 146, 148
Crisol, 272n50
crítica de la edad ateniense, La (A. Reyes), 162–67
Cuadernos del Valle de México, 227
Cuesta, Jorge, 9, 30, 39, 43, 81, 142, 153, 154, 155, 160, 164, 171, 181, 183, 189, 190, 193, 202–03, 237, 242–48, 266n1, 267n2, 270n40, 273n62, 274nn65 y 68
  y Alfonso Reyes, 127–28, 132–33
  y la *Antología de poesía mexicana moderna,* 85–96, 268n12
  "Canto a un dios mineral," 109–12, 121, 235

y la categoría de intelectual, 121–27
y clasicismo-romanticismo, 94–105
y el debate de 1932, 96–113, 147
nación intelectual, 132–33
y Octavio Paz, 227–30
y la poesía pura, 106–08, 159
y Samuel Ramos, 172
cultura nacional, 2, 16, 19, 23, 25–26, 32–33, 36, 38, 54, 66, 70–71, 85, 99, 104, 114, 118, 120, 124, 134, 141–42, 149, 153, 174–78, 186–87, 190, 241, 257ch1n1
Curtius, Ernst Robert, 150, 153

Darío, Rubén, 68, 90–91, 259n12
debate de 1925, 32, 33–42, 141, 241
debate de 1932, 96–106, 113–21, 141, 147, 160, 171, 177, 179
deslinde, El (A. Reyes), 107, 156–60, 278n27
Díaz Arciniega, Víctor 33–36
Díaz Mirón, Salvador, 62, 68, 89–90, 267n7
Diez Canedo, Enrique, 146
Dilthey, Wilhelm, 181, 188, 197, 201, 217, 282n63
Domínguez Michael, Christopher, 83–84, 94, 105, 115, 129, 133, 170, 204, 227

Encina, Juan de, 146
Escalante, Evodio, 5, 10, 24, 41, 56, 58, 70, 76, 156–57, 160, 162, 225, 242
Estrada, Antonio, 84
Estrada, Genaro, 30, 49, 84, 88, 115, 117, 262nn40 y 43, 272n53
estridentismo, 21, 24–25, 30, 32, 33, 35, 42, 52–59, 66, 77, 261n33

Índice alfabético

Examen, 98–99, 115, 123, 145, 171–72, 174, 193

Faber, Sebastiaan, 147, 181, 183, 186
Fadanelli, Guillermo J., 244, 248
Felipe, León, 146
Fenomenología del relajo (Portilla), 203–08
Fernández McGregor, Genaro, 267n7
Fox, Vicente, 241

Gamboa, Federico, 27, 33, 50, 95
Gamio, Manuel, 22–23, 45, 76, 97, 169, 170, 172, 173, 196, 202, 211, 218, 221, 259n15
Gaos, José, 9–10, 140, 141, 145–47, 154–55, 171, 174, 192, 211, 212, 214, 217, 219, 220, 237, 281n60
   y Alfonso Reyes, 185–90
   y el campo filosófico, 167–68, 177–90
   e Hiperión, 195–201
   y Leopoldo Zea, 208–09
Gallo, Rubén, 29–30, 55, 259n17
Garibay, Ángel María, 196
Garizurieta, César, 284nn5 y 13
Gómez Morín, Manuel, 20
González Guerrero, Francisco, 54
González Martínez, Enrique, 30–31, 54, 90, 92, 143
González Peña, Carlos, 75
González Rojo, Enrique, 90
Gorostiza, José, 30, 33, 36, 41, 83, 85–86, 90, 97, 113–14, 119, 235
Gramsci, Antonio, 17, 42–44, 259n16
grandes momentos del indigenismo en México, Los (L. Villoro), 214–24

Gutiérrez Nájera, Manuel, 27, 86, 89, 91, 95, 103, 267n7
Guzmán, Martín Luis, 51

Habermas, Jürgen, 39, 164, 260n20
Hegel, G.W.F., 70–73, 77, 146, 188, 197, 209, 232, 265n63, 266nn68 y 72
hegemonía, 17–20, 22–26, 34–35, 39, 56, 85–89, 95–97, 104, 112, 121–22, 129, 134, 136, 141–42, 153–55, 169, 172–73, 180, 189, 192–94, 208, 211, 227, 237
Heidegger, Martin, 146, 184, 188, 198, 200, 204, 213
Henríquez Ureña, Pedro, 20, 148, 174–75
Highet, Gilbert, 150, 276n12
Hiperión, grupo, 10, 194–214, 216, 217, 225, 229, 236
Husserl, Edmund, 146, 216

Icaza, Francisco de, 90
Icaza, Xavier, 48
identidad, 192–94, 199, 204, 205, 218, 226, 229, 231, 233, 236, 237, 240, 247–48, 258n3, 278n31, 284n13
Ímaz, Eugenio, 188
intelectual, 6, 42–44, 46–49, 51–55, 121, 140–42, 215, 228, 235, 262nn36–37, 264n59, 265–66n66, 275n1
Irwin, Robert McKee, 36, 44, 177, 261n27, 274n68

Jaeger, Werner, 150, 277n13
Jiménez, Guillermo, 268n17
Jiménez Rueda, Julio, 30, 32–33, 35–36, 41, 44–45, 85, 176, 187, 242, 261n33

Índice alfabético

Kant, Immanuel, 146, 179
Kierkegaard, Sören, 206-07

laberinto de la soledad, El (Paz), 225-38
Laclau, Ernesto, 18, 20, 35, 193, 246-48, 258n6
Lafora, Gonzalo, 274n68
León-Portilla, Miguel, 196, 241
Liszt Arzubide, Germán, 54
literatura nacional, 6-7, 16, 20, 25, 32, 35-36, 39, 47, 51, 60, 71, 81, 84-86, 89, 93, 96, 100-02, 116-17, 149, 155, 160, 190, 242, 277n22
"literatura viril," 33, 45-46, 108, 116-17, 125
Lombardo Toledano, Vicente, 20, 195, 273n58
Lomnitz-Adler, Claudio, 1-3, 11, 173, 241
López, Rafael, 90
López Obrador, Andrés Manuel, 249
López Velarde, Ramón, 9, 16, 25, 31, 54, 81, 88-93, 100, 190, 208, 225, 234-35, 245-46, 263n49
  y Emilio Uranga, 201-02
  y grupo Contemporáneos, 41-42
  y Manuel Maples Arce, 57-59
  nación intelectual, 60-61
  "Suave Patria," 60-65, 263n51

Malaquais, Jean, 227
Maples Arce, Manuel, 9, 16, 24-25, 33, 37, 81, 86, 88, 90, 91, 145, 261n28
  como funcionario público, 36, 261n29
  nación intelectual, 53-54
  y Ramón López Velarde, 57-59
  "Urbe," 52-59

Marcos, Subcomandante Insurgente, 243-44
Marín, Guadalupe, 273n59
Martínez Carrizales, Leonardo, 147, 233
Martínez Rendón, Manuel, 94
Marx, Karl, 126, 129-30, 143, 188-89, 207, 214, 220
Merrell, Floyd, 240
Meyer, Jean, 267n3
Meyer, Lorenzo, 15, 139, 142
Monterde, Francisco, 9, 16, 21, 24, 25, 42-52, 55-57, 85, 115, 118, 134, 176, 189, 263n44
  y *Antena*, 29-32, 56
  y el debate de 1925, 29-37
  y el debate de 1932, 98
  y la "literatura viril," 33, 42-47
Monterrey, 99, 113-16, 118, 120, 127, 149, 192, 233
Monsiváis, Carlos, 1, 5, 100, 106, 248, 258n3, 269n31
Moreno Villa, José, 146, 284n5

nacionalismo revolucionario, 1, 23, 44-45, 56, 95, 139, 152, 154, 239, 241
nación intelectual, 1, 6, 25, 28, 81, 192, 199, 214, 232, 237, 240-48, 264-65n59, 288n7
  de Alfonso Reyes, 65-66, 77, 157, 166
  definición, 1
  de Jorge Cuesta, 132-33
  de Luis Villoro, 224, 234
  de Manuel Maples Arce, 53-54, 58
  de Ramón López Velarde, 60-61
Nervo, Amado, 42, 86, 90-92, 95
Noriega Hope, Carlos, 48, 55-56, 92
Novo, Salvador, 30, 41, 51, 90, 97, 260n23

Índice alfabético

occidentalismo, 150–55, 188, 277nn14–15 y 20
O'Gorman, Edmundo, 74, 195–96
Ortega y Gasset, José, 174–75, 178–81, 183, 188, 189, 190, 195, 198, 208, 209, 213, 219
Ortiz de Montellano, Bernardo, 90, 97
Othón, Manuel José, 62, 68, 90
Owen, Gilberto, 30, 41, 90

Pagaza, Joaquín Arcadio, 61
Palou, Pedro Ángel, 7, 244, 245, 248, 260n21
Parra, Manuel de la, 90
Paz, Octavio, 5, 10, 99, 135, 141, 155, 179, 191, 193, 215, 223, 242, 247, 286n37
  El laberinto de la soledad, 225–38
  "Piedra de sol," 232–35
  tradición de la ruptura, 106, 231, 286n36
Pellicer, Carlos, 90, 94, 135, 263n49
Pérez Martínez, Héctor, 104, 116–20, 127, 134
perfil del hombre y la cultura en México, El (S. Ramos), 171–78
Pesado, José Joaquín, 63
Peza, Juan de Dios, 42, 91, 103
Portilla, Jorge, 192, 194, 197, 209–10, 211, 212, 213, 215, 218, 221, 223, 225, 236, 247, 284n13
  y Emilio Uranga, 207–08
  Fenomenología del relajo, 203–08
positivismo en México, El (Zea), 208–11
Prieto, Guillermo, 27, 68

Quinn-Sánchez, Kathryn, 240
Quintanilla, Luis, 261n25

Rabasa, Emilio, 50, 169, 185
Ramos, Samuel, 97, 140, 184, 194, 207, 268n19
  y el campo filosófico, 196–204
  y *Examen,* 99
  y Jorge Cuesta, 172
  y José Vasconcelos, 174
  El perfil del hombre y la cultura en México, 171–78
raza cósmica, La (Vasconcelos), 170–71
Rebolledo, Efrén, 90
Revueltas, José, 243, 244, 246, 247, 248, 283n2
Reyes, Alfonso, 9, 16, 19, 21, 25, 29–30, 39–40, 46, 62, 99, 101, 104, 125, 140–41, 143, 145, 168, 175, 178, 181, 183, 193, 194, 195, 196, 199, 208, 211, 213, 214, 229, 237, 246, 259n13, 263n52, 264nn53–54, 265nn60 y 62, 266n70, 272nn51 y 53, 278n30
  y la *Antología de la poesía mexicana moderna,* 85, 86, 90
  Crítica de la edad ateniense, 162–67
  y el debate de 1932, 113–20
  El deslinde, 107, 156–60, 278n27
  "Discurso sobre Virgilio," 114–17
  homonoia, 156–57
  y Jorge Cuesta, 127–28, 132–33
  y José Gaos, 185–90
  y José Vasconcelos, 67, 69
  Monterrey, 113–14, 127
  nación intelectual, 65–66, 77, 157, 166

Índice alfabético

Reyes, Alfonso *(continued)*
   y Octavio Paz, 230–33
   y *La raza cósmica,* 170–71
   "La sonrisa," 69–74, 108
   y la tradición clásica, 147–50
   "Visión de Anahuac," 74–80
   "A vuelta de correo," 117–21
Reyes Nevares, Salvador, 197
Rickert, Heinrich, 217
Riva Palacio, Vicente, 262n40
Rivera, Diego, 40, 59, 97, 143
Roces, Wenceslao, 188
Rodó, José Enrique, 69, 170
Rodríguez, Guillermo Héctor, 195
Rodríguez, Ismael, 191
Rodríguez Galván, Ignacio, 63
Romanell, Patrick, 177

Said, Edward W., 85, 123, 151–52, 155, 164, 166, 219–20
Salado Álvarez, Victoriano, 33, 95
Salazar, Adolfo, 146
Salazar Mallén, Rubén, 99, 172, 193, 269n24
Salmerón, Fernando, 181–82, 197, 284n6
Sánchez Macgregor, Joaquín, 197, 284n6
Sánchez Villaseñor, José, 195, 283n74
Sartre, Jean-Paul, 204
Schlegel, Friedrich von, 202
Serge, Victor, 227
Sheridan, Guillermo, 30, 33, 41, 91, 98, 115, 117, 267n8
Sierra, Justo, 19, 69, 74, 168–69, 182
Siete Sabios, 19
"Suave Patria" (López Velarde), 60–65, 263n51

Taller, 227
Tarde, Gabriel, 229

Teixidor, Felipe, 98
Torres Bodet, Jaime, 90
Torri, Julio, 37–38, 51
Toscano, Salvador, 268n18
Toynbee, Arnold, 229

Uranga, Emilio, 155, 192, 197, 211, 213, 214, 215, 216, 217, 221, 223, 236
   Análisis del ser del mexicano, 199–203
   y Jorge Portilla, 207–08
Urbina, Luis G., 90
Urquizo, Francisco L., 51

Valle-Arizpe, Artemio de, 21
Vasconcelos, José, 19, 29, 40, 93, 140, 143, 168, 182, 184, 187, 208, 211, 221, 225, 279nn41 y 45
   en 1929, 84
   y Alfonso Reyes, 67, 69, 170–71
   y *La Falange,* 30
   La raza cósmica, 169–72
   y Samuel Ramos, 174
Vela, Arqueles, 51, 54, 56, 59
Vereo Guzmán, Juan, 84, 95
Villaurrutia, Xavier, 30, 33, 51, 83, 85, 90, 97, 116, 120, 245
Villegas, Abelardo, 196, 201, 213
Villoro, Juan, 245–46
Villoro, Luis, 1, 155, 184, 192, 197, 200, 211, 225, 226, 230, 237, 241–42, 246, 283n2, 285n23, 286n26
   Los grandes momentos del indigenismo en México, 214–24
virreinalistas, 8–9, 21–25, 29–30, 35–38, 41, 45, 47–51, 55, 57, 65, 77, 84, 88, 262nn40 y 43
Volpi, Jorge, 109–11, 245

Williams, Raymond, 17, 258nn5 y 8

Xirau, Ramón, 189

Zambrano, María, 146
Zapata Vela, José, 129–30
Zarco, Francisco, 27
Zea, Leopoldo, 155, 183, 184, 187, 192, 197, 209, 215, 216, 217, 222, 285nn15 y 16
Conciencia y posibilidad del mexicano, 212–13
y José Gaos, 208–09
Occidente y la conciencia de México, El, 213–14
El positivismo en México, 208–11

Sobre el author

Ignacio M. Sánchez Prado, Washington University–Saint Louis, es autor de *El canon y sus formas: La reinvención de Harold Bloom y sus lecturas hispanoamericanas* (2002). Ha editado varias colecciones de artículos académicos, la más reciente de las cuales es *El arte de la ironía: Carlos Monsiváis ante la crítica* (2007; coeditado con Mabel Moraña). Ha publicado extensamente sobre literatura y cultura mexicana y sobre cuestiones de la relación entre construcción del canon, literatura mundial y escritura latinoamericana, en publicaciones como *Casa de las Américas*, *Journal of Latin American Cultural Studies*, *Colorado Review of Hispanic Studies*, *Revista Canadiense de Estudios Hispánicos*, *Revista de Crítica Literaria Latinoamericana* y *Comparative Literature*.

About the Author

Ignacio M. Sánchez Prado, Washington University–Saint Louis, is the author of *El canon y sus formas: La reinvención de Harold Bloom y sus lecturas hispanoamericanas* (2002). He has edited various collections of scholarly articles, the most recent of which is *El arte de la ironía: Carlos Monsiváis ante la crítica* (2007; co-edited with Mabel Moraña). He has published extensively on Mexican literature and culture, and on questions of the relationship between canon construction, world literature, and Latin American writing, in journals such as *Casa de las Américas*, *Journal of Latin American Cultural Studies*, *Colorado Review of Hispanic Studies*, *Revista Canadiense de Estudios Hispánicos*, *Revista de Crítica Literaria Latinoamericana*, and *Comparative Literature*.

En *Naciones intelectuales*, Ignacio M. Sánchez Prado explora los procesos y obras que sentaron las bases de una nueva modernidad literaria en la estela de la Revolución Mexicana. Enfocándose en un periodo que va de la firma de la Constitución de 1917 al deceso de Alfonso Reyes en 1959, Sánchez Prado centra su análisis en la forma en que cuatro elementos de la práctica cultural mexicana—la noción de literatura, la figura del intelectual, la creación de instituciones académicas y la definición de identidad nacional—emergieron a partir de distintos debates sostenidos por las figuras más importantes del periodo. A través de una apropiación de la noción de "campo literario" de Pierre Bourdieu, el libro analiza varios momentos clave, controversias e intervenciones culturales, las cuáles condujeron en última instancia la transformación del diverso espectro estético creado por la Revolución en un sistema literario altamente institucional. El trabajo de Sánchez Prado confronta un amplio conjunto de escritores, incluyendo Alfonso Reyes, Jorge Cuesta, Manuel Maples Arce, Ramón López Velarde, Francisco Monterde, José Gaos, los filósofos del Hiperión y Octavio Paz. Como resultado, este libro ofrece una cartografía de las instituciones literarias mexicanas de un rango sin precedentes, que permitirá a lectores, estudiantes y académicos comprender la construcción de la literatura mexicana moderna de manera clara, rigurosa y sistemática.

"Analizando y reconstruyendo de forma cuidadosa la evolución del contexto institucional de la vida intelectual mexicana del siglo XX, el autor de Naciones intelectuales realiza una importante revisión de varios momentos clave en su historia intelectual y literaria, empezando con las vanguardias ... Entre otras cosas, este brillante ensayo constituye un esfuerzo poderoso por arrancar de una vez por todas algunos de los paradigmas, mitos y tópicos más persistentes en la representación de la identidad e historia intelectual mexicanas, en círculos eruditos tanto como populares."

—Sebastiaan Faber, Oberlin College